21世纪经济管理新形态教材·统计学系列

统计学

（第2版）

李荣平 ◎ 主 编

贾荣言 许俊臣 ◎ 副主编

清华大学出版社

北京

内 容 简 介

"统计学"是教育部所列的经济管理类大学本科教育的核心基础课程。书中主要内容有：总论，数据收集、整理与显示，数据的概括性度量，概率论基础，抽样分布与参数估计，参数假设检验，相关与回归分析，时间序列分析，统计指数，Excel 在统计中的应用等。本书广泛吸收国内外优秀教材的成果，力求简明易懂，内容系统且实用。与其他统计学教材相比，本书在课程内容上，充分结合思政目标和发展重点，挖掘了数据统计、统计调查、国家统计公报、统计学家、区域经济指标、正态分布与人生观等思政资源，将思政资源与课程内容有机结合，实现"统计学"课程思政目标。本书突出了应用性，大量利用案例分析引导学生掌握各种统计分析方法；增加了利用计算机软件解决实际问题的内容，实现了统计方法和计算机技术的结合，强化统计实践技能培养，提高统计分析方法的适用性，增强学生解决社会经济问题的能力。

本书既可作为高等院校经济管理类学生的专业教材，也可作为其他专业人士和广大实际工作者的参考用书。

图书在版编目（CIP）数据

统计学/李荣平主编. —2 版. —北京：清华大学出版社，2022.1
21 世纪经济管理新形态教材·统计学系列
ISBN 978-7-302-59438-3

Ⅰ．①统… Ⅱ．①李… Ⅲ．①统计学 – 高等学校 – 教材 Ⅳ．①C8

中国版本图书馆 CIP 数据核字(2021)第 216646 号

责任编辑：左玉冰
封面设计：汉风唐韵
责任校对：王荣静
责任印制：沈　露
出版发行：清华大学出版社
　　　　　网　　　址：http://www.tup.com.cn, http://www.wqbook.com
　　　　　地　　　址：北京清华大学学研大厦 A 座　　　　　邮　　编：100084
　　　　　社 总 机：010-62770175　　　　　邮　　购：010-62786544
　　　　　投稿与读者服务：010-62776969, c-service@tup.tsinghua.edu.cn
　　　　　质 量 反 馈：010-62772015, zhiliang@tup.tsinghua.edu.cn
　　　　　课 件 下 载：http://www.tup.com.cn, 010-83470332
印 装 者：三河市君旺印务有限公司
经　　销：全国新华书店
开　　本：185mm×260mm　　　　印 张：20　　　　字　　数：443 千字
版　　次：2014 年 3 月第 1 版　　2022 年 1 月第 2 版　　印　　次：2022 年 1 月第 1 次印刷
定　　价：59.00 元

产品编号：092346-01

再 版 说 明

本书自 2013 年出版以来，受到广大读者欢迎。但是，随着我国统计理论与实践的飞速发展，为适应现代统计的实际需要，也为了全面提高本书的质量，对全书进行了修订。关于本书的具体修订工作，特作以下几点说明。

1. 增加了课程思政内容

第一类是名人事迹的榜样作用：从"统计学之父"威廉·配第到高斯、戈赛特、费希尔，到国内的统计一代宗师许宝騄、人口学家马寅初，用科学家孜孜不倦的科研精神，来激励学生投身科研和经济建设中，为科学和经济事业做贡献。第二类是国家和区域经济运行成就：通过分析国家经济统计指标、区域经济统计指标、区域经济发展趋势，来发现国家经济的飞速发展和国家的日益强大，激发学生的民族自豪感和爱国精神。第三类是基于数据解决问题的思想方法：建立诚信、严谨、求实的工作态度，用统计调查、抽样推断、假设检验等方法，来正确客观的认识世界，用事实说话，避免以偏概全；用正态分布、大数定律、中心极限定理这些规律性的公理和定理的由来和发展，来激发学生科学严谨的态度。第四类是展望学科发展前沿：结合大数据、数据挖掘、数据分析和处理的方法，培养学生的创新精神和自信心。

2. 基本保持了原书的结构体系

删除了"方差分析"一章，本书篇幅略有减少。

3. 增加了统计电子版练习题

每章均有与教材内容相配套的电子版练习题。

敬请读者批评指正。

2021 年 6 月

再 版 前 言

21 世纪是信息经济时代，无论是在宏观的经济调控领域还是在微观的企业管理领域，如何准确及时地获取各种信息并据此进行科学决策，成为每位决策者或管理者所必须面对的问题。统计学正是一门提供数据信息收集、处理、归纳和分析的方法论科学，是社会经济管理和决策的重要工具。随着社会的发展，统计方法已成为各学科领域科学研究的基本方法。因此，统计学一直被教育部列为经济管理类大学本科教育的核心基础课程。

为适应市场经济对人才的需求，培养具有坚实的经济理论功底，既懂数理统计方法，又懂经济统计方法，并能熟练掌握现代计算手段的经济统计人才，我们编写了这部《统计学》教材。

本书是在参阅大量国内外优秀统计学著作和教材的基础上，结合编写者长期的教学实践经验编写而成的。

本书在编写过程中进行了大量探索，注重对学生的独立思维能力与创新能力的培养，具有以下特点：

第一，把理论体系的严密性同教学上由浅入深、循序渐进的连贯性统一起来，在内容编排、概念阐述、图表配备、例题选择、附表的应用等方面符合课程教学法的要求，各章均配有导入案例、思考与作业。所有的新知识都通过各章的导入案例来引导学生进行学习，每章的教学目标与教学要求清晰、明了，课后思考与作业有助于学生进一步巩固所学知识。

第二，明确了统计的"工具论"和"方法论"性质，结合社会经济发展的实际，利用最新的统计数据资料，编纂了大量统计分析方法在社会经济管理中应用的案例，突出了统计方法的应用性。

第三，为适应现代化发展的需要，我们在教学内容中系统介绍了 SAS、SPSS、S-plus、Stata 等统计分析软件的功能，详细介绍了应用最为广泛的 Excel 软件的应用方法，使本教材更具实用性。强调计算机软件在统计中的应用，是本书的显著特点之一。

第四，在课程内容上，充分结合思政目标和发展重点，挖掘了数据统计、统计调查、国家统计公报、统计学家、区域经济指标、正态分布与人生观等思政资源，将思政资源与课程内容有机结合，实现"统计学"课程思政目标。

在体系设计上，本书是根据人们的认识发展规律进行安排的。本书具体章节安排如下：第一章总论，描述统计学的基本轮廓；第二章数据收集、整理与显示，主要介绍统计数据的收集方法、整理过程与统计数据的显示；第三章数据的概括性度量，主要介绍数据概括性度量的意义及各类度量指标的计算及应用；第四章概率论基础，主要介绍随机变量及其分布；第五章抽样分布与参数估计，主要介绍常见的抽样分布、点估计和区间估计；第六章参数假设检验，主要介绍总体参数假设检验的基本思想及检验方法；第七章相关与回归分析，主要介绍相关分析和回归分析的思想及分析方法；第八章时间序列分析，主要介绍时间序列数据的分析方法和预测方法；第九章统计指数，主要介绍如何编制各种统计指数以反映事物的综合变动；第十章 Excel 在统计中的应用，主要介绍运用计算机软件解决实际统计问题的方法。

　　本书共包括十章内容，具体分工如下：贾荣言编写第一章、第二章及全书课后拓展阅读材料，李荣平编写第三章、第八章及全书练习题，杨梅编写第四章，许俊臣编写第五章、第六章，刘涛编写第七章、第十章，姚学宁编写第九章。全书由李荣平教授担任主编，负责全书的设计和定稿，贾荣言和许俊臣担任副主编，负责全书的校对和修改。

　　本书在编写过程中，参阅了大量的统计学著作、教材和相关资料，在此我们特向有关作者表示深深的谢意。本书在编写过程中，还得到了河北科技大学教务处、经济管理学院许多同仁的大力支持，谨向他们表示衷心的感谢。

　　尽管我们花费了大量的时间和精力来完成此书的编著工作，但由于种种原因，书中难免存在一些瑕疵，欢迎各位同仁批评指正。

编　者

2021 年 6 月

目 录

第一章

总 论

教学目标

本章为全书的概论性部分，是学好本课程的前提。通过本章的学习，学生可从总体上对统计学有一个基本的认识，要求学生了解统计学的含义与基本原理，重点掌握统计学的基本概念，为掌握全书的逻辑体系和各章节的内容打下基础。

教学要求

知 识 要 点	能 力 要 求	相 关 知 识
统计学的产生和发展	掌握统计学的含义及统计学的产生、发展	统计的含义、统计的四大学派
统计学的研究对象、性质和方法	掌握统计学的研究对象、特点、性质和方法	统计学的研究对象、特点、性质和方法
统计的职能和统计工作过程	了解统计的职能和统计工作过程、统计与其他学科的关系	统计的三大基本职能、统计工作过程、统计与其他学科的关系
统计学中的几个基本概念	熟练掌握统计学涉及的基本概念	统计总体与总体单位、标志与变量、统计指标与统计指标体系

导入案例

生活中的统计

统计是什么？提起统计大家会想到什么？下面列举一个统计学应用的实例。

第七次人口普查数据显示 我国"00后"男女比例失衡最严重

2021 年 5 月 11 日，国家统计局发布第七次人口普查结果，截至 2020 年 11 月 1 日，全国人口共 14.1178 亿人。根据中国统计年鉴（2020），2016—2019 年，我国人口出生率、人口自然增长率四年连降，2020 年，我国出生人口为 1200 万，是中华人民共和国成立后除 1961 年以外的最低水平。

"目前，中国的人口增长水平大致与收入较高的中等收入国家的平均水平相当，略超前于我国的经济发展水平。"中国人民大学人口与发展研究中心、北京社会建设研究院李婷教授告诉《健康时报》记者。

七普数据显示，我国男性人口占 51.24%，女性人口占 48.76%，总人口性别比（以女性为 100，男性对女性的比例）为 105.07，与 2010 年第六次全国人口普查基本持平。

《健康时报》记者对历年来中国统计年鉴中的人口数据统计梳理发现，2010—2019

年十年间，我国总人口性别比总体呈下降趋势。2020 年中国统计年鉴显示，"65 岁"是我国性别比"分水岭"：0～64 岁人群中，性别比始终大于 100，随着年龄增加，性别比不断下降；65 岁及以上人群，则是"女多男少"。

从适婚年龄段人群性别比来看，刚刚步入适婚年龄的 20～24 岁，性别比高达 114.61，25～29 岁年龄段性别比为 106.65，30～34 岁性别比为 101.28。

我国男女性别比最失衡的年龄段是 10～14 岁（119.10）与 15～19 岁（118.39），换句话说，我国"00 后"群体为性别比失衡最严重的一代。

"在没有人为干扰的情况下，出生性别比应该是比较稳定的，变化范围在 103～107。婚龄人口中男女数量会大体相当。如果出生人口性别比长期、持续、大幅超过 107，是很不正常的现象，提示着人为地进行胎儿性别选择现象的存在。"中国人民大学人口与发展研究中心研究员、中国人民大学人口学系主任杨凡表示。导致出生性别比失衡的原因，学者们达成的共识是：一是传统的性别偏好；二是生育空间缩小挤压；三是便捷的胎儿性别鉴定技术。

出生性别比的下降也是多种因素共同作用的结果：一是随着社会经济的发展，性别平等的观念逐渐得以树立，传统的"重男轻女"思想已经有了改变；二是生育政策的调整使人们的生育空间更为宽松，减少了人为选择胎儿性别的动机；三是政府长期以来对出生性别比失衡现象的一系列治理措施取得了积极成效，包括关爱女孩活动、打击"两非"、对传统的男女不平等的分配政策和风俗进行改革等。

杨凡表示，未来，要从根本上解决性别比失衡问题，还得从本源性因素入手，削弱人们的男孩偏好，实现社会性别平等。比如在教育政策中体现性别公平，避免教育过程中性别偏好的传递；促进就业机会平等，保障两性公平的就业待遇；家庭责任的合理分配，提供家庭照料的社会服务；保障女性的财产权、遗产继承权；正视和处理性骚扰和家庭暴力行为；引导舆论导向，改变社会偏见等。

资料来源：健康时报网，2021.5.13.

结合本案例，大家可能对统计有了初步认识。那统计的含义是什么？统计是一种什么样的学科？主要研究什么内容？本章将解答这些问题。

第一节　统计学的产生和发展

一、统计的含义

在人们的日常工作和生活中，经常会用到、看到和听到"统计"一词。例如：开会时主持人要统计出席会议的人数；球类比赛时解说员要不断统计竞赛双方的进攻次数和成功率；报刊上定期或不定期地公布诸如物价指数、人口增长率、国内生产总值等统计数据。"统计"一词，在不同的场合，人们赋予它不同的含义。

在我国，"统计"一词是由英语 statistics 翻译过来的，具体有统计工作（statistical work）、统计数据（statistical data）和统计学（statistics）三种含义。

（一）统计工作

统计工作又称统计活动，是收集、整理、分析和研究统计数据资料的工作过程。如银行的计划统计科每月编制项目报表，这个过程就是统计工作；又如，我国进行人口普查时要经过方案设计、入户登记、数据汇总、分析总结和资料公布等一系列过程都是统计工作。

（二）统计数据

统计数据又称统计资料，是统计工作所取得的各项数字资料及有关情况的总称。如统计表、统计图、统计分析报告和各种统计资料汇编等。

（三）统计学

统计学是对统计工作及统计规律进行的科学总结和理论概括。统计学是收集、整理、分析、解释数据并从数据中得出结论的科学。

统计学的定义说明，统计是用来处理数据的，统计学是关于数据收集、整理、分析、解释并从数据中得出结论的方法论科学。统计研究的对象是来自各领域的数据。数据收集就是取得统计数据；数据整理是将数据用图表等形式展示出来；数据分析则是选择适当的统计方法研究数据，并从数据中提取有用信息进而得出结论。

数据分析所用的方法可分为描述统计方法和推断统计方法。

描述统计学（descriptive statistics）研究如何取得反映客观现象的数据，并通过图表形式对所收集的数据进行加工处理和显示，进而通过综合、概括与分析得出反映客观现象的规律性数量特征。描述统计学的内容包括统计数据的收集方法、加工处理方法、显示方法、分布特征的概括与分析方法等。

推断统计学（inferential statistics）研究如何根据样本数据去推断总体数量特征的方法，它是在对样本数据进行描述的基础上，对统计总体的未知数量特征作出以概率形式表述的推断。比如，要了解一个地区的人口特征，不可能对每一个人的特征一一进行调查；对产品的质量进行检验往往是破坏性的，也不可能对每个产品进行检验。这就需要抽取部分个体即样本进行测量，然后根据获得的样本数据对所研究的总体特征进行推断，这就是推断统计学要解决的问题。

统计的三种含义具有密切联系：统计工作是统计的基础，统计数据是统计工作的成果；统计学是统计工作的经验总结与理论概括；反过来，统计学又是指导统计工作的原理、原则与方法，并使统计数据更加准确、及时和全面；统计工作是先于统计科学发展起来的。

二、统计活动的产生和发展

作为一种社会实践活动，统计是适应国家管理的需要而逐步产生和发展起来的，有着非常悠久的历史。

在原始社会时期，人们按氏族、部落居住在一起打猎、捕鱼，分配食物时就要算算有多少人、多少食物可以进行分配。所以，从结绳记事开始，就有了对自然社会现象的简单的计量活动，有了统计的萌芽。据史料记载，我国早在父系氏族公社的伏羲时代，劳动人民在长期测量土地，清点人口、牲畜和观测天象过程中，就总结出了九九乘法口诀；到夏禹时期，人们已经能够运用"规矩"等工具进行实地测量。

随着社会生产力的发展，人类社会到了奴隶社会以后，奴隶制国家组织的人口、财富和军事统计得到了长足的发展，统计被认为是维护阶级统治、兴国安邦的重要手段。

进入封建社会后，统计内容有所充实，统计调查的方法制度也逐步健全。如中国的户籍统计和田亩统计都有很大的发展，不论是统计方法、统计制度还是统计组织都在世界上居于先进水平。但是，由于封建社会生产力发展水平低、经济落后，统计仅局限于封建主征收赋税、徭役和管理国家的需要，发展十分缓慢。

在西方，统计活动也有着悠久的历史。埃及在公元前 27 世纪，为了建造金字塔和大型农业灌溉系统，曾进行过全国人口和财产调查。大约在公元前 6 世纪，罗马帝国就以国势调查作为治理国家的手段，规定每五年进行一次人口、土地、牲畜、家奴的调查，并以财产总额作为划分贫富等级以及征丁课税的依据。

统计广泛迅速发展是在资本主义社会。资本主义生产方式在人类历史上确立以后，对统计工作提出了新的要求，也大大促进了统计活动的发展，为统计科学的产生奠定了物质基础。资本主义国家统计的发展表现在以下几个方面。

首先，资本主义经济的迅速发展极大地拓宽了统计研究的内容。从 16 世纪开始，欧洲各国经济进入工场手工业时代，工业、商业、交通运输、通信等行业得到了迅速发展，各部门都要求提供更多的统计资料。于是，统计活动开始从一般的人口、税赋、军事领域扩展到社会经济活动的各个领域。到了 18 世纪，随着现代机器大工业的发展，生产的社会化分工日益精细，部门之间的依存度明显提高，经济统计形成了工业、农业、商业、交通、邮电、海关、银行、保险等专业分支。在经济统计不断发展和完善的同时，社会统计、科技统计、环境统计等又从经济统计中分离出来，从而形成了比较完整的统计内容体系。随着统计工作实践的丰富和发展，统计指标体系、统计核算方法体系和统计理论研究都取得了长足的进步。

其次，统计机构专门化、统计活动专业化。为了适应资本主义经济发展对统计工作的客观要求，从 19 世纪初开始，各资本主义国家在政府中纷纷设立统计机构，把统计机构从政府行政机构中独立出来，并制定了有关统计工作的法律法规，从法律上界定了统计机构以及统计工作在政府工作中的地位。

再次，概率论和数理统计等现代统计方法的运用，大大提高了统计的认识能力。概率论和数理统计作为研究随机现象分布特征和规律的科学理论，到 19 世纪中叶已经达到了实用阶段，随机抽样方法到了 20 世纪 30 年代已经为各国所普遍采用，这些方法不仅解决了统计描述方面的问题，而且在利用样本数据进行统计推断以及进行统计分析和预测方面展现出蓬勃的生命力。20 世纪 50 年代以后，以国民经济整体为研究对象的国民经济账户体系和投入产出分析方法进入推广应用阶段。新的数学方法的介入，极大地丰富了统计方法体系，提高了统计的认识能力。

最后，电子计算技术在统计工作中的应用为统计工作提供了现代化手段。随着电子计算机技术不断完善以及在统计工作中的广泛应用，一方面大大提高了统计数据处理的效率和准确性；另一方面，也为统计信息的储存、更新、检索、加工、反馈以及进行统计分析和预测创造了条件。而建立在数字通信技术和网络技术基础上的统计信息网络系统，打破了统计信息传输的时空界限，在提高统计信息的社会化和共享性方面开辟了一片新的天地。

社会主义制度的建立,为统计工作的发展创造了有利的制度环境,统计学展现出广阔的前景。新中国成立以来,统计事业同其他各项事业一样,取得了前所未有的成就,在社会主义现代化建设中发挥了巨大作用。市场经济是以一种市场机制配置资源的经济,是由政府宏观调控的经济。适应社会主义市场经济体制的要求,社会经济统计一方面要建立宏观调控统计体系,满足政府对社会经济进行宏观管理的需要;另一方面也要建立市场经济统计体系,做到治而不死、放而不乱,大的方面管住管好,小的方面放开放活。以科学的统计理论为指导,坚持实事求是的马克思主义认识路线,扎扎实实地做好统计工作,为各级政府和有关单位及部门提供可靠的统计资料是摆在各级各类统计机构和统计工作人员面前的重要而神圣的任务和使命。

另外,建立同社会主义市场经济体制相适应的统计管理体制和统计方法体系,还要注意吸收和借鉴西方发达国家成功的经验和做法,把我国统计工作推向一个新的阶段。

三、统计学发展史

统计学是随着人类社会的发展和社会经济管理的需要而发展起来的。随着社会管理的日趋复杂,仅仅用简单数字来计量客观现象已不能满足社会经济管理的需要,人们试图对客观现象进行定量分析。与此相适应,研究统计计量和分析方法的统计学就应运而生。统计作为一种实践活动已有四五千年的历史,但统计学仅有300多年的历史。从统计学的产生和发展过程来看,可以把统计学大致分为古典统计学、近代统计学和现代统计学三个时期。

(一)古典统计学时期

17世纪中叶至18世纪中叶是统计学萌芽时期,当时有政治算术学派和国势学派两大学派。

1. 政治算术学派

政治算术学派产生于17世纪中叶的英国,代表人物是威廉·配第(William Patty,1623—1687)。他在代表作《政治算术》一书中,以数字资料为基础,用计算和对比的方法,对英国、法国、荷兰三国的经济实力进行比较,提出了英国社会经济发展的方向和道路。他主张一切论述都用数字、重量和尺度来进行,并配以朴素的图表形式,这种理论和方法对后来统计学的形成和发展有着深远的影响。这也正是现代统计学广为采用的方法和内容。由于威廉·配第对于统计学的形成有着巨大的贡献,因此,马克思评价他是:"政治经济学之父,在某种程度上也可以说是统计学的创始人。"

政治算术学派的另一代表人物是约翰·格朗特(John Graunt,1620—1674)。17世纪上半叶,英国多次发生严重的瘟疫,政府定期公布有关人口出生和死亡的数字资料。约翰·格朗特利用这些资料研究并发表了《对死亡率公报的自然观察和政治观察》的论著。在论著中他运用大量观察的方法,研究并发现了人口与社会现象中重要的数量规律性。如新生儿的男女婴性别比例稳定在14:13;男性在各年龄组中死亡率高于女性;新生儿的死亡率较高;一般疾病与事故的死亡率较稳定而传染病的死亡率波动较大等。

政治算术学派采用数字计量分析的方法即大量观察法、分类法以及对比法来综合研究社会经济问题，具有开创性的意义。尽管该学派当时还未采用统计学之名，却已有统计学之实了。

2. 国势学派

国势学派又称记述学派，产生于 17 世纪的德国，主要代表人物是海尔曼·康令（Hermann Conring，1606—1681）。他以叙述国家重要事项和国家政策关系为内容，在大学开设了"国势学"课程，并且很受当时学者的欢迎。其继承人高特弗瑞德·阿痕瓦尔（Gottfried Achenwall，1719—1772）在 1749 年出版的《近代欧洲各国国势学概论》一书中，首次采用了"统计学"一词来表示国势学。该论著认为统计学是关于各国基本制度的学问，主要用文字表述，缺乏数字内容。这种以文字描述的方式记述国情国力的系统知识是记述学派的主要特征，由于记述学派没有采用统计学中的数量对比分析方法，故被认为有统计学之名，但无统计学之实。

政治算术学派和国势学派共存了将近 200 年，两派互相影响、互相争论，但总体来说，政治算术学派的影响要大得多。

（二）近代统计学时期

18 世纪末到 19 世纪末的 100 多年中，统计学有了很大的发展，又形成了许多学派，其中主要是数理统计学派和社会统计学派。

1. 数理统计学派

数理统计学派创立于 19 世纪中期，以比利时的统计学家、天文学家、人类学家阿道夫·凯特勒（Adolphe Quetelet，1796—1874）为代表，代表著作有《统计学的研究》《概率论书简》《社会物理学》等。在这些著作中，他最先把概率论原理应用于人口、人体测量和犯罪等问题的研究，并对观测到的数据进行误差计算和分析，以此论证社会现象的发展并非出于偶然，而是具有其内在的规律性。他对统计理论方面最大的影响是把概率论与统计学相结合，从而提出了关于统计学的新概念，他的主要功绩在于使统计方法获得普遍应用。他是古典统计学的完成者，近代统计学的先驱，也是数理统计学派的奠基人；因此，他被称为"近代统计学之父"。

其后，经过多方面的研究，特别是数理统计学吸取生物学研究中的有益成果，由弗朗西斯·高尔顿（Francis Galton，1822—1911）、卡尔·皮尔逊（Karl Pearson，1857—1936）、戈赛特（Gosset，1876—1937）和欧文·费希尔（Irving Fisher，1867—1947）等统计学家，提出并发展了相关和回归、假设检验、方差分析和 t 分布等理论，使数理统计学逐渐发展成为一门完整的学科。

2. 社会统计学派

社会统计学派产生于 19 世纪后半叶的德国。该学派的创始人是克尼斯（Karl Gustav Adolf Knies，1821—1898），他认为统计学是一门独立的具有政治算术内容的社会科学。另一位有影响的创始人是乔治·冯·梅尔（Georg von Mayr，1841—1925），其代表著作为《社会生活中的规律性》和《统计学与社会学》。他把统计学作为实质性研究的社会科学，并认为统计学是以社会集团的规律性为其独立的研究对象，以大量观察法为其特殊的研究方法，初步建立了社会统计的学科体系。

（三）现代统计学时期

现代统计学时期是指 20 世纪初至今的统计学的发展时期。这一时期科学技术迅猛发展，社会生产发生巨大变化，统计学的发展进入了鼎盛时期。

这一时期，数理统计学由于与自然科学、工程技术科学紧密结合，被广泛应用而获得迅速发展。数理统计学发展的明显趋势是：随着数学的发展，数理统计学越来越广泛地应用数学方法，出现了数理统计学的新分支和以数理统计为基础的边缘学科。新分支如抽样理论、非参数统计、多变量分析和时间序列分析等。边缘学科如计量经济学、工程统计学、天文统计学等。数理统计学的应用日益广泛而深入，尤其是借助电子计算机后，它所能发挥的作用也日益明显。由于数理统计学发展很快，在国际统计学术领域中地位大大提高，因此，数理统计学派成为现代统计学的主流。

这一时期，以社会现象为研究对象的社会统计学发展的基本趋势是由实质性科学向方法论转变，同时吸收数理统计学派的通用方法论，把自然科学中的方法应用于社会现象的研究。

上述三个阶段的划分只是大致的，其实，统计学的发展是渐进的、错综的，并没有明确的时间界限。而且从发展趋势看，统计理论研究的分支仍会不断增加，统计学将越来越具有交叉学科的性质，应用的范围也将更加广泛。

第二节　统计学的研究对象、性质和方法

一、统计学的研究对象

统计学的研究对象是指统计所要认识的客体，是大量社会经济现象总体的数量表现，即社会经济现象总体的数量特征、数量关系及其规律性表现。具体地说就是采用科学的方法，去收集、整理、分析实际数据，并通过统计指标和指标体系来表明现象的规模、水平、速度、比例和效益等。

统计学和数学都是研究数量关系的，但两个学科有不同的性质特点。数学撇开具体的对象，以最一般的形式研究数量的联系和空间形式，数学的分析方法主要是逻辑和演绎论证的方法；而统计分析的方法，本质上是归纳的方法，根据试验或调查，观察到大量的个别情况，加以归纳来判断总体的情况。

二、统计学研究对象的特点

统计学研究对象的特点主要有数量性、总体性、具体性和变异性。

（一）数量性

数据是统计的原料，统计数量性是统计研究对象的基本特点。统计的特点是用大量数字资料来说明事物的规模、水平、结构、比例关系、发展速度等。如国家统计局每年年初发布的国民经济和社会发展公报中都有大量的数据资料，表明上一年度社会经济发

展的基本情况。2021 年 2 月 28 日，国家统计局发布《中华人民共和国 2020 年国民经济和社会发展统计公报》显示：初步核算，全年国内生产总值 1 015 986 亿元，比上年增长 2.3%。其中，第一产业增加值 77 754 亿元，增长 3.0%；第二产业增加值 384 255 亿元，增长 2.6%；第三产业增加值 553 977 亿元，增长 2.1%。第一产业增加值占国内生产总值比重为 7.7%；第二产业增加值比重为 37.8%；第三产业增加值比重为 54.5%。还有其他领域的许多统计数字，这些统计数字都从各方面表明当前社会经济发展和深化改革的基本情况。

应当注意，统计在研究数量关系时不是单纯地研究现象的数量方面，而是在质与量的密切联系中研究现象的数量关系。例如要进行"工业产量"统计，如果不明确什么是工业生产活动，那么工业产量的统计也就无法进行。一切客观事物都有质和量两个方面，没有质量就没有数量，没有数量也就没有质量。量变引起质变，质变又能促进新的量变。这种质与量相互关系的哲学观点，是统计学研究客观现象数量关系的准则。

（二）总体性

统计学研究社会现象的数量方面指的是总体的数量方面。从总体上研究客观现象的数量方面，是统计学区别于其他学科的一个主要特点。

社会现象是各种复杂因素相互交错作用的结果，它从数量上呈现出一种复杂多变的情景。统计学对客观现象总体数量方面的研究，采用的是大量观察法和综合研究法等。其研究过程是从个体到总体，即必须对足够大量的个体进行登记、整理和综合，使它过渡到总体的数量方面，从而把握客观现象的总规模、总水平及其变化的总趋势，以此来表明现象发展的规律性。例如在人口统计中，如果没有对一个自然人各方面情况的仔细观察和记录，就得不到对人口总体的总人数、性别比例、地区分布、出生率、平均寿命等方面的数量认识。

（三）具体性

统计学是研究具体时间、地点、条件下的社会经济现象的数量方面，这一特点是统计学与数学的根本区别，数学所研究的量是抽象的量，而统计学所研究的量是社会经济现象的具体的量。如 391 981 这个数，对统计研究来讲不代表任何意义，但如果表述为 2020 年我国全年社会消费品零售总额 391 981 亿元，则该数就有了实际的意义，它代表了 2020 年我国全社会消费水平。

统计学是研究在一定时间、地点条件下的具体社会现象的数量特征，它是从定性认识开始，进行定量研究的。比如，只有对工资、利润、劳动生产率等统计指标有确切的了解，才能对它们进行科学的统计。

需要注意的是，统计在研究数量关系时，也要遵守数学表明的客观现象量变的规律，并在许多方面运用数学方法。

（四）变异性

统计学研究对象的变异性，是指总体各单位的特征表现存在着差异。统计学研究同类现象总体的数量特征，它的前提就在于这个特征在总体各单位的具体表现各不相同，而且这种差异并不是由某种固定的原因事先给定的。例如，研究一个地区居民家庭的收入水平，就是因为各家庭的收入有高有低，参差不齐，这样才有必要研究该地区的人均收入水平及其分布状况。

三、统计学的性质

从统计学的发展史看，经过 300 多年的演变与发展，统计学是从研究社会经济现象开始，逐渐趋于成熟，成为一门研究客观事物总体数量方面的方法论科学。这里所指的方法论包括指导统计活动的原理和原则，统计核算和分析的方法。人们通过对客观事物中各种数量关系的研究来认识客观事物发展的规律性。值得特别注意的是，统计学在研究社会经济现象时，首先从定性研究开始，然后进行定量分析，最后达到认识客观现象的本质、特征或规律，这就是质—量—质的统计研究过程和方法。由于统计学的研究对象既存在于自然领域也存在于社会领域，因此，统计学是一门具有跨学科性质、较高概括程度和较大适应范围的一般方法论学科。

四、统计学的基本方法

统计学根据研究对象的性质和特点，有自己专门的研究方法。这些方法包括大量观察法、统计分组法、综合指标法、归纳推断法等。

（一）大量观察法

大量观察法是指统计在研究社会经济现象等的数量方面时，必须对总体现象中的全部或足够多数的个体进行观察，以达到对现象总体数量特征及其规律性的认识。大量观察法是以大数定律为依据的。社会经济总体现象是在各种错综复杂的因素影响下形成的，总体中的个体之间存在着数量上的差异，如果统计仅对少数个体进行观察，就会失之偏颇，得不出合乎实际的结论来。例如，一个人的月生活费支出有多有少、有高有低，但随着观察人数的增多，调查的结果就越有代表性或越接近于实际。

大量观察法并不排斥对个别单位的典型调查，它可以同典型调查相结合，深化对社会现象的认识。大量观察法反映了社会现象偶然性和必然性、特殊性和一般性的辩证规律的要求。

（二）统计分组法

统计分组法是根据统计研究的目的及任务，将调查得到的大量资料，按照一定的标志划分为若干个不同性质的类型或不同类型的组，使组内的单位具有同质性，组间的单位具有明显的差异性。统计分组的目的，就是揭示现象内部各部分之间存在的差异性，认识它们之间的矛盾，表明事物的本质与规律。例如，要研究我国国有企业的有关情况，选择"企业规模"为标准进行分组，结果可以反映国有企业中大、中、小型企业的数量和比例；选择"盈亏状况"进行分组，可以观察国有企业的亏损面及亏损额，发现问题的严重性等。

（三）综合指标法

综合指标法是指根据大量观察获得的资料，计算、运用各种综合指标，以反映总体一般数量特征的统计分析法。通常使用的综合指标主要有总量指标、相对指标、平均指标、变异指标等。这些指标各自从不同的角度对总体特征进行刻画，将其结合运用，可以更加全面、深入地分析社会经济现象总体的数量方面。例如，某工业企业的工业总产值为 1 060 万元，这个总量指标并不能说明该企业生产经营管理的好坏。如果把 1 060 万元的实际产值和 1 000 万元的计划产值联系起来考察，计算出计划完成的相对指标为 106%，说明该企业超额 6% 完成生产计划，就完成生产计划而言是比较好的。但这还不够，如果再把产值与产品品种、质量、劳动生产率、单耗、成本、资金、利润等结合起来进行考察，或再进一步把今年年度产值水平与上年度水平、历史最高水平、同行业先进水平进行对比分析，就能对该企业的工作做出全面的评价和正确的结论。除此之外，通过综合指标的对比分析，还可以对现象进行各种因素的分析，分析各种因素的相互关系，分析主要矛盾和矛盾的主要方面，分析各种因素的变动及其相互转化的条件。

（四）归纳推断法

归纳推断法是从个别到一般的推理方法，是统计研究中常用的方法。它是以概率论为基础对随机现象的试验数据进行处理、分析并推断随机现象规律性的统计方法。在社会经济统计中越来越多地采用这种方法。例如，农作物的产量调查、工业产品的质量检测与控制等。

第三节　统计的职能和统计工作过程

一、统计的职能

统计具有信息、咨询、监督的职能。

（一）信息职能

根据科学的统计指标体系和统计调查方法，灵敏、系统地采集、处理、传递、存储和提供大量的以数量描述为基本特征的社会经济信息。因而，要不断拓展统计信息的内容，保证统计信息的可靠性，完善统计信息的自动化建设，实现统计信息生产和使用的社会化程度。

（二）咨询职能

这是指利用已掌握的丰富的统计信息资料，运用科学的分析方法和先进的技术手段，深入开展综合分析和专题分析研究，为科学决策和管理提供各种可供选择的咨询建议和对策方案。

（三）监督职能

根据统计调查和统计分析的结果，及时、准确地从总体上反映经济、社会和科技等的运行状况，并对其全面、系统地定期检查、监测和预警，以便促进国民经济按照客观规律的要求，持续稳定协调地发展。

上述三种职能是相互联系、相辅相成的。首先，采集和提供信息是国家统计系统最基本的职能，统计的信息职能是保证统计咨询和监督职能的基础和前提；统计咨询职能是统计信息职能的延续和深化，它使采集的信息得以在科学决策、经营管理以及社会实践中发挥作用；统计监督职能则是对信息和监督职能的进一步拓展，统计监督职能的强化，又必然要对信息与咨询职能提出更高的要求，从而促进统计信息与咨询职能的优化。总之，统计的信息、咨询和监督职能彼此依存、相互联系，共同构成了一个完整的有机整体。在社会主义市场经济的发展过程中，统计要充分发挥所具有的信息、咨询、监督三大职能，为社会主义现代化建设服务。

二、统计工作过程

统计工作是对社会进行调查研究以认识其本质和规律性的一种工作，这种调查研究的过程是对客观事物的一种认识过程。这种调查研究活动是通过具体的统计工作环节来完成的，统计工作过程主要分为统计设计、统计调查、统计整理和统计分析四个阶段。

（一）统计设计

统计设计是统计工作的第一个阶段。进行任何统计工作，都必须从统计设计开始。

统计设计是指根据统计研究对象的性质和研究目的，对统计工作的各个环节和各个方面进行统筹安排。统计设计的关键任务，是通过对客观现象质的认识来确定研究对象的范围和反映这一对象范围的指标及其指标体系。通过统计设计这个首要环节，从而使统计工作有序地开展起来。

统计设计阶段应主要考虑以下问题。

1. 指标与指标体系的设计

这是统计设计的核心内容。统计设计要根据统计的任务、目的和具体研究对象的特点，选择那些能够反映现象本质特征的指标组成一个指标体系。另外，还要考虑各指标之间的相互联系，明确指标的口径、范围、计算方法和重要的分组等。

2. 收集整理资料方法的设计

收集统计资料的方法很多，如报表制度、普查、抽样调查等，要根据统计的目的和任务确定适当的方法。统计整理也有多种方法，同样需要预先选择好。另外，还要规定一些操作细则，如精确度要求等。

3. 各种保证条件的要求

统计活动需要一定的人员、文具、表格资料、计算机、经费等，都需要预先考虑其供应，不能因之不足而影响统计工作的正常进行。

4. 具体实施方案的设计

在考虑了上述三方面之后，要求具体地安排各个环节，提出日程表和工作进度，以便监督实施。

统计设计的结果，往往表现为各种设计方案。例如，统计指标体系、统计分类目录、统计分析提纲等。

（二）统计调查

统计调查是统计工作过程的第二个阶段。它是根据统计研究的对象和目的要求，根据统计设计的内容、指标和指标体系的要求，有计划、有目的、有组织地收集统计资料的工作过程，是定量认识的阶段。统计用数字说话，而各种统计数字都直接来自统计调查，管理者和决策者都需要根据大量翔实的统计信息进行管理和决策，科研工作者也需要根据统计调查得到的资料进行科学研究。调查是统计的基础，没有调查，就没有发言权。调查的方式主要有统计报表制度、普查、抽样调查、典型调查、重点调查等。

（三）统计整理

统计整理是统计工作过程的第三个阶段。它是根据统计研究的目的，将统计调查所取得的原始资料进行科学的分类和汇总，或者对已经加工过的次级资料进行再加工，为统计分析准备系统化、条理化的综合资料的工作过程。统计整理是将对总体单位特征的认识过渡到对总体数量特征的认识的桥梁和纽带，它既是统计调查的继续，又是统计分析的必要前提。在统计工作中，统计整理处于中间环节，起着承上启下的作用，是沟通统计调查和统计分析的桥梁和纽带。

（四）统计分析

统计分析是统计工作过程的最后一个阶段。它是根据研究目的和要求，以加工整理的大量统计资料为基础，利用综合指标和专门的统计分析方法，对客观现象的本质规律及其发展前景，从数量方面进行判断、推理并作出说明的工作过程。因此，这一阶段虽然是对统计资料的计算分析，但其目的却是要揭示统计研究的对象的状况、特点、问题、规律性等，所以这是统计认识的定性阶段。一般以统计分析报告的形式来表现其最终的成果。

一般来说，统计工作过程的四个阶段是依次进行的，各有其特定内容。同时，它们又相互联系、相互制约，任何一个阶段的工作失误，都会影响到整个统计工作的大局。在某些情况下，为了保证从整体上取得良好效果，各阶段也可以相互渗透、交叉进行。例如，根据实际工作需要，可以边设计、边调查、边整理、边分析；有时，在调查、整理阶段会进行一些必要的分析，或者对原设计方案进行适当的改进；有时，在统计分析中因为现有资料不能满足需要而做一些必要的补充调查、加工整理和计算工作等。

综上所述，统计工作的过程是从统计设计（定性认识）到统计调查和统计整理（定量认识），最后通过统计分析而达到对事物本质和规律性的认识（定性认识）过程。这种质—量—质的认识过程是统计认识的一个重要特点。

三、统计学与有关学科的关系

（一）统计学与数学的关系

统计学与数学有着密切的联系，又有着本质的区别。

数学是与统计学关系非常密切的一门科学。数学与统计学都是研究数量规律的，都要利用各种公式进行运算。现代统计学中运用了大量的数学理论与数学方法。数学中的概率论研究随机现象的数量关系和变化规律，从数量方面体现偶然与必然、个别与一般、局部与总体的辩证关系，为统计学提供数量分析的理论基础。数学分析的方法适用于一切数量分析，当然也包括统计的数量分析。从某种意义上说，统计学中的理论统计学以抽象的数量为研究对象，计量不计质，其大部分内容也可以看作数学的一个分支。

统计学虽然与数学有着密切的联系，但两者之间也存在本质的区别。

首先，从研究对象看，数学研究的是抽象的数量规律，而统计学研究的则是具体、实际现象的数量规律；数学研究的是没有量纲或单位的抽象的数，而统计学研究的则是有具体实物或计量单位的数据。

其次，从研究方法看，数学的研究方法主要是逻辑推理和演绎论证的方法，从严格的定义、假设的命题和给定的条件出发，去推证有关的结论。而统计的方法本质上是归纳的方法，根据实验或调查观察到的大量情况，来归纳判断总体的情况。因此，数学家可以凭借聪明的大脑从假设命题出发推导出结果，而统计学家则需要深入实际，通过调查或实验收集数据，研究时不仅要运用统计的方法，而且还要掌握某一专门领域的知识，才能得到有意义的成果。

（二）统计学与其他学科的关系

统计学是一门应用性很强的学科。几乎所有的学科都要研究和分析数据，因而统计学与这些学科领域都有着或多或少的联系。

统计学与相关的实质性学科如经济学等，有十分密切的联系。首先，统计学是开展经济研究不可或缺的重要工具。经济学对经济现象及其发展变化规律进行研究时，除了要做规范性的理论分析和定性分析外，还要进行实证的数量分析。无论是宏观经济研究还是微观经济研究，通过运用大量的统计分析方法，都可以帮助人们认识有关的数量规律，同时检验经济学理论的真实性和完善程度。统计归纳分析所获得的新知识常常为实质性学科的研究开辟新的领域，这在经济学的发展史上是屡见不鲜的。其次，经济学等实质性学科对经济统计学等应用统计学起着十分重要的指导作用。不仅统计指标的设定离不开实质性学科的指导，而且应用统计方法也在很大程度上受研究对象性质的影响。通常是实质性的学科提出了问题，统计学才提出相应的方法，并且才有其用武之地。

统计学与相关实质性学科也有着明显的区别。实质性学科研究该领域现象的本质关系并对有关规律做出合理的解释和论证；而统计学只是为实质性学科研究和认识数量规律提供专门的方法和工具，并不直接对规律产生的原因和机理作进一步的分析。例如，大量观察法已经发现了新生婴儿的性别比是 103～107：100，但为什么是这样的比例呢？形成这一比例的原因应由人类遗传学或医学来研究和解释，而非统计学所能解决的。再如，利用统计方法对吸烟人群和不吸烟人群患肺癌的数据进行分析，得出吸烟是导致肺癌原因之一的结论，但为什么吸烟能导致肺癌呢？这就需要医学去解释了。由此可以看出统计学能做什么和不能做什么。可以这样说，统计方法仅仅是一种有用的定量分析工具，它不是万能的，不能解决人们想要解决的所有问题。能否用统计方法解决各学科的具体问题，首先要看使用统计工具的人能否正确选择统计方法；其次要在定量分析的同时进行必要的定性分析，也就是要在使用统计方法进行定量分析的基础上，应用该学科的专业知识对统计分析的结果作出合乎规律的解释和分析，这样才能得出令人满意的结论。尽管各学科所需要的统计知识不同，所使用的统计方法的复杂程度各异，统计学也不能解决各学科的所有问题，但统计方法在各学科的研究中将会发挥越来越重要的作用。

第四节　统计学中的几个基本概念

一、统计总体与总体单位

（一）统计总体与总体单位的含义

1. 统计总体

统计总体（population）就是统计所要研究对象的全体，它是由客观存在的、具有某种共同性质的许多个别事物构成的整体，简称总体。任何一个统计总体都必须同时具备同质性、大量性、变异性三个特征。

（1）同质性。同质性是指构成统计总体的各个单位必须在某些方面而且至少在一个方面具备某种共同的性质。同质性是构成统计总体的前提。

（2）大量性。大量性是指构成统计总体的总体单位必须是大量的，或者说是足够多的。统计对总体数量特征的研究，其目的是探索、揭示现象的规律，而现象的规律只有在大量现象的综合汇总中才能显示出来。

（3）变异性。变异性是指构成统计总体的单位，除了在某一方面必须是同质的以外，在其他方面又要有差异。例如，工人的性别具体表现为男、女，工人的月工资表现为 2 600 元、2 700 元、2 780 元、2 890 元、2 970 元、3 050 元等。需注意的是，变异对于统计非常重要，没有变异就没有统计，这是因为，如果总体单位之间不存在变异，那么通过研究一个总体单位的资料就可以推断总体情况，就没有必要进行统计了。

2. 总体单位

总体单位（unit）是构成统计总体的个别单位。如对全国的工业企业进行调查研究，全国的工业企业是总体，而每一个工业企业是总体单位。

（二）统计总体的种类

总体可以分为有限总体（finite population）和无限总体（infinite population）。总体所包含的单位数是有限的，称为有限总体。例如一个企业的全体职工、一个国家的全部人口等都是有限总体。总体所包含的单位数是无限的或不可数的，称为无限总体。如现代化流水生产线上，连续大量生产企业生产的某种产品的数量、大海里的鱼资源数、森林里的树木等都是无限总体。对有限总体可以进行全面调查，也可以进行非全面调查。但对无限总体只能抽取一部分单位进行非全面调查，据以推断总体。

（三）统计总体与总体单位的关系

总体与总体单位是包含与被包含的关系，但随着统计研究目的、范围的不同，总体和总体单位在一定条件下可以相互转换。如研究某市医药行业中各个企业的经营状况时，该市所有的医药企业是统计总体，其中的每个医药企业是总体单位。而如果目的是研究某市各行业的经营情况，则该市所有的行业是统计总体，其中的每个行业是总体单位。这时医药行业就由原来的总体转化为总体单位了。

二、标志与变量

（一）标志

标志（character）是指说明总体单位属性或特征的名称。

标志可分为品质标志（qualitative character）和数量标志（quantitative character）。品质标志是说明总体单位属性方面特征的，是不能用数值来表示的。比如，为调查某企业职工情况，该企业的每一个职工是总体单位，性别、民族、工种、籍贯等调查项目是用文字来说明的，是品质标志。数量标志是表示总体单位数量特征的名称，用数值来表示。如上例中，职工的年龄、工资、工龄等调查项目即为数量标志。数量标志的具体表现称标志值（character value）。

标志还可以分为不变标志（invariant character）和可变标志（variant character）。不变标志是指某个标志在所有总体单位的具体表现都相同，它是构成统计总体的前提。例如，在教师总体中，职业这一标志在各单位的表现都是相同的，都是教师，因此职业就是不变标志。一个总体中，至少要有一个不变标志，才能将各单位结合成为一个总体，如果没有不变标志，那么总体也就不存在了。由此可见，不变标志是总体同质性的基础，而当一个标志在各单位的具体表现有可能不相同时，则称这个标志为可变标志，有了可变标志才有必要组成总体。例如，在教师总体中，教龄这一标志在各单位的表现不完全相同，因此教龄就是可变标志。

（二）变量

变量（variable）是指可变的数量标志和指标。变量的数值表现称为变量值。

变量按其取值是否连续，可分为连续型变量（continuous variable）和离散型变量（discrete variable）。连续型变量是指变量的取值连续不断，无法一一列举，每相邻的两个整数之间可做无限分割，如人的身高、体重，企业的总产值、资金、利润等。离散型变量是指变量的数值只能以计数的方法取得，其取值是整数值，可以一一列举，如企业的职工人数、工厂数、设备台数等。

变量按其所受影响因素的性质不同，可分为确定性变量和随机性变量。由确定性因素影响所形成的变量称为确定性变量，确定性因素使变量按一定的方向呈上升或下降趋势变动。如在一定的允许范围内，增加施肥量，能使农作物收获量增多，这是确定性因素的影响。随机性变量则是受随机因素影响的变量。所谓随机因素，是指各种不确定的、偶然性的因素。这种因素影响变量值的大小和方向都是不确定的。如在同样条件下加工的某种零件，其尺寸大小总是存在着差异，造成这种差异的原因可能有原材料的质量、电压的变化、气温和环境的变化以及生产工人的注意力等，这些都是不确定的，带有偶然性的因素。统计所研究的客观现象的数量特征，既包括确定性变量，又包括随机性变量。因此，统计研究往往要根据具体的目的和要求，对各种复杂的变量采用专门的统计分析方法来深入地研究。

三、统计指标与统计指标体系

（一）统计指标

1. 统计指标的概念和特点

统计指标（indicator）是反映总体数量特征的科学概念和具体数值。一个完整的统计指标包括指标名称和指标数值两部分。指标名称是指标质的规定，它反映一定的社会经济范畴；指标数值是指标量的规定，它是根据指标的内容所计算出来的具体数值。例如，2020 年某地区生产总值为 1 823 亿元，这就是统计指标，它包括统计指标名称：生产总值；统计指标数值：1 823 亿元。

统计指标一般有三个特点：一是数量性，所有统计指标都能用数字表示，没有不能用数字表示的指标；二是综合性，统计指标是说明总体综合特征的；三是具体性，统计指标是说明总体在具体时间、地点、条件下的数量特征。

2. 统计指标的设计要求

（1）指标要素要完整。一个完整的统计指标，应该包括指标名称、指标数值、计量单位、指标的时间范围、空间范围以及指标的计算方法六个方面的要素。例如，"按当年价格核算，2020 年河北省国内生产总值为 36 206.9 亿元"。在这个例子中，国内生产总值是指标名称，36 206.9 是指标数值，亿元是指标的计量单位，2020 年是指标的时间范围，河北省是指标的空间范围，按当年价格计算是指标的计算方法。显然，上述六个要素在说明总体数量特征方面都是不可缺少的，否则就失去了作为一个统计指标的意义，也就不能称其为统计指标了。

（2）指标名称必须有科学的理论依据。指标名称是一个社会经济范畴，说明一定社会经济现象的具体内容。如果指标的含义不明确或不正确，不仅得不到正确的数据，而且可能犯方向性错误。确定统计指标的名称和含义要以相应学科的理论为依据。如国内生产总值、国民收入、工资、利润、劳动生产率等统计指标的概念，就离不开经济学的有关理论。但是，某些学科的概念是通过科学抽象得出来的理论概念，而统计指标是反映客观现实数量特征的概念，它不可能完全照搬理论，而应当在统计实践中对其加以"改造"，即在设计和构建统计指标时，凡借用有关学科的理论概念，都必须结合统计对象和统计指标的特点，准确界定指标的内涵，使之成为可以计量的数量概念。

（3）指标的计算口径和范围要明确。指标口径是指指标的时间、空间、内容、隶属关系等，对上述内容必须清楚具体，使从事具体统计工作的人能够准确判断现象的数值应该计在哪个统计指标身上。如统计指标数值的大小受一定的空间范围影响，空间范围包括全国范围、地区范围和系统范围等，职工人数统计指标有全国职工人数、省职工人数、部门职工人数之分，如果空间范围发生变化，就要规定具体的处理方法。统计指标的时间标准有两种，即时期指标和时点指标。时期指标要规定时间长度（如月、季、半年、一年）和具体的起止日期；时点指标要规定统一的标准时点，如第一次至第四次全国人口普查就规定为当年 7 月 1 日零时，第五次至第七次全国人口普查规定为当年 11 月 1 日零时。

（4）确定指标的计量单位和计算方法。统计指标的含义与计算的口径范围确定之后，还要制定科学的计算方法。计算方法不科学或不明确，仍然不能保证统计数据的准确性。有些统计指标通过登记、点数、测量和简单的加总即可求得指标数值，如职工人数、播种面积、牲畜存栏数、在校大学生人数等。这类指标在确定了总体范围和指标口径之后，一般不需要再规定具体计算方法。有些统计指标的计算则比较复杂，如国民生产总值、国内生产总值、社会劳动生产率等，这类指标必须以一定的经济理论为依据来确定其计算方法。理论概念是反映客观事物一般的、本质特征的一种思维形式，而统计指标是认识、管理的工具，它既要正确反映事物的本质特征及其相互之间的内在联系，又要符合客观实际，满足人们认识和管理的需要。因此，这类指标的计算方法必须结合统计实践加以具体化，使之能够度量。

统计指标计量单位的确定主要取决于所研究的社会经济现象的内容特征。统计指标有无名数指标和有名数指标。无名数指标是一种抽象化的数值，大多数用百分数、系数、倍数等形式表示，多用于质量指标。有名数指标包括实物量、价值量、劳动量等，多用于数量指标。实物量指标要规定用自然实物计量单位或标准实物计量单位，并且还要规定自然实物量折合为标准实物量的方法。复合计量单位适用于表现强度一类的相对指标的数值，如人口密度用"人/平方公里"、医疗床位保证程度用"人/张"计量等。

3. 统计指标的分类

统计指标按其所反映总体内容的不同，可分为数量指标（quantitative indicator）和质量指标（qualitative indicator）。数量指标是用来反映现象的总规模、总水平或工作总量的指标，其数值的大小随总体研究范围的大小而增减。如人口数、企业数、产品产量、增加值、利润总额等。质量指标是指反映客观现象的劳动效果或工作质量等事物内部数量关系的指标，其数值的大小与总体研究范围的大小无直接联系。如资金利润率、失业率、平均工资、劳动生产率、单位产品成本等。

统计指标按其作用和表现形式的不同，有总量指标（绝对数）、相对指标（相对数）、平均指标（平均数）三种。数量指标用绝对数表示，质量指标用相对数或平均数表示。这三类指标的含义和计算方法将在第三章具体介绍。

4. 统计指标和标志的关系

统计指标和标志既有区别，又有联系。

区别：第一，标志是说明总体单位属性或特征的名称；而统计指标是说明总体数量特征的名称。第二，标志有用文字表示的品质标志和用数值表示的数量标志两种；而统计指标都能用数值表示。

联系：第一，有许多统计指标的数值是由总体单位的数量标志值汇总而来的。如某市工业职工人数指标是由该市各工业企业的职工人数汇总而来的。第二，由于总体和总体单位是可变的，则说明总体的统计指标和反映总体单位的标志之间也存在着转化关系。即由于研究目的的不同，原来的统计总体如果变成总体单位了，则相应的统计指标也就变成数量标志了。例如，在研究某厂职工工资情况时，该厂的全部职工是总体，工资总额为统计指标。而在研究该厂所属的某工业局职工工资情况时，该厂就是总体单位，其工资总额为数量标志，具体的工资总额数值为标志值，于是，该厂的工资总额由统计指标相应转变为数量标志了。

（二）统计指标体系

单个统计指标只能反映总体某一方面的数量特征，但客观现象错综复杂，统计总体往往具有多种特征。为了全面反映客观现象的数量特征，就要用一整套的统计指标来反映。科学地设置统计指标体系（indicative system），既是统计学的重要内容，也是统计设计的重要环节。

1. 统计指标体系的概念

统计指标体系是指由若干相互联系的统计指标构成的有机整体，用来说明所研究现象各个方面相互依存和相互制约的关系。如为了全面反映工业企业生产经营的全貌，就要设立产量、品种、质量等生产成果指标体系；原材料的收、拨、存、消耗及生产设备、劳动力等生产条件的指标体系；固定资产、流动资金的占用、周转以及利润、税金等财务指标体系；此外，还有企业市场状况及科技活动等方面的指标体系。

2. 统计指标体系设计原则

（1）科学性原则。统计指标体系的设计要符合总体本身的性质和特点，即统计指标体系要能够科学地反映总体的真实情况。因此，进行统计设计要根据各种经济理论对总体进行深刻的定性分析，以便使设计的指标数量、核心指标、指标口径、计算时间、计算方法和计量单位等都要符合科学原则的要求。

（2）目的性原则。即统计指标体系的设计要考虑管理的要求或研究目的。

（3）全面性原则。统计指标体系的设计，要从整体上考虑各个指标之间的联系。总体的各个方面是相互联系和相互制约的，因而各个统计指标之间也相应具有相互联系和相互制约的关系。因此指标口径、时间、空间和计算方法的确定都要从全局出发，考虑到彼此间的联系。

（4）统一性原则。统计指标体系的设计要力求与计划、会计和业务核算相统一，即设计时必须考虑到计划、会计、业务核算的实际情况和统计的需要，尽可能地使各种核算的原始记录统一、计算方法一样，包括范围、经济内容相同，起止时间一致。

（5）可比性原则。统计指标体系的设计，必须注意各地区各部门的一致性，以便于相互比较。随着社会经济的发展，统计指标体系也需要进行改革和充实。这时要注意保持各个指标在时间上的可比性，注意各个指标在不同时期的相互衔接和相对稳定，以便于分析、研究事物发展变化的规律性。

（6）互斥性原则。即统计指标体系的设计要使指标之间相关程度弱，注重指标的代表性。

3. 统计指标体系的分类

统计指标体系大体上可分为基本统计指标体系和专题统计指标体系两类。基本统计指标体系是反映国民经济和社会发展基本情况的指标体系，包括社会指标体系、经济指标体系和科技指标体系等。在统计指标体系中，基本统计指标体系处于中心地位。专题统计指标体系是针对某项社会经济问题而制定的专项指标体系。如企业经济效益指标体系、价格指标体系、小康生活指标体系等。统计指标体系范例见表1.1。

表 1.1 幸福广东指标体系（珠三角地区）

一级指标	二级指标	一级指标	二级指标
就业和收入	1. 农村居民人均纯收入	公用设施	25. 城市每万人公交车辆拥有量
	2. 城镇单位在岗职工平均工资		26. 每万人拥有城乡社区服务设施数
	3. 城镇最高最低组别收入比	社会安全	27. 各类生产安全事故死亡人数
	4. 农村最高最低组别收入比		28. 食品和药品安全指数
	5. 劳动者报酬占地区生产总值比重		29. 万人治安和刑事警情数
	6. 城镇登记失业率	社会服务	30. 每万人持证社工人数
教育和文化	7. 规范化幼儿园达标率		31. 困难群众救助覆盖率
	8. 义务教育规范化学校覆盖率		32. 每万人行政效能投诉量
	9. 职业技能培训人数占从业人员比重		33. 信访案件按期办结率
	10. 每万人拥有公共文化设施面积	权益保障	34. 涉及民生重大决策的民调率和听证率
	11. 年人均参与文化活动次数		35. 行政复议案件按时办结率
医疗卫生和健康	12. 每千人口医疗机构床位数		36. 法院案件法定审限内结案率
	13. 基层医疗机构门急诊量占比		37. 村（居）务公开民主管理示范达标率
	14. 人均拥有体育场地设施面积		38. 劳动人事争议仲裁结案率
	15. 城乡居民体质达标率	人居环境	39. 森林覆盖率
社会保障	16. 每万人拥有收养性社会福利单位床位数		40. 城市人均公园绿地面积
	17. 城乡基本养老保险覆盖率		41. 村庄规划覆盖率
	18. 城乡三项基本医疗保险参保率		42. 城市全年空气二级以上天数比例
	19. 外来务工人员工伤保险覆盖率		43. 生活垃圾无害化处理率
	20. 最低生活保障标准与城乡人均消费支出比例		44. 城镇生活污水集中处理率
消费和住房	21. 居民消费价格指数		45. 水功能区水质达标率
	22. 城镇发展型消费占消费支出比重	—	—
	23. 农村发展型消费占消费支出比重		
	24. 城镇保障性住房任务完成率		

资料来源：http://zwgk.gd.gov.cn，2011.10.9.

统计指标体系随着社会经济的发展变化而变化。但是指标体系一经制定，就要力求保持相对稳定，以便积累历史资料，便于比较分析。

思考与作业

1. 统计有哪几种含义？它们之间有什么关系？
2. 什么是统计学？它有哪些特点？
3. 何谓标志？按能否用数量表示分为哪两种类型？分别举例说明。
4. 什么是离散型变量和连续型变量？举例说明。
5. 简述品质标志与数量标志的区别并举例说明。
6. 什么是数量指标和质量指标？二者有何关系？
7. 统计学的研究对象是什么？它有哪些特点？

8. 统计学和其他学科有何关系？

9. 统计指标由哪些要素构成？有哪些特点？

10. 统计标志与统计指标有何区别与联系？

11. 要了解某市工业生产情况，指出其中的总体、总体单位、标志、变量、变量值。

12. 以一实例说明总体的同质性与变异性的具体表现。

13. 某单位由 12 个部门组成一个总体，下面哪些是数量指标，哪些是质量指标？

（1）12 个部门的职工人数。

（2）12 个部门的职工年工资总额。

（3）该单位固定资产总额。

（4）该单位职工的年平均工资额。

（5）12 个部门的平均劳动生产率。

课程思政拓展阅读

中国统计的一代宗师——许宝騄

即测即练

自学自测　　扫描此码

第二章

数据收集、整理与显示

教学目标

通过本章的学习，学生重点掌握数据类型和计量尺度、数据收集方案设计、各种统计调查方式的应用条件、统计调查问卷的拟定；统计分组的概念、作用、方法及分组标志的选择原则；频数分布的概念、种类、编制方法及图示法，尤其是组距数列的种类和编制方法；了解统计表的结构、种类和编制应注意的问题。

教学要求

知识要点	能力要求	相关知识
数据的收集	掌握数据类型和计量尺度、各种统计调查方式、数据收集方案设计	数据类型及计量尺度、数据收集方案设计、统计调查组织形式
数据的整理	掌握统计分组的概念、作用及方法；频数分布的概念、种类、编制方法	统计分组的概念、作用及方法，频数分布的概念、种类、编制方法
统计数据的显示	了解统计表的构成、种类，各种统计图示的绘制	统计表的构成、种类，统计图示

导入案例

最新《百家姓》排名出炉　第一姓氏由"赵"变"李"

说起《百家姓》，很多人的第一反应是"赵钱孙李，周吴郑王……"但日前，根据公安部姓氏统计的一个《百家姓》排名已经出炉，排名在前的姓氏为"李王张刘，陈杨赵黄……"其中，超过1 000万人的姓氏有22个。

不少网友疑惑，原来排名第一的姓氏，为什么从"赵"姓一下变成"李"姓？

"李王张"排前三当仁不让，三大姓氏总人口达2.7亿。

在新出炉的《百家姓》里，"李王张"排名前三。很多读者都表示了认同，"有句俗话是'张三李四王二麻子'，讲的就是这三个姓比较常见。把你身边的朋友盘一下，肯定有这三个姓氏的人。"IT公司的刘先生表示。

中国科学院遗传与发育生物学研究所的副研究员袁义达根据国家统计局第三次人口普查的抽样结果研究发现，全国最大的三个姓氏是李、王、张，分别占总人口的7.9%、7.4%和7.1%。三大姓氏的总人口达到2.7亿，为世界上最大的三个同姓人群。

1. 姓氏分布南北不均衡，北方王"称王"，南方陈"第一"

不仅如此，当代中国的100个常见姓氏集中了全国人口的87%。其中，占全国人口1%以上的姓氏有19个，分别为李、王、张、刘、陈、杨、赵、黄、周、吴、徐、孙、胡、朱、高、林、何、郭和马。历史上，中国大约有一半的人口一直集中在这 19 个同姓人群中。

此外，同姓人群在地区分布上也是不均衡的。在北方地区，以王姓为第一大姓，约占人口的 9.9%，其次为李、张、刘；在南方地区，则以陈姓为第一大姓，大约占人口的 10.6%，其次为李、黄、林、张；在南北过渡型的长江流域地区，第一大姓为李，大约占人口的 7%，其次为王、张、陈、刘。

2. 旧版《百家姓》为何"赵"居首

很多人不解，在古代，姓赵的人应该不是最多的，为什么赵姓却是百家姓中的第一大姓？

要想了解其中的缘由，要先知道《百家姓》的由来。

根据相关文献记载，《百家姓》本是北宋初年钱塘（杭州）的一个书生所编撰的蒙学读物，将常见的姓氏编成四字一句的韵文，便于诵读和记忆，因此，流传至今，影响极深。

而正是因为《百家姓》是在宋朝所编，宋朝的皇帝姓赵，为了表示对皇帝的尊敬，顺理成章地就拿"赵"作为众姓之首了。南宋学者王明清经考证指出，《百家姓》里前几名"赵钱孙李、周吴郑王"，除了赵姓，其他姓氏的排列是有讲究的：赵是指赵宋，既然是国君的姓氏理应为首；其次是钱姓，钱是五代十国中吴越国王的姓氏；孙为当时国王钱弘俶的正妃之姓；李则为南唐国王的姓氏……虽然后来历朝历代都根据当时情况进行过编修，但变化都不大。

而最新出炉的《百家姓》排行榜，是以统计数据为基础的，一些少见姓氏未能进入前一百的榜单，也是很正常的事情。

资料来源：金陵晚报，2013.04.11.

结合本案例，大家会对本章所讲的"数据的收集和整理"有直观的认识，并详细了解数据收集、整理的基本程序，从而明了数据的来源。

第一节　数据的收集

统计学是收集、分析、描述和解释数据的一门应用性方法论学科。统计数据收集是根据研究预定的目的和任务，运用科学的调查方法，有计划、有组织地向客观实际收集资料的过程。从统计工作的性质看，统计数据的收集是社会调查的组成部分；从统计工作过程的阶段性看，统计数据收集处于统计工作过程的基础阶段。

一、数据收集概述

统计数据是对客观现象进行计量的结果，要正确认识客观事物的数量方面，首先必须掌握相关的统计数据。

（一）数据的概念

在人们的生活中，随时都存在着各种各样的数据：社会统计数据、经济统计数据、自然统计数据、医学研究数据、卫生统计数据、体育统计数据以及网络数据等。2021年2月28日，国家统计局发布《中华人民共和国 2020 年国民经济和社会发展统计公报》显示：全年全部工业增加值 313 071 亿元，比上年增长 2.4%。规模以上工业增加值增长 2.8%。在规模以上工业中，分经济类型看，国有控股企业增加值增长 2.2%；股份制企业增长 3.0%，外商及港澳台商投资企业增长 2.4%；私营企业增长 3.7%。分门类看，采矿业增长 0.5%，制造业增长 3.4%，电力、热力、燃气及水生产和供应业增长 2.0%。

可见，数据（data）是指对客观现象进行调查研究所收集、整理、分析和解释的事实和数字，是对客观现象进行计量的结果。

（二）数据的计量尺度

统计数据是对客观现象进行计量的结果。对客观现象进行计量，就必须弄清楚数据的计量尺度问题。根据对研究对象计量的不同精确程度，将计量尺度由低到高、由粗略到精确分为四个层次：定类尺度（nominal scale）、定序尺度（ordinal scale）、定距尺度（interval scale）和定比尺度（ratio scale）。

1. 定类尺度

定类尺度也称类别尺度或列名尺度，它是对统计客体类别差异所做的反映，是最粗略、计量层次最低的测量尺度，如农民收入数据按有无收入计量。

定类尺度是按照客观现象的某种属性对其进行平行的分类，此时，若用数字表示，该数字仅作为各类的代码，度量各类之间的类别差，不反映各类的优劣、量的大小或顺序。例如，人口按性别分为男、女，用"1"表示男性，用"0"表示女性。这些数字只是给不同类别的一个代码，并不意味着这些数字可以区分大小或进行任何数学运算。

2. 定序尺度

定序尺度又称顺序尺度，它是对客观现象各类之间的等级差或顺序差的一种测度，是比定类尺度更高一级的计量尺度。

定序尺度不仅可以将研究对象分成不同的类别，而且还可以反映各类的优劣、量的大小或顺序。例如，学生成绩可以分为优、良、中、及格和不及格五类，在这里，定序尺度虽然无法表明一个优等于几个良，却能确切地表明优高于良，良又高于中……定序尺度的主要数学特征是"<"或">"。

3. 定距尺度

定距尺度亦称为间隔尺度，它是对现象类别或次序之间间距的测度，是比定序尺度更高一级的计量尺度。

定距尺度不但可以用数表示现象各类别的不同和顺序大小的差异，而且可以用确切的数值反映现象之间在量方面的差异。定距尺度使用的计量单位一般为实物单位（自然或物理）或者价值单位。反映现象规模水平的数据必须以定距尺度计量，例如，气象的温度湿度及各种试验数据都以定距尺度为计量尺度。定距尺度的主要数学特征是"+"或"–"，其计量结果表现为数值，而且，定距尺度没有绝对零点，故数值只能做加、减法运算，但不能做乘、除法运算。例如，30 ℃与 15 ℃之差为 15 ℃，而不能说 30 ℃

比 15 ℃热一倍。

4. 定比尺度

定比尺度亦称为比率尺度，是对统计客体绝对差异和相对差异所作的反映。

定比尺度和定距尺度的主要区别是存在绝对的零点，所以不仅可以进行加减运算，还可以进行乘除运算。这个绝对零点是它跟定距尺度的明显差别，就是说，定距尺度中没有绝对零点，即使其计量值为"0"，这个"0"也是有客观内容的数值，即"0"水平，而不表示"没有"或"不存在"。如一个地区的温度为 0 ℃，这表示一种温度的水平，并不是说没有温度。而定比尺度中绝对零点的"0"，表示"没有"或"不存在"。例如，一个人的身高为"0"米，表示这个人不存在。

定比尺度与上述三种计量尺度相比还有一个特性，就是可以计算数值之间的比值。例如，一个人的月工资收入为 6 000 元，另一个人的为 3 000 元，可以得出一个人的收入是另一个的两倍。但定距尺度由于不存在绝对零点，就只能比较数值差，而不能计算比值。可见，定比尺度可以做加、减、乘、除法运算。

在计量尺度的应用中，需要注意的是，同类事物用不同的尺度量化会得到不同的尺度数据。例如，学生成绩按男、女分组评定是定类尺度；按优、良、中、及格、不及格评定是定序尺度；按具体分数评定是定距尺度；而平均成绩则是定比尺度。

现实中，大多数场合人们使用的都是定比尺度。它是最高层次的测量尺度。

在统计分析中，一般要求测量的层次越高越好，因为高层次的测量尺度包含更多的数学特性，所运用的统计分析方法越多，分析时也就越方便。

（三）数据类型

为了便于统计分析，就要对统计数据进行分类。

1. 根据反映现象特征不同可分为定性数据和定量数据

定性数据（qualitative data）是由定类尺度和定序尺度计量所形成的数据。定性数据又称为品质数据，它是用来说明品质特征的。定性数据有数值型数据和非数值型数据两种。定性数据一般是非数值型数据，用文字来表现。但是，为了便于计算机处理，有时也对定性数据赋值，如居民身份证号码是数值型数据，是鉴别特定个人的实际标志。

定量数据（quantitative data）又称为数量数据，它是用来说明现象数量特征的，用数值来表现。定量数据是由定距尺度和定比尺度计量所形成的数据，相当于通常所说的数量标志和数量指标。

2. 根据数据反映的时间特点不同可分为截面数据和时间序列数据

截面数据（cross-sectional data）又称为静态数据，它是指在同一时间对同一总体内不同单位的数量进行观察而获得的数据。

时间序列数据（time series data）又称为动态数据，它是指在不同时间对同一总体的数量表现进行观察而获得的数据。例如，所有上市公司公布的 2020 年的年度利润即为截面数据，而中国联合网络通信股份有限公司公布的 2019—2020 年的年度利润就是时间序列数据。

3. 根据数据的收集方法可分为观察数据和实验数据

观察数据（observational data）是指在没有对现象进行人为控制的条件下，通过调查或观测而得到的数据。如有关社会经济的统计数据基本上是观察数据。

实验数据（experimental data）是指在实验中通过控制实验对象而收集到的数据。如新药实验，医学、卫生以及自然科学的大部分数据都是实验数据。

4. 根据数据的来源不同可分为直接数据和间接数据

直接数据也称为原始数据（original data），是指直接从各个调查单位收集的、尚未加工整理的统计数据，如原始记录、统计台账、调查问卷答案、实验结果等。间接数据又称为次级数据（secondary data），是指根据研究目的收集的已经加工整理过的数据，如从报纸、杂志、统计年鉴、会计报表等获得的数据。

（四）数据来源

统计数据资料的来源主要有两种渠道：一种是通过直接的调查或实验获得的原始数据，这是统计数据的直接来源，一般称为原始或第一手统计数据；另一种是别人调查的数据，并将这些数据进行加工和汇总后公布的数据，通常称为次级数据或第二手间接的统计数据。

1. 数据的间接来源

对于大多数使用者而言，亲自去做调查往往是不可能的或不必要的。如果与研究内容有关的原信息已经存在，只是对这些原始信息重新加工、整理，使之成为进行统计分析可以使用的数据，则把它们称为间接来源的数据。

从数据收集的范围看，间接数据可以取自系统外部，也可取自系统内部。数据取自系统外部的主要渠道有：统计部门和各级政府部门公布的有关资料，如定期公布的统计报表、定期出版的各类统计年鉴；各类经济信息中心、信息咨询机构、专业调查机构、各行业协会和联合会提供的市场信息和行业发展的数据情报；各类专业期刊、报纸、书籍所提供的文献资料；各种会议上交流的有关资料；从互联网或图书馆查阅到的相关资料等。取自系统内部的资料，如果就经济活动而言，主要包括业务资料，如与业务经营活动有关的各种单据、记录和凭证等；经营活动过程中的各种统计报表；各种财务、会计核算和分析资料等。

相对来说，次级数据的收集比较快捷，成本也较低。使用次级数据，要注意数据的定义、统计口径和计算方法，避免数据的错用、误用和滥用。研究者在引用次级数据时，应注明数据的来源，以尊重他人的劳动成果。

2. 数据的直接来源

虽然次级数据具有收集方便、数据采集快、采集成本低等优点，但就特定研究问题而言，次级数据的主要弱点是针对性不够，若仅靠次级数据还不能回答研究所提出的问题，这时就需要获得原始数据。数据的直接来源主要有两种渠道：一是调查或观察；二是实验。通过调查或观察方法获得的数据称为调查数据，如经济普查、人口普查、市场调查等；通过实验方法得到的数据称为实验数据，如农学家通过实验了解水分、温度对农作物产量的影响，医学家通过实验验证新药的疗效等。

二、数据收集方案设计

数据收集方案是统计设计在统计调查阶段的具体化，它是保证调查顺利进行的前提。一个完整的数据收集方案应包括以下内容。

（一）确定调查的任务与目的

所谓调查的任务与目的，就是明确统计调查要解决什么问题，它是制定统计调查方案的首要问题。

调查目的决定了向谁调查和调查什么以及采用什么方法进行调查等问题。有了明确的目的，才能做到有的放矢，才能正确地确定调查的内容。例如，新中国成立后，我国进行了七次全国人口普查，目的都不一样，因而调查项目也不一样。1953 年第一次全国人口普查的目的是配合召开全国人民代表大会，确定选民及人大代表名额的需要，并为国家制定发展国民经济的第一个五年计划提供确切的人口数字，所以，调查项目包括本户地址、姓名、性别、年龄、民族、与户主关系等 6 项；1964 年第二次人口普查，增加了本人成分、文化程度、职业 3 个调查项目；1982 年第三次全国人口普查是为了配合社会主义现代化建设，统筹安排人民的物质和文化生活，为制定人口政策和规划提供准确的人口数字资料，所以，当时设置了 13 项人记录项目、6 项户记录项目，并且第一次使用电子计算机进行数据处理；1990 年第四次全国人口普查是为研究改革开放后的人口流动和迁移状况，故在 1982 年调查项目的基础上又增加了 2 项人记录项目，共计有 15 项人记录项目和 6 项户记录项目；2000 年第五次全国人口普查，普查项目增加到 49 项，并首次采用光电录入技术；2010 年第六次全国人口普查首次将中国境内的境外人员纳入普查对象；2020 年第七次全国人口普查与前六次人口普查相比，首次登记身份证号码，用于流动人口流入流出的核查比对。

（二）确定调查对象和调查单位

调查对象是根据调查目的确定的调查研究的总体或调查范围，是由许多性质相同的调查单位所组成。如第三次全国工业普查的对象为我国境内（除台湾省）的全部工业企业和附营工业单位。

调查单位是指所要调查的具体单位，它是调查项目的承担者。如 2000 年第五次全国人口普查的调查单位是"每一个具有中华人民共和国国籍并在中华人民共和国境内常住的人"。再如，要取得某地区工业产品产量、产值等方面的数据，调查对象是该地区的所有工业企业，而调查单位就是构成工业企业这个总体的每一个企业。

在统计调查过程中，还需要确定报告单位并把调查单位同报告单位区别开来。调查单位是调查项目的承担者，它可以是个人、企事业单位，也可以是物。而报告单位（填报单位）是具体负责向上报告调查内容、提交统计资料的单位，一般是在行政管理或经济管理中具有一定独立性的单位，如国家机关、企事业单位等。调查单位与报告单位有时一致，有时不一致。如调查国有工业企业生产情况时，每一个国有工业企业是调查单位，也是填报单位；调查国有工业企业的设备情况时，国有工业企业中每一台设备是调查单位，而填报单位则是每一国有工业企业。

在市场研究和调查中,大多采取抽样调查方式,调查对象是确定抽样框的基本依据。在确定抽样框后,从中选取的每一个样本单位就是调查单位。

(三)确定调查内容

1. 确定调查项目

调查项目也称调查提纲,就是调查的具体内容,它是由调查单位来承担的。它既可以是调查单位的数量特征,也可以是属性特征。调查项目是调查方案设计中的关键。在具体拟定调查项目时需要注意以下几个方面。

(1)兼顾需要与可能。调查项目越多,调查费用也越高,时效性越差。在进行统计调查时,应选择能够切实满足调查目的要求而又可能得到确切答案的项目。

(2)统一性。对调查项目的表述必须明确、易懂、统一,不能模棱两可,应保证填报人对所需填写的内容有一致的理解。

(3)调查项目之间要保持衔接。调查项目之间要保持一定的逻辑和计算关系,以便在实际调查和资料审核时进行核对,提高调查资料的质量。

(4)发展和稳定相结合。随着统计调查对象的变化和发展,在不同时间进行的同类调查中,对调查项目应该进行适当的调整、补充和完善;同时,出于对统计资料可比性以及研究现象发展趋势和变化规律的考虑,调查项目也应尽可能保持稳定。

2. 确定调查表

调查项目确定以后,可将这些项目科学地排列在一张表格上,这张表格就是调查表,统计调查大多采用调查表的形式进行调查。

调查表通常由表头、表体和表脚三部分组成。表头是调查表的名称,在调查表的上端中央,用来说明调查的内容、被调查单位的名称、性质、隶属关系等;表体是调查表的主要部分,包括调查的具体项目;表脚通常是由填表人签名、填报日期、填表说明等方面构成。

调查表有单一表和一览表两种。单一表是指在一份调查表上只登记一个调查单位的内容,便于分类整理。在调查项目较多时适宜使用单一表,如表 2.1 所示。一览表是指在一份调查表上登记许多个调查单位的内容,它较为简便,便于合计和核对数据。一览表适宜调查项目较少时使用,如表 2.2 所示。统计调查要采用哪一种表,是由调查目的、调查内容的多少来确定的。

表 2.1 普查百岁以上老人登记卡

姓名	性别	出生年月	周岁	民族	文化程度	退休前职业		
健康状况		生育情况(妇女填写)						
		生产(活产): 个: 男: 女:						
个人简历								
长寿经验								
备 注								

调查日期:　　　　　　调查员:

表 2.2　人口普查表

姓名	与户主的关系	性别	年龄	民族	户主状况与性质

申报人：　　　　普查员：　　　　填报日期：　月　日　　　　户主姓名：

（四）确定调查时间和调查期限

在统计调查中，调查时间包括以下三个方面的含义。

1. 调查资料的所属时间

如果所调查的是时期现象，就要明确规定调查资料的起止时间。例如，调查我国 2020 年第一季度的钢铁产量，则调查时间是从 1 月 1 日起至 3 月 31 日止 3 个月。如果是时点现象，就要明确调查资料的标准时点。例如，2020 年 11 月 1 日零时为第七次全国人口普查登记的标准时点（调查资料所属时间）。

2. 调查资料的登记时间

调查资料的登记时间是指对调查单位进行调查并取得调查资料的时间。例如，第七次全国人口普查规定 2020 年 11 月 1 日零时为普查登记的标准时点，要求 2020 年 11 月 10 日以前完成普查登记，则普查登记时间为 2020 年 11 月 1 日开始到 11 月 10 日。

3. 调查工作期限

调查工作期限是指从调查工作开始到调查工作结束所经历的全部时间，包括调查工作的准备、资料收集及资料报送等整个调查工作所需要的时间。例如，第七次全国人口普查的调查工作期限包括从成立领导机构、宣传发动、人员培训、资料登记、上报、汇总直至最后发布人口普查数据的时间。为了保证资料的及时性，必须尽可能缩短调查期限。

（五）确定调查的空间标准

调查的空间标准指调查单位应在什么地点接受调查。若调查单位处于流动状态或某地区存在交叉状况时，就应该明确具体地。例如，人口普查调查的是不断流动的人，就必须规定究竟是按户籍所在地登记，还是按常住人口登记，或按现有人口登记。

（六）确定调查的方法

统计调查按收集资料方法的不同，分为直接观察法、报告法、采访法等形式。

1. 直接观察法

直接观察法也称现场观察法，是指由调查人员到现场对调查对象进行观察点数和计量。如农产品产量的实割实测、商品库存量的盘点、车辆流量调查等都属于直接观察法。直接观察法能够保证所收集资料的准确性，但这种调查方法需耗用大量的人力、物力、财力和较长的时间，因此，它的运用受到一定的限制。

2. 报告法

报告法又称通信法，一般是由统计工作机构将调查表格分发或电传给被调查者，被调查者则根据填报的要求将填好的调查表格寄回。我国现行的统计报表制度采用的就是这种方法。由于报告法是通过发放调查提纲来收集资料的，调查者和被调查者不直接接触，因此，调查方案必须简明准确、通俗易懂，以防止由于被调查者对调查提纲的理解错误而影响统计质量。

3. 采访法

采访法是根据被调查者的答复来收集统计资料，这种方法又可分为口头询问法和被调查者自填法两种。口头询问法是由调查人员对被调查者逐一采访，当面填答。被调查者自填法是由调查人员把调查表交给被调查者，向被调查者说明填表的要求和方法，并对有关注意事项加以解释，由被调查者按实际情况一一填写，填好后交调查人员审核收回。采访形式可以多种多样，可以是直接面对面的调查，也可以通过电话、网络进行调查。

4. 登记法

登记法是由有关的组织机构发出通告，规定当事人在事情发生后到该机构进行登记，填写所需登记的材料。如流动人口的统计就是采用规定当事人到公安机构登记的方法。

5. 实验法

实验法是在影响调查客体的若干因素中，选出一个或几个因素作为实验因素，并假设在其余因素不变的条件下，了解实验因素变化对调查客体的影响。

6. 网上调查法

网上调查法指由调查对象登录网络，通过单击或填写的方式提交问卷的方法。网上调查有两种形式：一种是网上直接调查，指利用互联网直接进行问卷调查等方式收集初级资料；另一种称为网上间接调查，指利用互联网的媒体功能，从互联网收集次级资料。

随着现代信息技术的发展，计算机、网络、光电技术、卫星遥感、地理信息系统等高新技术已经或正在被广泛地引入统计调查领域中。例如，在农业调查中，利用卫星高度分辨辐射计算所提供的地面农作物密度的资料估计农产量。

综上所述，统计调查采取何种方式方法，必须根据调查的具体任务和调查对象本身的特点而定，并随客观情况和工作条件的变化而适当选用。

（七）确定调查的组织实施计划

调查工作的组织实施计划是指对调查所涉及的人、财、物的统筹安排，包括调查机构、人员的安排及组织培训、调查经费的预算开支、资料的印刷及汇总等问题。安排好调查所涉及的人、财、物是做好调查的保障。值得注意的是，调查人员的素质往往直接影响到调查的质量。因此，在大型调查之前组织专门的普查人员进行培训是必不可少的环节。

三、统计调查组织形式

统计调查按调查的组织形式不同，分为统计报表和专门调查。

（一）统计报表

统计报表是我国收集统计资料的一种重要的组织形式。它是按照国家或上级部门统一规定的表式、统一的指标、统一的报送程序和报送时间，自下而上逐级提供基本统计资料的一种调查方式。

统计报表制度的基本内容有：报表内容和指标体系的确定，报表表式的设计，报表的实施范围、报送程序和报送日期，填表说明、统计目录等。

1. 统计报表的特点

统计报表的主要特点有：第一，报表资料的来源建立在基层单位的各种原始记录的基础上，基层单位也可利用其资料对生产、经营活动进行监督管理。第二，由于统计报表是逐级上报和汇总的，各级领导部门能获得管辖范围内的报表资料，了解本地区、本部门的经济和社会发展情况。第三，由于统计报表属于经常性调查，调查项目相对稳定，有利于积累资料并进行动态对比分析。

统计报表定期、比较稳定地收集资料的方法在我国社会经济建设中具有重要作用。目前，我国有关国计民生的重要的统计资料绝大部分是依靠统计报表取得的。但这种调查方式也有不足之处：第一，在经济利益多元化的条件下，有些单位为了本单位的利益可能会瞒报、虚报某些数据，影响资料的质量；第二，如果上级机关向下级布置的报表过多，会增加基层负担。

2. 统计报表的种类

（1）统计报表按调查范围不同分为全面统计报表和非全面统计报表。全面统计报表要求调查对象中的每个单位都填报；非全面统计报表，只要求调查对象中的一部分单位填报。目前的大多数统计报表都是全面报表。

（2）统计报表按主管系统不同分为基本统计报表和专业统计报表。基本统计报表是国家统计系统为收集国民经济和社会发展情况的基本统计资料，由国家统计局制发，用来收集工农业生产、交通运输、邮电、商业、外贸、财政金融、劳动工资等国民经济基本统计资料，为有关部门指导工作、编制和检查计划执行情况提供依据。专业统计报表（业务部门统计报表）是业务部门统计系统为收集适应本部门业务管理所需要的专业统计资料，由业务主管部门制发，只在本系统内执行，用来收集有关部门的业务技术资料，作为基本统计报表的必要补充。

一般来说，专业统计报表比基本统计报表内容要多一些、详细一些，但不得与基本统计报表相抵触。

（3）统计报表按填报单位不同分为基层报表和综合报表。基层报表是由基层企事业单位根据原始记录、统计台账汇总整理出的统计报表。综合报表是由主管部门或地方根据基层报表逐级汇总填报的报表。

（4）统计报表按报送周期长短不同分为日报、旬报、月报、季报、半年报和年报。除年报外，其他报表都称为定期报表。日报、旬报由于时效性强，也称为进度报表。各种报表报送周期的长短和指标项目的多少有一定的关系。通常是报表报送的周期越短，报送的指标项目越简越粗；反之，则指标项目就越多越细。年报是带有总结性的报表，其作用在于总结报告年度计划执行情况，分析研究历年生产发展趋势和平衡关系，以及为各级领导机关制定方针、政策提供依据。所以，年报具有指标多、分组细、统计范围广等特点。

（5）统计报表按报送方式不同分为电讯报表和书面报表。电讯报表又可分为电报、电话和电视传真等方式。采用什么方式取决于内容的紧迫性或要求的时效性。日报和旬报时效性强，要求迅速上报，所以通常采用电讯方式上报；月报、季报、半年报和年报，除少数月报也采用电讯方式外，一般采用书面（邮寄或投递）的方式上报。

3. 统计报表的资料来源

统计报表的资料来源主要有三种形式：原始记录、统计台账和内部报表。

（1）原始记录。原始记录是基层单位通过一定表式，对生产经营活动过程和成果所做的第一手数字或文字记载，是未经过加工整理的初级资料。例如，工业企业的产品产量、质量记录；原材料、燃料、动力消耗记录；工人出勤和工时记录等。

原始记录的质量，直接影响着统计报表数字的准确性和及时性。基层单位进行经济核算所需的各种资料都来自原始记录。统计核算、会计核算和业务核算都是以原始记录为依据的，因此建立和健全原始记录制度对贯彻执行统计报表制度，加强经济核算工作都具有十分重要的意义。

（2）统计台账。统计台账就是根据填报统计报表和统计核算工作的需要，将分散的原始记录分门别类地汇总、登记而得到的统计账册。

统计台账种类繁多，格式多样，应视各个基层单位的具体情况和实际需要而定。其基本形式大体可以分为单指标的分组台账和多指标的综合台账。单指标分组台账是在同一个表册上按时间顺序，同时登记各个下属单位某一项指标数值的动态情况。多指标综合台账是在同一个表册上按时间顺序，同时登记若干个有关指标数值的动态情况，例如，企业或车间为检查各项主要指标完成情况而设置的主要指标完成情况台账。

企业的统计台账分为三个层次，即班组台账、车间台账和部门台账。班组台账是反映生产经营活动基本情况的台账，它是班组核算和班组管理的内容之一，如工时台账、产量台账、质量台账等；车间台账是反映车间基本经营情况的台账，其资料来源于班组报表，如车间生产进度台账、主要统计指标台账、设备台账等；部门台账也称厂级台账，是指各职能部门根据各自的职能范围设立的台账，如供应部门设有材料收入台账、库存台账，成品库设成品入库台账等。

（3）内部报表。内部报表是在基层单位内部报送统计资料的一种统计表。与统计报表相比，内部报表的特点是不外报。内部报表有两种：一种是为填报上级下发的统计报表而设置的，这种报表的任务是在厂内传递统计报表中所需的数据；另一种是为企业经营管理工作的需要而设置的，企业为搞好自身管理，需要掌握一些基本的统计信息，因此设置内部报表，收集所需资料后报送有关领导或职能部门。

（二）专门调查

统计报表制度是统计调查方式中的一种常用方式。除此以外，还需要按照特定任务的要求和调查对象的特点采用专门调查。专门调查灵活多样，适应性强，可因事制宜。

专门调查包括普查、重点调查、典型调查和抽样调查四种。

1. 普查

普查是为了某一特定目的而专门组织的一次性的全面调查。它是用来收集那些不能够或不适宜用定期全面统计报表收集统计资料的情况，以搞清重要的国情国力。普查是适合于特定目的、特定对象的一种调查方式，主要用于收集某一时点状态下的社会经济现象的数量，目的是掌握特定社会经济现象的全貌，为国家制定有关政策或措施提供依据。

（1）普查的特点。

① 普查通常是一次性的或周期性的。由于普查涉及面广、调查单位多，需要耗费大量的人力、物力和财力，通常需要间隔较长的时间进行一次。如我国的人口普查从 1953 年到 2020 年共进行了七次。今后，我国的普查将规范化、制度化，即每逢年份的末尾数字为"0"的年份进行人口普查；为"3"的年份进行第三产业普查；为"5"的年份进行工业普查；为"7"的年份进行农业普查；为"1"或"6"的年份进行基本单位普查。

② 普查需要规定统一的标准时点。普查一般需要规定统一的标准调查时间，以避免调查数据的重复或遗漏，保证结果的准确性。例如，人口普查若没有一个统一的标准时点，就会因人口的出生和死亡、迁入和迁出得不到准确的数字。当然，在实际登记时，不可能全国各地都在标准时间（比如，2020 年人口普查的标准时间是 11 月 1 日零时）的一瞬间把普查的各项数字都同时登记好，而是有些边远地区要提前几天登记，一般地区要在以后几天内登记完，但都要把这前后几天内的变动加以调查，以取得标准时间的准确数字。

③ 普查的规范化程度较高，有统一规定的项目和指标。普查项目一旦统一确定，不能任意更改，以免影响汇总综合，降低资料质量。同一种普查，每次调查的项目和指标应力求一致，便于对比分析，从而掌握调查对象的发展变化趋势。

（2）普查的方式。普查有两种方式：一种是成立专门的普查机构，派出普查人员，对调查单位进行调查。中华人民共和国成立后采取此种普查方式的有：1953 年第一次全国人口普查；1955 年私营商业及饮食业普查；1964 年第二次全国人口普查；1977 年全民所有制和集体所有制单位实际用工人数普查；1978 年全国科技人员普查；1982 年第三次全国人口普查；1990 年全国第四次人口普查；2000 年全国第五次人口普查；2010 年全国第六次人口普查；2020 年全国第七次人口普查等。另一种是利用企、事业单位的原始资料或报表资料进行填报，或根据这些资料结合实际盘点的情况进行填报。采取此种普查方式的有：1954 年黑色金属、有色金属和木材库存普查；1954 年以后所进行的多次物资库存普查；1985 年第二次全国工业普查；1995 年第三次全国工业普查等。第二种方式比第一种简便，适用于内容比较单一、涉及范围较小的情况。

（3）快速普查。当调查任务紧迫，一般的普查办法不能完成这种紧迫任务时，可以采用快速普查的办法。快速普查的特点是：从布置普查任务到上报普查资料，都由组织普查工作的最高领导机关（如国家统计局）直接与各基层单位取得联系，越过一切中间环节。快速普查一般内容比较简单，突出一个"快"字，上报资料一般用电报方式。例如，我国 1956 年进行的"钢产量库存快速普查"，仅在 21 天内就完成了 2 400 多个单位的钢材库存情况的普查任务，为国家重新平衡调剂钢材提供了可靠的依据。

普查作为一种特殊的数据收集方式，其最大的优点是比任何其他调查方式所取得的资料更全面、更系统、更详尽。一次重大的国情国力普查，需要花费较多的人力、财力、物力和时间，调查登记的时间虽然并不很长，但是复杂细微的准备工作和数量巨大的数据处理工作往往需要较长的时间。如人口普查、工业普查，准备工作需要 3 年或更长时间，数据处理还需要两年或两年多时间。所以，普查不宜经常进行，可 10 年、15 年或 20 年进行一次。

2. 重点调查

（1）重点调查及其意义。重点调查是一种非全面性调查，是在调查对象范围内选择部分重点调查单位而进行的调查。所谓重点单位，是指这些单位的标志总量在总体标志总量中占有绝大比重的单位。它们在总体中的单位数很少，却具有举足轻重的作用。通过对重点单位的调查，可以从数量上说明整个总体在该标志总量方面的基本情况或基本趋势。如选择宝钢、鞍钢、首钢、武钢、太钢、包钢等几个钢铁企业进行调查，能及时地了解全国钢铁企业生产的基本情况，因为这些企业的钢铁产量占全部钢铁企业总产量的绝大比重，可以满足调查任务的需要。

选取重点单位，应遵循两个原则：一是要根据调查任务的要求和调查对象的基本情况确定选取的重点单位及数量。一般来讲，要调查的重点单位应尽可能少，而其标志值在总体标志总量中所占的比重应尽可能大，以保证其有足够的代表性。二是要注意选取那些管理比较健全、业务力量较强、统计工作基础较好的单位作为重点调查单位。

（2）重点调查的特点。

① 调查单位少。重点调查由于选择的单位较少，因此调查项目就允许多一些，所了解的情况也可以详细一些。

② 适用于调查对象的标志值比较集中于某些单位的场合。重点调查的主要目的在于了解研究对象的基本情况，而不要求全面准确地推算总体的数字资料。

（3）重点调查的方式。主要采取专门调查的组织形式，有时也可以结合定期统计报表，由被调查的重点单位填报，定期观察这些重点单位的主要技术经济指标的完成情况及其变动。

重点调查的优点在于花费较少的人力、物力和时间就可获得总体基本情况的资料，它可以用于不定期的一次性调查，也可以用于经常性的连续调查。

3. 典型调查

（1）典型调查及其意义。典型调查是一种专门组织的非全面调查，它是根据研究目的，在对调查对象充分认识了解的基础上，有意识地选取若干具有典型意义或具有代表性的单位进行调查的方法。

典型调查具有两个突出的作用：第一，研究处于萌芽状态的新生事物或某种倾向性的社会问题。通过对典型单位深入细致地调查，可以及时发现新情况、新问题，探索事物发展变化的趋势，形成科学的预见。第二，分析事物的不同类型，研究它们之间的差别和相互关系。如要研究工业企业的经济效益问题，可以在同行业中选择一个或几个经济效益突出的单位做典型进行深入细致的调查，从中找出经济效益好的原因和经验，以便于推广。

（2）典型调查的特点。

① 调查单位少，能深入实际，深入群众，收集详细的第一手数字资料。

② 典型单位是有意识地选出的，具有一定的主观性。

③ 典型调查机动灵活，可节省人力和物力，提高调查的时效性。

典型调查的优点在于调查范围小，调查单位少，灵活机动，具体深入，节省人力、财力和物力等。其不足是在实际操作中选择真正有代表性的典型单位比较困难，而且还容易受人为因素的干扰，从而可能导致结论有一定的倾向性，且典型调查的结果一般情况下不宜用于推算全面数字。

（3）典型单位的选取。典型调查的中心问题是如何正确选择典型单位。典型单位的选择是否合适，直接关系到调查的质量和效果。根据不同的研究目的和要求，有以下三种选择典型的方法。

① "解剖麻雀"。这种方法适用于总体内各单位差别不太大的情况。通过对个别代表性单位的调查，用以说明事物的一般情况或事物发展的一般规律。

② "划类选典"。当总体内各个单位差别明显时，首先把总体划分为若干个类型组，使各类型组的内部差异较小；然后，从各类型组中分别选出若干个具有代表性的单位进行调查，即为"划类选典"法。

③ "抓两头"。如果为了研究成功的经验和失败的教训，则可以分别从先进单位和落后单位中选择典型，以便总结经验和教训，带动中间状态单位，推动整体的发展。

4. 抽样调查

（1）抽样调查的概念。抽样调查也是一种非全面调查，它是按照随机原则从总体中抽选一部分单位进行调查，并根据调查的结果来推算总体的数量特征的调查方法。

抽样调查的理论基础是概率论，它不仅可以估计出抽样误差的大小，而且可以通过一定方法控制这些误差，所以这是一种既节省人力、财力、物力，又具备一定可靠性的科学调查方法。

（2）抽样调查的特点。

① 抽样调查是一种非全面调查。抽样调查只抽取总体中的一部分单位进行深入细致的调查，它同重点调查、典型调查一样属于非全面调查。

② 抽样调查是用样本指标数值推断总体的指标数值。有些社会经济现象不可能或者没必要进行全面调查，通过对总体中的部分单位组织调查，但调查目的并不是了解所调查单位的情况，而是以所调查单位的数量表现为依据，达到对总体数量特征的认识。如 2006 年 3 月 16 日，国家统计局发布 2005 年全国 1%人口抽样调查主要数据公报。公报显示：2005 年 11 月 1 日零时，我国 31 个省、自治区、直辖市和现役军人的总人口为 130 628 万人，与 2000 年 11 月 1 日零时第五次全国人口普查的总人口 126 583 万人相比，增加了 4 045 万人，增长 3.2%；年平均增加 809 万人，年平均增长 0.63%。2020 年 11 月 1 日零时第七次全国人口普查的总人口为 141 178 万人，与 2010 年的 133 972 万人相比，增加 7 206 万人，增长 5.38%，年平均增长 0.53%。根据调查数据推算，2005

年年末总人口为 130 756 万人。

③ 抽样调查必须遵循随机原则。随机原则是保证总体中每个单位都有相同的中选机会，这样能够防止人为主观因素的影响，提高样本的代表性。

④ 抽样调查必然会产生抽样误差，抽样误差可以事先计算和控制。以样本指标估计相应的总体指标，二者之间必然存在误差。但是这个误差的范围可以事先通过有关资料加以计算，并且采取必要的组织措施来控制，以保证抽样推断的结果达到一定的可靠程度。在其他条件不变的情况下，可以通过增加抽样单位数的方法降低抽样误差。

（3）抽样调查与其他非全面调查的比较。抽样调查除了非全面调查所具有的经济性和时效性外，还有如下显著特点。

① 适应面广。抽样调查适用于各个领域、各种问题的调查。从适用的范围来看，抽样调查既可用于全面调查能够调查的现象，也能调查全面调查所不能调查的现象，特别是适合于一些特殊现象的调查。如产品质量的检验、种子的催芽试验、医药的临床试验等。在社会经济现象中，有很多现象是无法进行全面调查的，只能采用抽样调查。

② 准确性高。抽样调查的数据质量有时比全面调查更高，因为全面调查的工作量大、环节多，登记性误差往往很大；而抽样调查由于工作量小，可使各环节的工作做得更细，误差往往很小。当然，用样本数据去推断总体时，不可避免地会有推断误差，但这种误差的大小是可以计算并可以控制的。现在世界上许多国家广泛采用抽样调查方法。

上述各种统计调查方式都各有其不同特点和作用，也有其局限性和不足之处。在实际工作中，应根据不同的调查对象和研究任务，灵活运用，把各种统计调查方式尽可能地结合运用，发挥各自的长处，互相补充验证，这样才能收集到准确、丰富的统计资料。

四、问卷调查设计

调查问卷是用来收集调查数据的一种工具，是调查者根据调查目的和要求所设计的，由一系列问题、备选答案、说明以及码表组成的一种调查形式。调查问卷设计的好坏直接影响到数据的质量和分析的结论。一份设计优良的调查问卷应该能有效地用来收集数据，同时尽可能减少误差和矛盾，并减少收集和处理数据所花费的费用和时间。

（1）调查问卷的基本结构。不同的调查问卷在具体结构、题型、措辞、版式等设计上会有所不同，但在结构上一般都由开头部分、甄别部分、主体部分和背景部分组成。

① 开头部分。开头部分一般包括问候语、填表说明和问卷编号等内容。

问候语：在自填式问卷中，写好问候语十分重要，它可以引起被调查者的重视，消除顾虑，激发参与意识，以争取他们的积极合作。问候语要语气亲切、诚恳礼貌，文字要简洁准确，并在结尾处对被调查者的参与和合作表示感谢。

填写说明：在自填式问卷中要有详细的填表说明，让被调查者知道如何填写问卷，如何将问卷返回到调查者手中。这部分内容可以集中放在问卷的前面，也可以分散到各有关问题的前面。

问卷编号：问卷编号主要用于识别问卷以便校对检查、更正错误。

② 甄别部分。甄别也称为过滤，它是先对被调查者进行过滤，筛选掉不需要的部

分，然后针对特定的被调查者进行调查。

通过甄别或过滤，一方面可以筛选掉与调查事项有直接关系的人，以达到避嫌的目的；另一方面，也可以确定哪些人是合格的被调查者，哪些人不是。甄别的目的是确保被调查者合格，能够作为该调查项目的代表，从而符合调查研究的需要。

③ 主体部分。该部分是调查问卷的核心内容，包括了所要调查的全部问题，主要由问题和答案所组成。

④ 背景部分。背景部分通常放在问卷的最后，主要是有关被调查者的一些背景资料。该部分所包含的各项问题，可使研究者根据背景资料对被调查者进行分类比较分析。

（2）调查问卷提问项目的设计。调查问卷所要调查的资料，由若干个提问的具体项目即问题所组成。提问项目设计的好坏将对调查质量有重要影响。在设计提问项目时，需要注意以下几点。

① 问题的表述要准确、通俗。只有准确的问题表述才能保证每一个被调查者有同样的理解，因此一定要避免用词含糊和模棱两可的问话。例如："您觉得这款电视机的画面质量怎么样？"这里的"画面质量"的含义是很笼统的，被调查者不知道要回答哪些质量方面的问题。因此，可以改为："您觉得这款电视机的画面是否清晰？"

此外，调查者应该尽量避免使用回答调查问题的人所不熟悉的技术性很强的专业术语或仅在本专业内使用的"行话"。如果需要使用这样的术语，应该向被调查者解释这些术语的定义。例如："您是否认为使用电脑数字技术制作的广告更具有吸引力？"有些人可能不知道什么是"电脑数字技术"，因此无法回答这样的问题。

② 一项问题只包含一项内容。如果在一项提问中包含了两项以上的内容，被调查者就很难回答。例如："您觉得这种新款跑车的加速性能和制动性能怎么样？"这里包括了两项内容，如果被调查者认为加速性能很好，而制动性能不好，或者认为加速性能不好，而制动性能很好，则一时很难做出判断和回答。所以，可以把它分成两个问题："您觉得这种新款跑车的加速性能怎么样？""您觉得这种新款跑车的制动性能怎么样？"

③ 避免诱导性提问。问卷中提出的问题不能带有倾向性，而应保持中立。诱导性问题能误导调查回答并影响调查结果。有强烈暗示性答案的问题，容易诱导被调查者选择并非自己真实想法的答案。如："很多人认为购买债券是最保险的一种投资方式，您觉得怎么样？"

④ 避免使用双重否定。应避免使用包含双重否定的句子结构，因为被调查者可能不知道他们是应该回答同意，还是回答不同意。例如："你赞不赞成政府不允许便利店出售酒的规定？"

⑤ 尽量避免敏感性问题。敏感性问题是指被调查者不愿意让别人知道答案的问题。例如，个人收入问题、个人生活问题、政治方面的问题等。问卷中要尽量避免提问敏感性问题或容易引起人们反感的问题。对于这类问题，被调查者可能会拒绝回答，或者采用虚报、假报的方法来应付回答，从而影响整个调查的质量。

若采用匿名问卷的方式，被调查者则会倾向于如实回答较为敏感的问题。

（3）回答项目的设计。回答项目是针对提问项目所设计的答案。由于问卷中的问题有不同类型，所设计的答案类型和对被调查者的回答要求也是不同的。

问卷中的问题类型有两类：一类是开放性问题；一类是封闭性问题。

① 开放性问题。开放性问题是指对问题的回答未提供任何具体的答案，由被调查者根据自己的想法自由做出回答，属于自由回答型。

开放性问题的优点是比较灵活，适合于收集更深层次的信息，特别适合于那些尚未弄清各种可能答案或潜在答案类型较多的问题，而且可以使被调查者充分表达自己的意见和想法，有利于被调查者发挥自己的创造性。这种方法的缺点是答案不规范、资料分散、不易量化。

② 封闭式问题。封闭式问题是指对问题事先设计出了各种可能的答案，供被调查者进行选择。每种答案称为一个选项，要求被调查者在这些选项中，选择一个或几个作为回答。

封闭式问题的优点是答案标准化，便于比较分析；可事先编码，给信息处理带来方便；被调查者节省答卷时间。这种方法的缺点是如果选项阐述不清楚，被调查者遇到的问题可能比开放式问题更多，即一旦设计有缺陷，被调查者就可能无法回答问题，从而影响调查质量。因此，如何设计好封闭式问题的答案，是问卷设计中的一项重要内容。

封闭式问题的答案是选择回答型的，所以设计出的答案一定要穷尽和互斥，当有些问题答案不能穷尽时，可以加上"其他"一项，以保证被调查者能有所选择或回答。

第二节　数据的整理

一、数据整理概述

（一）数据整理的意义

数据整理是统计工作的第三个阶段。它是根据统计研究的任务，对统计调查得来的大量原始资料（初级资料）进行科学的加工和总和，使之条理化、系统化，得出反映事物综合特征的工作过程。从广义上讲，对已经加工过的资料（次级资料）进行再加工也属于数据整理。

通过统计调查取得的资料，只是反映社会经济现象个体的具体资料，这些资料是分散的和零碎的，不能反映现象总体的特征，也不能达到认识现象本质和发展变化规律的目的。如通过工业普查可以得到每个企业的工业总产值、工业增加值、产品销售收入、固定资产原值、流动资金年平均余额、销售税金及附加、利润等资料，这些资料只能反映每个企业的生产经营情况，不能反映一个国家或地区工业生产的基本情况。只有通过数据整理，把这些企业零碎的资料进行整理、汇总，才能得到反映一个国家或地区工业总体状况的统计资料。

数据整理是人们对社会经济现象从感性认识上升到理性认识的过渡阶段，是统计工作中一个十分重要的中间环节，是统计调查的继续和深入，是统计分析的依据和前提，起着承前启后的作用。数据整理工作做得好，会使综合的资料十分丰富，说明更多的问题。否则，统计调查工作就会前功尽弃，统计分析的结果缺乏正确性和科学性。因此，数据整理在统计研究中占有重要的地位。

（二）数据整理的步骤

数据整理是一项细密的工作，需要有计划、有组织地进行。数据整理的基本步骤如下：

1. 数据整理方案的设计

正确制定数据整理方案是保证有计划、有组织地进行统计整理工作的首要步骤，是统计设计在数据整理阶段的具体化。在方案中要明确数据整理的任务、汇总的指标、分组的方法和标准、资料汇总的形式、编制整理表和汇总表式等。

2. 统计资料的审核

统计资料的审核是保证统计整理质量的前提，主要审核、检查被调查单位的资料是否齐全，有无迟报、不报、漏报、错报的情况。审核的办法主要有以下几个。

（1）逻辑性检查。逻辑性检查是用来检查各资料的内容是否合理、有关项目之间是否存在矛盾的方法。例如，人口调查中，少年、儿童年龄段的居民，不应有婚姻情况，文化程度一般不应是大学毕业以上，职务一般不应是工程师以上等。如果出现已婚、高级工程师，显然在逻辑上是不可能的，要进一步查实、更正。

（2）比较审查法。比较审查是指标之间进行数据比较方式的审查。例如，工业企业数必须大于或等于有科技活动的企业数；主营业务收入减去主营业务成本和主营业务税金及附加等于主营业务利润等。凡是不符合上述规定要求的，必然是数据有问题，必须查清。

（3）设置疑问框审查法。一般来说，指标之间存在一定的量值范围和比例关系，利用这种范围和比例关系，可以规定疑问框，从而审查数据是否有疑问。例如，工业普查资料审核时，规定现价工业总产值与产品销售收入的比值不小于 0.7，不大于 1.5；工业增加值与现价工业总产值的比值不大于 0.6，不小于 0.2 等。疑问框的设置不能过大，否则会遗漏有差错的数据；但是也不能过小，过小会使大量无差错的数据被检出来，增加审查的工作量。

以上一些审查方法，设计好后，可以编程由计算机进行审查，以节约人力与时间。在资料审查中，如发现差错，要分不同情况及时纠正与处理：属于被调查单位填报错误者，应通知它们重新填报；属于汇总过程中的错误，应根据情况，予以修正。

3. 统计分组和汇总

科学的统计分组是统计整理的关键。统计分组是将统计调查得来的大量原始资料，按照一定的标志区分为不同的类型或性质不同的组。统计汇总是对分组后的资料通过计算机或手工进行必要的计算和汇总，汇总出各组的合计数和总体合计数，通过汇总将个体特征的资料过渡为反映总体特征的资料。

4. 统计图表的编制

统计图表的编制是表现统计资料的主要形式，是将数据整理的结果用图表的形式简明、形象地表示的方法。

5. 统计资料的积累与开发

对整理好的统计资料要妥善保存，并进行深入研究，充分开发和利用。

（三）统计数据汇总的组织形式和方法

1. 统计数据汇总的组织形式

统计汇总的形式有逐级汇总和集中汇总两种。

（1）逐级汇总。逐级汇总是按照一定的管理系统自下而上地逐级汇总统计资料的一种汇总组织形式。它的优点是：能满足地区和部门的需要，便于就地审核和订正原始资料；缺点是费时较长。

（2）集中汇总。集中汇总是将全部原始资料集中到统一布置收集资料的单位只进行一次汇总。这种汇总形式可以大大地节省汇总时间，但原始资料如有差错不能就地更改，汇总机关也不能满足地区和部门的需要。

目前，有时也将这两种方法结合起来应用，称为综合汇总。

2. 统计数据汇总的方法

统计数据汇总的方法又称统计资料的汇总技术，有手工汇总和计算机汇总两种。

（1）手工汇总。手工汇总是指用算盘或小型计数器进行的汇总。通常使用的方法有划记法（或点线法）、过录法、折叠法和卡片法。划记法是在预先设计的汇总表上用点或线作为记号的汇总方法；过录法是先将调查资料过录到预先设计的汇总表上，然后计算加总，得出各组和总体单位数和标志值的合计数，最后填入过录表；折叠法是把调查表所要汇总的同一项目数值折叠，在一条线上进行汇总，并将结果直接填入统计表；卡片法是利用特制的摘录卡片作为分组计数的工具。

（2）计算机汇总。这是目前我国数据整理中普遍使用的方法。它是利用现代电子计算技术进行统计汇总和计算工作，是统计汇总技术的新发展，也是统计现代化的一种重要标志。计算机汇总过程分为五个步骤：编程序、编码、数据录入、数据编辑、计算与制表。计算机汇总方法的普遍使用，不仅大大地缩短了汇总的时间，而且保证了汇总的质量。

二、统计分组

（一）统计分组的概念

统计分组（statistical classification）是根据统计研究任务的要求和对象的特点，将总体按照一定的标志划分为若干性质不同的组的一种统计方法。

社会经济现象是复杂的，现象之间既相互联系、相互制约，同时又存在差异。统计分组的目的，就在于通过对现象内部各部分之间差异的分析，认识它们之间的矛盾，揭示事物的本质和规律。统计分组是一个相对的概念，对总体而言是"分"，即将总体划分为若干个性质不同的组成部分；而对个体而言是"合"，即将性质相同的个体合为一组。如对所有工业企业按规模大小进行分组，对总体而言是将工业企业区分为大型、中型和小型三个规模不同的组成部分；而对每个企业而言是将规模相同的企业合为一组。

（二）统计分组的作用

统计分组是基本的统计方法之一，在数据整理和统计分析中起着重要作用。其基本作用表现在以下四个方面。

1. 发现事物的特点与规律

通过统计调查取得的资料，往往是分散、零碎和杂乱无章的，只有将其进行合理的分组，使其系统化和条理化，才能发现事物的特点与规律。

【例 2.1】 某车间 50 名工人的日加工零件数资料如下：

107	108	110	112	113	114	115	117	118	108
112	117	117	118	118	119	120	121	122	123
124	125	126	127	120	122	122	122	123	123
123	124	124	125	126	127	127	128	129	130
131	133	134	135	137	139	128	133	134	139

从上述数据来看，工人日加工零件数有高有低、杂乱无章，很难看出其特点与规律，将上面的资料进行分组汇总后，其变化规律就可清楚地表现出来，如表 2.3 所示。

表 2.3　某车间工人日产零件数分组表

按零件数分组/件	工人数/人	比重/%
105～110	3	6
110～115	5	10
115～120	8	16
120～125	14	28
125～130	10	20
130～135	6	12
135～140	4	8
合计	50	100

由表 2.3 分析，该车间有 64% 的工人日产零件数在 115～130 件，有 20% 的工人日产零件数在 130 件以上，而有 16% 的工人日产零件数在 115 件以下，工人日产零件数差距较大。如果不进行上述分组，就很难观察出这些规律和特点。

2. 划分现象的类型

社会经济现象有多种多样的类型，不同类型的现象有着不同的特点以及不同的发展规律，通过统计分组可以将不同类型的现象清晰地区分出来。如将工业企业按登记注册类型分为内资企业、港澳台商投资企业和外商投资企业三大类型，内资企业包括国有企业、集体企业、股份制企业、联营企业、有限责任公司、股份有限责任公司、私营企业和其他内资企业等。

3. 揭示现象的内部结构

通过统计分组计算出现象总体内部各组成部分占总体的比重，可揭示总体内部的构成，表明部分与总体、部分与部分之间的比例关系。如表 2.4 就反映了 2020 年我国各年龄段人口构成情况。

表 2.4　2020 年我国各年龄段人口构成比例表

年龄	比重/%
0～14 岁	17.95
15～64 岁	68.55
65 岁以上	13.50

资料来源：《中国统计年鉴 2021》。

4. 分析现象之间的依存关系

社会经济现象不是孤立的，而是具有相互联系、相互依存和相互制约的关系。通过统计分组可以揭示现象之间的相互依存关系及数量上的表现，如研究企业规模与劳动生产率之间的相互依存关系，劳动生产率与产品成本之间的相互依存关系等。通过表2.5，可以看出随着产品产量的增加，单位产品成本不断下降的趋势。

表 2.5　某企业下半年产品产量与单位成本资料表

月份	产品产量/件	单位产品成本/元
7	2 000	73
8	3 000	72
9	4 000	71
10	5 000	70
11	6 000	68
12	7 000	65

（三）统计分组的方法

统计分组的关键问题是正确选择分组标志和划分各组界限。

1. 分组标志的选择

分组标志是指作为分组根据的标志。如人口按性别分组，性别就是分组标志；企业按销售额分组，则销售额就是分组标志。统计分组是否科学，在很大程度上取决于分组标志的选择是否正确。如果分组标志选择得正确，就能正确实现分组的任务，得出科学的结论；否则，就会得到不正确的结论。因此，正确选择分组标志是统计分组的一个重要问题。在选择分组标志时应考虑以下基本原则。

（1）根据研究目的选择分组标志。任何统计总体都有许多特征，既有品质方面的特征，又有数量方面的特征。对同一事物由于研究目的的不同，选择的分组标志也不同。例如，要研究工业企业的生产计划完成情况，应选择"计划完成程度"作为分组标志；研究企业盈利情况，应选择"利润额"作为分组标志；研究企业职工的文化素质，应选择"受教育年限"作为分组标志。

（2）选择能反映事物本质特征的标志。由于社会经济现象具有多种特征，因此，在选择分组标志时，常常遇到几个标志都可以使用的情况，这就需要根据被研究对象的特征，选择最主要的、最能反映现象本质特征的标志。如研究职工生活水平的高低情况，可以用职工的平均工资、职工家庭的平均收入等作为分组标志，职工的工资水平只能反映职工个人收入的高低，而要反映职工的生活水平还必须考虑他赡养的人口数，因此，选用按职工家庭成员计算的平均收入才能体现其本质特征。

（3）结合现象所处的具体历史条件或经济条件。社会经济现象随着时间的变化而不断发展变化，同一种社会经济现象在不同的历史条件下具有不同的性质。因此，分组标志的选择应随着具体历史条件或经济条件的变化而不同。如为了研究我国工业企业的规模与其他因素之间的关系，在中华人民共和国成立初期，因生产力发展水平很低，科学技术发展落后，应选择职工人数作为分组标志。而目前，生产力发展水平有了很大提高，先进的、现代化的科学技术在生产领域被广泛地应用，如果还利用职工人数作为分组标志就不合适了，应选择产品生产能力作为分组标志。

2. 统计分组方法

根据分组标志的特征不同，统计总体可以按品质标志分组，也可以按数量标志分组。

（1）按品质标志分组。按品质标志分组是选择反映事物属性特征的标志作为分组标志，它可以将总体单位划分为若干性质不同的类型。如企业按登记注册类型、规模、隶属关系等分组；职工按性别、民族、文化程度、技术等级等分组。

按品质标志分组有些情况下也较复杂，其划分界限不太明确时，尤其不容易划分。如工业与农业的分类问题，在农村，很多农民既从事农业生产，又兼营工业或商业，而且产品产量很大。为了使这些复杂的分类在全国统一执行，国家统计局及中央有关部门，统一制定了各种分类目录，如《国民经济行业分类与代码》《工业产品目录》《大中小型企业划分标准》等，在全国各地区、各部门、各单位分类时使用。

（2）按数量标志分组。按数量标志分组是选择反映事物数量多少的标志作为分组标志。如工业企业按产品销售收入、利润额等进行分组；职工按年龄、月工资收入、日产量等进行分组等。

3. 各组界限的划分

分组标志确定后，各组界限划分的正确与否，直接影响到统计分析结果的真实性。任何分组标志都包含着许多差异，都可以划分出不同的分组界限，如果划分不当，必将混淆各组的性质差异。

按品质标志分组，各组界限的划分比较容易。当品质标志的概念具体明确时，各组间性质差异界限分明；当品质标志的概念抽象繁杂，各组间性质差异不太明确时，应通过编制分类目录进行分组。

按数量标志分组确定分组界限时，首先，要了解该数量标志值的最大可能范围；其次，根据客观事物本身从量变到质变的内在规律，来确定各组间的数量界限。例如，学生考试成绩最大变动范围为 0～100 分，一般分为五组，分别为：优秀（90 分以上）、良好（80～90 分）、中等（70～80 分）、及格（60～70 分）、不及格（60 分以下）。在确定各组间的数量界限时，应注意区分事物本质差异的数值必须作为分组的数量界限。

（四）统计分组体系

统计分组体系是根据统计任务与分组的要求，对同一总体进行多种不同分组而形成的体系。它是一种相互补充、相互联系的分组体系，用于对社会经济现象总体的数量表现认识的深化。分组体系有下列两种形式。

1. 简单分组和平行分组体系

将总体按一个标志进行分组称为简单分组。将同一总体按两个或两个以上的标志分别进行的简单分组称为平行分组体系。如职工按"性别"分组是简单分组；对企业职工分别按性别、工龄和年龄分组，就形成了一个平行分组体系。平行分组体系的特点：每次分组只能固定一个分组标志。如企业职工总体：

（1）按性别分组：男、女。

（2）按工龄分组：10 年以下，10～20 年，20 年以上。

2. 复合分组和复合分组体系

将同一总体按两个或两个以上的标志重叠进行的分组称为复合分组。例如，可以同时选择性别、工龄、年龄等分组标志对企业职工进行分组，如表 2.6 所示。多个复合分组形成的体系称为复合分组体系。建立复合分组体系，应根据统计研究目的的要求，确定分组标志的主辅顺序，先按主要标志对总体进行第一次分组，然后按次要标志再进行第二次、第三次分组。复合分组体系的特点是，每次分组应同时固定两个或两个以上分组标志。

表 2.6　某企业职工性别、工龄情况表

按性别、工龄分组	人数/人
男职工	60
10 年以下	10
10~20 年	35
20 年以上	15
女职工	50
10 年以下	15
10~20 年	30
20 年以上	5
合计	110

三、分布数列

（一）分布数列的概念和意义

分布数列又称频数分布（frequency distribution），是对总体按某一标志分组后，将各组分配的单位数列入所属组内得到的统计数列。分布在各个组的总体单位数称为次数，又称频数（frequency）；各组频数占总频数的比重称为频率（percentage）。因此，分布数列有两个组成要素：一个是分组；另一个是频数。

分布数列是统计整理结果的一种重要表现形式，也是统计分析的一种重要方法。它可以表明总体单位的分布特征、结构状况。在此基础上可以进一步研究标志的构成、平均水平及其变动规律。

（二）分布数列的种类

分布数列根据标志的特征不同，分为品质分布数列和变量分布数列。

1. 品质分布数列

品质分布数列简称品质数列，是按品质标志分组形成的分布数列，用来观察总体单位中不同属性的单位分布情况。例如，工业统计中按工业企业登记注册类型、规模类型、隶属关系等分组形成的分布数列；工业企业职工按性别、受教育程度、工作岗位等分组形成的分布数列。

2. 变量分布数列

变量分布数列简称变量数列，是按数量标志分组形成的分布数列，也可以表述为将总体按数量标志分组，并将各组的变量值按大小顺序排列得到的分布数列，用来观察总体单位中不同数量的单位分布情况。

【例 2.2】　根据某班组 10 名工人的日产量资料编制成变量数列。

顺序号	1	2	3	4	5	6	7	8	9	10
日产量（件）	2	3	3	4	5	4	3	4	3	3

对上述资料按日产量分组，并按日产量从小到大顺序排列，再将各组分布的工人数进行整理得到变量数列，见表 2.7。

表 2.7　某班组工人日产量分组表

按日产量分组/件	人数/人	频率/%
2	1	10
3	5	50
4	3	30
5	1	10
合计	10	100

变量数列可分为单项式变量数列和组距式变量数列两种。

（1）单项式变量数列。单列式变量数列简称单项数列，是指各个组只有一个变量值，每个变量值代表一个组的变量数列。此数列在组数不多和组值变动幅度不大时采用，如表 2.7 所示。

（2）组距式变量数列。组距式变量数列简称组距数列，是指各个组的组距都是一个距离数的变量数列。此数列在变量值较多、变动幅度较大时采用，如表 2.8 所示。

表 2.8　某工厂工人完成生产定额情况

工人按完成生产定额分组/%	人数/人	频率/%
90 以下	30	16.67
90～100	40	22.22
100～110	60	33.33
110～120	30	16.67
120 以上	20	11.11
合计	180	100.00

（三）变量数列的编制

在变量数列的编制中，单项式变量数列的编制较为简单，组距数列的编制比较复杂。下面以组距数列的编制方法为例进行研究。

1. 组距数列的几个基本概念

（1）组限。在组距数列中，表示各组界限的变量值叫组限，其中较小的变量值称下限（lower limit），较大的变量值称上限（upper limit）。如表 2.8 中，90%、100%、110%、120%都是组限，第二组中，90%是下限，100%是上限。

（2）组距。组距数列中，每个组上限与下限之间的距离叫组距（class width），即

$$组距 = 上限 - 下限 \tag{2.1}$$

如表 2.8 中，第二组的组距为：100% - 90% = 10%。

（3）开口组与开口数列。在组距数列中，第一组无下限或最后一组无上限的组称开口组（open class），含开口组的组距数列称开口数列。如表 2.8 中，第一组和第五组都是开口组，此数列是开口数列。

开口组主要适用于当最大的变量值大于邻组上限值的一个组距或最小的变量值小于邻组下限值的一个组距的情况，为了避免空白组出现而在首末两组使用"……以下""……以上"的一种组限设置方法。开口组的组距以相邻组的组距作为本组的组距使用。

（4）组中值。组距数列中，各组上限与下限之间的中点叫组中值（class midpoint），即

$$组中值 =（下限值 + 上限值）÷ 2 \qquad (2.2)$$

如表 2.8 中，第二组的组中值为：（90%+100%）÷2=95%。

开口组组中值的计算：

$$缺下限组的组中值（首组）= 上限 - 邻组组距的一半 \qquad (2.3)$$

如表 2.8 中，首组的组中值为：90% -（100% - 90%）÷ 2 = 85%。

$$缺上限组的组中值（末组）= 下限 + 邻组组距的一半 \qquad (2.4)$$

如表 2.8 中，末组的组中值为：120% +（120% - 110%）÷ 2 = 125%。

各组的组中值是代表该组变量值的平均水平的数值，在计算平均指标时，如果没有原始资料而只有组距数列时，需要用组中值计算。它是从这样的前提出发的，即假设各组内标志值分布均匀，而实际上各组标志值不可能分布完全均匀。因此，组中值只是各组实际平均水平的近似代表，而用组中值计算总平均值，也只能是近似值。

（5）频数密度。组距数列中，单位组距分摊的频数叫频数密度（frequency density），即

$$频数密度 = 频数 ÷ 组距 \qquad (2.5)$$

频数密度主要适用于各组组距不等的组距数列。如表 2.9 中，第三组的频数密度为 173 310 ÷ 50 = 3 466.2。

2. 组距数列的种类

（1）等距数列与异距数列。在组距数列中，各组组距都相等的数列称为等距数列，如表 2.8 所示。组距不都相等的数列称为异距数列，如表 2.9 所示。

在总体单位标志值变动比较均匀的情况下，可以采用等距分组；当总体单位标志值变动很不均匀时，如急剧增长或急剧下降，波动的幅度很大时，则一般采用异距分组。

表 2.9　某地区按职工人数分组的工业企业分布情况

按职工人数分组/人	工业企业数/个
10 以下	57 618
10～50	155 236
50～100	173 310
100～500	70 078
500～1 000	15 157
1 000～3 000	7 717
3 000 以上	1 617
合计	480 733

（2）连续型组距数列和离散型组距数列。在组距数列中，相邻两组的上限与下限以同一个数值表示的数列，称为连续型组距数列，如表 2.8 所示。相邻两组的上限与下限以两个确定的不同数值表示的数列，称为离散型组距数列，如儿童按年龄分组为：未满 1 岁，1～2 岁，3～4 岁，5～9 岁，10～14 岁。

对于离散型变量，既可编制连续型组距数列，也可编制离散型组距数列；对于连续型变量，则只能编制连续型组距数列。在编制连续型组距数列时，因为以同一个数值作为相邻两组共同的界限，所以统计上规定，凡是总体某一个单位的变量值是相邻两组的界限值，这一个单位归入作为下限值的那一组，即所谓"上组限不在内"原则。

3. 组距数列的编制

组距数列的编制涉及的问题较多，不仅取决于分组标志的选择，也要看分组界限的

确定是否合理。下面以例 2.1 资料为例，介绍组距数列的编制步骤。

（1）将原始资料按大小顺序排列，找出最大值（L）、最小值（l）并计算极差（R）。极差也称全距，是变量的最大值与最小值之差。如例 2.1 资料，50 名工人的日产量按大小顺序排列如下：

107	108	108	110	112	112	113	114	115	117
117	117	118	118	118	119	120	120	121	122
122	122	122	123	123	123	123	124	124	124
125	125	126	126	127	127	127	128	128	129
130	131	133	133	134	134	135	137	139	139

最大值（L）=139 件，最小值（l）=107 件，则极差（R）=139－107=32 件。

（2）确定组距（k）与组数（h）。组距指分组条件下每组变量值的变化范围，组数是指变量数列分组的数目。组距和组数是相互联系的，在同一变量数列中，组距的大小与组数的多少成反比，组数越多，组距就越小；组数越少，组距就越大。

在编制组距数列时，如何确定组距与组数具有重要意义。可以先确定组距，也可以先确定组数。美国学者斯特吉斯（Sturges）提出：总体各单位标志值分布趋于正态分布的情况下，可以根据总体单位数 N 确定组数 n，公式为

$$n = 1 + 3.322 \lg N \tag{2.6}$$

至今为止，组数与组距的确定并没有一个统一的方法，应在全面分析资料所反映的事物内容、变量值的分散程度等因素的基础上综合确定。一般组数与组距的确定应掌握以下原则：一是要考虑各组的划分是否能区分总体内部各个组成部分的性质差别，如果不能正确反映各部分质的差异，必须重新分组；二是要能准确地、清晰地反映总体单位的分布特征；三是组数确定后，组距最好取 5 或 10 的整倍数，以便于操作。

在分组时，组距可以相等，也可以不相等。如果采用等距分组能把决定事物本质的数量界限表现出来，可以采用等距分组；如果采用等距分组不能达到正确反映客观事物的本质及其数量表现时，就应采用异距分组。

如例 2.1 资料，综合考虑资料情况，确定用等距分组，组数（h）取 7，则组距（k）为：$k = 32 \div 7 = 4.57 \approx 5$ 件。

（3）确定组限和组中值。当组距与组数确定后，只需划定各组数量界限便可编制组距数列。一般情况下，组限确定应注意以下问题：一是选定组限分组后，标志值在各组的变动能反映事物质的变化，也就是要使同质的单位在同一组内；二是组限的选择也最好取 5 或 10 的整倍数；三是第一组下限应略小于或等于最小变量值，最大组上限略大于或等于最大变量值。

在分组时，组限是否开口设置，应考虑资料的情况。如果个别变量值离差较大，正常分组可能出现空白组，可采用开口组进行处理。

在组限确定后，组中值可用前述公式计算得到。

如例 2.1 资料，首先确定第一组下限值为 105，则第一组上限为 110，依此类推，第 7 组下限值为 135，上限值为 140。

（4）分组归类、编制组距数列如表 2.3 所示。

（四）频数与频率的累计分布

在研究频数和频率的分布时，常常需要计算累计频数（cumulative frequencies）和累计频率（cumulative percentages），编制频数或频率的累计分布数列，表明总体变量在某一水平以上或某一水平以下所包含的频数和频率的总和。累计分布有以下两种。

1. 向上累计

向上累计又称以下累计，或称较小制累计，是指将各组频数或频率由变量值低的组向变量值高的组逐组累计。表明小于各组上限值及以下各组变量值共包含的频数或频率有多少。如根据表 2.3 资料计算的累计频数分布表 2.10。

2. 向下累计

向下累计又称以上累计，或称较大制累计，是指将各组频数或频率由变量值高的组向变量值低的组逐组累计，表明大于等于各组的下限值及以上各组变量值所包含的频数或频率有多少。如根据表 2.3 资料计算的累计频数分布表 2.10。

表 2.10　某车间工人日产零件数累计频数分布表

按零件数分组/件	频数、频率		向上累计		向下累计	
	工人数/人	频率/%	工人数/人	频率/%	工人数/人	频率/%
105～110	3	6	3	6	50	100
110～115	5	10	8	16	47	94
115～120	8	16	16	32	42	84
120～125	14	28	30	60	34	68
125～130	10	20	40	80	20	40
130～135	6	12	46	92	10	20
135～140	4	8	50	100	4	8
合计	50	100	—	—	—	—

累计频数（频率）的特点是

（1）第一组的累计频数（频率）等于第一组本身的频数（频率），最后一组累计频数（频率）等于总体单位数（100%）。

（2）向上累计法最高组累计频数、向下累计法最低组累计频数等于总体单位数，而累计频率之和等于 1 或 100%。

（五）频数分布的主要类型

不同性质的社会经济现象有着不同的频数分布。常用的频数分布有钟型分布、J 型分布和 U 型分布三种类型。

1. 钟型分布

钟型分布的特征是："中间大，两头小"，即靠近中间变量值分布的频数多，而两边变量值的分布频数逐渐减少的分布形态。钟型分布的曲线形状如一口古钟，故称"钟型分布"。例如，学生的学习成绩、职工的工资、企业的产值计划完成程度等现象都属于钟型分布。钟型分布又可细分为对称分布和非对称分布。对称分布是中间变量值分布的频数最多，两侧变量值分布的频数随着与中间变量值距离的增大而渐次减少，并且围绕中心变量值两侧呈对称分布，如图 2.1（a）所示。非对称分布是当变量值存在极大值时，频数分布曲线会较正态分布向右延伸，这种分布称为右偏分布,如图 2.1（b）所示；当变量值存在较小的极端值时，频数分布曲线就会较正态分布向左延伸，这种分布称为左偏分布，如图 2.1（c）所示。

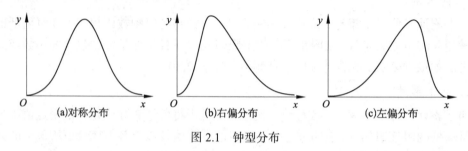

图 2.1　钟型分布

2. J 型分布

J 型分布的特征是"一边小，一边大"，即大部分变量值集中分布在一端，而另一端变量值分布得较少。J 型分布有两种类型：一种是频数随着变量值的增大而增多，即正 J 型分布，如投资额和利润率之间的分布，如图 2.2（a）所示；另一种是频数随着变量值增大而减少，即反 J 型分布，如总人口数与年龄的分布，如图 2.2（b）所示。

3. U 型分布

U 型分布的特征是"中间小，两头大"，即靠近中间的变量值分布的频数较少，靠近两端的变量值分布的频数较多，如不同年龄死亡率的分布、设备磨损的分布，如图 2.3 所示。

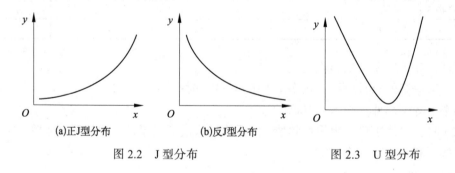

图 2.2　J 型分布　　　　　　图 2.3　U 型分布

第三节　统计数据的显示

一、统计表

（一）统计表的意义

从广义说，任何反映统计资料的表格都是统计表，包括调查表、整理表和计算分析表等。从狭义看，是专指统计整理的工具和整理结果的重要表现形式的表格。统计表能系统、条理、科学、合理地组织统计资料，不仅使人们在阅读时一目了然，还便于在分析时对照比较。

（二）统计表的构成

1. 统计表的形式结构

从形式上看，统计表由总标题、横行标题、纵栏标题和数字资料等要素组成，如表 2.11 所示。

总标题是统计表的名称，概括说明统计表中全部资料的内容，一般位于表的上端正中央。

横行标题也称横标目，是横行的名称，用来说明统计表所要说明的对象，一般写在表的左方。纵栏标题也称纵标目，是纵栏的名称，用来说明各组统计指标的名称，一般写在表的上方。

数字资料是列在横行标题与纵栏标题交叉处的数字。统计表中的指标数字，由横行标题和纵栏标题所限定。

表 2.11　2016—2020 年我国人口及性别构成情况表

按性别分类		人口数/万人					2020 年性别比重/%
		2016	2017	2018	2019	2020	
男		70 815	71 137	71 351	71 527	72 334	51.24
女		67 456	67 871	68 187	68 478	68 844	48.76
合计		138 271	139 008	139 538	140 005	141 178	100.00

资料来源：《中国统计年鉴 2021》。

2. 统计表的内容结构

从内容上看，统计表由主词和宾词两部分构成。主词是统计表所要说明的总体及各个组成部分，通常在表的左方，即横行标题的位置上。宾词是说明总体数量特征的各个统计指标，通常在表的上方，即纵栏标题的位置上如表 2.11 所示。

（三）统计表的种类

统计表按照主词分组的不同可以分为三种：简单表、简单分组表和复合分组表。

1. 简单表

简单表是指主词未经任何分组的统计表。简单表的主词只是将总体各个单位简单排列或只按时间顺序简单排列，如表 2.12 所示。

2. 简单分组表

简单分组表是指主词按一个标志分组的统计表，如表 2.11 所示。利用简单分组表可以揭示不同类型现象的特征，说明现象内部的结构，分析现象之间的相互关系等。

3. 复合分组表

复合分组表是指主词按两个或两个以上标志重叠分组形成的统计表，如表 2.13 所示。复合分组表能更详细地反映客观现象，但使用复合分组表也不是分组越细越好。

表 2.12　2016—2020 年我国一般公共预算
收入和支出情况表　　亿元

年份	财政收入	财政支出
2016	159 304.97	187 755.21
2017	172 592.77	203 085.49
2018	183 359.84	220 904.13
2019	190 390.38	238 858.37
2020	182 894.92	245 588.03

资料来源：《中国统计年鉴 2021》。

表 2.13　某地区人口按性别、民族分组情况

按性别、民族分组	人数/万人
男	55
汉族	53
少数民族	2
女	45
汉族	44
少数民族	1
合计	200

（四）宾词指标的设计

宾词指标的设计大致有两种方式，分别为简单设计和复合设计。

简单设计是将宾词指标作平行排列，如表 2.14 所示。宾词指标要考虑时间发生的顺序，还要结合分析的顺序来排列。

复合设计是指宾词指标的重叠排列，如表 2.15 所示。宾词指标重叠排列时，应注意不要重叠层次太多，指标的排列也应按照先主要、后次要的顺序设置。在实际工作中应根据现象的研究目的，选择适当的方法设计宾词指标。

表 2.14　某年某企业各车间产值计划完成情况分析表

车间	计划/万元	实际/万元	计划完成程度/%	实际与计划离差/万元
（甲）	①	②	③=②/①×100%	④=②-①
一车间	200	250	125.00	50
二车间	250	280	112.00	30
三车间	150	200	133.33	50
合计	600	730	121.67	130

表 2.15　某地区工业企业的工人性别和工龄情况统计表

企业规模	企业数/个	总人数/人			工龄												
					1年以下			1~5年			3~5年			5~10年			10年以上		
		小计	男	女	小计	男	女	小计	男	女	小计	男	女	小计	男	女	小计	男	女
（甲）	（1）	（2）	（3）	（4）	（5）	（6）	（7）	（8）	（9）	（10）	（11）	（12）	（13）	（14）	（15）	（16）	（17）	（18）	（19）
大型企业																			
中型企业																			
小型企业																			
合计																			

（五）编制统计表应注意的问题

统计表的编制应力求科学、合理、实用、简明、美观，便于人们阅读、比较和分析，具体应注意以下问题。

（1）统计表的各种标题应简明、准确地表达其内容，总标题应简单扼要地概括出统计表的基本内容和资料所属的时间和空间；纵横标题要注意表述资料的逻辑关系，反映现象的内在联系。

（2）表中主词各行和宾词各栏，一般是按先局部后整体的原则排列，即先列项目后列总计，如没必要列出所有项目时，可先列总计后列其中部分重要项目。

（3）表中栏次较多时，为便于阅读与核对指标之间的关系，可以按栏的顺序编号。习惯上对主词栏和计量单位栏用（甲）、（乙）、（丙）等文字编号；对宾词栏用（1）、（2）、（3）等数字编号。表中各栏之间如有计算关系，可用数字符号式表示，如（3）=（2）÷（1），表示第 3 栏等于第 2 栏除以第 1 栏。

（4）表中各栏数字应对准位数，填写整齐。表内如有相同数字时，应全部重写，不能用"同上""同左"等字样表示；没有数字的空格，应当用横线"—"填写，以免被人误为漏报；如有数字但很小，不足规定的小数要求时，可以用"……"填写，以表示数字很小。

（5）统计表中各指标数字必须注明计量单位。如果全表计量单位都相同，应在表的右上角注明；如果各行有不同的计量单位，可专设计量单位一栏；如果纵列有不同的计量单位，可在指标名称后面注明计量单位。

（6）统计表的表式，通常是开口式，即左右两端不画纵线，表的上下基线通常用粗线。

（7）必要时，统计表应加以注解，即在表的下方注明表中资料来源或某些数据的计算方法、计算口径等。

二、统计图

（一）几何图

1. 直方图

直方图（histogram chart）是一种直观地显示数据分布状况的图形，多用来显示连续型数值变量分组后的数据分布。例如，根据表 2.10 中的分组数据用 Excel 绘制的工人日产量直方图如图 2.4 所示。需要说明的是，由于直方图一般用于反映连续型变量或连续型分组数据的分布，所以各矩形是连续排列的，即相邻的两个矩形间没有间隙。

2. 饼形图和条形图

次数分布中，分组个数较少时可用饼形图（pie chart）表示其分布，将表 2.16 资料绘制成饼形图如图 2.5 所示。

条形图（bar chart）是用宽度相同条形的高度或长度来表示数据多少的图形。条形图可以横置或纵置，纵置时也称为柱形图或柱状图。将表 2.16 资料绘制成横置的条形图如图 2.6 所示。

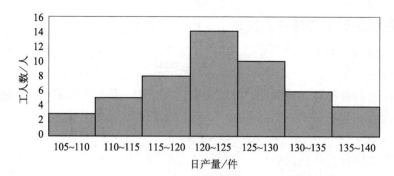

图 2.4　某车间工人日产量分布直方图

表 2.16　某城市居民关注不同类型广告人数构成情况表

关注类型	人数/人	频率/%
商品广告	112	56.0
服务广告	51	25.5
金融广告	9	4.5
房地产广告	16	8.0
招生招聘广告	10	5.0
其他广告	2	1.0
合计	200	100.0

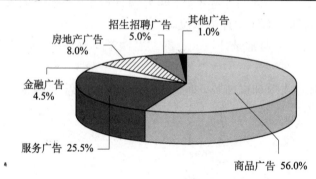

图 2.5　某城市居民关注不同类型广告人数构成饼形图

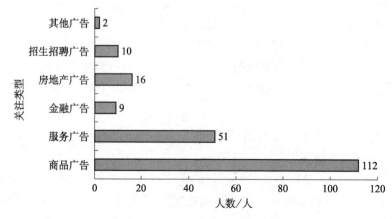

图 2.6　某城市居民关注不同类型广告情况条形图

3. 茎叶图

茎叶图（stem-and-leaf display），是将传统的统计分组和绘制直方图两步工作一次完成，并保留了数据原始信息，为准确计算频数分布的特征值（如平均数、中位数等）提供了可能。下面仍以例 2.1 资料为例介绍茎叶图的绘制方法。

在茎叶图中，分为树茎和树叶两部分。树茎一般选用分组标志，树叶即各组的变量值，在表 2.10 中，将 50 名工人的日产零件数分为 7 组，即 105～110 件，110～115 件，115～120 件，120～125 件，125～130 件，130～135 件，135～140 件。在茎叶图中，同样选择 7 个树茎，即 10*、11.、11*、12.、12*、13.、13*。于是，日产 105～110 件的零件数就长在了 10*的树茎上，110～115 件的零件数就长在了 11.的树茎上，以此类推，绘制成如图 2.7 的茎叶图。

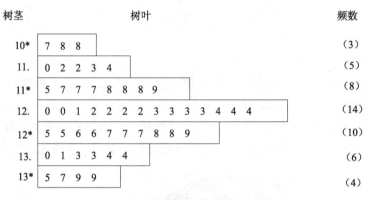

树茎	树叶	频数
10*	7 8 8	（3）
11.	0 2 2 3 4	（5）
11*	5 7 7 7 8 8 8 9	（8）
12.	0 0 1 2 2 2 2 3 3 3 4 4 4	（14）
12*	5 5 6 6 7 7 7 8 8 9	（10）
13.	0 1 3 3 4	（6）
13*	5 7 9 9	（4）

图 2.7　某车间工人日产零件数茎叶图

4. 雷达图

雷达图（radar chart）又称蜘蛛图（spider chart），是显示多个变量的常用图示方法。雷达图在显示或对比各变量的数值总和时十分有用。如根据表 2.17 绘制雷达图，如图 2.8 所示。

表 2.17　2019 年某地区城乡居民人均消费支出表　　　　　　　　元

项　　目	城镇居民	农村居民
食品烟酒	7 732.6	3 998.2
衣着	1 831.9	713.3
居住	6 780.2	2 871.3
生活用品及服务	1 689.3	763.9
交通和通信	3 671.3	1 836.8
医疗保健	3 328.0	1 481.0
教育文化娱乐	2 282.7	1 420.8
其他用品及服务	747.2	241.5
合计	28 063.4	13 327.7

资料来源：《中国统计年鉴 2020》（合计栏数据由年鉴直接取得，与计算结果略有差距）。

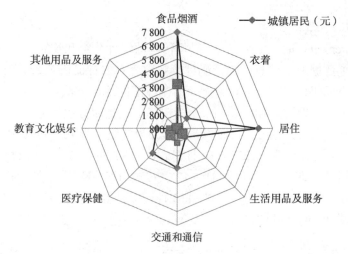

图 2.8　2019 年某地区城乡居民人均消费支出雷达图

5. 环形图

环形图（doughnut chart）与饼形图类似，但又有区别。环形图中间有一个"空洞"，总体或样本中的每一部分数据用环中的一段表示。饼形图只能显示一个总体和样本各部分所占的比例，而环形图则可以同时绘制多个总体或样本的数据系列，每一个总体或样本的数据系列为一个环。如根据表 2.17 绘制环形图，如图 2.9 所示。

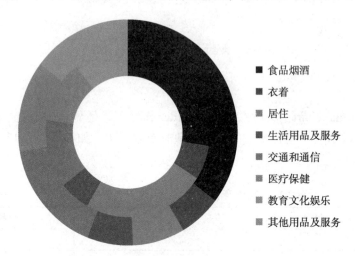

图 2.9　2019 年某地区城乡居民人均消费支出环形图

（二）象形图

象形图指以统计资料所反映的实物的形象来表明统计资料内容，以图形的大小、多少来表明数字的多少的统计图形。

（三）统计地图

统计地图指在地图上标明各种线纹或圆点来表明统计资料在空间的分布状况的图形。

思考与作业

1. 简述数据的定义及其计量尺度。

2. 制定一份完整的数据收集方案，应包括哪些内容？

3. 简述调查对象、调查时间与报告单位的含义及它们之间的联系。

4. 简述重点调查、典型调查、抽样调查的联系与区别。

5. 什么是抽样调查？同其他各种调查方式相比，其主要特点是什么？

6. 什么是统计分组？其主要作用是什么？

7. 简述分组标志选择的原则及统计分组的关键。

8. 简述分布数列的概念、构成要素和种类。

9. 社会经济现象的次数分布有哪些主要类型？其分布特征如何？

10. 简述统计表的结构和种类，以及编制统计表应注意的问题。

11. 有人说抽样调查"以样本资料推断总体数量特征"缺乏科学依据，你认为呢？

12. 根据某车间 36 个工人看管机器台数（台）资料，编制变量数列，并进一步计算累计频数和累计频率。

```
5 4 2 4 3 4 3 4 4 2 4 3 4 3 2 6 4 4
2 2 3 4 5 3 2 4 3 5 3 2 4 3 3 4 3 3
```

13. 设某商业企业有 50 名工人商品销售额定额完成百分数（%）如下：

```
127   120   103   125   136   127   102   118   103   97
115   111   117   83    88    103   110   118   128   101
106   117   108   105   110   107   103   126   108   111
101   96    92    113   114   119   126   135   93    112
108   101   105   105   116   132   138   131   107   125
```

试编制组距数列（注：组距取 10%），并绘制频数分布直方图。

课程思政拓展阅读

如何减少调查误差

即测即练

自学自测   扫描此码

第三章

数据的概括性度量

教学目标

　　数据的概括性度量是描述统计分析的基础。通过本章的学习，要求学生了解数据概括性度量的意义及基本指标，集中趋势、离中趋势的含义和作用，分布形状描述的意义及方法；熟悉总量指标的概念和种类，相对指标的种类和计算，集中趋势和离中趋势各测度指标的计算方法、特点和应用条件，并能够灵活应用这些指标解决实际社会经济问题。

教学要求

知 识 要 点	能 力 要 求	相 关 知 识
总规模的度量	了解总规模度量的意义和指标	总量指标
相对程度的度量	掌握相对程度度量指标的种类和计算	相对指标
集中趋势的度量	掌握集中趋势度量指标及测度方法	算术平均数、调和平均数、几何平均数、众数、中位数
离中趋势的度量	掌握离中趋势度量指标及测度方法	极差、四分位差、平均差、方差和标准差、异众比率、离散系数
分布形状的度量	了解分布形状度量的指标和测度方法	偏态、峰态

导入案例

考试成绩的描述统计分析及其评定

　　考试是评定学习成绩、衡量教学效果、选拔优秀人才的重要手段，也是学校实现培养目标，提供合格人才的保证。因此，考试成绩的定量分析是一项重要的工作内容。影响考试成绩的因素不仅有教师的授课质量、学生掌握知识的程度、考题的取样、命题的方法和难度，还有考试的组织形式以及学生的临场发挥等诸多方面。对于不同年级、不同课程的试卷，因为卷面分数的价值不等，分数之间没有可比性，削弱了教育测量的意义，所以不能简单地以考试的卷面分数评价教学质量。如何体现考试成绩的评定功能、区分功能、预测功能、诊断功能、教学反馈功能以及激励导向等作用，值得进一步研究。本文介绍采用描述统计分析评定考试成绩的方法。

　　本校1997级护理专业（1）班的卫生保健、药物学和英语3门课程的期末考试卷面成绩，采用百分制计分，学生人数为50名。3门课程考试成绩用 MS Excel 97 软件作描述统计，结果见表3.1。

表 3.1　50 名学生 3 门课程考试成绩的描述统计

课程	平均值	中位数	众数	标准误差	标准差	偏度	峰度	最大值	最小值	全距
卫生保健	74.28	74.25	69	1.250	8.840	0.114	−0.348	95.5	56.5	39
英语	79.92	80.00	80	0.621	4.393	−0.320	1.022	90.0	67.0	23
药物学	84.42	84.00	81	1.447	10.230	−0.539	−0.569	98.0	58.0	40

结果表明：①英语成绩的平均值、中位数、众数较为接近，说明其呈近似正态分布；卫生保健和药物学成绩的该 3 项值有一定的偏差，说明成绩呈不完全对称分布。②标准误差、标准差、最大值、最小值和全距的数据说明英语成绩离散较小，卫生保健和药物学成绩的离散较大。③偏度、峰度数值显示卫生保健成绩为正偏态分布，英语和药物学成绩为负偏态分布；卫生保健和药物学呈平阔峰，英语为尖峭峰。

资料来源：于广华，李信梅. 考试成绩的描述统计分析及其评定[J]. 中等医学研究，2000（7）：50-52.

对于此案例，成绩的描述统计反映了其客观分布特征，可结合教学质量、试卷等情况分析产生这种分布的原因。不必为了追求达到某种需要的分布而人为地干扰成绩的计量，避免作出不恰当的结论，掩盖教学中的不足。案例中所列各指标的含义及计算方法就是本章要讲的主要内容。

第一节　总规模的度量

社会经济现象达到的总规模和总水平常用总量指标来反映。

一、总量指标的概念和作用

（一）总量指标的概念

总量指标（total amount indicator）是统计中最常用的指标，又称为绝对指标，是反映社会经济现象总体在一定时间、地点条件下达到的总规模和总水平的统计指标，一般用绝对数（absolute number）表示。例如，一个国家或地区的人口数、国土面积，某年的国民生产总值（GNP）、国内生产总值（GDP）、财政收入总额、财政支出总额、固定资产投资总额等都是总量指标。

（二）总量指标的作用

总量指标在统计工作中具有重要的作用，主要表现在以下几个方面。

1. 总量指标是人们认识客观事物的起点

由于客观事物的基本情况首先表现为一定的总量，如一个国家或地区的人口总数、劳动力总数、国土面积、各种矿产资源的储量及开采量、国内生产总值、主要产品产量等。要想了解一个国家或地区的国民经济和社会发展基本状况，必须从认识总量指标开始。同样对一个单位的认识也需要从总量指标开始，如掌握了一个企业某产品的年产量、职工人数等总量指标，就可以对这个单位的规模、生产水平、工作总量有个概括的了解。

2. 总量指标是实行社会经济管理的基本依据

一个国家或地区、部门或企业实行经济管理的根本目的是通过制定政策、编制计划实现最佳的社会经济效益。要想取得最佳的社会经济效益，就必须使它的人、财、物得到最佳的利用。例如，制定国家经济发展战略和计划，就必须熟悉国家的人口数、自然资源总量、主要产品产量等总量指标；要制定国家财政金融政策，就要了解城乡居民储蓄存款余额、全社会固定资产投资总额、货币流通量等总量指标；企业要制订产品开发计划，就要了解市场需求总量、产品的社会保有量、社会商品库存量等总量指标。

3. 总量指标是计算其他统计指标的基础

总量指标是计算相对指标、平均指标以及各种分析指标的基础指标，其他指标都是总量指标的派生指标。例如，全员劳动生产率、就业人员平均工资、国民经济增长速度、三大产业的比例关系、农作物单位面积产量等都是在总量指标的基础上计算出来的。因此，总量指标的计算是否科学、准确、合理，会直接影响到其他指标计算结果的正确性。

二、总量指标的种类

总量指标按照不同的标志可以进行不同的分类。

（一）总体单位总量和总体标志总量

总量指标按其反映的内容不同，可分为总体单位总量（total amount of statistical unit）和总体标志总量（total amount of character value）。总体单位总量又称总体单位数，表明总体规模的大小，由总体单位数总和得到。总体标志总量（标志总量）是指总体各单位某一数量标志值的总和。例如，调查某企业职工收入情况，则该企业的职工人数是总体单位总量，工资总额是总体标志总量。又如，调查某省工业企业生产经营情况，则该省工业企业个数是总体单位总量，全省工业的从业人员数、工业增加值、固定资产原值总额、利税总额都是总体标志总量。

对一个特定的统计总体而言，总体单位总量只有一个，总体标志总量可以有若干个。需要注意的是：总体单位总量和总体标志总量的地位并不是固定不变的，它们随着研究目的的变化而变化。例如，学生人数这一总量指标，当学校作为总体时，它就是总体标志总量；如果学生作为总体时，它就是总体单位总量。

（二）时期指标和时点指标

总量指标按其反映的时间状况不同，可分为时期指标（time period total amount indicator）和时点指标（time point total amount indicator）。时期指标是反映客观现象在一段时期内活动过程的总量指标，是事物发展变化的累计结果。如某地区的年生产总值、商品销售量、财政收入额、出生人口数等均为时期指标。时点指标是反映客观现象在某一时刻（瞬间）状况上的总量指标。如年末人口数、月末商品库存额、年末企业的设备台数等均为时点指标。

时期指标和时点指标具有不同的特点，表现在以下三个方面。

（1）时期指标具有可加性，数值是连续计数的，每一个数值表示现象在一段时期内发生的总量，如 3 月份的工业总产值是 3 月中每天工业总产值的总和；而时点指标相加无实际意义，数值是间断计数的，每一个数值表示社会经济现象发展到一定时点上所达到的水平。如年末职工人数，是指年初的职工人数经过一年的变动至年末实有的职工人数，而不是每天职工人数的总和。

（2）时期指标数值的大小与时期的长短有直接关系，即其数值大小随时期长短而增减，如一个月的总产值必然大于一日的总产值；而时点指标数值的大小与时间间隔长短没有直接关系，如年末人口数不一定大于年初人口数。

（3）时期指标数值一般是通过经常性调查取得的，即进行连续不断登记、汇总而得到的；而时点指标数值一般是通过一次性调查取得的，即对某一时刻数据进行登记、汇总而得到的。

三、总量指标的计量单位

总量指标具有一定的经济内容，都有计量单位。根据总量指标所反映的现象性质和任务不同，计量单位一般有实物单位、货币单位和劳动单位三种。

（一）实物单位

实物单位是按事物的自然属性和特点所采用的自然、物理计量单位。实物单位包括自然单位、度量衡单位、双重单位或多重单位和复合单位。

1. 自然单位

自然单位是按事物的自然属性计量的单位。如自行车以"辆"、飞机以"架"、电视机以"台"为单位等。

2. 度量衡单位

度量衡单位是按统一的度量衡制度计量的单位。如长度用"米"、重量用"克"、容积用"公升"等度量。

3. 双重或多重单位

双重或多重单位是同时采用两种或多种计量单位表明某一事物的数量的计量单位。如拖拉机以"马力/台"、电动机以"千瓦/台"等为单位，属于双重单位；船舶以"吨/马力/艘"为单位，属于多重单位。

4. 复合单位

复合单位是两个或两个以上计量单位结合在一起进行度量的计量单位。如货运量以"吨公里"为单位、发电量以"千瓦时（度）"为单位。此外，在实物单位中有时把性质相似的事物按统一的折算标准折成标准实物量。如拖拉机有多种型号和功率，可以把不同功率的拖拉机按 15 马力折合为 1 台来计算其标准实物量，增强其可比性。

用实物单位计量的总量指标，称为实物指标。实物指标的最大特点是能直接反映产品的使用价值或现象的具体内容，因而能够具体地表明事物的规模和水平。它的局限性就是指标的综合性比较差，不同的实物，内容性质不同，计量单位不同，无法进行汇总。

（二）货币单位

货币单位是以货币度量事物数量的计量单位。用货币单位计量的总量指标，称为价值指标。如国内生产总值、利润额、固定资产原值等。价值指标的最大特点是具有高度的综合性，因此应用十分广泛。其局限性在于它脱离了物质的内容，比较抽象。只有当它和实物指标结合使用，才能充分发挥其作用。另外，货币单位分为现行价格（现价）和不变价格（不变价）。现行价格是各时期的实际价格；不变价格是在综合反映不同实物量指标总变动时，为了消除不同时期价格变动的影响而采用的固定价格。

（三）劳动单位

劳动单位是用劳动时间表示的计量单位，是反映劳动力数量及其利用状况所用的一种复合计量单位。如工日、工时、台时等。工时是工人数和劳动时数的乘积；工日是工人数和劳动日数的乘积；台时是设备台数和开动时数的乘积。如果把生产各种产品所耗费的劳动量相加，就是劳动消耗总量。劳动单位主要用于编制和检查基层企业的生产作业计划，为实行劳动定额管理提供依据。

第二节　相对程度的度量

社会经济现象是相互联系的，因此分析现象之间的数量关系，就要进行指标间的比较度量，这就需要运用相对指标。

一、相对指标的意义

（一）相对指标的概念和表现形式

1. 相对指标的概念

相对指标（relative indicator）又称相对数（relative number），是指两个有联系的指标对比的结果，表明现象间的数量对比关系。用来对比的两个数，既可以是绝对数，也可以是平均数或相对数。如我国 2020 年男性人口占总人口的比重为 51.24%，女性为 48.76%，国内生产总值比上年增长 2.3%，人口自然增长率为 0.12% 等都是相对指标。

相对指标的特点是把对比的两个指标的具体数值概括化或抽象化了，反映现象间的相对程度；其次，相对指标数值的大小与研究总体的范围大小无直接联系。

2. 相对指标的表现形式

由于相对指标是两个指标对比的比值，一般表现为无名数，有时也用有名数形式。

（1）无名数是一种抽象化的数值，一般以系数、倍数、成数、百分数（%）、千分数（‰）等表示。

系数和倍数是将对比的基数视为 1 计算得到的相对数。两个数对比，其分子和分母数值相差不多时，可用系数形式表示，如固定资产磨损系数、工资等级系数、男女性比例系数等。反之，分子数值和分母数值相差很大时，则常用倍数。如 2020 年年末我国总人口数为 141 178 万人，是 1980 年年末人口数 98 705 万人的 1.43 倍。

成数是将对比的基数视为 10 计算得到的相对数。如 2020 年某地粮食总产量比上年增长 1 成，即增长了 1/10。

百分数（%）是将对比的基数视为 100 计算得到的相对数，是相对数最常用的一种表现形式。当相对指标中的分子和分母数值比较接近时，采用百分数较合适。如 2020 年我国全社会固定资产投资总额为 527 270.3 亿元，比上年下降 6.0%。

千分数（‰）是将对比的基数视为 1 000 计算得到的相对数，通常应用在分子数值比分母数值小得多的情况。如人口出生率、人口死亡率、人口自然增长率等多用千分数表示。

（2）有名数是将相对指标中分子与分母的计量单位组合使用，以表明事物的强度、密度和普遍程度等，主要应用在强度相对指标中。如人口密度指标的计量单位是"人/平方公里"、人均 GDP 指标的计量单位是"元/人"等。

（二）相对指标的作用

由于相对指标是以相互关联的指标对比来反映事物之间的数量联系,因此研究相对指标具有重要意义。

1. 反映现象的发展速度、密度或普遍程度

总量指标主要反映现象的总规模、总水平或工作总量，其发展速度快或慢、总量差距大或小难以直接观察；而相对指标是对相互联系指标的比较分析，可以全面地反映现象总体的结构、比例、现象的普遍程度、普及程度和发展速度。与总量指标相比，相对指标具有揭示现象内涵方面特征的优势，可以把问题的实质和全貌反映出来。如 2020 年我国现价人均国内生产总值达到 72 000 元，反映了我国人口与国内生产总值之间的联系程度。

2. 能使不能直接比较的现象有了共同的可比性依据

总量指标数值由于受总体范围大小的影响，使规模、条件不同的现象无法直接进行对比分析，这时就应该用相对指标。如由于企业规模不同，不能直接用工业增加值或利润额总量指标比较企业生产经营成果的好坏，而采用全员劳动生产率或资金利润率相对指标就可以客观、准确地评价企业的经济效益。

3. 相对指标便于记忆、易于保密

在一定情况下，相对指标比总量指标数值简单，反映问题突出，从而便于人们记忆。在社会经济指标中，有些绝对数涉及企业、个人的隐私，不便于公之于众，但为了公布其发展状况，则可以用其发展速度等相对指标。

二、相对指标的种类和计算方法

根据统计研究目的和任务不同，对比基础不同，相对指标可以分为结构相对指标、比例相对指标、比较相对指标、强度相对指标、动态相对指标和计划完成程度相对指标六种。

（一）结构相对指标

结构相对指标（structural relative indicator）（又称比重）是在统计分组的基础上，利用总体中某一部分数值与总体全部数值对比计算的比重，表明总体内部结构的合理程度。一般用百分数表示，其计算公式为

$$结构相对指标 = \frac{总体部分数值}{同一总体全部数值} \times 100\% \tag{3.1}$$

如 2020 年末我国总人口为 141 178 万人，其中城镇人口为 90 199 万人，占总人数的 63.89%；乡村人口为 50 979 万人，占总人数的 36.11%。

由于总体中各部分数值之和等于总体全部数值，因此，总体的各组成部分所占比重之和为 100%或 1。需要说明的是，结构相对数的分子和分母指标性质必须相同，可以同是总体单位数，也可以同是总体的标志数值。

通过计算结构相对指标，可以研究事物内部构成及其变化，对于深入认识客观事物有着十分重要的意义。例如，根据 2013—2020 年我国当年价格国内生产总值中第一、第二和第三产业所占比重（如表 3.2 所示），可以看出，近几年在我国国内生产总值中，第一产业和第二产业所占比重呈下降趋势，第三产业所占比重不断提高，整体产业结构趋于合理。

表 3.2　2013—2020 年全国国内生产总值的三次产业构成　　　　　　　　%

年份	国内生产总值	第一产业	第二产业	第三产业
2013	100.00	8.9	44.2	46.9
2014	100.00	8.6	43.1	48.3
2015	100.00	8.4	40.8	50.8
2016	100.00	8.1	39.6	52.4
2017	100.00	7.5	39.9	52.7
2018	100.00	7.0	39.7	53.3
2019	100.00	7.1	39.0	53.9
2020	100.00	7.7	37.8	54.5

资料来源：《中国统计年鉴 2021》。

（二）比例相对指标

比例相对指标（proportional relative indicator）是将同一总体中各组成部分的数值对比计算的相对指标，以表明总体中各部分之间的比例关系。比例相对指标可以用百分数表示，也可以用一比几或几比几的形式表示，其计算公式为

$$比例相对指标 = \frac{总体内某一部分数值}{总体内另一部分数值} \tag{3.2}$$

社会经济生活中许多重大的比例关系，如人口的性别比例关系、农轻重的比例关系、积累与消费的比例关系等，都可以通过计算比例相对指标来反映。如第七次全国人口普查公布的男女性别比为 105.07∶100。比例相对指标对于国民经济宏观调控具有重要意义，利用比例相对指标可以分析国民经济中各种比例关系，从而调整不合理的比例，促使社会主义市场经济稳步协调发展。

（三）比较相对指标

比较相对指标（comparative relative indicator）是同一时间的同类指标在不同空间（或场合）的对比，表明现象在不同空间条件下的数量对比关系。比较相对指标一般用百分

数或倍数表示,其计算公式为

$$比较相对指标 = \frac{某种空间条件下的某类指标数值}{另一空间条件下的同类指标数值} \times 100\% \qquad (3.3)$$

比较相对指标不仅可用于不同国家、地区、单位的比较,还可以同先进水平、标准水平或平均水平比较,通过对比反映同类现象在不同国家、地区和单位之间的差异程度。例如,2020 年河北省地方财政一般预算收入为 3 826.43 亿元,山东省为 6 559.90 亿元,则河北省地方财政一般预算收入仅为山东省的 58.33%,说明河北省地方财政一般预算收入与山东省存在较大差距。

(四)强度相对指标

强度相对指标(intensity relative indicator)是两个性质不同而又有一定联系的现象的总量指标数值之比,用以反映现象的强度、密度、普遍程度或利用程度。其计算公式为

$$强度相对指标 = \frac{某一总量指标数值}{另一有联系而性质不同的总量指标数值} \qquad (3.4)$$

如 2020 年初我国总人口为 141 008 万人,年末总人口为 141 178 万人,我国国土面积为 960 万平方公里,则人口密度约为 147 人/平方公里。

多数情况下,强度相对指标是有名数,但当对比的现象分子分母计量单位相同时,也表现为无名数,如流通费用率、资金利税率、人口自然增长率等。

强度相对指标是两个有联系的不同事物的数值对比,因此,分子和分母可以互换,这就产生了有些强度相对指标有正指标和逆指标两种。如商业网点密度(正指标)= 商业网点数(个)/总人口数(万人),即每万人拥有多少个商业网点,数值越大越好;商业网点密度(逆指标)= 总人口数(万人)/商业网点数(个),即每个商业网点负担多少人口,数值越小越好。在实际工作中,一般选择其中一个指标计算。

计算强度相对指标必须注意社会经济现象之间客观上要存在一定的经济或技术联系,这样,两个指标对比才会有现实意义。强度相对指标在社会经济分析中应用很广,其主要作用如下。

(1)强度相对指标能正确地表明一个国家或地区的经济实力和社会服务能力,便于不同国家、地区、部门之间的比较分析,反映其经济发展和社会服务方面的差异程度。

(2)强度相对指标能客观反映和考核企业经济效益。例如,流通费用率、资金利税率等都是强度相对指标,这些指标的数值大小可以反映企业经营状况的好坏。

(3)强度相对指标可为编制计划和规划提供依据。例如,我国及各省市区在编制五年计划时,人均国内生产总值指标就是一个很重要的规划指标。

(五)动态相对指标

动态相对指标(dynamic relative indicator)是同类指标在不同时间的对比,用来说明现象在不同时间上的发展变化程度。动态相对指标一般用百分数表示。通常作为比较标准的时期称为基期,分析研究的时期称为报告期。其计算公式为

$$动态相对指标 = \frac{报告期水平}{基期水平} \times 100\% \qquad (3.5)$$

例如，2020 年我国社会消费品零售总额达到 391 980.6 亿元，比上年下降 3.93%，即动态相对指标（发展速度）为 96.07%。有关动态相对指标的详细内容，将在第八章时间序列分析中介绍。

（六）计划完成程度相对指标

1. 计划完成程度相对指标的概念

计划完成程度相对指标（relative indicator of fulfilling plan）又称计划完成相对数或计划完成率，它是现象在一定时间内的实际完成数与计划任务数对比的结果，用来反映社会经济现象的计划完成程度。一般用百分数表示，其计算公式为

$$计划完成程度相对指标 = \frac{实际完成数}{计划任务数} \times 100\% \tag{3.6}$$

由于计划完成程度相对指标反映一定时期内某现象的计划完成程度，因此，要求分子、分母的指标含义、计算口径、计算方法、计量单位以及时间长度和空间范围等方面完全一致或相适应。

2. 计划完成程度相对指标的计算

由于计划任务指标既可用总量指标，也可用相对指标或平均指标，所以在计算计划完成程度相对指标时，要根据具体情况采用相应的计算方法。

1）根据总量指标计算计划完成程度相对指标

【例 3.1】 某企业某月计划工业增加值为 800 万元，实际完成工业增加值 1 020 万元，则工业增加值的计划完成程度为

$$计划完成程度相对指标 = \frac{1\,020}{800} \times 100\% = 127.5\%$$

说明该企业的月工业增加值超额 27.5% 完成。

2）根据相对指标计算计划完成程度相对指标

在经济管理中，有些计划任务数是在上年实际数的基础上提高或降低多少的相对数表示的，如成本降低率、劳动生产率提高率等。

【例 3.2】 某企业 2020 年计划规定劳动生产率比上年提高 8%，实际提高了 10%，该企业劳动生产率的计划完成程度为

$$劳动生产率计划完成程度 = \frac{100\% + 10\%}{100\% + 8\%} \times 100\% = 101.85\%$$

说明该企业劳动生产率实际比计划多提高 1.85%。

【例 3.3】 某企业 2020 年某产品单位成本比上年计划降低 5%，实际降低了 6%，则该企业某产品单位成本计划完成程度为

$$单位成本计划完成程度 = \frac{100\% - 6\%}{100\% - 5\%} \times 100\% = 98.95\%$$

说明该企业某产品单位成本实际比计划多降低了 1.05%。

上述计算过程可归纳为

$$计划完成程度相对指标 = \frac{1 \pm 实际提高率（或降低率）}{1 \pm 计划提高率（或降低率）} \times 100\% \tag{3.7}$$

3）根据平均指标计算计划完成程度相对数

【例 3.4】　某企业某月计划单位产品原材料消耗量为 50 千克，实际消耗量为 45 千克，则该企业单位产品原材料消耗量计划完成程度为

$$单位产品原材料消耗量计划完成程度 = \frac{45}{50} \times 100\% = 90\%$$

说明该企业某月单位产品原材料消耗量实际比计划少消耗了 10%。

在评价计划任务是否完成时，不能一概认为只有大于 100% 才是超额完成计划，要根据计划指标的性质和内容而确定。产量、产值、商品流转额等计划指标是按最低限额规定的，计划完成程度大于 100% 就是超额。单位成本、原材料消耗、流通费用水平等的计划指标是按最高限额规定的，计划完成程度小于 100% 才算超额。

3. 计划执行进度的考核

计划执行进度的检查，就是逐日、逐旬、逐月、逐季观察计划的进展情况，检查计划执行是否均匀，以便及时发现问题，采取措施，保证全部计划顺利完成。

计划执行进度的检查要与时间的进程相比较。一般来说，每月应完成年计划的8.34%，第一季度要完成年计划的 25%，1—6 月份要完成年计划的 50%，即时间过半，任务完成数也要过半，时间过 75%，任务完成数也要过 75%，这是考核计划进度的最低要求。考核计划执行进度可用如下公式表示：

$$计划执行进度 = \frac{累计完成数}{全期计划数} \times 100\% \qquad (3.8)$$

【例 3.5】　某工业公司 2020 年利润计划为 2 500 万元，1—6 月实际完成利润分别为215 万元、230 万元、260 万元、250 万元、270 万元、285 万元，则上半年利润计划执行进度为

$$利润计划执行进度 = \frac{215 + 230 + 260 + 250 + 270 + 285}{2\ 500} \times 100\% = 60.4\%$$

说明该工业公司上半年完成年利润计划的 60.4%，计划进度执行较好。

4. 中长期计划的检查

中长期计划是指五年或更长时间的计划。由于中长期计划任务制定的方法有两种，即水平法和累计法，所以检查其计划执行情况的方法也有所不同。

1）水平法

在中长期计划中，如果只规定计划期末（最后一年）应达到的水平，如钢产量、粮食产量、社会商品零售额等，则用水平法检查计划执行情况。其计算公式为

$$计划完成程度 = \frac{计划期末年实际达到的水平}{计划期规定的末年水平} \times 100\% \qquad (3.9)$$

如我国"十三五"规划规定某种产品的产量应达到 200 万吨，实际完成 260 万吨，则该产品产量五年计划完成情况为 130%（260/200×100%），超额 30% 完成计划。另外，按水平法检查中长期计划执行情况时，确定提前完成计划的时间是只要在计划执行期内有连续一年（无论是否日历年度）的数值达到计划规定末年的水平，则往后所余时间即为提前完成五年计划的时间。

【**例 3.6**】 某企业某产品"十三五"计划规定，2020 年的产量应达到 45 万吨，计划执行情况如表 3.3 所示。试计算该产品"十三五"计划完成程度，并确定计划提前完成的时间。

表 3.3 某企业某产品产量"十三五"计划完成情况　　　　　　万吨

年份	2016	2017	2018		2019				2020			
			上半年	下半年	一季度	二季度	三季度	四季度	一季度	二季度	三季度	四季度
产量	36	39	21	19	10	10	11	12	12	13	15	16

解 该企业某产品产量"十三五"计划完成程度为

$$计划完成程度 = \frac{12+13+15+16}{45} \times 100\% = 124.44\%$$

说明该企业某产品产量"十三五"计划超额 24.44%完成。

产量计划提前完成时间的检查，从表 3.2 中 2019 年的二季度起至 2020 年的第一季度止的连续一年中，正好达到了计划规定的 45 万吨水平，则该产品产量"十三五"计划提前三个季度完成。

实际情况中，中长期计划提前完成时间正好到整月、季、年的时候很少见，若将上表中 2020 年一季度的产量 12 改为 13 后，问提前完成计划的时间？显然连续一年完成产量计划的时间应在 2019 年的第一季度至 2020 年的第一季度之间，计算方法如下：

设 2020 年第一季度完成计划用了 x 天，则

$$\frac{10}{90}(90-x)+10+11+12+\frac{13}{90}x = 45$$

解得：x=60（天），余 90 – 60=30（天）

说明该企业某产品产量"十三五"计划提前 10 个月完成。

注：检查中长期计划提前完成的时间一般规定，每月 30 天，每季度 90 天，每年 360 天。

2）累计法

在中长期计划中，如果计划任务规定的是计划期内累计应达到的水平时，如基本建设投资额、新增生产能力等，则用累计法检查中长期计划执行情况。其计算公式为

$$计划完成程度 = \frac{计划期实际累计完成数}{计划期规定的累计数} \times 100\% \tag{3.10}$$

按累计法确定提前完成五年计划的时间，是用计划全部时间减去自计划执行之日起至累计完成数量达到计划任务要求的时间。

【**例 3.7**】 某地区"十三五"计划期间，计划基本建设投资总额为 10 000 万元，各年实际投资额见表 3.4。

表 3.4 某地区"十三五"计划期间基本建设投资额完成情况　　　　万元

年份	2016	2017	2018	2019	2020			
					一季度	二季度	三季度	四季度
投资额	1 900	2 150	2 250	2 300	400	600	400	400

解 该地区"十三五"基本建设投资额计划完成程度为

$$计划完成程度 = \frac{10\ 400}{10\ 000} \times 100\% = 104\%$$

说明该地区基本建设投资额"十三五"计划超额 4%完成，提前完成的时间是一个季度。

制订中长期计划选用哪一种方法，需要根据社会经济现象的特点来确定。如果现象的发展呈递增或递减趋势，但有些年份会因为无法预料的自然因素影响致使指标数据大幅波动，如粮食产量、产值、城镇居民人均收入等，这些现象只要规定计划末年应达到的水平即可，适宜用水平法制定中长期计划。如果现象的发展变化不够稳定，无明显的上升或下降趋势，或者具有连续、渐进的特点，如基本建设投资额、新增固定资产、开荒造林等，这些现象不便于下达年度计划，而应规定累计达到的规模和水平，适宜用累计法制订中长期计划。

三、正确运用相对指标的原则

为正确计算和应用相对指标，需要遵循以下原则。

（一）可比性原则

可比性是计算和运用相对指标的基本原则。在计算相对指标时，用于对比的两个指标在含义、内容、范围、时间、空间、计量单位、计算价格和计算方法等方面要保持一致，这样才具有可比性。例如，说明我国工业生产发展情况时，用不同年份的工业总产值进行对比，所使用的价格是可比价格还是现行价格，必须一致才具有可比性。如果将不可比的事物加以比较，不仅不能正确地反映现象间的数量对比关系，反而会歪曲事实。

（二）相对指标与总量指标结合运用原则

相对指标把对比的现象的具体数值抽象化了，掩盖了总量水平的差别。这就可能出现两个相对指标数值相同，但相应的总量指标可能相差悬殊的问题，即大的相对指标背后可能隐藏小的总量水平，而小的相对指标背后有隐藏大的总量水平的可能。例如，我国 1950 年钢产量比 1949 年增长 286%，增加 45.2 万吨，2020 年钢产量比 2019 年增长25.74%，增加 1 636.53 万吨。从速度上看，后者大大低于前者，但从绝对数上看，后者增长 1%的绝对数要大得多。所以，在统计分析中，相对指标必须和总量指标相结合，才能对事物有全面、正确的认识。

（三）各种相对指标结合运用原则

现象之间的数量对比关系是错综复杂的，一种相对指标只能说明数量对比关系的一个方面，若把各种相对指标结合起来运用，就能较全面地说明客观事物数量对比关系的全貌。例如，研究工业企业生产经营情况时，将实际增加值与计划增加值对比，说明增加值的计划完成程度；将各种产品产量分别与总产量对比，说明产品的产量结构；将本期增加值与上期增加值对比，说明增加值的发展变化趋势；将企业产品的优等品率、废品率、资金利润率等与同行业先进企业的相应指标对比，可为学先进、找差距提供资料；将工业增加值与从业人员数对比，反映企业生产的经济效益等。可见，只有把各种相对指标结合运用，才能较全面地说明企业生产经营各方面的情况。

第三节　集中趋势的度量

一、集中趋势与平均指标

　　集中趋势也称趋中性，是指一组数据向某一中心值靠拢的倾向。作为中心的数值就称为中心值，反映数据（变量）分布中心点的位置所在。集中趋势的测度就是要寻找数据分布的中心值或代表值，以反映某一数量标志数值的一般水平。

　　数据分布的集中趋势用平均指标（average indicator）来反映。平均指标又称平均数（mean），就是在同质总体内，将总体各单位某一数量标志的数量差异抽象化，用以反映总体在一定时间、地点、条件下的一般水平的指标。例如，用平均工资代表职工工资的一般水平，用商品的平均价格代表同类商品的一般价格水平等。

　　平均指标在统计研究中应用很广泛，其作用主要有以下几个方面。

　　（1）反映数据分布的一般水平，作为论断事物的一种数量标准或参考。例如，对工厂工人劳动生产率的评定，通常以他们的平均劳动生产率水平为依据。又如，在企业管理中，劳动、生产和消耗等各种定额往往以实际的平均水平为基础，结合其他条件来制定。

　　（2）可用于同类现象在不同空间条件下的对比，反映现象之间的差异。例如，评价两个企业生产经营情况的好坏，就不能直接用工业增加值指标来对比，因为工业增加值的大小受企业规模影响很大。如果用工业增加值对比工人人数计算的工人劳动生产率来进行比较，就可以比较客观地说明问题。所以，平均指标在说明现象的生产水平、经济效益或工作质量等方面以及投资项目评估、制定生产消耗定额、核算产品成本等许多场合都被广泛应用。

　　（3）可用于某一现象总体在不同时间上发展水平的对比，说明现象发展变化的趋势或规律性。例如，研究一个地区居民消费水平的变动情况，个别居民户的消费变动有其特殊性，不足以反映一般水平的变化，而居民消费总额的变动又受居民人数多少的影响。如果将各年居民的平均消费水平进行对比，就可以准确地反映当地居民消费水平的变动趋势。

　　（4）可以分析现象之间的依存关系，进行数量上的推算。例如，将工业企业按照规模大小进行分组，再计算不同规模工业企业的劳动生产率，就可以反映出企业规模的不同与劳动生产率之间的关系，还可以根据样本企业的劳动生产率去推算（估计）某地区乃至全国工业企业的劳动生产率。

　　平均数按其计算方法不同，分为数值平均数和位置平均数。数值平均数是根据数列中的每一个数值或变量值计算的平均数，主要有算术平均数、调和平均数和几何平均数等；位置平均数是根据某数值在数列中所处的位置而确定的，主要有中位数、众数等。

二、数值平均数

（一）算术平均数

　　算术平均数（arithmetic mean）也称为均值（mean），是变量的所有取值的总和除以变量值的个数的结果。由于算术平均数的计算方法符合社会经济现象个体与总体之间存在的数量关系，体现了总体的一般水平，因此是统计中最常用的描述集中趋势的平均指标。其基本公式为

$$算术平均数 = \frac{总体标志总量}{总体单位总量} \qquad (3.11)$$

在上面的公式中，分子和分母在经济内容上有着依存关系，即分子数值是各分母单位特征的总和，两者在总体范围上是一致的，这也是平均指标和强度相对指标的区别所在。例如，全国人均粮食消费量指标，是全国粮食消费总量与全国人口数的对比，反映粮食消费与人口发展的密切关系。因为每个人都有粮食消费这个标志，所以人均粮食消费量是平均指标。而人均粮食产量指标，是全国粮食总产量与全国人口数之比，反映粮食生产与人口发展的密切关系。但是，粮食产量并不是每个人都具有的标志，所以人均粮食产量为强度相对指标。

在实际应用中，由于所掌握资料的条件不同，算术平均数的计算分为简单算术平均数（simple arithmetic mean）和加权算术平均数（weighted arithmetic mean）两种形式。

1. 简单算术平均数

简单算术平均数是根据未分组资料计算的，即用总体各单位标志值（变量值）相加除以总体单位数（变量值个数）而得。若以 x_i 表示第 i 个变量值（$i = 1, 2, \cdots, n$），$\bar{x}$ 表示算术平均数，则简单算术平均数的计算公式为

$$\bar{x} = \frac{x_1 + x_2 + \cdots + x_n}{n} = \frac{\sum\limits_{i=1}^{n} x_i}{n} \qquad (3.12)$$

【例 3.8】　某班组 10 个工人的月工资额（元）分别为：3 560，3340，3 600，3 410，3 590，3 410，3 610，3 570，3 710，3 550，则该班组工人的月平均工资额为：

$$\bar{x} = \frac{\sum\limits_{i=1}^{n} x_i}{n} = \frac{3\,560 + 3\,340 + 3\,600 + 3\,410 + 3\,590 + 3\,410 + 3\,610 + 3\,570 + 3\,710 + 3\,550}{10}$$

$$= 3\,535（元）$$

2. 加权算术平均数

加权算术平均数是根据变量数列计算的，即以各组变量值（或组中值）乘以相应的次数求出各组标志总量，加总各组标志总量再除以总次数而得。若以 x_i 表示第 i 组的变量值（或组中值）（$i = 1, 2, \cdots, n$），以 f_i 表示第 i 组的次数，则加权算术平均数的计算公式为

$$\bar{x} = \frac{x_1 f_1 + x_2 f_2 + x_3 f_3 + \cdots + x_n f_n}{f_1 + f_2 + f_3 + \cdots + f_n} = \frac{\sum\limits_{i=1}^{n} x_i f_i}{\sum\limits_{i=1}^{n} f_i} \qquad (3.13)$$

【例 3.9】　某企业工人的月工资资料如表 3.5 所示，试计算工人的月平均工资。

表 3.5　某企业工人月工资和人数资料

工资等级	月工资额/元	工人数/人	工资总额/元
1	3 500	50	175 000
2	3 800	50	190 000
3	4 000	50	200 000
4	4 100	40	164 000
5	4 300	20	86 000
合计	—	210	815 000

解　工人的月平均工资为

$$\bar{x} = \frac{\sum\limits_{i=1}^{n} x_i f_i}{\sum\limits_{i=1}^{n} f_i} = \frac{3\,500 \times 50 + 3\,800 \times 50 + 4\,000 \times 50 + 4\,100 \times 40 + 4\,300 \times 20}{210}$$

$$= 3\,880.95（元）$$

计算加权算术平均数时，需要注意以下两个问题。

（1）权数问题。由式（3.13）可以看出，加权算术平均数不但受各组变量值 x_i 大小的影响，而且也受各组次数 f_i 多少的影响。不难发现，平均数接近于次数大的组的变量值，远离次数小的组的变量值。这说明各组次数对加权算术平均数的大小起着权衡轻重的作用，所以把 f_i 称为权数。权数对加权算术平均数的影响实质是权数的相对数形式（频率 $f_i \Big/ \sum\limits_{i=1}^{n} f_i$，也称权数系数）的影响。因此，如果已知各组的频率，可以直接利用各组变量值与其权数乘积的总和来求加权算术平均数。其计算公式为

$$\bar{x} = \frac{\sum\limits_{i=1}^{n} x_i f_i}{\sum\limits_{i=1}^{n} f_i} = \sum\limits_{i=1}^{n} x_i \frac{f_i}{\sum\limits_{i=1}^{n} f_i} \tag{3.14}$$

【例 3.10】　根据例 3.9，计算各组的人数比重，如表 3.6 所示。

表 3.6　某企业工人月工资和人数比重资料

工资等级	月工资额/元	工人数比重/%
1	3 500	23.81
2	3 800	23.81
3	4 000	23.81
4	4 100	19.05
5	4 300	9.52
合计	—	100.00

解　工人的月平均工资为

$$\overline{x} = \sum_{i=1}^{n} x_i \frac{f_i}{\sum\limits_{i=1}^{n} f_i}$$

$= 3\,500 \times 23.81\% + 3\,800 \times 23.81\% + 4\,000 \times 23.81\% + 4\,100 \times 19.05\% + 4\,300 \times 9.52\%$

$= 3\,880.95$（元）

计算结果与例 3.9 完全相同。

实际应用中，权数的选择必须考虑其与变量值之间的联系，即必须使 $\sum\limits_{i=1}^{n} x_i f_i$ 作为计算算术平均数的真实的总体标志总量，符合实际意义。

【例 3.11】 某公司所属 10 个企业资金利润率分组资料如表 3.7 所示，要求计算该公司 10 个企业的平均利润率。

表 3.7 某公司所属 10 个企业资金利润率分组资料

资金利润率 x_i/%	企业数/个	平均占用资金 f_i/万元	利润总额 $\sum\limits_{i=1}^{n} x_i f_i$/万元
5	4	40	2
10	3	80	8
15	3	140	21
合计	10	260	31

解 该例子的平均对象是各企业的资金利润率，表中的企业数虽然是次数或频数，但却不是真实的权数。要正确计算公司 10 个企业的平均资金利润率，需要以资金总额为权数，才能符合该指标的性质。因此，该公司 10 个企业的平均利润率为

$$\overline{x} = \frac{\sum\limits_{i=1}^{n} x_i f_i}{\sum\limits_{i=1}^{n} f_i} = \frac{5\% \times 40 + 10\% \times 80 + 15\% \times 140}{40 + 80 + 140} = \frac{31}{260} = 11.92\%$$

（2）组距数列计算加权算术平均数。在组距数列中，需要先计算各组的组中值作为各组的变量值，再按加权算术平均数的公式进行计算。

【例 3.12】 某班级 80 名学生统计学考试成绩如表 3.8 所示，计算学生平均成绩。

表 3.8 某班级 80 名学生统计学平均成绩计算表

按成绩分组/分	组中值 x_i/分	学生数 f_i/人	各组总成绩 $x_i f_i$/分	频率 $f_i/\sum\limits_{i=1}^{n} f_i$/%	$x_i f_i/\sum\limits_{i=1}^{n} f_i$/分
60 以下	55	7	385	8.8	4.81
60~70	65	21	1 365	26.2	17.06
70~80	75	25	1 875	31.2	23.44
80~90	85	19	1 615	23.8	20.19
90~100	95	8	760	10.0	9.50
合计	—	80	6 000	100.0	75.00

解 学生平均成绩为

$$\bar{x} = \frac{\sum_{i=1}^{n} x_i f_i}{\sum_{i=1}^{n} f_i} = \frac{6\,000}{80} = 75（分）\quad 或 \quad \bar{x} = \sum_{i=1}^{n} x_i \frac{f_i}{\sum_{i=1}^{n} f_i} = 75（分）$$

根据组距数列计算的算术平均数，只能是个近似值。因为，这种计算方法具有一定的假定性，即假定各组的标志值在组内是均匀分布的。但实际上各组内的标志值往往是不完全均匀分布的。根据开口组计算的算术平均数就更具有假定性。尽管如此，就整个数列来看，由于分组引起的影响，变量数值高低的各种因素会起到相互抵消的作用，所以，计算的平均数仍具有足够的代表性。

3. 算术平均数的数学性质

（1）各变量值与其平均数离差之和等于零，即

$$\sum_{i=1}^{n} (x_i - \bar{x}) = 0 \text{（简单算术平均数）} \quad 或 \quad \sum_{i=1}^{n} (x_i - \bar{x}) f_i = 0 \text{（加权算术平均数）}$$

（2）各变量值与其平均数离差平方和为最小值，即

$$\sum_{i=1}^{n} (x_i - \bar{x})^2 = 最小值 \text{（简单算术平均数）} \quad 或 \quad \sum_{i=1}^{n} (x_i - \bar{x})^2 f_i = 最小值 \text{（加权算术平均数）}$$

4. 算术平均数的特点

算术平均数适合代数方法运算，因此，在实践中应用广泛，但也有其局限性。

（1）算术平均数易受极端变量值的影响。例如，某班组5个工人年龄分别为20岁、22岁、25岁、28岁和50岁，其平均年龄为29岁。很显然，这个平均数对于5个工人都不具有代表性。

（2）根据组距数列计算的算术平均数只是一个近似值，尤其是当组距数列存在开口组时，算术平均数的准确性会更差。

（二）调和平均数

调和平均数（harmonic mean）是各个变量值倒数的算术平均数的倒数，又称倒数平均数。从数学形式上看，调和平均数具有独立的形式，但在实际应用中，一般作为算术平均数的变形形式存在。调和平均数也有简单调和平均数和加权调和平均数两种。

1. 简单调和平均数

为了方便调和平均数的概念和计算方法的说明，先看一个简单的例子。

【例3.13】 市场上大白菜的价格是早市每千克0.5元，午市每千克0.5元，晚市每千克0.4元。如果早、中、晚各买1元的大白菜，问当天购买大白菜的平均价格是多少？

解 大白菜的平均价格是总购买金额除以总购买量。在这种情况下，首先应该计算出早市、午市、晚市各花费1元钱购买大白菜的数量，再计算当天购买大白菜的平均价格，则

$$H = \frac{1+1+1}{\dfrac{1}{0.5} + \dfrac{1}{0.5} + \dfrac{1}{0.4}} = \frac{3}{2+2+2.5} = 0.461\,5 \text{（元）}$$

如果采用简单算术平均数计算，则所购买的大白菜平均价格为

$$\bar{x} = \frac{0.5 + 0.5 + 0.4}{3} = 0.466\,7 \text{（元）}$$

结果为什么不一样？因为本例实际上是花了 3 元钱购买了 6.5 千克的大白菜，而不是花了 1.4 元买了 3 千克大白菜，所以简单算术平均数的结果 0.466 7 元是错误的。

简单调和平均数（simple harmonic mean）适用于未分组资料计算调和平均数。根据上例的计算过程，若以 x_i 表示第 i 个变量值（$i=1,2,\cdots,n$），以 H 表示调和平均数，则简单调和平均数的计算公式为

$$H = \frac{n}{\dfrac{1}{x_1} + \dfrac{1}{x_2} + \cdots + \dfrac{1}{x_n}} = \frac{n}{\displaystyle\sum_{i=1}^{n} \frac{1}{x_i}} \tag{3.15}$$

2. 加权调和平均数

如果掌握的资料是变量数列时，用加权调和平均数（weighted harmonic mean）进行计算。

【例 3.14】 在例 3.13 资料的基础上，若早市买 1 元钱、午市买 2 元钱、晚市买 3 元钱的大白菜，求当天购买大白菜的平均价格。

解 和例 3.13 思路一样，首先计算出早市、午市和晚市购买大白菜的数量，然后再计算购买大白菜的平均价格，则

$$H = \frac{1 + 2 + 3}{\dfrac{1}{0.5} + \dfrac{2}{0.5} + \dfrac{3}{0.4}} = \frac{6}{2 + 4 + 7.5} = 0.44 \text{（元）}$$

在上述计算平均价格的过程中，早市、午市、晚市购买大白菜所花费的现金是计算平均价格的权数，这种方法称为加权调和平均法。以 x_i 表示第 i 个变量值（$i=1,2,\cdots,n$），m_i 代表各组标志总量，加权调和平均数的计算公式为

$$H = \frac{m_1 + m_2 + \cdots + m_n}{\dfrac{m_1}{x_1} + \dfrac{m_2}{x_2} + \cdots + \dfrac{m_n}{x_n}} = \frac{\displaystyle\sum_{i=1}^{n} m_i}{\displaystyle\sum_{i=1}^{n} \frac{m_i}{x_i}} \tag{3.16}$$

对于组距数列，要先计算各组的组中值作为各组的变量值，然后按照上述公式计算加权调和平均数。

【例 3.15】 某企业工人的月工资资料如表 3.9 所示，试计算工人的月平均工资。

表 3.9 某企业工人月工资和工资总额资料

工资等级	月工资额/元	工资总额/元	工人数/人
1	2 500	125 000	50
2	2 800	140 000	50
3	3 000	150 000	50
4	3 100	124 000	40
5	3 300	66 000	20
合计	—	605 000	210

解 工人的月平均工资为

$$H = \frac{\sum\limits_{i=1}^{n} m_i}{\sum\limits_{i=1}^{n} \dfrac{m_i}{x_i}} = \frac{605\,000}{\dfrac{125\,000}{2\,500} + \dfrac{140\,000}{2\,800} + \dfrac{150\,000}{3\,000} + \dfrac{124\,000}{3\,100} + \dfrac{66\,000}{3\,300}} = 2\,880.95 \text{（元）}$$

显然，本例资料与例 3.9 研究的是同一现象，计算结果是相等的。区别就在于，已知数据条件不同采用不同的计算形式而已。例 3.9 是已知企业工人的月工资和各组的人数计算月平均工资，上例是已知企业工人的月工资和各组的工资总额计算月平均工资。事实上，加权调和平均数就是加权算术平均数的变形形式，两者是可以互通的，即

$$H = \frac{\sum\limits_{i=1}^{n} m_i}{\sum\limits_{i=1}^{n} \dfrac{m_i}{x_i}} = \frac{\sum\limits_{i=1}^{n} x_i f_i}{\sum\limits_{i=1}^{n} f_i} = \bar{x} \tag{3.17}$$

要判断在什么情况下采用算术平均数或调和平均数的问题，关键在于以算术平均数的基本公式为依据。如果掌握的资料是算术平均数基本公式的分母数据，则直接采用算术平均数形式；如果掌握的资料是算术平均数基本公式的分子数据，则需采用调和平均数形式。

3. 由相对数或平均数计算平均数

由于相对数或平均数不能直接相加，所以计算平均数时应根据其原公式，再结合掌握的资料选择加权算术平均法或加权调和平均法进行计算。下面以相对数计算平均数为例介绍。

【例 3.16】 某公司所属三个工厂产值计划完成情况如表 3.10 所示，要求计算该公司的产值平均计划完成程度。

表 3.10　某公司所属三个工厂产值计划完成情况

工厂	计划完成程度/%	实际产值/万元	计划产值/万元
甲	95	1 200	1 263.16
乙	102	1 800	1 764.71
丙	110	1 050	954.55
合计	—	4 050	3 982.42

解 该公司的平均产值计划完成程度为

$$H = \frac{\sum\limits_{i=1}^{n} m_i}{\sum\limits_{i=1}^{n} \dfrac{m_i}{x_i}} = \frac{1\,200 + 1\,800 + 1\,050}{\dfrac{1\,200}{0.95} + \dfrac{1\,800}{1.02} + \dfrac{1\,050}{1.1}} = \frac{4\,050}{3\,982.42} = 101.7\%$$

如上例中已知条件为计划产值，则应用加权算术平均法计算。

4. 调和平均数的特点

在应用调和平均数时，应注意以下两个问题。

（1）如果数列中有一个标志值等于零，则无法计算调和平均数。

（2）调和平均数与算术平均数一样，易受极端值的影响。

（三）几何平均数

几何平均数（geometric mean）是若干个变量值连乘积开其项数次方的方根，也称"对数平均数"。当各个变量值的连乘积等于总比率或总速度时，适宜用几何平均数计算平均比率和平均速度。几何平均数也分简单几何平均数和加权几何平均数两种。前者适用于未分组资料，后者适用于分组后的变量数列。

1. 简单几何平均数

简单几何平均数（simple geometric mean）就是 n 个变量值连乘积的 n 次方根，若以 x_i 表示第 i 个变量值（$i=1,2,\cdots,n$），以 G 表示几何平均数，则简单几何平均数的计算公式为

$$G = \sqrt[n]{x_1 \cdot x_2 \cdot x_3 \cdot \cdots \cdot x_n} = \sqrt[n]{\prod_{i=1}^{n} x_i} \tag{3.18}$$

【例 3.17】 某机械厂三个流水作业车间加工的产品合格率分别为 95%、90%、98%，求三个车间加工的平均产品合格率。

解 由于产品是由三个流水作业车间连续加工的，所以三个车间加工的总合格率是各车间加工合格率的乘积：95% × 90% × 98% = 83.79%，而不是三个车间加工合格率的总和 95% + 90% + 98% = 283%，所以应当用几何平均法计算三个车间的平均加工合格率。

$$G = \sqrt[n]{\prod_{i=1}^{n} x_i} = \sqrt[3]{95\% \times 90\% \times 98\%} = 94.28\%$$

2. 加权几何平均数

当各个标志值出现的次数不同时，应计算加权几何平均数（weighted geometric mean），若以 x_i 表示第 i 个变量值（$i=1,2,\cdots,n$），以 f_i 表示第 i 组的次数，则加权几何平均数的计算公式为

$$G = \sqrt[(f_1+f_2+f_3+\cdots+f_n)]{x_1^{f_1} \cdot x_2^{f_2} \cdot x_3^{f_3} \cdot \cdots \cdot x_n^{f_n}} = \sqrt[\sum_{i=1}^{n} f_i]{\prod_{i=1}^{n} x_i^{f_i}} \tag{3.19}$$

【例 3.18】 某地区 1998—2020 年工业总产值发展速度如表 3.11 所示，试求其平均发展速度。

表 3.11　1998—2020 年某地区工业总产值发展情况

时间	发展速度/%	间隔时间/年
1998—2002	108.2	5
2003—2005	113.5	3
2006—2011	107.8	6
2012—2020	106.5	9

解 由于总发展速度等于各年发展速度的连乘积，所以该地区平均发展速度为

$$G = \sqrt[23]{1.082^5 \times 1.135^3 \times 1.078^6 \times 1.065^9} = 108.10\%$$

几何平均数也可以看作算术平均数的变形。若对简单几何平均数两端取对数，得

$$\log G = \frac{1}{n}(\log x_1 + \log x_2 + \cdots + \log x_n) = \frac{\sum\limits_{i=1}^{n}\log x_i}{n} \tag{3.20}$$

可以看出，几何平均数的对数就是各变量值对数的算术平均数。

3. 几何平均数的特点

几何平均数与算术平均数相比较，应用范围较窄小。它具有如下特点。

（1）如果数列中有一个标志值等于零或负值，无法计算几何平均数。

（2）几何平均数受极端值的影响比算术平均数和调和平均数要小。

（3）几何平均数适用于反映特定现象的平均水平，即现象的总标志值是各单位标志值的连乘积时，需采用几何平均数。

（四）算术平均数、调和平均数和几何平均数的数学关系

算术平均数、调和平均数和几何平均数都是数值平均数，从纯数量关系上考察，这三种平均数的关系如下。

（1）当一组数据中所有的数都相同时，计算的三种平均数相等，即 $\bar{x} = G = H$。

（2）当一组数据中所有数不尽相同时，计算的三种平均数的结果为：算术平均数最大，调和平均数最小，几何平均数居中，即 $\bar{x} > G > H$。

在实际应用中，采用何种平均数应取决于现象的客观性质和研究目的。就是说，适宜用算术平均数计算的，就不能用调和平均数或几何平均数计算；反之亦然。

三、位置平均数

（一）众数

1. 众数的概念

众数（mode)是变量数列中出现次数最多的那个变量值，它能直观地说明客观现象分布的集中趋势，一般用 M_0 来表示。由于这个标志值出现的次数最多，在总体中占有重要地位，有时就利用它来表明社会经济现象的一般水平，作为某些生产决策的参考依据。例如，为了掌握市场上某种商品的价格水平，不一定要全面登记该商品的成交量和成交价格，只要调查其最普遍的成交价格即可。

如果总体中出现次数最多的标志值不是一个，而是两个，则称为双众数。

总体的单位数较多，且各标志值的次数分配又有明显集中趋势时众数才存在；如果总体单位数很少，尽管次数分配较集中，则计算众数意义不大；如果总体单位数较多，但次数分配不集中，即各单位的标志值分配较均匀，则也无所谓众数。

2. 众数的确定方法

1）据未分组资料确定众数

根据未分组资料确定众数时，出现次数最多的那个变量值就是众数。

例如：某班 15 个学生统计学考试成绩（分）为 61、62、69、75、78、81、85、85、85、85、85、87、90、91、93，则众数为 85 分。

2）据单项数列和品质数列确定众数

对于单项变量数列和品质数列，只要从数列中找出最大的次数或频率，对应的变量值或标志表现就是众数。

【例 3.19】　某城市家庭对住房状况的评价见表 3.12。

表 3.12　某城市家庭对住房状况的评价

回答类别	户数/户	百分比/%
非常不满意	24	8
不满意	108	36
一般	93	31
满意	45	15
非常满意	30	10
合计	300	100

从表 3.12 可以看出，某城市中对住房表示不满意的有 108 户，占总户数的 36%，为最多，因此，某城市家庭对住房状况评价的众数为"不满意"。

【例 3.20】　某印刷厂工人月工资情况见表 3.13。

表 3.13　某印刷厂工人月工资情况

技术级别	月工资额/元	工人数/人
1	3 646	5
2	3 685	13
3	3 710	25
4	3 770	12
5	3 815	5
合计	—	60

由于月工资额为 3 710 元的工人数最多，则该厂工人月工资额的众数为 3 710 元。

3）据组距数列确定众数

根据组距数列计算众数，要先确定众数所在的组，然后依据与众数组相邻两个组的频数，近似计算众数值。计算众数有下限公式和上限公式两种，其计算结果相同，应用时可根据情况任选一个。

下限公式：

$$M_0 = L + \frac{\Delta_1}{\Delta_1 + \Delta_2} \cdot d \qquad (3.21)$$

式中，L 为众数组的下限；Δ_1 为众数组次数与下一组次数之差；Δ_2 为众数组次数与上一组次数之差；d 为众数组的组距。

上限公式：

$$M_0 = U - \frac{\Delta_2}{\Delta_1 + \Delta_2} \cdot d \qquad (3.22)$$

式中，U 为众数组的上限。

上述公式基于两个假定：一是众数组的频数在该组内是均匀分布的；二是在一组数据的中心点附近，变量值出现的频数较高。如果这些假定不成立，众数的代表性就很差。

【例3.21】 某企业的工人月工资资料如表3.14所示，计算其月工资的众数。

表3.14 某企业工人月工资情况

月工资额/元	工人数/人	月工资额/元	工人数/人
3 500 以下	16	4 100～4 300	43
3 500～3 700	32	4 300～4 500	34
3 700～3 900	60	4 500 以上	19
3 900～4 100	96	合计	300

解　首先确定众数组，表中第四组（3 900～4 100元）出现次数最多，则众数落在3 900～4 100元的组。由下限公式得

$$M_0 = L + \frac{\Delta_1}{\Delta_1 + \Delta_2} \cdot d = 3\,900 + \frac{96 - 60}{(96 - 60) + (96 - 43)} \times 200 = 3\,980.90 \text{（元）}$$

由上限公式得

$$M_0 = U + \frac{\Delta_2}{\Delta_1 + \Delta_2} \cdot d = 4\,100 - \frac{96 - 43}{(96 - 60) + (96 - 43)} \times 200 = 3\,980.90 \text{（元）}$$

说明该企业工人月工资的众数为3 980.90元。

利用组距数列计算众数，是假设各组的组距相等为前提的，因为组距与各组次数密切相关，组距越大，包含的次数也就越多。如果掌握的资料是异距数列，就不能根据频数确定众数所在组，而要根据消除了组距影响的频数密度确定众数所在组。

3. 众数的特点

（1）众数不受极端值的影响，用它表示某些现象的一般水平代表性更好。

（2）众数有时不容易确定，当分布数列没有明显的集中趋势而趋均匀分布时，无众数；当变量数列是不等距分组时，众数的位置也不好确定。

（二）中位数

中位数（median）是将所有标志值按定序尺度排序后，处于中间位置的标志值就是中位数，一般用 M_e 来表示。用中位数表示现象的一般水平，在许多场合有其特殊的意义。例如，产品质量控制中，对生产的产品随机抽样进行观察，用中位数看其质量的一般水平比计算平均数简单、易操作。中位数和众数一样，有时可以代替算术平均数反映现象的一般水平。

中位数的计算根据所掌握的资料情况可分为以下三种情况。

1. 根据未分组的原始资料确定

将数据按从小到大顺序排列，用 $\frac{n+1}{2}$ 确定中间位置，中间位置对应的变量值就是中位数。

假设 n 个数据按从小到大顺序排列为：$x_1, x_2, \cdots, x_n$，即中位数 M_e 为

$$M_e = \begin{cases} x_{\frac{n+1}{2}}, & n\text{为奇数} \\ \dfrac{x_{\frac{n}{2}} + x_{\frac{n}{2}+1}}{2}, & n\text{为偶数} \end{cases} \quad (3.23)$$

【例 3.22】 有 7 个工人生产某种产品的件数，按顺序排列如下：20、23、25、26、28、29、32，则中位数位置 $= \dfrac{n+1}{2} = \dfrac{7+1}{2} = 4$，工人日产量的中位数为 26 件。

若第 8 个工人的日产量为 32，则中位数位置 $= \dfrac{n+1}{2} = \dfrac{8+1}{2} = 4.5$，中位数是第 4 个工人和第 5 个工人日产量的算术平均数，即 $M_e = \dfrac{26+28}{2} = 27$（件）。

2. 根据单项变量数列确定

根据单项变量数列确定中位数时，先按 $\dfrac{\sum\limits_{i=1}^{n} f_i + 1}{2} \approx \dfrac{\sum\limits_{i=1}^{n} f_i}{2}$ 确定中间位置，然后通过累计次数计算比较确定中位数。

【例 3.23】 某企业职工月工资资料见表 3.15，计算其中位数。

表 3.15　某企业职工工资中位数计算表

月工资额/元	职工人数/人	向上累计人数/人	向下累计人数/人
3 750	200	200	3 150
3 780	300	500	2 950
3 850	1 200	1 700	2 650
4 000	800	2 500	1 450
4 200	500	3 000	650
4 350	150	3 150	150
合计	3 150	—	—

解　中位数的位置 $= \dfrac{\sum\limits_{i=1}^{n} f_i}{2} = \dfrac{3\,150}{2} = 1\,575$，在表 3.15 中，对各组次数进行向上累计或向下累计，向上累计至第三组（累计次数 1 700）或向下累计至第四组（累计次数 2 650）的累计次数大于 1 575，所以职工工资的中位数就是 $M_e = 3\,850$（元）。

3. 根据组距数列确定

根据组距数列确定中位数分两步进行：首先计算各组的累计次数，并按 $\dfrac{\sum\limits_{i=1}^{n} f_i}{2}$ 确定中位数的位置，即中位数所在组；其次，假定中位数所在组内的各单位分布均匀，利用

下面的公式计算中位数的近似值。

下限公式为

$$M_e = L + \frac{\frac{\sum\limits_{i=1}^{n} f_i}{2} - S_{m-1}}{f_m} \cdot d \qquad （3.24）$$

式中，L 为中位数所在组的下限；f_m 为中位数所在组的次数；S_{m-1} 为中位数所在组以下各组的累计次数；d 为中位数所在组的组距。

上限公式为

$$M_e = U - \frac{\frac{\sum f}{2} - S_{m+1}}{f_m} \cdot d \qquad （3.25）$$

式中，U 为中位数所在组的上限；S_{m+1} 为中位数所在组以上各组的累计次数。

【例3.24】 某企业的工人月工资资料如表3.16所示，计算月工资的中位数。

表3.16 某企业工人月工资情况

月工资额/元	工人数/人	向上累计次数/人	向下累计次数/人
3 500 以下	16	16	300
3 500～3 700	32	48	284
3 700～3 900	60	108	252
3 900～4 100	96	204	192
4 100～4 300	43	247	96
4 300～4 500	34	281	53
4 500 以上	19	300	19
合计	300	—	—

解 由表3.16中资料可知，中位数的位置为 $\sum\limits_{i=1}^{n} f_i / 2 = 300 / 2 = 150$，因此，中位数所在组为第四组（3 900～4 100）。

根据下限公式计算工人月工资的中位数为

$$M_e = L + \frac{\frac{\sum\limits_{i=1}^{n} f_i}{2} - S_{m-1}}{f_m} \cdot d = 3\,900 + \frac{150 - 108}{96} \times 200 = 3\,987.5 （元）$$

根据上限公式计算工人月工资的中位数为

$$M_e = U - \frac{\frac{\sum\limits_{i=1}^{n} f_i}{2} - S_{m+1}}{f_m} \cdot d = 4\,100 - \frac{150 - 96}{96} \times 200 = 3\,987.5 （元）$$

4. 中位数的特点

（1）中位数不受极端值的影响，是较稳健的集中趋势测量指标。

（2）各单位标志值与中位数离差的绝对值之和为最小值。利用中位数的这一性质，可解决一些实际问题。例如，要在若干个连锁店间选择仓库或商品配送中心就可以利用这一性质，因而在工程设计中有其应用价值。

（3）对某些不能用数字测定的现象，可用中位数求其一般水平。例如，印染厂对某种颜色按不同深浅排列后，可以求出其中位数色泽。

中位数的不足之处在于它的确定只与中间位置的一两个数值有关，忽略了其他数值的大小，缺乏敏感性，并且不适合代数运算。

（三）分位数

分位数是将标志值按大小顺序排列并等分为若干部分后，处于等分点位置的标志值。常用的分位数有四分位数（quartile）、十分位数（decile）和百分位数（percentile），它们分别是将标志值序列四等分、十等分和百等分的 3 个点、9 个点和 99 个点上的数值。其中第二个四分位数的数值、第五个十分位数的数值和第五十个百分位数的数值就是中位数。所以，中位数是一个特殊的分位数。下面以四分位数为例介绍分位数的确定方法。

四分位数是将标志值按从小到大顺序排列后，分割成四等份，每个分割点上的数值称为四分位数。通常所说的四分位数是指处在 25% 位置上的数值（下四分位数）和处在75% 位置上的数值（上四分位数）。

1. 根据未分组资料计算四分位数

与中位数的计算方法类似，根据未分组资料计算四分位数时，首先对数据进行排序，然后确定四分位数所在的位置。设下四分位数为 Q_1，上四分位数为 Q_3，对于未分组的原始数据，上下四分位数的位置分别为

$$Q_1\text{位置} = \frac{n+1}{4} \qquad Q_3\text{位置} = \frac{3(n+1)}{4}$$

【例 3.25】在某城市中随机抽取 9 个家庭，调查得到每个家庭的人均月收入数据（单位：元）：4 500、3 750、3 780、4 080、3 850、3 960、5 000、4 250、4 630，计算人均月收入的四分位数。

解　由于 Q_1 的位置 $=\frac{n+1}{4}=\frac{9+1}{4}=2.5$，即 Q_1 在第二个数值（3 780）和第三个数值（3 850）之间 0.5 的位置上，因此，$Q_1 =$（3 780 + 3 850）÷ 2 = 3 815（元）。

Q_3 的位置 $=\frac{3(n+1)}{4}=\frac{3\times(9+1)}{4}=7.5$，即 Q_3 在第 7 个数值（4 500）和第 8 个数值（4 630）之间 0.5 的位置上，因此，$Q_3 =$（4 500 + 4 630）÷ 2 = 4 565（元）。

因此，可以说 9 个家庭中有四分之一家庭人均月收入低于 3 815 元，有四分之一家庭人均月收入高于 4 565 元。

2. 根据单项数列计算四分位数

若掌握的资料是单项变量数列，先计算各组的累计次数，然后确定四分数的位置。其计算公式为

$$Q_1 位置 = \frac{\sum\limits_{i=1}^{n} f_i}{4} \qquad\qquad Q_3 位置 = \frac{3\sum\limits_{i=1}^{n} f_i}{4}$$

对于以上两种情况，如果 $(n+1)$ 或 $\sum\limits_{i=1}^{n} f_i$ 恰好为 4 的倍数，则按上面公式计算出来的位次都是整数，这时，各个位次上的变量值就是相应的四分位数；如果 $(n+1)$ 或 $\sum\limits_{i=1}^{n} f_i$ 不是 4 的倍数，计算出来的四分位数就会是小数，这时可用插值法近似计算上下四分位数。

例如：当样本容量为 30 时，$\frac{n+1}{4} = 7.75$，$\frac{3(n+1)}{4} = 23.25$，所有数据按从小到大顺序排列后，下四分位数落在第 7 个数和第 8 个数之间，按插值法计算可得

$$\frac{x_8 - Q_1}{x_8 - x_7} = \frac{8 - 7.75}{8 - 7}$$

整理得

$$Q_1 = 0.25\, x_7 + 0.75\, x_8$$

同样方法可得

$$Q_3 = 0.75 x_{23} + 0.25 x_{24}$$

这时如果掌握了具体数据，就可用上述公式计算出四分位数。

3. 根据组距数列计算四分位数

根据组距数列计算四分位数的基本原理与中位数相类似。计算公式如下：

$$Q_1 = L_{Q_1} + \frac{\dfrac{\sum\limits_{i=1}^{n} f_i}{4} - S_{Q_1-1}}{f_{Q_1}} \cdot d_{Q_1} \tag{3.26}$$

$$Q_3 = L_{Q_3} + \frac{\dfrac{3\sum\limits_{i=1}^{n} f_i}{4} - S_{Q_3-1}}{f_{Q_3}} \cdot d_{Q_3} \tag{3.27}$$

式中，L_{Q_1} 为下四分位数所在组的下限，L_{Q_3} 为上四分位数所在组的下限；S_{Q_1-1} 为下四分位数所在组以下组的累计次数，S_{Q_3-1} 为上四分位数所在组以下组的累计次数；f_{Q_1} 为下四分位数所在组的次数，f_{Q_3} 为上四分位数所在组的次数；d_{Q_1} 为下四分位数组的组距，d_{Q_3} 为上四分位数组的组距。

【**例 3.26**】 某车间 200 个工人工资资料如表 3.17 所示，试计算工人月工资的四分位数。

表 3.17 某车间工人月工资四分位数计算表

按月工资额分组/元	工人数/人	向上累计人数/人
3 500 以下	20	20
3 500~3 600	40	60
3 600~3 700	50	110
3 700~3 800	38	148
3 800~3 900	26	174
3 900~4 000	16	190
4 000 以上	10	200
合计	200	—

解 首先确定四分位数所在组。根据 $Q_1 = \dfrac{\sum\limits_{i=1}^{n} f_i}{4} = \dfrac{200}{4} = 50$，确定下四分位数所在组

为 3 500~3 600 元；根据 $Q_3 = \dfrac{3\sum\limits_{i=1}^{n} f_i}{4} = \dfrac{3 \times 200}{4} = 150$，确定上四分位数所在组为 3 800~

3 900 元。

根据下四分位数公式计算工人月工资的下四分位数为

$$Q_1 = L_{Q_1} + \frac{\dfrac{\sum\limits_{i=1}^{n} f_i}{4} - S_{Q_1-1}}{f_{Q_1}} \cdot d_{Q_1} = 3\,500 + \frac{50 - 20}{40} \times 100 = 3\,575 \text{（元）}$$

根据上四分位数公式计算工人月工资的上四分位数为

$$Q_3 = L_{Q_3} + \frac{\dfrac{3\sum\limits_{i=1}^{n} f_i}{4} - S_{Q_3-1}}{f_{Q_3}} \cdot d_{Q_3} = 3\,800 + \frac{150 - 148}{26} \times 100 = 3\,807.69 \text{（元）}$$

（四）众数、中位数和算术平均数的数学关系

众数、中位数和算术平均数三者在不同条件下均可代表变量的平均水平，反映分布的集中趋势。如果把三者结合起来，通过比较它们之间的数量关系，可以更好地认识变量的分布特征。

（1）如果次数分布完全对称（正态分布）时，众数、中位数和算术平均数三者完全相等，即 $M_0 = M_e = \bar{x}$，如图 3.1 所示。

（2）如果次数分布不对称（偏态分布）时，众数、中位数和算术平均数三者之间存在差别，这种差别取决

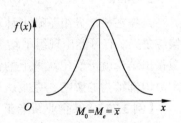

图 3.1 正态分布时众数、中位数和算术平均数的关系

于非对称程度，非对称程度越大，它们之间的差别越大；反之越小。如果存在极端变量值，变量分配就会偏斜。若次数分配呈左偏（负偏）时，众数最大，中位数次之，算术平均数最小，即 $M_0 < M_e < \bar{x}$。若次数分配呈右偏（正偏）时，则算术平均数最大，中位数次之，众数最小，即 $\bar{x} < M_e < M_0$，如图 3.2 和图 3.3 所示。

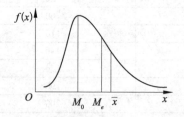

图 3.2 右偏分布时众数、中位数和
算术平均数的关系

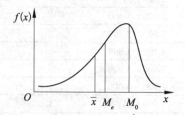

图 3.3 左偏分布时众数、中位数和
算术平均数的关系

英国统计学家卡尔·皮尔逊（Karl Pearson）经过研究，得出如下的经验规则：在钟型分布只存在适度或轻微偏斜的情况下，中位数一般介于众数与算术平均数之间；并且，中位数与算术平均数的距离，大约只是中位数与众数之间距离的一半。

据此可推得三种集中趋势之间的经验关系式：

$$M_0 = 3M_e - 2\bar{x} \tag{3.28}$$

由此，可利用三者的数量关系进行互相推算。例如，根据某校统计学期末考试的成绩资料计算得到众数为 78 分，算术平均数为 67 分，那么根据上式可推算出中位数为 70.67 分。这说明统计学期末考试的成绩分布呈左偏倾斜，算术平均数受低端成绩的拉动，小于中位数和众数。

四、正确运用平均指标的原则

在统计分析中平均指标应用广泛，在具体应用时要遵循以下原则。

1. 平均指标只能运用于同质总体

因为只有在同质总体中，总体各单位才具有共同的特征，计算其平均数才能反映总体的一般水平。如果总体各单位不是来自同质总体，计算出来的平均数不但不能说明事物的性质及其规律，反而会掩盖现象之间的本质差别。

2. 用组平均数补充说明总平均数

虽然在科学分组基础上计算的平均指标能反映总体的一般水平，但由于现象本身的错综复杂，有可能出现组平均数和总平均数变动方向不一致的情况，这时如果用总平均数得出结论就可能犯认识上的错误。因此，要用组平均数补充说明总平均数，深入揭示现象内部结构的影响，克服认识上的片面性。

【例 3.27】 某企业新老工人的人数及工资情况如表 3.18 所示。

观察表 3.18 数据，从总水平看，该企业工人 2020 年总平均工资为 3 332 元，比 2019年的 3 536 元平均每人减少 204 元，显然与实际新老工人每人工资增加 100 元的事实不一致，原因在于工人中新、老工人的工资水平不同，工资偏低的新工人在总体中所占比重由 2019 年的五分之一上升为 2020 年的五分之二, 从而造成工资总水平有所下降。所以, 在分析具体问题时, 必须用组平均数补充说明总平均数, 才能全面、客观地反映事物的真实情况。

表 3.18 2019—2020 年某企业工资情况表

工人类型	2019 年			2020 年		
	工人数/人	月工资水平/元	工资总额/元	工人数/人	月工资水平/元	工资总额/元
新工人	100	2 320	232 000	400	2 420	968 000
老工人	400	3 840	1 536 000	600	3 940	2 364 000
合计	500	3 536	1 768 000	1 000	3 332	3 332 000

3. 用分配数列补充说明平均数

平均数用来说明现象的一般水平, 却掩盖了总体各单位之间的差异及其分布情况。为了更深入分析问题, 在利用平均数对现象进行分析时, 还要结合原来的分配数列, 分析平均数所处的位置, 以及平均数上下各单位标志值的分配情况。

【例 3.28】 某工业部门 50 个企业年工业增加值计划完成程度资料如表 3.19 所示。

表 3.19 某工业部门 50 个企业年工业增加值计划完成情况

按计划完成程度分组/%	企业数/个	计划工业增加值/万元
80~90	5	1 000
90~100	8	1 200
100~110	22	12 800
110~120	9	3 200
120 以上	6	2 400
合计	50	20 600

通过计算, 这个工业部门的平均工业增加值计划完成程度是 107.33%, 整体完成情况较好, 但也要看到, 工业增加值计划完成情况并不均衡, 还有 13 个企业没有完成计划, 应引起有关部门的重视。

4. 集中趋势指标与离中趋势指标要结合运用

这样不仅可以反映现象总体的一般水平, 也能判断平均指标的代表性大小, 全面考察数据分布的特征。

第四节 离中趋势的度量

集中趋势是数据分布的一个特征, 概括反映各变量值向中心值聚集的程度; 离中趋势是数据分布的另一个重要特征, 反映的是各变量值远离其集中趋势度量值的程度。集中趋势度量值作为一组数据的代表值, 其代表性大小取决于该组数据的离中程度。数据离中程度越大, 集中趋势度量值对数据的代表性就越差; 离中程度越小, 其代表性就越好。在对社会经济现象进行综合分析时, 将集中趋势度量值和离中趋势度量值相互结合,可以对总体进行比较全面的观察，如可以衡量集中趋势度量值的代表性大小、反映社会经济活动的均衡性、衡量投资的风险程度等。

离中趋势的度量常用标志变异指标来描述。标志变异指标也称标志变动度或离散程度指标，是反映各变量值远离其中心值的程度，即反映数列中各标志值的变动范围或离散程度。标志变异指标主要有极差、四分位差、平均差、标准差、方差、异众比率和离散系数等。

一、极差

极差（range）又称全距，是总体各单位标志的最大值（L）和最小值（l）之差，常用 R 表示。计算公式为

$$R = L - l \tag{3.29}$$

对于分组数据，由于分布中的实际最大值和最小值难以确定，只能利用最大组的上限（U_{max}）和最小组的下限（L_{min}）计算极差的近似值。计算公式为

$$R \approx U_{max} - L_{min} \tag{3.30}$$

如果组距数列属于开口组，应先分别确定其最高组的上限和最低组的下限，然后再利用上述公式计算极差。

极差能够简单、直观地度量数据的离中程度，但比较粗略，它只考虑数列两端数值的差异，而不管中间数值的差异情况，因而不能全面反映总体各单位标志的变异程度，且遇到含开口组的组距数列时，计算结果误差会很大。

二、四分位差

四分位差（quartile deviation）也称内距，是上四分位数与下四分位数之差，常用 $Q.D.$ 表示。计算公式为

$$Q.D. = Q_3 - Q_1 \tag{3.31}$$

四分位差反映了中间 50% 数据的离散程度，其数值越小，说明中间的数据越集中；数值越大，说明中间的数据越分散。此外，由于中位数处于数据的中间位置，因此，四分位差的大小在一定程度上也说明了中位数对一组数据的代表程度。四分位差还常和中位数配合用以说明数据分布的特征，在一定程度上也可说明中位数对一组数据的代表性程度。

结合例 3.26 资料可计算四分位差。

$$Q.D. = Q_3 - Q_1 = 3\,807.69 - 3\,575 = 232.69 \text{（元）}$$

与四分位差类似，还可以计算变量分布的十分位差、十六分位差等。它们的作用都是排除了少数极端值对分布变异的异常影响。

三、平均差

平均差（average deviation）是各单位标志值与平均数的离差绝对值的算术平均数，常用 $A.D.$ 表示。平均差越大，表示标志变动程度越大，则平均数代表性越小；相反，平均差越小，表示标志变动度越小，则平均数代表性越大。

由于各变量值与其算术平均数的离差总和为 0，因而各项离差的算术平均数也等于

0。为了避免正负离差抵消，反映分布的真实情况，可以对各离差取绝对值。显然，数据越分散，离差的绝对值就越大，平均差也就越大。

根据未分组资料计算平均差的公式为

$$A.D. = \frac{\sum\limits_{i=1}^{n} |x_i - \bar{x}|}{n} \qquad (3.32)$$

根据分组资料计算平均差的公式为

$$A.D. = \frac{\sum\limits_{i=1}^{n} |x_i - \bar{x}| f_i}{\sum\limits_{i=1}^{n} f_i} \qquad (3.33)$$

【例 3.29】 某企业 100 个工人每月工资资料如表 3.20 所示，计算其平均差。

表 3.20 某企业工人月工资平均差计算表

按工资分组/元	工人数 f_i/人	组中值 x_i/元	$x_i - \bar{x}$	$|x_i - \bar{x}|$	$|x_i - \bar{x}| f_i$
3 100～3 200	10	3 150	−170	170	1 700
3 200～3 300	30	3 250	−70	70	2 100
3 300～3 400	40	3 350	30	30	1 200
3 400～3 500	20	3 450	130	130	2 600
合计	100				7 600

解 计算企业工人月平均工资为

$$\bar{x} = \frac{\sum\limits_{i=1}^{n} x_i f_i}{\sum\limits_{i=1}^{n} f_i} = \frac{332\,000}{100} = 3\,320 （元）$$

根据式（3.33），计算企业工人月平均工资的平均差为

$$A.D. = \frac{\sum\limits_{i=1}^{n} |x_i - \bar{x}| f_i}{\sum\limits_{i=1}^{n} f_i} = \frac{7\,600}{100} = 76 （元）$$

计算结果表明，该企业各组工人的工资水平与总平均工资之间的平均离差为 76 元。

平均差以平均数为中心，反映了每个数据与平均数的平均差异程度，能全面准确地反映一组数据的标志变异程度。它的缺点在于：平均差在计算时对离差取了绝对值，其运算给数学处理带来很多不便，因而实际中应用较少。

四、方差和标准差

（一）方差和标准差概述

平均差在数学处理上是通过绝对值消去离差的正负号，如果用平方的办法消去离差

的正负号，数学处理上就比较方便，这样计算的离差平均数称为方差。方差（variance）是各单位标志值与其算术平均数的离差平方的算术平均数，常用 σ^2 表示。标准差（standard deviation）是各单位标志值与其算术平均数的离差平方的算术平均数的平方根，又称"均方差"，常用 σ 表示。方差（或标准差）是实际应用最广泛的标志变异程度指标，它反映了每个数据与其平均数相比平均相差的数值，因此能准确地反映所有数据的离散程度。

根据未分组资料计算方差的公式为

$$\sigma^2 = \frac{\sum\limits_{i=1}^{n}(x_i - \overline{x})^2}{n} \tag{3.34}$$

根据分组资料计算方差的公式为

$$\sigma^2 = \frac{\sum\limits_{i=1}^{n}(x_i - \overline{x})^2 f_i}{\sum\limits_{i=1}^{n} f_i} \tag{3.35}$$

标准差 σ 是 σ^2 的平方根，即 $\sigma = \sqrt{\sigma^2}$ 。

需要说明的是，方差（或标准差）是根据全部数据计算的，能比较准确地反映出全部数据的标志变动程度。与方差不同的是，标准差是有计量单位的，它的计量单位与变量值相同，因此其实际意义要比方差清楚。在对社会经济现象进行分析时，更多地使用标准差作为标志变动程度的度量值。

【例 3.30】 根据表 3.21 资料计算标准差。

表 3.21 某班统计学成绩标准差计算表

按成绩分组/分	学生人数 f_i/人	组中值 x_i/分	$(x_i - \overline{x})^2$	$(x_i - \overline{x})^2 f_i$
60 以下	7	55	400	2 800
60～70	21	65	100	2 100
70～80	25	75	0	0
80～90	19	85	100	1 900
90～100	8	95	400	3 200
合计	80	—	1 000	10 000

解 计算统计学平均成绩为

$$\overline{x} = \frac{\sum\limits_{i=1}^{n} x_i f_i}{\sum\limits_{i=1}^{n} f_i} = \frac{6\,000}{80} = 75 （分）$$

根据式（3.35），计算统计学平均成绩的方差和标准差为

$$\sigma^2 = \frac{\sum_{i=1}^{n}(x_i - \overline{x})^2 f_i}{\sum_{i=1}^{n} f_i} = \frac{10\,000}{80} = 125$$

$$\sigma = \sqrt{125} = 11.18 \text{（分）}$$

计算结果表明，该班各组学生统计学成绩与总平均成绩之间的标准差为 11.18 分。

在计算方差和标准差的过程中，由于要计算各个离差平方和，所以计算起来比较麻烦，可借助计算器进行。

（二）是非标志的方差与标准差

在实际生活中，有些事物或现象的特征只表现为两种性质上的差异，例如，产品的质量表现为合格或不合格，人的性别表现为男或女等。这些只表现为是与否、有或无的标志，称为是非标志，也称为交替标志。在进行抽样估计时，是非标志的方差或标准差具有很重要的意义。

1. 成数（比例）

是非标志只有两种表现，把具有某种表现或不具有某种表现的单位数占全部单位数的比重称为成数。例如，某一批产品，合格品占 95%，不合格品占 5%。95% 和 5% 均为成数。

若 N 表示总体单位数，N_1 表示总体中具有某种表现的单位数，N_0 表示不具有某种表现的单位数，则总体成数 P、Q 可表示为

$$P = \frac{N_1}{N} \qquad Q = \frac{N_0}{N} \tag{3.36}$$

2. 是非标志的平均数

是非标志是一种品质标志，其表现为文字。因此，在计算平均数时，首先需要将文字表现进行数量化处理。假设"1"表示具有某种表现，"0"表示不具有某种表现，用加权算术平均数计算是非标志的平均数为

$$\overline{x} = \frac{\sum_{i=1}^{n} x_i f_i}{\sum_{i=1}^{n} f_i} = \frac{1 \times N_1 + 0 \times N_0}{N_1 + N_0} = P$$

由此可知，是非标志的平均数，即为被研究标志具有某种表现的成数 P。

3. 是非标志的方差与标准差

将是非标志的表现"1"和"0"作为变量值代入方差的计算公式得

$$\sigma^2 = \frac{\sum_{i=1}^{n}(x_i - \overline{x})^2 f_i}{\sum_{i=1}^{n} f_i} = \frac{(1-P)^2 \times N_1 + (0-P)^2 \times N_0}{N_1 + N_0} = P(1-P)$$

是非标志的标准差为：$\sigma = \sqrt{P(1-P)}$。

【例 3.31】 从一批产品中随机抽取 100 件产品进行质量测试，测试的结果为 96 件合格，4 件不合格，试计算成数的方差和标准差。

解 根据所给资料可得

$$P = \frac{96}{100} = 96\% \qquad 1 - P = \frac{4}{100} = 4\%$$

$$\sigma^2 = P(1-P) = 96\% \times 4\% = 3.84\%$$

$$\sigma = \sqrt{P(1-P)} = \sqrt{3.84\%} = 19.6\%$$

是非标志的方差、标准差，当 $P = 0.5$ 时方差取得最大值 0.25，标准差最大值为 0.5，也就是说，此时是非标志的变异程度最大。是非标志的方差、标准差的最小值均为 0。

五、异众比率

异众比率（variation ratio）又称离异比率或变差比，是指非众数组的频数占总频数的比率，常用 V_r 来表示。其计算公式为

$$V_r = \frac{\sum_{i=1}^{n} F_i - \sum_{i=1}^{m} F_i}{\sum_{i=1}^{n} F_i} = 1 - \frac{\sum_{i=1}^{m} F_i}{\sum_{i=1}^{n} F_i} \qquad (3.37)$$

式中，V_r 为异众比率；$\sum_{i=1}^{n} F_i$ 为变量值的总频数；$\sum_{i=1}^{m} F_i$ 为众数组的频数。

异众比率越大，说明非众数组的频数占总频数的比重越大，众数的代表性就越差；异众比率越小，说明非众数组的频数占总频数的比重越小，众数的代表性越好。异众比率主要用于测试定类数据（类别数据）的离散程度，当然，据定序数据以及定距数据和定比数据也可以计算异众比率。

六、离散系数

上面介绍的各种标志变异指标，包括极差、四分位差、平均差、标准差等都是反映数据离散程度的绝对值，其数值的大小一方面受到原标志值本身水平高低的影响，也就是与标志值的平均数有关；另一方面，它们与原标志值的计量单位相同，采用不同计量单位的标志值，其标志变动度值也就不同。因此，对于平均水平不同或计量单位不同的不同组别的标志值，是不能用上述标志变异指标来直接比较它们的变异程度的。为消除标志值水平高低和计量单位不同对标志变异程度的影响，需要计算离散系数。

离散系数又称变异系数（coefficient of variation），是各变异指标与其算术平均数的比值。离散系数大的说明数据的离散程度也越大，离散系数小的说明数据的离散程度也较小。例如，将极差与其平均数对比，得到极差系数；将标准差与其平均数对比，得到标准差系数。最常用的变异系数是标准差系数，用 V_σ 来表示，其计算公式为

$$V_\sigma = \frac{\sigma}{\bar{x}} \times 100\% \qquad (3.38)$$

【例 3.32】　某学校男子体操队 5 名队员的体重（千克）分别为 55、54、52、52 和 51；女子体操队 6 名队员的体重（千克）分别为 46、45、44、44、43、42。试比较哪个队的队员体重更均匀。

解　计算男队、女队的平均体重为

$$\overline{x}_{男} = \frac{\sum_{i=1}^{n} x_i}{n} = 52.8（千克）\qquad \overline{x}_{女} = \frac{\sum_{i=1}^{n} x_i}{n} = 44（千克）$$

计算男队、女队平均体重的标准差为

$$\sigma_{男} = \sqrt{\frac{\sum_{i=1}^{n}(x_i - \overline{x})^2}{n}} = 1.47（千克）\qquad \sigma_{女} = \sqrt{\frac{\sum_{i=1}^{n}(x_i - \overline{x})^2}{n}} = 1.29（千克）$$

计算男队、女队平均体重的离散系数为

$$V_{男} = \frac{\sigma}{\overline{x}} \times 100\% = \frac{1.47}{52.8} = 2.78\% \qquad V_{女} = \frac{\sigma}{\overline{x}} \times 100\% = \frac{1.29}{44} = 2.93\%$$

计算结果表明，男队队员平均体重的离散系数小于女队队员平均体重的离散系数，说明男队队员的体重比较均匀。

第五节　分布形状的度量

集中趋势和离中趋势是数据分布的两个重要特征，但要全面了解数据分布的特点，还需要知道数据分布的形状是否对称、偏斜程度以及分布的扁平程度等。偏态（skewness）和峰态（kurtosis）就是对数据分布形状的描述指标。

一、偏态及其测度

偏态一词是 1895 年统计学家卡尔·皮尔逊（Karl Pearson）首次提出的，它是对数据分布对称性的测度。测度偏态的指标是偏态系数（coefficient of skewness），记作 SK。

偏态系数的计算方法很多。根据未分组资料计算常采用下面的公式：

$$SK = \frac{n\sum_{i=1}^{n}(x_i - \overline{x})^3}{(n-1)(n-2)s^3} \qquad （3.39）$$

式中，s^3 为样本标准差的三次方。

分组资料计算公式为

$$SK = \frac{\sum_{i=1}^{n}(x_i - \overline{x})^3 f_i}{ns^3} \qquad （3.40）$$

（1）当数据分布对称时，离差三次方后正负可以相互抵消，偏态系数等于 0。

（2）当数据分布不对称时，偏态系数明显不等于 0，是正值或负值。

当偏度系数为正值时，表示正离差值较大，可以判断为正偏或右偏，偏度系数越大，向右偏斜的程度也越大。偏度系数为正值表示大于平均数的标志值分布较分散，分布曲线右边拉长尾巴。

当偏度系数为负值时，表示负离差值较大，可以判断为负偏或左偏，偏度系数越大，向左偏斜的程度也越大。偏度系数为负值表示小于平均数的标志值分布较分散，分布曲线左边拉长尾巴。

对称分布、右偏分布和左偏分布示意图如图 3.4 所示。

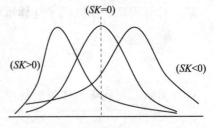

图 3.4　对称分布、右偏分布和左偏分布

二、峰态及其测度

峰态一词是 1905 年统计学家卡尔·皮尔逊（Karl Pearson）首次提出的，它是对数据分布平峰或尖峰程度的测度。测度峰态的指标是峰态系数（coefficient of kurtosis），记作 K。

峰态通常是与标准正态分布相比较而言的。对于未分组资料，其计算公式为

$$K = \frac{n(n+1)\sum_{i=1}^{n}(x_i - \overline{x})^4 - 3\left[\sum_{i=1}^{n}(x_i - \overline{x})^2\right]^2 (n-1)}{(n-1)(n-2)(n-3)s^3} \qquad (3.41)$$

对于分组资料，其计算公式为

$$K = \frac{\sum_{i=1}^{n}(x_i - \overline{x})^4 f_i}{ns^4} - 3 \qquad (3.42)$$

（1）当数据分布形状与标准正态的陡缓程度相同时，峰态系数为 0。

（2）当数据分布形状比标准正态分布更瘦高时，峰态系数大于 0，称为尖峰分布。尖峰分布表明集中趋势显著，离散程度低。

（3）当数据分布形状比标准正态分布更矮更胖时，峰态系数小于 0，称为平峰分布。平峰分布表明集中趋势不显著，离散程度大。

标准正态分布、尖峰分布和平峰分布如图 3.5 所示。

需要说明的是，偏态系数和峰态系数，由于计算比较烦琐，在此不举例说明。借助于计算机软件可方便求出结果，具体求法详见第十章 Excel 在统计中的应用。

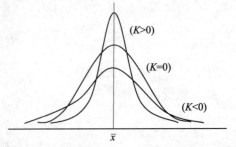

图 3.5　标准正态分布、尖峰分布和平峰分布

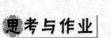

1. 简述总量指标的概念、作用和种类。

2. 简述时期指标与时点指标的特点。

3. 何谓相对指标？有几种类型？

4. 分别简述各种相对指标的含义，并举例说明。

5. 平均数与强度相对数有何联系与区别？

6. 简述众数、中位数和算术平均数的特点和应用场合。

7. 简述变异指标的概念和作用。

8. 什么是离散系数？计算离散系数有何意义？

9. 某企业下属三个经营部上半年营业额资料如表 3.22 所示。

表 3.22　某企业下属三个经营部上半年营业额资料

营业部	第一季度实际营业额/万元	第二季度				第二季度与第一季度相比/%
		计划营业额/万元	比重/%	实际营业额/万元	计划完成/%	
第一营业部	90.0	100.0		110.0		
第二营业部	130.0	150.0			100.0	
第三营业部	160.0			237.5	95.0	
合计	380.0		100.0			

根据表中资料：

（1）计算表中所缺数据，并指出各列指标所属的类别。

（2）该企业下属三个经营部当年计划营业额为 2 000 万元，7 至 12 月营业额分别为 140 万元、160 万元、200 万元、250 万元、230 万元、260 万元。试计算该企业下属三个经营部的全年计划完成程度及计划完成提高量。

（3）试分析该企业下属三个经营部全年计划完成的均衡性。

10. 某企业产量计划完成 103%，比上年增长 5%，试问计划规定比上年增长多少？

11. 2020 年 12 月甲、乙两农贸市场蔬菜价格及成交量、成交额资料如表 3.23 所示。

表 3.23　两农贸市场蔬菜价格及成交量、成交额资料

品种	价格/（元/千克）	甲市场成交额/万元	乙市场成交量/万千克
白菜	1.2	1.2	2
土豆	1.4	2.8	1
萝卜	1.5	1.5	1
合计	—	5.5	4

试问哪一个农贸市场蔬菜价格较高，并说明原因。

12. 生产同类产品的五个企业计划完成情况及一级品率资料如表 3.24 所示。

表 3.24　生产同类产品的五个企业计划完成情况及一级品率资料

企业序号	计划产量/件	计划完成程度/%	实际一级品率/%
1	350	102	98
2	500	105	96
3	450	110	90
4	400	97	85
5	470	100	91

试求：（1）产量计划平均完成百分比；（2）平均一级品率。

13. 某省百强工业企业某年纳税分组资料如表 3.25 所示。

表 3.25　某省百强工业企业某年纳税分组资料

纳税额/万元	企业数/个	纳税额/万元
500 以下	8	2 000
500~1 000	27	20 250
1 000~1 500	38	47 500
1 500~2 000	13	22 750
2 000~2 500	9	20 250
2 500 以上	5	13 750
合计	100	126 500

计算：

（1）该省百强工业企业纳税额的算术平均数、众数和中位数，并说明它们三者之间的关系。

（2）若只知道各组纳税总额，而不知道企业个数，能否求得各企业平均纳税额？如何求？

14. 甲乙两单位人数及月工资资料如表 3.26 所示。

表 3.26　甲乙两单位人数及月工资资料

月工资/元	甲单位人数/人	乙单位人数/人
400 以下	4	2
400~600	25	8
600~800	84	30
800~1 000	126	42
1 000 以上	28	18

根据上述资料：（1）比较甲乙两单位哪个单位工资水平高；（2）说明哪个单位工资更具有代表性。

课程思政拓展阅读

供给侧结构改革背景下河北省服务业发展潜力研究

即测即练

自学自测

扫描此码

第四章

概率论基础

教学目标

通过本章的学习，要求学生了解概率的定义与随机变量的定义，重点掌握离散型随机变量和连续型随机变量的分布规律、大数定律和中心极限定理，为学习统计推断打好基础。

教学要求

知识要点	能力要求	相关知识
概率的基本概念	了解概率的公理化定义	随机试验、随机事件、古典概型、概率的公理化定义
随机变量及其分布	熟悉随机变量及其分布规律	随机变量、离散型随机变量、连续型随机变量
几种常见的概率分布	掌握几种常见的概率分布	（0—1）分布、二项分布、泊松分布、均匀分布、指数分布、正态分布
大数定律和中心极限定理	掌握大数定律和中心极限定理及应用	大数定律、中心极限定理

导入案例

生活中我们经常看到这样的情景：街头有人席地设摊，招牌上醒目地写着："有奖抽签销售"，任何人都可以免费从摊主小布口袋中的 20 个小球（其中有 10 个红球、10 个蓝球）中摸出 10 个，除摸得 5 红 5 蓝这种情况外，其他各种情况均可马上获得奖金（或实物）。奖金设置如下：摸得 10 红或 10 蓝者奖 50 元；摸得 9 红 1 蓝或 9 蓝 1 红者奖 25 元；摸得 8 红 2 蓝或 8 蓝 2 红者奖 5 元；摸得 7 红 3 蓝或 7 蓝 3 红者奖 1.5 元；摸得 6 红 4 蓝或 6 蓝 4 红者奖 0.5 元。但摸得 5 红 5 蓝者必须用 6 元钱向摊主购买两双袜子。

很多路人都会被这"优厚的待遇"冲昏头脑，心想这种抽签不是明摆着给顾客送钱吗？于是一时窃喜，连忙参加这一看上去稳赚不赔的抽签活动。可是冷静下来想一想，这种免费抽签究竟谁获利呢？摊主究竟是真傻还是大智若愚呢？要研究这个问题，就会利用到概率知识。那么什么是概率？概率是怎样计算的？

第一节　概率的基本概念

一、随机试验与随机事件

（一）随机试验

在自然界和人类社会中普遍存在着两类现象：一类是在一定条件下必然出现的现象，称为确定性现象。例如，从高空中抛出一块石头必然会落下；木柴燃烧会产生能量；同性电荷相互排斥，异性电荷相互吸引。另一类则是在一定条件下我们事先无法准确预知其结果的现象，称为随机现象（random phenomenon）。例如，抛一枚硬币，无法预知是出现正面还是反面；在十字路口遇到红灯或者绿灯；明天是否会下雪。

由于随机现象的结果是无法预知的，初看似乎毫无规律，然而人们发现同一随机现象大量重复出现时，其每种可能的结果出现的频率具有稳定性，从而表明随机现象也有其固有的规律性，这种规律性称为统计规律性。为了对随机现象的统计规律性进行研究，就需要对随机现象进行重复观察，可将对随机现象的观察称为试验。

例如，抛一枚硬币 3 次，观察出现正面的次数；记录某射击手对固定目标所进行的射击。上述试验具有以下共同特征：

（1）可以在相同的条件下重复进行；

（2）每次试验的可能结果不止一个，并且能事先明确试验的所有可能结果；

（3）进行一次试验之前不能确定哪一个结果会出现。

可称这样的试验是一个随机试验（random experiment），记作 E。

随机试验将要出现的结果是不确定的，但随机试验所有可能结果是明确的，把随机试验的每一种可能结果称为一个样本点（sample point），它们的全体称为样本空间（sample space），记为 S。

（二）随机事件

在随机试验中，人们除了关心试验结果本身外，往往还关心试验的结果是否具备某一指定的可观察的特征。在概率中，把具有这一可观察特征的随机试验的结果称为事件（event）。把随机试验的某些基本结果组成的集合成为随机事件（random event），用大写字母 A、B、C 表示。例如：

（1）抛一枚硬币，观察正面和反面出现的情况；

（2）将一枚硬币抛三次，观察正面和反面出现的情况；

（3）将一枚硬币抛三次，观察正面出现的次数；

（4）抛一颗骰子，观察出现的点数；

（5）记录某城市 120 急救电话一昼夜接到的呼救次数；

（6）在一批灯泡中任意抽取一只，测试它的寿命。

二、概率

对于一个随机事件 A，在一次随机试验中，它是否会发生，事先不能确定，但人们会问，在一次试验中，事件 A 发生的可能性有多大？并希望找到一个数值来表示事件 A 发生的可能性的大小。表示事件发生的可能性大小的数值称为概率（probability）。

（一）概率的定义

在相同的条件下重复进行 n 次试验，若事件 A 发生的频率随着试验次数的增加在某个常数 P（$0 \leqslant P \leqslant 1$）附近摆动，则称 P 为事件的概率。

【例 4.1】 从某鱼池中取 100 条鱼，做上记号后再放入鱼池中。现从该池中任意捉出 40 条鱼，发现其中两条有记号，问池内大概有多少条鱼？

解　设池中有 n 条鱼。

捉到一条有记号的鱼的概率为 $\dfrac{100}{n}$，它近似等于捉到有记号的鱼的频率 $\dfrac{2}{40}$，

则 $\dfrac{100}{n} \approx \dfrac{2}{40}$，可解得：$n \approx 2\,000$。

故池内大概有 2 000 条鱼。

（二）古典概型

古典概型（classical probability model）是随机现象中一类最简单的概率模型，是概率论最早的研究对象，也是实际中最常用的一种概率模型。具有以下两个特征的随机试验模型为古典概型：

（1）随机试验只有有限个可能的结果；

（2）每个结果发生的可能性大小相同。

因此古典概型又称为等可能概型。

在古典概型的假设下，设事件 A 包含其样本空间 S 中 k 个基本事件，即

$$A = A_{i1} \bigcup A_{i2} \bigcup \cdots \bigcup A_{ik}$$

则事件 A 发生的概率为

$$P(A) = P(A_{i1} \bigcup A_{i2} \bigcup \cdots \bigcup A_{ik}) = \sum_{j=1}^{k} P(A_{ij}) = \frac{k}{n} = \frac{A \text{ 包含的基本事件}}{S \text{ 中基本事件的总数}} \tag{4.1}$$

此概率称为古典概率（classical probability）。这种确定概率的方法称为古典方法。

【例 4.2】 一个袋子中装有 10 个大小相同的球，其中有 3 个白球、7 个黑球，求：

（1）从袋子中任取一球，这个球是黑球的概率；

（2）从袋子中任取两球，刚好一个是白球一个是黑球的概率。

解　（1）10 个球任取一个，共有 $C_{10}^1 = 10$ 种取法，取到黑球的取法有 $C_7^1 = 7$ 种，根据古典概率计算：

$$P(A) = \frac{C_7^1}{C_{10}^1} = \frac{7}{10}$$

（2）10 个球任取两球的取法有 C_{10}^2 种，其中刚好一个白球，一个黑球的取法有 $C_3^1 \times C_7^1$ 种，记 B 为事件"刚好取到一个白球一个黑球"，则

$$P(B) = \frac{C_3^1 \times C_7^1}{C_{10}^2} = \frac{21}{45} = \frac{7}{15}$$

【例 4.3】 将 15 名新生（其中有 3 名优秀生）随机分配到 3 个班级中，其中一班 4 名、二班 5 名、三班 6 名，求：

（1）每一个班各分到 1 名优秀生的概率；

（2）3 名优秀生被分配到一个班的概率。

解 15 名新生分配给一班 4 名、二班 5 名、三班 6 名的分法有

$$C_{15}^4 C_{11}^5 C_6^6 = \frac{15!}{4!5!6!}$$

（1）每一个班各分到 1 名优秀生的分法有：

先将 3 名优秀生分配给三个班级各 1 名，共有 3! 种分法，再将剩余的 12 名新生分配给一班 3 名、二班 4 名、三班 5 名，故每一个班各分到 1 名优秀生的分法有 $3! C_{12}^3 C_9^4 C_5^5 = 3! \dfrac{12!}{3!4!5!}$ 种，每一个班各分到 1 名优秀生的概率为

$$P = 3! \frac{12!}{3!4!5!} \Big/ \frac{15!}{4!5!6!} = 24/91 = 0.2637$$

（2）用 A_i 表示事件 "3 名优秀生全部分配到 i 班"（$i=1,2,3$）

A_1 中所含基本事件个数 $m_1 = C_{12}^1 C_{11}^5 = \dfrac{12!}{5!6!}$

A_2 中所含基本事件个数 $m_2 = C_{12}^4 C_8^2 = \dfrac{12!}{2!4!6!}$

A_3 中所含基本事件个数 $m_3 = C_{12}^4 C_8^5 = \dfrac{12!}{3!4!5!}$

3 名优秀生被分配到一个班的概率为

$$P(A) = P(A_1) + P(A_2) + P(A_3) = \frac{m_1}{n} + \frac{m_2}{n} + \frac{m_3}{n} = 0.07473$$

（三）概率的公理化定义

概率的频率解释为概率提供了经验基础，但是不能作为一个严格的数学定义。1933 年，苏联著名数学家柯尔莫戈洛夫（Kolmogorov）在他的《概率论的基本概念》一书中给出了现在被广泛使用的概率的公理化定义，第一次将概率论建立在严密的逻辑基础上。

随机事件 A 发生可能性大小的数值，称为 A 发生的概率，记作 P。概率应具有下述性质。

（1）非负性：对于任一事件 A，有 $P(A) \geqslant 0$。

（2）规范性：$P(\Omega) = 1$。

（3）有限可加性：若 A_1、A_2、$\cdots$ 是两两互不相容的事件，即对于 $A_i A_j = \phi(i \neq j)$，则

$$P(A_1 \bigcup A_2 \bigcup \cdots) = P(A_1) + P(A_2) + \cdots$$

这就是概率的公理化定义。

第二节　随机变量及其分布

一、随机变量的概念

为全面研究随机试验的结果，揭示随机现象的统计规律性，需要将随机试验的结果数量化。

例如，随机抛一枚硬币观察其正面或反面的试验中，若规定"出现正面"对应数 1，"出现反面"对应数–1，则该试验的每一种可能结果都有唯一的实数与之对应。该例子表明，随机试验的结果都可用一个实数来表示，这个数随着试验的结果不同而变化，因而，它是样本点的函数，这个函数就是要引入的随机变量（random variable）。

设 E 是随机试验，它的样本空间为 $S=\{e\}$，如果对于每一个 $e \in S$，有一个实数 $X(e)$ 与之对应，这样就得到一个定义在 S 上的单值实值函数 $X=X(e)$，称之为随机变量。

例如，用 X 记某一车间的缺勤人数，以 Y 记某地区第一季度的降雨量，以 Z 记某一工厂一个月的耗电量，以 W 记某医院一天的挂号人数，那么 X、Y、Z、W 都是随机变量。

应用中，一般以大写字母 X、Y、Z、…表示随机变量，以小写字母 x、y、z、…表示随机变量的取值。

随机变量按其可能取值不同分为两大类：一类叫离散型随机变量（discrete type random variable），其特征是只能取有限个或可列无限多个值。如"取到次品的个数""收到的呼叫数"等都是离散型随机变量。另一类叫连续型随机变量（continuous type random variable），它的全部可能取值不仅是无穷多的、不可列的，而且是充满某个区间。如"电视机的寿命""测量误差"等则为连续型随机变量。

二、离散型随机变量及其概率分布

随机变量的全部可能取到的值是有限个或可列无限多个，称这种随机变量为离散型随机变量。要掌握一个离散型随机变量 X 的统计规律，必须知道 X 的所有可能取值以及取每一个可能值的概率。

设离散型随机变量 X 所有可能取值为 $x_k (k=1,2,\cdots)$，X 取各个可能值的概率，即事件 $\{X=x_k\}$ 的概率为

$$P\{X=x_k\}=p_k, k=1,2,\cdots \qquad (4.2)$$

若 p_k 满足如下两个条件：

（1）$p_k \geqslant 0$，$k=1,2,\cdots$；

（2）$\displaystyle\sum_{k=1}^{n} p_k =1$。

则称式（4.2）为离散型随机变量 X 的概率分布或分布律。分布律也可用表格形式表示：

X	x_1	x_2	…	x_k	…
p_k	p_1	p_2	…	p_k	…

【例 4.4】 某篮球运动员投中篮圈的概率是 0.9，求他两次独立投篮投中次数 X 的概率分布。

解 X 的可能取值是 0、1、2。

$$P\{X = 0\} = 0.1 \times 0.1 = 0.01$$
$$P\{X = 1\} = 2 \times 0.9 \times 0.1 = 0.18$$
$$P\{X = 2\} = 0.9 \times 0.9 = 0.81$$
$$P\{X = 0\} + P\{X = 1\} + P\{X = 2\} = 1$$

故 X 的概率分布可表示为

X	0	1	2
p_k	0.01	0.18	0.81

【例 4.5】 设一汽车在开往目的地的道路上需要经过四组信号灯，每组信号灯以 0.5 的概率允许或禁止汽车通过，以 X 表示汽车首次停下时，它已通过的信号灯的组数（各组信号灯的工作是独立的），求 X 的概率分布。

解 以 p 表示每组信号灯禁止汽车通过的概率，可知 X 的概率分布为

X	0	1	2	3	4
p_k	p	$(1-p)p$	$(1-p)^2 p$	$(1-p)^3 p$	$(1-p)^4 p$

三、连续型随机变量及其概率分布

连续型随机变量的一切可能取值是充满某个区间（a,b），在这个区间内有无穷个不可数实数，连续型随机变量的概率分布不能用分布律形式表示，而用概率密度函数（probability density function）表示。

对于随机变量 X 的分布函数 $F(x)$，存在非负函数 $f(x)$，使对于任意实数 x 有

$$F(x) = \int_{-\infty}^{x} f(t)\mathrm{d}t \tag{4.3}$$

则称 X 为连续型随机变量。其中 $f(x)$ 为 X 的概率密度函数，简称概率密度。

概率密度函数 $f(x)$ 满足：

（1）$f(x) \geqslant 0$；

（2）$\int_{-\infty}^{+\infty} f(x)\mathrm{d}x = 1$；

（3）对于任意实数 x_1、$x_2 (x_1 \leqslant x_2)$，$P(x_1 < X \leqslant x_2) = F(x_2) - F(x_1) = \int_{x_1}^{x_2} f(x)\mathrm{d}x$。

【例 4.6】 设随机变量 X 具有概率密度

$$f(x) = \begin{cases} kx, & 0 \leqslant x < 3 \\ 2 - \dfrac{x}{2}, & 3 \leqslant x \leqslant 4 \\ 0, & \text{其他} \end{cases}$$

（1）确定常数 k；（2）求 X 的分布函数 $F(x)$；（3）求 $P\left(1 < X \leqslant \dfrac{7}{2}\right)$。

解 （1）由 $\int_{-\infty}^{+\infty} f(x)\,\mathrm{d}x = 1$，得

$$\int_0^3 kx\,\mathrm{d}x + \int_3^4 \left(2 - \frac{x}{2}\right)\mathrm{d}x = 1,\ \text{可解得 } k = \frac{1}{6}$$

（2）X 的分布函数为

$$F(x) = \begin{cases} 0, x < 0 \\ \int_0^x \dfrac{t}{6}\,\mathrm{d}t, 0 \leqslant x < 3 \\ \int_0^3 \dfrac{t}{6}\,\mathrm{d}t + \int_3^t \left(2 - \dfrac{t}{2}\right)\mathrm{d}t, 3 \leqslant x < 4 \\ 1, x \geqslant 4 \end{cases} = \begin{cases} 0, x < 0 \\ \dfrac{x^2}{12}, 0 \leqslant x < 3 \\ -3 + 2x - \dfrac{x^2}{4}, 3 \leqslant x < 4 \\ 1, x \geqslant 4 \end{cases}$$

（3）$P\left(1 < X \leqslant \dfrac{7}{2}\right) = \int_1^{\frac{7}{2}} f(x)\,\mathrm{d}x = \int_1^3 \dfrac{1}{6}x\,\mathrm{d}x + \int_3^{\frac{7}{2}} \left(2 - \dfrac{x}{2}\right)\mathrm{d}x = \dfrac{41}{48}$

第三节 几种常见的概率分布

一、离散型分布

（一）（0—1）分布

设随机变量 X 只能取 0 和 1 两个值，它的分布律是

$$P\{X = k\} = p^k(1-p)^{1-k}, k = 0,1(0 < p < 1)$$

X	0	1
p_k	$(1-p)$	p

则称 X 服从参数为 p 的（0—1）分布。

对于一个随机试验，若它的样本空间只包含两个元素，即 $S = \{\omega_1, \omega_2\}$，则总能在 S 上定义一个服从（0—1）分布的随机变量

$$X = X(\omega) = \begin{cases} 0, \omega = \omega_1 \\ 1, \omega = \omega_2 \end{cases} \tag{4.4}$$

来描述这个随机试验的结果。例如，检查产品的质量是否合格，抛一枚硬币是否出现正面，某工厂的电力消耗是否超过荷载。

（二）二项分布

在介绍二项分布（Bernoulli distribution）之前，先介绍伯努利试验（Bernoulli trials）。

设随机试验 E 只有两个可能结果：A 及 $\overline{A}$，则称 E 为伯努利试验。将 E 独立重复地进行 n 次，则称这一重复的独立试验为 n 重伯努利试验。

以 X 表示 n 重伯努利试验中事件 A 发生的次数，X 是一个随机变量，X 所有可能取值为 0, 1, 2,···, n，求 X 的分布律。事件 A 在指定的 k（$0 \leqslant k \leqslant n$）次试验中发生，在 $n-k$ 次试验中 A 不发生的概率为

$$p^k(1-p)^{n-k}$$

这种指定的方式共有 $\binom{n}{k}$ 种，它们是两两互不相容的，故在 n 次试验中 A 发生 k 次的概率为 $\binom{n}{k}p^k(1-p)^{n-k}$，$q=1-p$，即有

$$P\{X=k\} = \binom{n}{k}p^k(1-p)^{n-k} \tag{4.5}$$

显然：$P\{X=k\} \geqslant 0, k=0,1,2,\cdots,n$

$$\sum_{k=0}^{n} P\{X=k\} = \sum_{k=0}^{n} \binom{n}{k}p^k(1-p)^{n-k} = (p+q)^n = 1$$

称随机变量 X 服从参数为 n、p 的二项分布，记为 $X \sim b(n,p)$。

【例 4.7】 已知 100 个产品中有 5 个次品，现从中有放回地取 3 次，每次任取 1 个，求在所取的 3 个中恰有 2 个次品的概率。

解　每次试验取到次品的概率是 0.05。设 X 为所取的 3 个产品中的次品数，则 $X \sim b(3,0.05)$，在所取的 3 个中恰有 2 个次品的概率为

$$P\{X=2\} = \binom{3}{2}0.05^2(1-0.05)^{3-2} = 0.007\,125$$

【例 4.8】 某人进行射击，每次射击的命中率为 0.02，独立射击 400 次，求至少击中两次的概率。

解　设击中的次数为 X，则 $X \sim b(400,0.02)$，该射击手至少击中两次的概率为

$$P\{X \geqslant 2\} = 1 - P\{X=0\} - P\{X=1\} = 1 - 0.98^{400} - 400 \times 0.02 \times 0.98^{399} = 0.997\,2$$

（三）泊松分布

设随机变量 X 所有可能的取值为 0，1，2，···，取各个值的概率为

$$P\{X=k\} = \frac{\lambda^k e^{-\lambda}}{k!}, k=0,1,2,\cdots, \tag{4.6}$$

其中 $\lambda > 0$ 是常数，则称 X 服从参数为 λ 的泊松分布（Poisson distribution），记为 $X \sim \pi(\lambda)$。

泊松分布是常用的离散型分布之一，现实世界中有很多随机变量都可直接用泊松分布描述，它们之间的差别表现在不同的 λ 上。例如：

（1）在一定时间内，电话总站接错电话的次数；

（2）在一定时间内，在超级市场排队等候付款的顾客人数；

（3）在一定时间内，来到车站等候公共汽车的人数；

（4）在一定时间内，某操作系统发生故障的次数；

（5）100 页书上，错别字的个数。

【**例 4.9**】　某一城市每天发生火灾的次数 X 服从参数 $\lambda = 0.8$ 的泊松分布，求该城市一天内发生火灾 3 次或 3 次以上的概率。

解　根据泊松分布的分布律，可知该城市一天内发生火灾 3 次或 3 次以上的概率：

$$P\{X \geqslant 3\} = 1 - P\{X = 0\} - P\{X = 1\} - P\{X = 2\}$$

$$= 1 - e^{-0.8}\left(\frac{0.8^0}{0!} + \frac{0.8^1}{1!} + \frac{0.8^2}{2!}\right) \approx 0.047\,4$$

当二项分布中的参数 n 趋向于无穷大时，二项分布可用一个泊松分布来逼近，即泊松定理。

泊松定理：设 $\lambda > 0$ 是一个常数，n 是任意正整数，设 $np_n = \lambda$，则对于任一固定的非负整数 k，有

$$\lim_{n \to \infty}\binom{n}{k}p_n^k(1-p_n)^{n-k} = \frac{\lambda^k e^{-\lambda}}{k!} \tag{4.7}$$

【**例 4.10**】　为保证设备正常工作，需要为设备配备一些维修工，若各台设备发生故障是相互独立的，且每台设备发生故障的概率都是 0.01。若有 n 台设备，则 n 台设备中同时发生故障的台数 X 服从二项分布 $b(n,0.01)$。

（1）若用 1 名维修工负责维修 20 台设备，求设备发生故障而不能及时维修的概率是多少？

（2）若用 3 名维修工负责维修 80 台设备，求设备发生故障而不能及时维修的概率是多少？

（3）若有 300 台设备，需要配多少名维修工，才能保证设备得不到及时维修的概率小于 0.01。

解　（1）设 X_1 为 20 台设备中同时发生故障的台数，则 $X_1 \sim b(20,0.01)$。这里，$X_1 \sim p(\lambda_1)$，其中 $\lambda_1 = 20 \times 0.01 = 0.2$，符号 $\sim$ 表示"近似服从"，20 台设备中因故障得不到及时维修只有在同时有两台和两台以上发生故障时才会出现。故所求概率为

$$P(X \geqslant 2) = \sum_{x=2}^{\infty}\frac{0.2^x}{x!}e^{-0.2} = 1 - e^{-0.2} - 0.2e^{-0.8} = 0.017\,5$$

（2）设 X_2 为 80 台设备中同时发生故障的台数，则 $X_2 \sim b(80,0.01)$，同样的 $X_2 \sim p(\lambda_2)$，其中 $\lambda_2 = 80 \times 0.01 = 0.8$，有

$$P(X_2 \geqslant 4) = \sum_{k=4}^{\infty}\frac{0.8^k}{k!}e^{-0.8} = 1 - \sum_{k=0}^{3}\frac{0.8^k}{k!}e^{-0.8} = 0.009$$

表示 3 名维修工负责维修 80 台设备时，因同时发生故障得不到及时维修的概率为 0.009，几乎为（1）中 0.017 5 的一半，提高了效率。

（3）设 X_3 为 300 台设备中同时发生故障的台数，N 为所需配的维修工的人数，类似地可认为 $X_3 \sim p(\lambda_3)$，其中 $\lambda_3 = 300 \times 0.01 = 3$。$N$ 应满足下列等式：

$$P(X_3 \geqslant N+1) = \sum_{k=N+1}^{\infty}\frac{3^k}{k!}e^{-3} \leqslant 0.01$$

或

$$\sum_{k=0}^{N} \frac{3^k}{k!} e^{-3} \geqslant 0.99$$

查表可得，$\sum_{k=0}^{7} \frac{3^k}{k!} e^{-3} = 0.988$；$\sum_{k=0}^{8} \frac{3^k}{k!} e^{-3} = 0.996$

故 $N = 8$ 时满足要求，即要用 8 名维修工才能使 300 台设备得不到及时维修的概率不超过 0.01。

二、连续型分布

（一）均匀分布

若连续型随机变量 X 具有概率密度：

$$f(x) = \begin{cases} \dfrac{1}{b-a}, & a < x < b \\ 0, & \text{其他} \end{cases} \tag{4.8}$$

则称 X 在区间（a,b）上服从均匀分布（uniform distribution）。记为 $X \sim U(a,b)$
X 的分布函数为

$$F(x) = \begin{cases} 0, & x < a \\ \dfrac{x-a}{b-a}, & a \leqslant x < b \\ 1, & x \geqslant b \end{cases} \tag{4.9}$$

$f(x)$ 及 $F(x)$ 的图形分别如图 4.1 和图 4.2 所示。

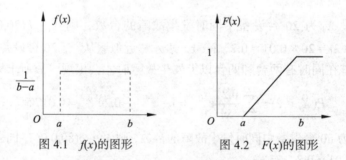

图 4.1　$f(x)$的图形　　　　图 4.2　$F(x)$的图形

均匀分布可用来描述在某个区间上具有等可能结果的随机试验的统计规律性。例如，在数值计算中，假定只保留到小数点后一位，以后的数字按四舍五入处理，则小数点后第一位小数所引起的误差，一般可认为在[0.5,0.5]上服从均匀分布。

【例 4.11】　某公共汽车站从上午 7 点起，每 15 分钟来一班车，如果乘客到达此站时间 X 是 7:00 到 7:30 之间的均匀随机变量，试求他候车时间少于 5 分钟的概率。

解　根据题意，$X \sim U(0,30)$，

$$f(x) = \begin{cases} \dfrac{1}{30}, & 0 < x < 30 \\ 0, & \text{其他} \end{cases}$$

为使候车时间 X 少于 5 分钟，乘客必须在 7:10 到 7:15 之间，或在 7:25 到 7:30 之

间到达车站，故所求概率为

$$P\{10 < X < 15\} + P\{25 < X < 30\} = \int_{10}^{15} \frac{1}{30} dx + \int_{25}^{30} \frac{1}{30} dx = \frac{1}{3}$$

所以，该乘客候车时间少于 5 分钟的概率是 1/3。

（二）指数分布

若随机变量 X 的概率密度函数为

$$f(x) = \begin{cases} \frac{1}{\theta} \mathrm{e}^{-x/\theta}, & x > 0 \\ 0, & \text{其他} \end{cases} \tag{4.10}$$

则称随机变量 X 服从参数为 θ 的指数分布（exponential distribution）。其分布函数为

$$F(x) = \begin{cases} 1 - \mathrm{e}^{-x/\theta}, & x > 0 \\ 0, & \text{其他} \end{cases} \tag{4.11}$$

一些没有明显"衰老"机理的元器件的寿命可以用指数分布来描述，所以指数分布在排队论和可靠性理论等领域中有着广泛的应用。

【例 4.12】 某电子元件的寿命 X 服从参数为 $\theta = \dfrac{1}{1\,000}$ 指数分布，求 3 个这样的电子元件使用 1 000 小时，至少已有一个损坏的概率。

解 由题意知，$F(x) = \begin{cases} 1 - \mathrm{e}^{-x/1000}, & x > 0 \\ 0, & \text{其他} \end{cases}$，则一个电子元件使用寿命超过 1 000 小时的概率为

$$P\{X > 1\,000\} = 1 - P\{X < 1\,000\} = 1 - F(1\,000) = \mathrm{e}^{-1}$$

用 Y 表示三个元件中使用 1 000 小时损坏的元件数，则 $Y \sim b(3, 1 - \mathrm{e}^{-1})$，所求的概率为

$$P\{Y > 1\} = 1 - P\{Y = 0\} = 1 - \binom{0}{3}(1 - \mathrm{e}^{-1})^0 (\mathrm{e}^{-1})^3 = 1 - \mathrm{e}^{-3}$$

（三）正态分布

1. 正态分布（normal distribution）的定义

若连续型随机变量 X 的概率密度为

$$f(x) = \frac{1}{\sqrt{2\pi}\sigma} \mathrm{e}^{-\frac{(x-\mu)^2}{2\sigma^2}}, \quad -\infty < x < \infty \tag{4.12}$$

其中，μ、σ（$\sigma > 0$）为常数，称 X 服从参数为 μ、σ 的正态分布，记为 $X \sim N(\mu, \sigma^2)$。

$f(x)$ 的图形如图 4.3 所示。

2. 正态分布函数的性质

正态分布函数具有以下性质：

（1）曲线是关于 $x = \mu$ 对称的钟形曲线，且峰值在 $x = \mu$ 处，对于任意的 $h > 0$，有

$$P(\mu - h < X \leqslant \mu) = (\mu < X \leqslant \mu + h)$$

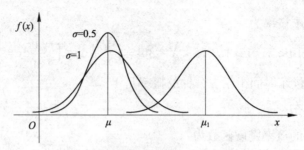

图 4.3　正态分布的概率密度曲线

（2）均值 μ 可取实数轴上的任意数值，决定正态曲线的具体位置；标准差 σ 决定曲线的"陡峭"或"扁平"程度。σ 越大，正态曲线越扁平；σ 越小，正态曲线越陡峭。

（3）当 X 的取值向横轴左右两个方向无限延伸时，曲线的两个尾端也无限渐近横轴，理论上永远不会与之相交。

（4）正态随机变量在特定区间上的取值概率由正态曲线下的面积给出，而且其曲线下的总面积等于 1。即

$$\int_{-\infty}^{+\infty} f(x)\mathrm{d}x = 1$$

随机变量 X 的分布函数为

$$F(x) = \frac{1}{\sqrt{2\pi}\sigma} \int_{-\infty}^{x} \mathrm{e}^{-\frac{(t-\mu)^2}{2\sigma^2}} \mathrm{d}t \tag{4.13}$$

3. 标准正态分布

期望值为 0 和标准差为 1 的正态分布，即 $\mu = 0$，$\sigma = 1$，称随机变量 X 服从标准正态分布（standard normal distribution），记为 $X \sim N(0,1)$，其概率密度和分布函数分别用 $\varphi(x)$、$\phi(x)$ 表示，并且有

$$\varphi(x) = \frac{1}{\sqrt{2\pi}} \mathrm{e}^{-\frac{x^2}{2}} \tag{4.14}$$

$$\phi(x) = \frac{1}{\sqrt{2\pi}} \int_{-\infty}^{x} \mathrm{e}^{-\frac{t^2}{2}} \mathrm{d}t \tag{4.15}$$

对于任意一个实数 x，有

$$\phi(-x) = 1 - \phi(x) \tag{4.16}$$

标准正态分布 $\phi(x)$ 函数表见表 B-2。

标准正态分布的重要性在于，任何一个一般的正态分布都可以通过线性变换转化为标准正态分布。

定理：若 $X \sim N(\mu, \sigma^2)$，则 $Z = \dfrac{X-\mu}{\sigma} \sim N(0,1)$。

标准正态分布函数 $\phi(x)$ 是正态分布计算的基础，若 $X \sim N(\mu, \sigma^2)$，则它的分布函数 $F(x)$ 可写为

$$F(x) = P\{X \leqslant x\} = P\left\{ \frac{X-\mu}{\sigma} \leqslant \frac{x-\mu}{\sigma} \right\} = \phi\left(\frac{x-\mu}{\sigma} \right) \tag{4.17}$$

对于任意区间 (x_1,x_2)，有

$$P\{x_1 < X \leqslant x_2\} = P\left\{\frac{x_1-\mu}{\sigma} < \frac{X-\mu}{\sigma} \leqslant \frac{x_2-\mu}{\sigma}\right\} = \phi\left(\frac{x_2-\mu}{\sigma}\right) - \phi\left(\frac{x_1-\mu}{\sigma}\right) \quad (4.18)$$

【**例 4.13**】 设随机变量 X 服从标准正态分布，求以下概率：

（1）$P\{-1 < X \leqslant 1\}$；（2）$P\{0 < X \leqslant 1.25\}$；（3）$P\{X > 1\}$

解 （1）$P\{-1 < X \leqslant 1\} = \phi(1) - \phi(-1) = 2\phi(1) - 1 = 0.6827$

（2）$P\{0 < X \leqslant 1.25\} = \phi(1.25) - \phi(0) = 0.8944 - 0.5 = 0.3944$

（3）$P\{X > 1\} = 1 - P\{X \leqslant 1\} = 1 - \phi(1) = 1 - 0.8413 = 0.1587$

【**例 4.14**】 设 $X \sim N(1,4)$，计算：（1）$F(5)$；（2）$P\{0 < X \leqslant 1.6\}$；（3）$P\{|X-1| \leqslant 2\}$ 的值。

解 （1）$F(5) = P\{X \leqslant 5\} = P\left\{\frac{X-1}{2} \leqslant \frac{5-1}{2}\right\} = \phi\left(\frac{5-1}{2}\right) = \phi(2) = 0.9772$

（2）$P\{0 < X \leqslant 1.6\} = P\left\{\frac{0-1}{2} < \frac{X-1}{2} \leqslant \frac{1.6-1}{2}\right\}$

$$= \phi\left(\frac{1.6-1}{2}\right) - \phi\left(\frac{0-1}{2}\right) = \phi(0.3) - \phi(-0.5)$$

$$= 0.6179 - [1 - \phi(0.5)] = 0.6179 - 1 + 0.6915 = 0.3094$$

（3）$P\{|X-1| \leqslant 2\} = P\{-1 < X \leqslant 3\}$

$$= \phi\left(\frac{3-1}{2}\right) - \phi\left(\frac{-1-1}{2}\right) = \phi(1) - \phi(-1) = 2\phi(1) - 1 = 0.6827$$

注：设 $X \sim N(\mu,\sigma^2)$，由 $\phi(x)$ 的函数表还能得到

$$P\{\mu-\sigma < X < \mu+\sigma\} = \phi(1) - \phi(-1) = 2\phi(1) - 1 = 68.27\%$$

$$P\{\mu-2\sigma < X < \mu+2\sigma\} = \phi(2) - \phi(-2) = 2\phi(2) - 1 = 95.45\%$$

$$P\{\mu-3\sigma < X < \mu+3\sigma\} = \phi(3) - \phi(-3) = 2\phi(3) - 1 = 99.73\%$$

由此可见，尽管正态变量的取值范围是 $(-\infty,\infty)$，但是它的值落在 $(\mu-3\sigma,\mu+3\sigma)$ 内几乎是肯定的事，这就是人们所说的"3σ"法则，如图 4.4 所示。

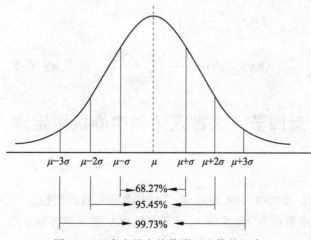

图 4.4 正态变量在均值附近取值的概率

【例 4.15】 某公司职员每周的超时津贴服从正态分布，其均值为 42.5 元，标准差为 10.4 元，试问每周超时津贴超过 60 元的职工在全公司占多少比例？

解 设 X 是该公司职工每周的超时津贴，则 $X \sim N(42.5, 10.4^2)$。所求的概率为

$$P(X > 60) = 1 - P(X \leqslant 60) = 1 - \phi\left(\frac{60 - 42.5}{10.4}\right) = 1 - \phi(1.68)$$

$$= 1 - 0.9535 = 0.0465$$

即，每周超时津贴超过 60 元的职工在全公司占 4.56%。

4. 标准正态分布的分位点

为了便于在推论统计中的应用，对于标准正态随机变量，引入上 α 分位点的概念。设 $X \sim N(0,1)$，若 Z_α 满足条件：

$$P(X > Z_\alpha) = \alpha, 0 < \alpha < 1$$

则称 Z_α 为标准正态分布的上 α 分位点。

【例 4.16】 设随机变量 X 服从正态分布 $N(108, 9)$，求：（1）$P(101.1 < X < 117.6)$；（2）常数 a，使 $P(X < a) = 0.90$；（3）常数 a，使 $P(|X - a| > a) = 0.01$。

解 （1）$P(101.1 < X < 117.6) = P\left(-2.3 < \dfrac{X - 108}{3} < 3.2\right) = \phi(3.2) - \phi(-2.3)$

$$= \phi(3.2) - (1 - \phi(2.3)) = 0.9993 - 1 + 0.9893$$

$$= 0.9886$$

（2）$P(X < a) = P\left(\dfrac{X - 108}{3} < \dfrac{a - 108}{3}\right) = 0.90$

所以，$\dfrac{a - 108}{3} \approx 1.28$，$a = 111.84$

（3）$P(|X - a| > a) = P(X - a > a) + P(X - a < -a) = P(X > 2a) + P(X < 0)$

$$= P\left(\frac{X - 108}{3} > \frac{2a - 108}{3}\right) + P\left(\frac{X - 108}{3} < -36\right)$$

$$\approx 1 - \phi\left(\frac{2a - 108}{3}\right) = 0.01$$

因为，$\phi\left(\dfrac{2a - 108}{3}\right) = 0.99$，所以 $\dfrac{2a - 108}{3} \approx 2.33$，解得 $a = 57.5$

第四节　大数定律和中心极限定理

一、大数定律

大量实验证明，随机事件 A 的频率 $f_n(A)$ 当重复实验的次数 n 增大时总呈现出稳定性，稳定在某一个常数的附近。频率的稳定性是概率定义的客观基础，下面对频率的稳定性作出理论说明。

（一）切比雪夫不等式

切比雪夫（Chebyshev）不等式：设随机变量 X 的期望 $E(X)=\mu$，方差 $D(X)=\sigma^2$，则对于任意给定的 $\varepsilon>0$，有

$$p\{|X-\mu|<\varepsilon\}\leqslant\frac{\sigma^2}{\varepsilon} \tag{4.19}$$

切比雪夫不等式说明：随机变量 X 的方差越小，则事件 $\{|X-\mu|<\varepsilon\}$ 发生的概率越大，即 X 的取值基本上集中在它的期望值 μ 附近，由此可见，方差刻画了随机变量取值的离散程度。

（二）辛钦大数定理

辛钦（Khinchin）大数定理：设 $X_1,X_2,\cdots,X_n$ 是独立同分布的随机变量序列，且数学期望 $E(X_k)=\mu$，则对于任意 $\varepsilon>0$，有

$$\lim_{n\to\infty}p\left\{\left|\frac{1}{n}\sum_{k=1}^{n}X_k-\mu\right|<\varepsilon\right\}=1 \tag{4.20}$$

辛钦大数定理表明：随机变量 $X_1,X_2,\cdots,X_n$ 的算术平均值序列依概率收敛于其数学期望 μ。

（三）伯努利大数定理

伯努利（Bernoulli）大数定理：设 f_A 是 n 次独立重复试验中事件 A 发生的次数，p 是事件 A 在每次试验中发生的概率，则对于任意正数 $\varepsilon>0$，有

$$\lim_{n\to\infty}p\left\{\left|\frac{f_A}{n}-p\right|<\varepsilon\right\}=1 \tag{4.21}$$

或

$$\lim_{n\to\infty}p\left\{\left|\frac{f_A}{n}-p\right|\geqslant\varepsilon\right\}=0 \tag{4.22}$$

伯努利大数定理表明，对于任意 $\varepsilon>0$，只要重复独立试验的次数 n 充分大，事件 $\left\{\left|\dfrac{f_A}{n}-p\right|\geqslant\varepsilon\right\}$ 是一个小概率事件，由实际推断原理知，这一事件实际上几乎是不可能发生的，即在 n 充分大时，事件 $\left\{\left|\dfrac{f_A}{n}-p\right|<\varepsilon\right\}$ 实际上几乎是必然发生的，这就是我们所说的频率稳定性的真正含义。在实际应用中，当试验次数很大时，便可以用事件的频率来代替事件的概率。

二、中心极限定理

（一）独立同分布的中心极限定理

设随机变量 $X_1,X_2,\cdots,X_n$ 相互独立，且服从同一分布，数学期望和方差：$E(X_k)=\mu$，$D(X_k)=\sigma^2(k=1,2,\cdots)$，则随机变量之和 $\sum\limits_{k=1}^{n}X_k$ 的标准化变量：

$$Y_n = \frac{\sum\limits_{k=1}^{n} X_k - E\left(\sum\limits_{k=1}^{n} X_k\right)}{\sqrt{D\left(\sum\limits_{k=1}^{n} X_k\right)}} = \frac{\sum\limits_{k=1}^{n} X_k - n\mu}{\sqrt{n}\sigma} \tag{4.23}$$

的分布函数 $f_n(X)$ 对于任意 x 满足

$$\lim_{n\to\infty} F_n(x) = \lim_{n\to\infty}\left\{ P \frac{\sum\limits_{k=1}^{n} X_k - n\mu}{\sqrt{n}\sigma} \leqslant x \right\} = \int_{-\infty}^{x} \frac{1}{\sqrt{2\pi}} e^{-t^2/2} dt = \phi(x) \tag{4.24}$$

也就是说，均值为 μ、方差为 $\sigma^2 > 0$ 的独立同分布的随机变量 $X_1, X_2, \cdots, X_n$ 之和 $\sum\limits_{k=1}^{n} X_k$ 的标准化变量，当 n 充分大时，有

$$\frac{\sum\limits_{k=1}^{n} X_k - n\mu}{\sqrt{n}\sigma} \overset{\text{近似地}}{\sim} N(0,1)$$

将上式结果改写为 $\dfrac{\dfrac{1}{n}\sum\limits_{k=1}^{n} X_k - \mu}{\sigma/\sqrt{n}} = \dfrac{\bar{X} - \mu}{\sigma/\sqrt{n}}$，这样，可写成，当 n 充分大时，

$$\frac{\bar{X} - \mu}{\sigma/\sqrt{n}} \overset{\text{近似地}}{\sim} N(0,1) \ \text{或} \ \bar{X} \overset{\text{近似地}}{\sim} N(\mu, \sigma^2/n)$$

这是独立同分布极限定理结果的另一个形式。这就是说，均值为 μ、方差为 $\sigma^2 > 0$ 的独立同分布的随机变量 $X_1, X_2, \cdots, X_n$ 的算术平均 $\bar{X} = \dfrac{1}{n}\sum\limits_{k=1}^{n} X_k$，当 n 充分大时近似地服从均值为 μ、方差为 σ^2/n 的正态分布。这一结果是数理统计中大样本统计推断的基础。

【例 4.17】 设某种电器元件的寿命服从均值为 100 小时的指数分布，现随机取得 16 只，设它们的寿命是相互独立的，求这 16 只元件的寿命的总和大于 1 920 小时的概率。

解　记 16 只电器元件的寿命分别为 $X_1, X_2, \cdots, X_{16}$，则 16 只电器元件的寿命总和为

$$X = \sum_{i=1}^{16} X_i$$

由题设 $E(X_i) = 100$，$D(X_i) = 100^2$

根据独立同分布的中心极限定理可得

$$Y = \frac{\sum\limits_{i=1}^{16} X_i - 16 \times 100}{4 \times 100} = \frac{X - 1\,600}{400}，近似服从 N(0,1)$$

$$P(X > 1920) = 1 - P(X < 1920) = 1 - \phi(0.8) = 0.2119$$

【例 4.18】 计算机在进行数学计算时，遵从四舍五入原则，为简单计算，现在对小数点后面第一位进行舍入运算，则可以认为误差 X 服从$[-0.5,0.5]$上的均匀分布。若在一项计算中进行了 100 次数字计算，求平均误差落在区间 $\left[-\dfrac{\sqrt{3}}{20},\dfrac{\sqrt{3}}{20}\right]$ 上的概率。

解 记 100 次计算的误差为 $X_1,X_2,\cdots,X_{100}$，$X_1,X_2,\cdots,X_{100}$ 相互独立且服从$[-0.5,0.5]$上的均匀分布。$E(X_i)=0$，$D(X_i)=\dfrac{1}{12}$，$i=1,2,\cdots,100$，根据中心极限定理：

$$Y_{100}=\frac{\sum\limits_{i=1}^{100}X_i-100\times 0}{\sqrt{100/12}}=\frac{\sqrt{3}}{5}\sum_{i=1}^{100}X_i\sim N(0,1)$$

平均误差落在区间 $\left[-\dfrac{\sqrt{3}}{20},\dfrac{\sqrt{3}}{20}\right]$ 上的概率为

$$P\left(-\frac{\sqrt{3}}{20}\leqslant\bar{X}\leqslant\frac{\sqrt{3}}{20}\right)=P\left(-\frac{\sqrt{3}}{20}\leqslant\frac{1}{100}\sum_{i=1}^{100}X\leqslant\frac{\sqrt{3}}{20}\right)=P\left(-3\leqslant\frac{\sqrt{3}}{5}\sum_{i=1}^{100}X\leqslant 3\right)$$

$$=\phi(3)-\phi(-3)=0.997\,3$$

（二）棣莫弗—拉普拉斯定理

设随机变量 $X_1,X_2,\cdots,X_n$ 服从参数为 n、$p(0<p<1)$ 的二项分布，则对于任意 x，有

$$\lim_{n\to\infty}P\left\{\frac{X_k-np}{\sqrt{np(1-p)}}\leqslant x\right\}=\int_{-\infty}^{x}\frac{1}{\sqrt{2\pi}}\mathrm{e}^{-t^2/2}\mathrm{d}t=\phi(x) \qquad （4.25）$$

【例 4.19】 某保险公司的老年人寿保险有 1 万人参加，每人每年交 200 元，若老人在该年内死亡，公司付给受益人 1 万元。设老年人死亡率为 0.017，试求保险公司在一年内这项保险亏本的概率。

解 设 X 为一年中投保老人的死亡数，$X\sim b(n,p)$，$n=10\,000$，$p=0.017$

由棣莫弗—拉普拉斯（De Moivre-Laplace）中心极限定理，保险公司亏本的概率为

$$P(10\,000X>10\,000\times 200)\approx 1-\phi\left(\frac{200-np}{\sqrt{np(1-p)}}\right)=1-\phi\left(\frac{200-170}{\sqrt{170\times(1-0.017)}}\right)$$

$$=1-\phi(2.321)\approx 0.01$$

【例 4.20】 设某工厂有 400 台同类机器，各台机器发生故障的概率都是 0.02，各台机器工作是相互独立的。试求机器出故障的台数不小于 2 的概率。

解 设机器出故障的台数为 X，$X\sim b(400,0.02)$，分别用三种方法计算：

（1）用二项分布计算：

$$P(X\geqslant 2)=1-P(X=0)-P(X=1)=1-0.98^{400}-400\times 0.02\times 0.98^{399}=0.997\,2$$

（2）用泊松分布近似计算：

$$\lambda=np=400\times 0.02=8$$

$$P(X\geqslant 2)=1-P(X=0)-P(X=1)\approx 1-0.000\,335-0.002\,684\approx 0.996\,9$$

（3）用正态分布近似计算：

$$\sqrt{npq} = \sqrt{400 \times 0.02 \times 0.98} = 2.8$$

$$P(X \geqslant 2) = 1 - P(X \leqslant 1) \approx 1 - \phi\left(\frac{1 - np}{\sqrt{npq}}\right) = \phi\left(\frac{7}{2.8}\right) = 0.993\,8$$

【例 4.21】 路边有一个售报亭，每个过路人在报亭买报的概率是 1/3，求：正好售出 100 份报纸时的过路人数在 280 到 300 之间的概率。

解 设 X 是正好售出 100 份报纸时的过路人数，X_i 是售出第 $i-1$ 份报纸后到售出第 i 份报纸时的过路人数，则

$$X = \sum_{i=1}^{100} X_i$$

随机变量 $X_1, X_2, \cdots, X_{100}$ 独立同分布，具有分布律：

$$P\{X_i = k\} = \frac{1}{3}\left(\frac{2}{3}\right)^{k-1}, k = 1, 2, \cdots$$

$$E(X_i) = \frac{1}{\frac{1}{3}} = 3, D(X_i) = \frac{\frac{2}{3}}{\left(\frac{1}{3}\right)^2} = 6$$

$$P\left(100 < \sum_{i=1}^{100} X_i < 300\right) \approx \phi\left(\frac{300 - 100 \times 3}{\sqrt{100 \times 6}}\right) - \phi\left(\frac{280 - 100 \times 3}{\sqrt{100 \times 6}}\right)$$

$$= \phi(0) - \phi(-0.816\,5) = 0.5 - 1 + \phi(0.816\,5)$$

$$= 0.293$$

思考与作业

1. 试说明随机试验应具有的三个特点。

2. 将一枚硬币抛两次，事件 A、B、C 分别表示"第一次出现正面""两次出现同一面""至少一次出现正面"。试写出样本空间及事件 A、B、C 中的样本点。

3. 袋中有 2 个白球与 3 个黑球，每次从其中任取 1 个球后不放回，直到取得白球为止。求：（1）取球次数 X 的概率分布；（2）X 的分布函数。

4. 一射手对靶射击，直到第一次命中为止，每次命中率为 0.6，现有 4 颗子弹，求命中后尚余子弹数 X 的概率分布及分布函数。

5. 已知 100 个产品中有 5 个次品，现从中有放回地取 3 次，每次任取 1 个，求在所取的 3 个中恰有 2 个次品的概率。

6. 一个完全不懂英语的人去参加英语考试。假设此考试有 5 个选择题，每题有 n 重选择，其中只有一个答案正确。试求：他能答对 3 题以上而及格的概率。

7. 一家商店采用科学管理，由该商店过去的销售记录知道，某种商品每月的销售数可以用参数 $\lambda = 5$ 的泊松分布来描述，为了以 95% 以上的把握保证不脱销，问商店在月底至少应进该商品多少件？

8. 某企业销售额服从均值为 75 万元、标准差为 12 万元的正态分布，求某年该企业销售额在 75 万～90 万元之间的概率是多少？

9. 设某商店出售的白糖每包的标准是 500 克，设每包重量 X（以克计）是随机变量，$X \sim N(500,25)$。求：（1）随机抽查一包，其重量大于 510 克的概率；（2）随机抽查一包，其重量与标准重量之差的绝对值在 8 克之内的概率；（3）求常数 C，使每包的重量小于 C 的概率为 0.05。

10. 某零件的长度服从正态分布，均值为 10 毫米，标准差为 0.2 毫米。求：（1）从该批零件中随机抽取一件，其长度不到 9.4 毫米的概率；（2）为了保证产品质量，要求以 95% 的概率保证该零件的长度在 9.5～10.5 毫米之间，这一要求能否实现？

11. 100 台机床彼此独立地工作，每台机床的实际工作时间占全部工作时间的 80%。求：（1）任一时刻有 70～86 台机床在工作的概率；（2）任一时刻有 80 台以上机床在工作的概率。

12. 系统由 100 个相互独立起作用的部件组成，每个部件的损坏率为 0.1。系统要正常工作，至少有 85 个部件正常工作，求系统正常工作的概率。

13. 一船舶在某海区航行，已知每遭受一次海浪的冲击，纵摇角大于 3° 的概率为 1/3。若船舶遭受了 90 000 次波浪冲击，问其中有 29 500～30 500 次纵摇角大于 3° 的概率是多少？

课程思政拓展阅读

贝叶斯公式的应用

即测即练

自学自测　扫描此码

第五章

抽样分布与参数估计

教学目标

　　参数估计是统计推断的经典内容之一。通过本章的学习，学生在了解随机样本、统计量和几个常用抽样分布的基础上，应熟悉正态总体样本均值和方差的分布，掌握点估计的方法和估计量的评选标准，重点掌握一个正态总体均值、方差、比例和两个正态总体均值差、方差比、比例差的区间估计原理和方法，并能灵活应用区间估计的方法解决实际统计推断问题。

教学要求

知识要点	能 力 要 求	相 关 知 识
抽样分布	熟悉样本统计量抽样分布原理	χ^2分布、t分布和F分布，样本均值和方差的分布
参数点估计	掌握矩估计法和最大似然估计法及估计量的评选标准	矩估计法、最大似然估计法、估计量的评选标准
区间估计	熟练应用总体均值、方差、比例的区间估计方法	总体均值、方差、比例等置信区间的估计

导入案例

大学生平均每月的手机话费支出是多少？

　　手机已经成了大学生生活中必不可少的通信工具，而手机话费也是大学生日常生活消费中重要项目之一。为了了解大学生手机话费支出情况，特别对某大学经济管理学院的学生做了抽样调查，共调查了126名学生，调查资料如表5.1所示。

　　根据抽样调查结果，按95%置信度估计该学院的学生平均月手机话费在 46.27～54.38 元之间。

表5.1 某大学经济管理学院大学生月手机话费抽样调查表

月支出电话费用/元	学生人数/人
30以下	23
30～50	50
50～70	29
70～90	13
90以上	11
合计	126

　　作为一个销售人员你了解企业产品的市场占有率吗？对你提出的数据你有多大把握呢？作为一名大学生你了解同学们的生活费用吗？你知道大学生每月的上网时间吗？如果想了解某一指标数据的范围以及要求该范围达到一定的可靠程度，往往需要通过抽样调查来完成，根据抽样分布原理，确定该指标的数据范围，这种方法就是参数估计。

统计推断的基本问题分为参数估计和假设检验两个分支,它们都是利用样本指标对总体参数进行推断,不同的是参数估计是利用样本统计量估计总体参数的统计方法,总体参数是未知的。而在假设检验中,先对总体参数提出一个假设,然后利用样本指标去检验这个假设是否成立。本章重点讨论总体参数的估计问题。

第一节　抽　样　分　布

一、随机样本

如果人们掌握了所研究总体的全部数据,那么只要做一些简单的统计描述,如总体均值、方差、比例等,就可以得到有关总体的数量特征。但现实的情况比较复杂,有些现象的范围比较广,不可能对总体中的每个单位都一一进行测定。例如:要检验灯泡的使用寿命,由于测试是破坏性的,不可能对所有的灯泡进行测试,只能抽取一部分灯泡作测试,根据这些数据来推断该批灯泡的平均使用寿命。

可见,为了研究总体 X 的数量特征和分布规律,就必须知道 X 的信息。如果不收集全面数据,则必须收集其部分数据,利用部分数据提供的有关总体 X 的信息对 X 的数量特征和分布规律进行统计推断,这就需要对总体进行抽样观测。

设 X 为具有分布函数 F 的随机变量,若 $X_1, X_2, \cdots, X_n$ 为具有同一分布函数 F 的相互独立的随机变量,则称 $X_1, X_2, \cdots, X_n$ 为来自分布函数 F(或总体 F、或总体 X)的容量为 n 的简单随机样本(simple random sample),简称样本(sample),它们的观测值 $x_1, x_2, \cdots, x_n$ 称为 X 的 n 个独立的观测值,也称样本值。

对于有限总体而言,一般采用重置抽样可得到简单随机样本;对于无限总体,采用不重置抽样可得到简单随机样本。在实际应用中,对于容量很大的有限总体通常也采用不重置抽样方法得到简单随机样本。

二、统计量

为了对总体的分布或数字特征进行统计推断,还需要对样本进行适当的加工,即在应用时针对不同的问题构造样本的适当函数。因此需要引入统计量(statistic)这个概念。

设 $X_1, X_2, \cdots, X_n$ 为总体 X 的一个随机样本,$g(X_1, X_2, \cdots, X_n)$ 是 $X_1, X_2, \cdots, X_n$ 的一个连续函数,如果 g 中不包含任何未知参数,则称 $g(X_1, X_2, \cdots, X_n)$ 为一个统计量。

如果 $x_1, x_2, \cdots, x_n$ 是样本 $X_1, X_2, \cdots, X_n$ 的观测值,则 $g(x_1, x_2, \cdots, x_n)$ 是统计量 $g(X_1, X_2, \cdots, X_n)$ 的一个观测值。

例如,设 $X \sim N(\mu, \sigma^2)$,如果 μ 已知,σ^2 未知,$X_1, X_2, \cdots, X_n$ 为总体 X 的一个随机样本,则 $\sum\limits_{i=1}^{n}(X_i - \mu)^2$ 是一个统计量。

因为 $X_1, X_2, \cdots, X_n$ 是随机变量,而统计量 $g(X_1, X_2, \cdots, X_n)$ 是随机变量的函数,因而统计量也是一个随机变量。

最常用的统计量是样本矩。设 $X_1, X_2, \cdots, X_n$ 为总体 X 的一个随机样本,$x_1, x_2, \cdots, x_n$ 是

样本的观测值。

样本均值：

$$\bar{X} = \frac{1}{n}\sum_{i=1}^{n}X_i \qquad (5.1)$$

样本方差：

$$S^2 = \frac{1}{n-1}\sum_{i=1}^{n}(X_i - \bar{X})^2 \qquad (5.2)$$

样本标准差：

$$S = \sqrt{\frac{1}{n-1}\sum_{i=1}^{n}(X_i - \bar{X})^2} \qquad (5.3)$$

样本 k 阶原点矩：

$$A_k = \frac{1}{n}\sum_{i=1}^{n}X_i^k, k = 1, 2, \cdots \qquad (5.4)$$

样本 k 阶中心矩：

$$B_k = \frac{1}{n}\sum_{i=1}^{n}(X_i - \bar{X})^k, k = 2, 3, \cdots \qquad (5.5)$$

它们的观测值分别为

$$\bar{x} = \frac{1}{n}\sum_{i=1}^{n}x_i$$

$$s^2 = \frac{1}{n-1}\sum_{i=1}^{n}(x_i - \bar{x})^2$$

$$s = \sqrt{\frac{1}{n-1}\sum_{i=1}^{n}(x_i - \bar{x})^2}$$

$$a_k = \frac{1}{n}\sum_{i=1}^{n}x_i^k, k = 1, 2, \cdots$$

$$b_k = \frac{1}{n}\sum_{i=1}^{n}(x_i - \bar{x})^k, k = 2, 3, \cdots$$

三、几个常用的抽样分布

统计量的分布称为抽样分布（sampling distribution）。

当总体的分布已知时，抽样分布是确定的。对于来自正态总体的几个常用统计量的分布，已有一些重要的结论。

（一）χ^2 分布

χ^2 分布（chi-square distribution）是由阿贝（Abbe）于 1863 年率先提出的，后来由海尔默特（Hermert）和英国统计学家卡尔·皮尔逊（Karl Pearson）分别于 1875 年和 1900 年推导出来的。

设 $X \sim N(0,1)$，又设 $X_1, X_2, \cdots, X_n$ 是来自正态总体 $X \sim N(0,1)$ 的样本，则称统计量

$$\chi^2 = X_1^2 + X_2^2 + \cdots + X_n^2 \tag{5.6}$$

为服从自由度为 n 的 χ^2 分布，记为 $\chi^2 \sim \chi^2(n)$。关于自由度的详细内容参见第七章方差分析第二节单因素方差分析中均方和的计算部分。

$\chi^2(n)$ 分布的概率密度函数为

$$f(y) = \begin{cases} \dfrac{1}{2^{\frac{n}{2}} \Gamma\left(\dfrac{n}{2}\right)} y^{\frac{n}{2}-1} e^{-\frac{y}{2}}, & y > 0 \\ 0, & y \leqslant 0 \end{cases}$$

$f(y)$ 的图形如图 5.1 所示。

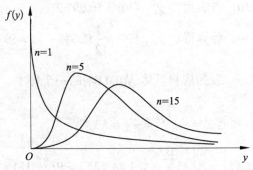

图 5.1 $\chi_\alpha^2(n)$ 分布的概率密度曲线

χ^2 分布具有以下性质。

1. χ^2 分布的可加性

设 $\chi_1^2 \sim \chi_1^2(n_1)$，$\chi_2^2 \sim \chi_2^2(n_2)$，且 χ_1^2 与 χ_2^2 独立，则

$$\chi_1^2 + \chi_2^2 \sim \chi^2(n_1 + n_2)$$

2. χ^2 分布的数学期望和方差

$$E(\chi^2) = n, D(\chi^2) = 2n$$

3. χ^2 分布的上 α 分位点

对于给定的任意正数 α，且 $0 < \alpha < 1$，称满足条件

$$P\left\{\chi^2 > \chi_\alpha^2(n)\right\} = \int_{\chi_\alpha^2(n)}^{\infty} f(y)\mathrm{d}y = \alpha \tag{5.7}$$

的数 $\chi_\alpha^2(n)$ 为 $\chi^2(n)$ 分布上 α 分位点，如图 5.2 所示。

对于不同的 α 和 n 值，$\chi_\alpha^2(n)$ 可以利用表 B.3 查阅。当 n 足够大时，$\chi^2(n)$ 分布的概率密度曲线趋于对称。当 $n \to +\infty$ 时，$\chi^2(n)$ 分布的极限分布是正态分布。实际上当 $n > 45$ 时，有

$$\chi_\alpha^2(n) \approx \frac{1}{2}(Z_\alpha + \sqrt{2n-1})^2 \tag{5.8}$$

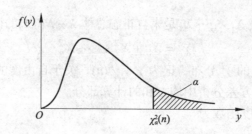

图 5.2 $\chi_\alpha^2(n)$ 分布的上 α 分位点

【例 5.1】 查表求下列分位点：

（1） $\alpha = 0.05$，$n = 4$，查表得：$\chi_{0.05}^2(4) = 9.487\ 7$

（2） $\alpha = 0.025$，$n = 10$，查表得：$\chi_{0.025}^2(10) = 20.483\ 2$

（3） $\alpha = 0.01$，$n = 30$，查表得：$\chi_{0.01}^2(30) = 50.892\ 2$

（4） $\alpha = 0.05$，$n = 50$，计算得：$\chi_{0.05}^2(50) \approx \dfrac{1}{2}(1.645 + \sqrt{2 \times 50 - 1})^2 = 67.22$

【例 5.2】 设 $X_1, X_2, \cdots, X_{18}$ 为取自总体 $N(0,0.04)$ 的一个样本，求 $P\left\{\sum\limits_{i=1}^{18} X_i^2 > 1.44\right\}$。

解　$X \sim N(0,0.04)$，则有 $Z = \dfrac{X - \mu}{\sigma} = \dfrac{X}{0.2} = 5X$

$$P\left\{\sum_{i=1}^{18} X_i^2 > 1.44\right\} = P\left\{25\sum_{i=1}^{18} X_i^2 > 1.44 \times 25\right\} = P\{\chi^2(18) > 36\} \approx 0.005$$

（二）t 分布

t 分布（t-distribution）是英国戈赛特（Gosset）于 1907 年提出的，由于他经常用笔名 student 发表文章，因此也称为学生分布。

设 $X \sim N(0,1)$，$Y \sim \chi^2(n)$，并且 X 与 Y 相互独立，则称随机变量

$$t = \frac{X}{\sqrt{Y/n}} \tag{5.9}$$

服从自由度为 n 的 t 分布，记作 $t \sim t(n)$。

$t(n)$ 分布的概率密度函数为

$$h(t) = \frac{\Gamma\left(\dfrac{n+1}{2}\right)}{\sqrt{n\pi}\,\Gamma\left(\dfrac{n}{2}\right)}\left(1 + \frac{t^2}{n}\right)^{-\frac{n+1}{2}},\ -\infty < t < +\infty$$

$h(t)$ 的图形如图 5.3 所示，图形关于 $t = 0$ 对称，并且形状类似于正态分布概率密度的图形。当 $n \to \infty$ 时，可以证明：

$$\lim_{n \to \infty} h(t) = \frac{1}{\sqrt{2\pi}} e^{-\frac{t^2}{2}}$$

故当 n 很大时，$t(n)$ 分布近似于 $N(0,1)$；但对于较小的 n，$t(n)$ 分布与 $N(0,1)$ 相差就很大。

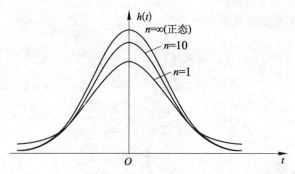

图 5.3　t 分布概率密度函数曲线

对于给定的任意正数 α，且 $0 < \alpha < 1$，称满足条件

$$P\{t > t_\alpha(n)\} = \int_{t_\alpha(n)}^{+\infty} h(t)\mathrm{d}t = \alpha \tag{5.10}$$

的点 $t_\alpha(n)$ 为 $t(n)$ 分布的上 α 分位点，如图 5.4 所示。

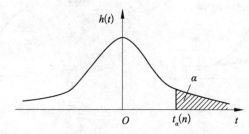

图 5.4　t 分布的上 α 分位点

由分布的对称性得到：$t_{1-\alpha}(n) = -t_\alpha(n)$，当 n 充分大时（一般是 $n > 45$），$t_\alpha(n) \approx Z_\alpha$。即对于不同的 α，上 α 分位点 $t_\alpha(n)$ 的值可查附表 4。当 n 很大时，上 α 分位点可以近似用标准正态分布查表。

【**例 5.3**】　查表求下列分位点 $t_\alpha(n)$：

（1）$\alpha = 0.05$，$n = 4$，查表得：$t_{0.05}(4) = 2.131\,8$

（2）$\alpha = 0.025$，$n = 10$，查表得：$t_{0.025}(10) = 2.228\,1$

（3）$\alpha = 0.01$，$n = 30$，查表得：$t_{0.01}(30) = 2.457\,3$

（4）$\alpha = 0.05$，$n = 100$，查表得：$t_{0.05}(100) \approx Z_{0.05} = 1.645$

（5）$\alpha = 0.025$，$n = 100$，查表得：$t_{0.025}(100) \approx Z_{0.025} = 1.96$

（三）F 分布

F 分布（F-distribution）是英国统计学家罗纳德·费希尔（R. A. Fisher）于 1924 年提出的，后人为了纪念他用其姓氏的第一个字母命名。

设 $U \sim \chi^2(n_1)$，$V \sim \chi^2(n_2)$，且 U 和 V 相互独立，则称随机变量

$$F = \frac{U/n_1}{V/n_2} \tag{5.11}$$

服从自由度为 (n_1, n_2) 的 F 分布，记为 $F \sim F(n_1, n_2)$。

$F(n_1, n_2)$ 分布的密度函数为

$$\varphi(y) = \begin{cases} \dfrac{\Gamma\left(\dfrac{n_1+n_2}{2}\right)\left(\dfrac{n_1}{n_2}\right)^{\frac{n_1}{2}} y^{\frac{n_1}{2}-1}}{\Gamma\left(\dfrac{n_1}{2}\right)\Gamma\left(\dfrac{n_1}{2}\right)\left[1+\left(\dfrac{n_1 y}{n_2}\right)\right]^{\frac{n_1+n_2}{2}}}, & y > 0 \\ 0, & y \leqslant 0 \end{cases}$$

其图形如图 5.5 所示。

对于给定的任意正数 α，且 $0 < \alpha < 1$，称满足条件

$$P\{F > F_\alpha(n_1, n_2)\} = \int_{F_\alpha(n_1, n_2)}^{\infty} \varphi(y)\mathrm{d}y = \alpha$$

的点 $F_\alpha(n_1, n_2)$ 为 $F(n_1, n_2)$ 分布的上 α 分位点，如图 5.6 所示。

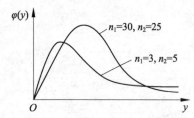

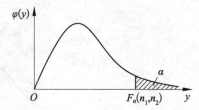

图 5.5　$F(n_1, n_2)$ 密度函数分布曲线　　　　图 5.6　$F(n_1, n_2)$ 分布的上 α 分位点

$F(n_1, n_2)$ 分布的上 α 分位点可以查表 B-5。$F(n_1, n_2)$ 分布的上 α 分位点有如下重要性质：

$$F_{1-\alpha}(n_1, n_2) = \frac{1}{F_\alpha(n_2, n_1)} \tag{5.12}$$

【例 5.4】　查表求下列分位点 $F_\alpha(n_1, n_2)$：

（1）$\alpha = 0.05$，$n_1 = 15$，$n_2 = 30$，查表得：$F_{0.05}(15, 30) = 2.01$

（2）$\alpha = 0.025$，$n_1 = 15$，$n_2 = 30$，查表得：$F_{0.025}(15, 30) = 2.31$

（3）$\alpha = 0.01$，$n_1 = 30$，$n_2 = 15$，查表得：$F_{0.01}(30, 15) = 3.21$

（4）$\alpha = 0.95$，$n_1 = 15$，$n_2 = 30$，查表与计算得

$$F_{0.95}(15, 30) = \frac{1}{F_{0.05}(30, 15)} = \frac{1}{2.25} \approx 0.444\,4$$

（5）$\alpha = 0.975$，$n_1 = 15$，$n_2 = 30$，查表与计算得

$$F_{0.975}(15, 30) = \frac{1}{F_{0.025}(30, 15)} = \frac{1}{2.64} \approx 0.378\,8$$

四、正态总体样本均值与方差的分布

（一）一个正态总体均值与方差的分布

1. 样本均值的分布

1）正态总体方差已知或总体方差未知大样本时的样本均值分布

设 $X \sim N(\mu,\sigma^2)$，$X_1,X_2,\cdots,X_n$ 为正态总体 X 的一个样本，则 $\bar{X} = \frac{1}{n}\sum\limits_{i=1}^{n}X_i$ 也服从正态分布，并且它的数学期望和方差分别是

$$E(\bar{X}) = \mu, D(\bar{X}) = \frac{\sigma^2}{n}$$

即样本均值（sample average）的分布可以写成

$$\bar{X} \sim N\left(\mu, \frac{\sigma^2}{n}\right) \tag{5.13}$$

或

$$Z = \frac{\bar{X} - \mu}{\sigma / \sqrt{n}} \sim N(0,1) \tag{5.14}$$

注意，$\bar{X}$ 的期望值和总体均值是相同的，但是 $\bar{X}$ 分布的方差只等于总体方差的 $1/n$。这说明当用样本均值 $\bar{X}$ 去估计总体均值 μ 时，均值没有偏差，当样本容量 n 很大时，X 的离散程度越来越小，即用 $\bar{X}$ 估计 μ 越来越准确。

中心极限定理表明：对于服从均值为 μ、方差为 σ^2 的任意一个总体中抽取样本容量为 n 的样本，当 n 充分大时，$\bar{X}$ 的抽样分布也近似服从均值 μ、方差为 σ^2/n 的正态分布。

统计上一般将 $n \geqslant 30$ 称为大样本，$n < 30$ 称为小样本。

【例 5.5】 设从正态总体 $N(100, 6^2)$ 中随机抽取样本容量为 36 的样本。计算：①样本均值 $\bar{X} < 99$ 的概率；②样本均值 $|\bar{X} - 100| < 2$ 的概率；③样本均值 $|\bar{X} - 100| < 3$ 的概率。

解 中心极限定理表明 $X \sim N(100,6^2)$ 分布，则样本均值 $\bar{X} \sim N\left(100, \frac{6^2}{36}\right)$ 分布。

（1）$P(\bar{X} < 99) = P\left(\frac{\bar{X}-100}{1} < \frac{99-100}{1}\right) = P(Z < -1) = 1 - \varphi(1) = 1 - 0.8413 = 0.1587$

（2）$P(|\bar{X}-100| < 2) = P\left(\frac{98-100}{1} < \frac{\bar{X}-100}{1} < \frac{102-100}{1}\right)$
$= P(-2 < Z < 2) = \varphi(2) - \varphi(-2)$
$= 2\varphi(2) - 1 = 2 \times 0.9772 - 1 = 0.9544$

（3）$P(97 < \bar{X} < 103) = P\left(\frac{97-100}{1} < \frac{\bar{X}-100}{1} < \frac{103-100}{1}\right) = P(-3 < Z < 3) = 0.9974$

2）正态总体方差未知且小样本时的样本均值分布

设 $X \sim N(\mu,\sigma^2)$，$X_1, X_2, \cdots, X_n$ 为正态总体 X 的一个样本，其中 σ^2 未知，S 为样本标准差，则

$$t = \frac{(\bar{X} - \mu)}{S / \sqrt{n}} \sim t(n-1) \tag{5.15}$$

2. 样本方差的分布

设 $X \sim N(\mu,\sigma^2)$，$X_1,X_2,\cdots,X_n$ 为正态总体 X 的一个样本，则可以推导出样本方差 S^2 的分布为

$$\frac{(n-1)S^2}{\sigma^2} \sim \chi^2(n-1) \tag{5.16}$$

式中，$\chi^2(n-1)$ 称为自由度为 $(n-1)$ 的 χ^2 分布。

【例 5.6】 在总体 $N(10,4)$ 中随机抽取样本容量为 16 的样本，求样本方差大于 7.33 的概率。

解 由式（5.16）可知

$$\frac{(n-1)S^2}{\sigma^2} = \frac{(16-1)S^2}{4} \sim \chi^2(15)$$

因而

$$P(S^2 > 7.33) = P\left(\frac{15S^2}{4} > 7.33 \times \frac{15}{4}\right) = P\left(\frac{15S^2}{4} > 27.49\right) = 0.025$$

最后一步是查附表 3 得到的。

【例 5.7】 某半导体厂生产的某种零件质量 $X \sim N(\mu,\sigma^2)$，为保证质量，规定 $\sigma \leqslant 0.6$ mm 时，认为生产过程处于良好控制状态。为此，每隔一定时间抽取 20 个零件作为一个样本，并计算样本方差 S^2。若 $P\{S^2 \geqslant c\} \leqslant 0.01$（此时 $\sigma = 0.6$mm），则认为生产过程失去控制，必须停产检查，问：（1）c 为何值时，$S^2 \geqslant c$ 的概率才小于或等于 0.01？

（2）若取得的一个样本的标准差 $s = 0.84$，生产过程是否处于良好控制状态？

解 （1）依题意知，$n = 20$，$\sigma = 0.6$，$\alpha = 0.01$

由 $P\{S^2 \geqslant c\} \leqslant 0.01$ 变换得

$$P\{S^2 \geqslant c\} = P\left\{\frac{(n-1)S^2}{\sigma^2} \geqslant \frac{(n-1)c}{\sigma^2}\right\} \leqslant 0.01$$

根据 $\frac{(n-1)S^2}{\sigma^2} \sim \chi^2(n-1)$，查 χ^2 分布表得，$\chi_a^2(n-1) = \chi_{0.01}^2(20-1) = 36.191$

即：$\frac{(n-1)c}{\sigma^2} = 36.191$，解得，$c = \frac{36.191 \times 0.6^2}{19} = 0.685\,7$

所以，c 为 0.685 7 时，$S^2 \geqslant c$ 的概率才小于或等于 0.01。

（2）因为，$S^2 = 0.84^2 = 0.705\,6 > 0.685\,7$

所以，生产失控条件 $P\{S^2 \geqslant c\} \leqslant 0.01$ 成立，即生产过程没有处于良好控制状态。

（二）两个正态总体均值差与方差比的分布

设 $X_1, X_2, \cdots, X_{n_1}$ 是来自总体 $X \sim N(\mu_1, \sigma_1^2)$ 的容量为 n_1 的样本，$Y_1, Y_2, \cdots, Y_{n_2}$ 是来自总体 $Y \sim N(\mu_2, \sigma_2^2)$ 的容量为 n_2 的样本，$\overline{X}$、S_1^2 和 $\overline{Y}$、S_2^2 分别为两个样本的均值和方差。X 和 Y 相互独立，则有

$$E(\overline{X} - \overline{Y}) = E(\overline{X}) - E(\overline{Y}) = \mu_1 - \mu_2$$

$$D(\overline{X} - \overline{Y}) = D(\overline{X}) + D(\overline{Y}) = \frac{\sigma_1^2}{n_1} + \frac{\sigma_2^2}{n_2}$$

1. 两个正态总体均值差的分布

（1）当 σ_1^2 和 σ_2^2 已知时，两个正态总体均值差的分布为

$$\frac{(\bar{X}-\bar{Y})-(\mu_1-\mu_2)}{\sqrt{\dfrac{\sigma_1^2}{n_1}+\dfrac{\sigma_2^2}{n_2}}}\sim N(0,1) \tag{5.17}$$

（2）当 σ_1^2 和 σ_2^2 未知，且 $\sigma_1^2=\sigma_2^2$ 时，两个正态总体均值差的分布为

$$\frac{(\bar{X}-\bar{Y})-(\mu_1-\mu_2)}{S_\omega\sqrt{\dfrac{1}{n_1}+\dfrac{1}{n_2}}}\sim t(n_1+n_2-2) \tag{5.18}$$

其中：$S_\omega=\sqrt{\dfrac{(n_1-1)S_1^2+(n_2-1)S_2^2}{n_1+n_2-2}}$

【例 5.8】　设有甲、乙两所高校在某年录取新生时，甲校的平均分为 655 分，且服从正态分布，标准差为 20 分；乙校的平均分为 625 分，也是正态分布，标准差为 25 分。现从甲、乙两校各随机抽取 8 名新生计算其平均分数，出现甲校比乙校平均分低的可能性有多大？

解　依题意得 $n_1=8$，$\mu_1=655$，$\sigma_1=20$；$n_2=8$，$\mu_2=625$，$\sigma_2=25$

根据两个正态总体均值差的抽样分布得

$$P\{\bar{X}-\bar{Y}<0\}=P\left\{\frac{(\bar{X}-\bar{Y})-(\mu_1-\mu_2)}{\sqrt{\dfrac{\sigma^2}{n_1}+\dfrac{\sigma^2}{n_2}}}<\frac{0-(655-625)}{\sqrt{\dfrac{20^2}{8}+\dfrac{25^2}{8}}}\right\}=\phi(-2.650\,4)$$

$$=1-0.996=0.004$$

所以，出现甲校比乙校平均分低的可能性只有 0.4%。

【例 5.9】　设有总体 $X\sim N(100,15)$，$Y\sim N(100,15)$，$(X_1,X_2,\cdots,X_{15})$ 和 $(Y_1,Y_2,\cdots,Y_5)$ 是其两个独立的样本，试计算 $P\{|\bar{X}-\bar{Y}|>4\}$。

解　由题意知：$\bar{X}\sim N\left(100,\dfrac{15}{15}\right)$，$\bar{Y}\sim N\left(100,\dfrac{15}{5}\right)$

则有

$$\bar{X}-\bar{Y}\sim N(0,4)$$

$$P\{|\bar{X}-\bar{Y}|>4\}=P\left\{\left|\frac{\bar{X}-\bar{Y}}{2}\right|>\frac{4}{2}\right\}=P\{|Z|>2\}=1-P\{|Z|<2\}$$

$$=1-[2\phi(2)-1]=2-2\phi(2)=2-2\times0.977\,2=0.045\,6$$

注意：当两个随机变量相互独立时，它们之差的方差等于其各自方差的和。

2. 两个正态总体方差比的分布

两个正态总体方差比的分布为

$$\frac{S_1^2 / S_2^2}{\sigma_1^2 / \sigma_2^2} \sim F(n_1 - 1, n_2 - 1) \tag{5.19}$$

【例 5.10】 设两相互独立的总体 $X \sim N(\mu_1, 100)$，$Y \sim N(\mu_2, 81)$，其中 μ_1 和 μ_2 未知，$(X_1, X_2, \cdots, X_{21})$ 和 $(Y_1, Y_2, \cdots, Y_{16})$ 分别是来自 X 和 Y 的样本，求两样本方差比落在区间 $[0.66, 2.87]$ 之间的概率。

解 由题意知 $S_1^2 = \dfrac{1}{n_1 - 1}\sum\limits_{i=1}^{n_1}(X_i - \bar{X})^2$，$S_2^2 = \dfrac{1}{n_2 - 1}\sum\limits_{i=1}^{n_2}(Y_i - \bar{Y})^2$；$\sigma_1^2 = 100$，$\sigma_2^2 = 81$

则有

$$F = \frac{S_1^2 / S_2^2}{\sigma_1^2 / \sigma_2^2} = \frac{81}{100}\frac{S_1^2}{S_2^2} \sim F(20, 15)$$

因此

$$P\left(0.66 \leqslant \frac{S_1^2}{S_2^2} \leqslant 2.87\right) = P\left(0.66 \times \frac{81}{100} \leqslant F \leqslant 2.87 \times \frac{81}{100}\right) = P(0.534\,6 \leqslant F \leqslant 2.324\,7)$$

$$= P(F \leqslant 2.324\,7) - P(F \leqslant 0.534\,6)$$

$$= 1 - P(F > 2.324\,7) - P\left(\frac{1}{F} > 1.87\right)$$

查附表 5 得：$F_{0.05}(20, 15) = 2.33$，$F_{0.10}(15, 20) = 1.84$

故得：$P\left(0.66 \leqslant \dfrac{S_1^2}{S_2^2} \leqslant 2.87\right) = 1 - 0.05 - 0.10 = 0.85$

（三）样本比例的抽样分布

在实际工作中，除了研究均值问题，还要讨论比例（成数）问题。比如工人出勤率、学生及格率、产品废品率等。统计上把总体中具有某种特征的单位数占总体单位数的比例称为总体比例或总体成数。用大写字母 P 表示。由 0—1 分布可知，总体比例的均值为 P，总体比例的方差为 $P(1-P)$。

事实上，样本均值的抽样分布的性质可以类推到样本比例的分布，根据中心极限定理，当样本容量足够大时（一般指 $n\bar{X} \geqslant 5$ 和 $n(1-\bar{X}) \geqslant 5$，即同时均大于或等于 5），样本比例的抽样分布近似服从正态分布。

（1）在重复抽样条件下，样本比例 $\bar{X}$ 的抽样分布的数学期望和方差分别为

$$E(\bar{X}) = P, D(\bar{X}) = \frac{P(1-P)}{n}$$

则，样本比例的抽样分布为

$$\bar{X} \sim N\left(P, \frac{P(1-P)}{n}\right) \tag{5.20}$$

或写成

$$\frac{\bar{X} - P}{\sqrt{\dfrac{P(1-P)}{n}}} \sim N(0, 1) \tag{5.21}$$

（2）在不重复抽样条件下，样本比例的抽样分布的数学期望和方差分别为

$$E(\bar{X}) = P, D(\bar{X}) = \frac{P(1-P)}{n}\left(\frac{N-n}{N-1}\right)$$

则，样本比例的抽样分布为

$$\bar{X} \sim N\left(P, \left(\frac{P(1-P)}{n}\right)\left(\frac{N-n}{N-1}\right)\right) \tag{5.22}$$

或写成

$$\frac{\bar{X}-P}{\sqrt{\left(\frac{P(1-P)}{n}\right)\left(\frac{N-n}{N-1}\right)}} \sim N(0,1) \tag{5.23}$$

实际应用中，一般总体单位数很大，重复抽样很难实现，所以经常用不重复抽样方法抽取样本单位，用重复抽样分布进行相关计算。

【例 5.11】　一家工厂在正常情况下产品的次品率为 8%，设产品的批量比较大，随机抽取 100 个产品进行检验。试求次品率在 7%~9% 之间的概率。

解　依题意知，$n = 100, P = 8\%$

因为 $n\bar{X} = 100 \times 8\% = 8 > 5$，$n(1-\bar{X}) = 100 \times 92\% = 92 > 5$，所以为大样本，样本比例 $\bar{x}$ 近似服从正态分布，则有

$$P\{0.07 < \bar{X} < 0.09\}$$

$$= P\left\{\frac{0.07-0.08}{\sqrt{0.08 \times (1-0.08)/100}} < \frac{\bar{X}-P}{\sqrt{P(1-P)/n}} < \frac{0.09-0.08}{\sqrt{0.08 \times (1-0.08)/100}}\right\}$$

$$= P\{-0.368\,6 < Z < 0.368\,6\} = \phi(0.368\,6) - \phi(-0.368\,6)$$

$$= 2\phi(0.368\,6) - 1 = 2 \times 0.644\,3 - 1 = 0.288\,6$$

所以，该工厂次品率在 7%~9% 之间的概率为 28.86%。

第二节　参数点估计

一、参数估计的基本原理

参数估计是推断统计的重要内容之一。它是在抽样分布的基础上，根据样本统计量推断所研究总体未知参数的统计推断方法。

在实际问题中，人们如果能够掌握总体的全部数据，就可以对数据作统计描述来实现对总体特征的系统研究，如总体均值 μ、方差 σ^2、比例 P 等。但是实际情况很复杂，有些现象的范围很广，不能一一测定；或者有些总体的单位数很多，不可能或没必要进行一一测定。这就需要从总体中抽取部分单位进行调查，进而利用样本提供的信息来推断总体的数量特征。例如，要检验灯泡的使用寿命，由于测试是破坏性的，不可能对所有的灯泡进行测试，只能抽取一部分灯泡作测试，根据这些数据来推断该批灯泡的平均使用寿命。又如，要了解全国农民的收入状况，进行全国农民普查是不现实的也是不必要的，这时就可以抽取部分农民作调查，进而根据这些数据来推断全国农民的收

入状况。

参数估计就是用样本统计量估计总体未知参数的推断方法，常用样本均值 $\bar{X}$ 估计总体 μ，用样本方差 S^2 估计总体方差 σ^2，用样本比例 $\bar{X}$ 估计总体比例 P。参数估计的方法有两种：点估计和区间估计。

二、点估计

点估计（point estimate）是用样本统计量 $\hat{\theta}$ 的值直接作为总体参数 θ 的估计值。例如，欲了解某班级概率论考试成绩，根据样本计算的均值是 75 分，则认为全班平均成绩是 75 分，这就是点估计。想了解学生的出勤率，根据样本计算的出勤率 90%，则可以认为所有学生的出勤率是 90%。

点估计的方法很多，常用的是矩估计法和最大似然估计法。

（一）矩估计法

矩估计法（moment estimation）是基于简单的"替换"思想建立起来的一种估计方法。它是由英国统计学家卡尔·皮尔逊（Karl Pearson）于 1894 年提出的。其基本思想是：用样本矩估计总体矩，用样本矩的连续函数估计总体矩的连续函数。

设 X 为连续型随机变量，其概率密度为 $f(x; \theta_1, \theta_2, \cdots, \theta_k)$，或 X 为离散型随机变量，其分布率为 $P\{X = x\} = p(x; \theta_1, \theta_2, \cdots, \theta_k)$。其中 $\theta_1, \theta_2, \cdots, \theta_k$ 为未知参数，$X_1, X_2, \cdots, X_n$ 是来自 X 的一个样本。假如总体 X 的前 k 阶原点矩存在，有

$$\mu_l = E(X^l) = \int_{-\infty}^{+\infty} x f(x; \theta_1, \theta_2, \cdots, \theta_k) \mathrm{d}x \quad （X \text{ 为连续型随机变量}）$$

或

$$\mu_l = E(X^l) = \sum x^l p(x; \theta_1, \theta_2, \cdots, \theta_k), l = 1, 2, 3, \cdots, k \quad （X \text{ 为离散型随机变量}）$$

已知总体的原点矩为

$$\mu_l = (\theta_1, \theta_2, \cdots, \theta_k), l = 1, 2, 3, \cdots, k$$

而样本的 l 阶原点矩为

$$A_l = \frac{1}{n} \sum_{i=1}^{n} X_i^l$$

设

$$\begin{cases} \mu_1 = \mu_1(\theta_1, \theta_2, \cdots, \theta_k) \\ \mu_2 = \mu_2(\theta_1, \theta_2, \cdots, \theta_k) \\ \vdots \\ \mu_k = \mu_k(\theta_1, \theta_2, \cdots, \theta_k) \end{cases}$$

则解得

$$\begin{cases} \theta_1 = \theta_1(\mu_1, \mu_2, \cdots, \mu_k) \\ \theta_2 = \theta_2(\mu_1, \mu_2, \cdots, \mu_k) \\ \vdots \\ \theta_k = \theta_k(\mu_1, \mu_2, \cdots, \mu_k) \end{cases}$$

用 A_i 分别代替上式中的 μ_i，$i=1,2,\cdots,k$，则可以得到

$$\hat{\theta}_i = \theta_i(A_1, A_2, \cdots, A_k), i=1,2,\cdots,k$$

分别称为 θ_i 的矩估计量。矩估计量的观测值称为矩估计值。

【例 5.12】 设总体 X 的均值 μ 和方差 σ^2 都存在且未知，$X_1, X_2, \cdots, X_n$ 是来自总体 X 的一个样本。计算总体 μ 和 σ^2 的矩估计量。

解 依题意计算得：$E(X) = \mu, E(X^2) = D(X) + [E(X)]^2 = \sigma^2 + \mu^2$

解得：$\mu = E(X), \sigma^2 = E(X^2) - [E(X)]^2$

用样本矩代替总体矩：$\hat{\mu} = \bar{X}, \hat{\sigma}^2 = \dfrac{1}{n}\sum X^2 - \bar{X}^2 = \dfrac{1}{n}\sum_{i=1}^{n}(X_i - \bar{X})^2$

由此可见，当总体的均值和方差都存在时，总体均值和方差的矩估计量的表达式均为上述形式，即总体均值和方差的矩估计量不随总体分布的不同而不同。

例如，$X \sim N(\mu, \sigma^2)$，μ 和 σ^2 都存在且未知，可得 μ 和 σ^2 的矩估计量为 $\hat{\mu} = \bar{X}$，$\hat{\sigma}^2 = \dfrac{1}{n}\sum_{i=1}^{n}(X_i - \bar{X})^2$；总体 X 服从泊松分布，但参数 λ 未知，可得 λ 的矩估计量为 $\hat{\lambda} = \bar{X}$。

一般地，用样本均值 $\bar{X} = \dfrac{1}{n}\sum_{i=1}^{n}X_i$ 作为总体均值的矩估计量，用样本二阶中心矩 $B_2 = \dfrac{1}{n}\sum_{i=1}^{n}(X_i - \bar{X})^2$ 作为总体方差的矩估计量。

注意：通过矩估计量求解过程直接得到的是参数的矩估计量而非参数矩估计值，要求参数的矩估计值只要将矩估计量中的样本用其观测值代替即可。

（二）最大似然估计法

最大似然估计法（maximum likelihood）是在总体类型已知条件下使用的一种参数估计方法。这种方法最早是遗传学家以及统计学家罗纳德·费希尔（R.A.Fisher）在 1912—1922 年间开始使用的。

设总体 X 的概率密度的形式 $f(x;\theta)$ 已知，其中，只含一个未知参数 θ（若 X 是离散型，$f(x,\theta)$ 表示概率 $P\{X=x\}$）。总体 X 的样本 $X_1, X_2, \cdots, X_n$ 的联合概率密度为 $\prod\limits_{i=1}^{n} f(x, \theta)$（若 X 是离散型，表示概率 $P(X_1 = x_1, X_2 = x_2, \cdots, X_n = x_n) = \prod\limits_{i=1}^{n} P\{X_t = x_t\}$）。显然，对于样本的观测值 $x_1, x_2, \cdots, x_n$ 是 θ 的函数，记为

$$L(\theta) = L(x_1, x_2, \cdots, x_n; \theta) = \prod_{i=1}^{n} f(x_i; \theta) \tag{5.24}$$

式（5.24）称为似然函数。

最大似然估计法就是用使 $L(\theta)$ 达到最大值的 $\hat{\theta}$ 去估计 θ，即

$$L(x_1, x_2, \cdots, x_n; \hat{\theta}) = \max L(x_1, x_2, \cdots, x_n, \theta) \tag{5.25}$$

称 $\hat{\theta}(X_1, X_2, \cdots, X_n)$ 为 θ 的最大似然估计量；$\hat{\theta}(X_1, X_2, \cdots, X_n)$ 为 θ 的最大似然估计值。

由上述可知，计算总体参数 θ 的最大似然估计值 $\hat{\theta}$ 的问题就是计算似然函数 $L(\theta)$ 的最大值问题。要使 $L(\theta)$ 取最大值，θ 必须满足：

$$\frac{\mathrm{d}L(\theta)}{\mathrm{d}(\theta)} = 0 \qquad (5.26)$$

解得 θ 的最大似然估计值 $\hat{\theta}$。

由于 $L(\theta)$ 与 $\ln L(\theta)$ 在同一 θ 处取到极值，所以，$\hat{\theta}$ 也可以通过

$$\frac{\mathrm{d}[\ln L(\theta)]}{\mathrm{d}(\theta)} = 0 \qquad (5.27)$$

求得，比式（5.26）更方便，式（5.27）称为对数似然方程。

计算最大似然估计的步骤如下：

首先，写出似然函数 $L(\theta) = L(x_1, x_2, \cdots, x_n; \theta) = \prod\limits_{i=1}^{n} f(x_i, \theta)$

其次，计算似然函数的最大值：对函数两边取对数得

$$\ln L(\theta) = \sum_{i=1}^{n} \ln f(x_i, \theta)$$

令

$$\frac{\mathrm{d}[\ln L(\theta)]}{\mathrm{d}(\theta)} = 0$$

似然方程的解即为 θ 的最大似然估计值 $\hat{\theta}(x_1, x_2, \cdots, x_n)$，$\theta$ 的最大似然估计量 $\hat{\theta}(X_1, X_2, \cdots, X_n)$。

【例 5.13】设 $X_1, X_2, \cdots, X_n$ 来自泊松分布 $X \sim \pi(\lambda)$ 的一个随机样本。其中 $\lambda > 0$ 是未知参数。计算参数 λ 的最大似然估计量。

解 设 $x_1, x_2, \cdots, x_n$ 是样本 X_1, X_2, $\cdots$, X_n 的一个观测值。而 X 的分布是泊松分布

$$P\{X = x\} = \frac{\lambda^x}{x!} \mathrm{e}^{-\lambda}, x = 0, 1, 2, \cdots,$$

则对数似然函数

$$\ln L(\lambda) = -n\lambda + \sum_{i=1}^{n} [x_i \ln \lambda - \ln(x_i!)]$$

令

$$\frac{\mathrm{d}[\ln L(\lambda)]}{\mathrm{d}(\lambda)} = 0$$

解得 λ 的最大似然估计值

$$\hat{\lambda} = \frac{1}{n} \sum_{i=1}^{n} x_i = \bar{x}$$

即 λ 的最大似然估计量为

$$\hat{\lambda} = \frac{1}{n} \sum_{i=1}^{n} X_i = \bar{X}$$

【例 5.14】 设 $X \sim N(\mu, \sigma^2)$，其中 μ 和 σ^2 为未知参数，$x_1, x_2, \cdots, x_n$ 是样本 $X_1, X_2, \cdots, X_n$ 的一个观测值。计算 μ 和 σ^2 的最大似然估计量。

解 X 的密度函数为

$$f(x, \mu, \sigma^2) = \frac{1}{\sqrt{2\pi}\sigma} e^{-\frac{1}{2\sigma^2}(x-\mu)^2}$$

对似然函数两边取对数为

$$\ln L = -\frac{n}{2}\ln(2\pi) - \frac{n}{2}\ln\sigma^2 - \frac{1}{2\sigma^2}\sum_{i=1}^{n}(x-\mu)^2$$

令

$$\frac{\partial \ln L}{\partial \mu} = \frac{1}{\sigma^2}\left(\sum x - n\mu\right) = 0$$

$$\frac{\partial \ln L}{\partial \sigma^2} = -\frac{n}{2\sigma^2} + \frac{1}{2(\sigma^2)^2}\sum_{i=1}^{n}(x_i - \mu)^2 = 0$$

解得：$\hat{\mu} = \frac{1}{n}\sum_{i=1}^{n}x_i = \bar{x}, \hat{\sigma}^2 = \frac{1}{n}\sum_{i=1}^{n}(x_i - \bar{x})^2$

因此得 μ 和 σ^2 的最大似然估计量为

$$\hat{\mu} = \frac{1}{n}\sum_{i=1}^{n}X_i = \bar{X}, \hat{\sigma}^2 = \frac{1}{n}\sum_{i=1}^{n}(X_i - \bar{X})^2$$

从结果可知最大似然估计法与矩估计法的计算结果相同。

三、估计量的评选标准

通过矩估计法和最大似然估计法可知，对于同一参数，用不同的估计方法求出的估计量可能不同，原则上任何统计量都可以作为未知参数的估计量，因此涉及估计量的评价问题。下面是几个常用的标准。

（一）无偏性

估计量是随机变量，对于不同的样本实现有不同的估计值，人们希望样本估计值在未知参数真值附近波动，即样本估计值的数学期望等于未知参数的真值，称为无偏性（unbiasedness）。

设 $X_1, X_2, \cdots, X_n$ 是总体 X 的一个样本，$\theta \in \Theta$ 是包含在总体 X 的分布中的待估参数，这里 Θ 是 θ 的取值范围。若估计量 $\hat{\theta}(X_1, X_2, \cdots, X_n)$ 的数学期望 $E(\hat{\theta})$ 存在，且对于任意 $\theta \in \Theta$，有

$$E(\hat{\theta}) = \theta \tag{5.28}$$

则称 $\hat{\theta}$ 为 θ 的无偏估计量。

例如，设总体 X 的均值为 μ、方差为 σ^2 且均未知，则可以证明：$E(\bar{X}) = \mu$，$E(S^2) = \sigma^2$。即不论总体服从什么分布，样本均值总是总体均值的无偏估计；样本方差总是总体方差的无偏估计。而估计量 $\frac{1}{n}\sum_{i=1}^{n}(X_i - \bar{X})^2$ 不是 σ^2 的无偏估计，因此一般取 S^2 作为 σ^2 的估计量。

（二）有效性

如何比较参数 θ 的两个无偏估计量 $\hat{\theta}_1$ 和 $\hat{\theta}_2$ 的优劣呢？如果样本容量 n 相同，而 $\hat{\theta}_1$ 的观测值较 $\hat{\theta}_2$ 更集中在真值 θ 的附近，就认为 $\hat{\theta}_1$ 较 $\hat{\theta}_2$ 理想。由于方差是对随机变量取值与其数学期望偏离程度的一种度量，所以无偏估计以方差小者为好，即有效性（efficiency）是指估计量的方差尽可能小。

设 $\hat{\theta}_1(X_1, X_2, \cdots, X_n)$ 与 $\hat{\theta}_2(X_1, X_2, \cdots, X_n)$ 都是 θ 的无偏估计量，对于任意 $\theta \in \Theta$，有

$$D(\hat{\theta}_1) < D(\hat{\theta}_2) \tag{5.29}$$

则称 $\hat{\theta}_1$ 比 $\hat{\theta}_2$ 更为有效。

【例 5.15】 总体数学期望 μ 的无偏估计量 $X_i(i=1,2,\cdots,n)$，$\bar{X}$，$\dfrac{1}{2}X_1 + \dfrac{1}{3}X_2 + \dfrac{1}{6}X_3$ 中，哪一个估计量最有效？

解 $D(X_i) = \sigma^2, (i=1,2,\cdots,n), D(\bar{X}) = \dfrac{\sigma^2}{n}$

$$D\left(\frac{1}{2}X_1 + \frac{1}{3}X_2 + \frac{1}{6}X_3\right) = \frac{1}{4}D(X_1) + \frac{1}{9}D(X_2) + \frac{1}{36}D(X_3) = \frac{7}{18}\sigma^2$$

比较上述估计量的方差，可见 $\dfrac{\sigma^2}{n}(n \geqslant 3)$ 最小，所以 $\bar{X}$ 作为 μ 的无偏估计最有效。

（三）一致性

无偏性和有效性都是在样本容量 n 固定的前提下提出的，人们都希望随着样本容量的增大，一个估计量的值稳定于待估参数的真值，这就是估计量的一致性（consistency）要求。

设 $\hat{\theta}(X_1, X_2, \cdots, X_n)$ 为未知参数 θ 的估计量。若对于任意 $\theta \in \Theta$，当 $n \to \infty$ 时，$\hat{\theta}(X_1, X_2, \cdots, X_n)$ 依概率收敛于 θ，则称 $\hat{\theta}$ 为 θ 的一致估计量。

例如，样本均值 $\bar{X}$ 和样本方差 S^2 分别是总体均值 μ 和方差 σ^2 的一致估计量。一般地有，样本 k 阶矩 $\bar{X}^k = \dfrac{1}{n}\sum_{i=1}^{n}X_i^k$ 是总体 k 阶矩 $E(X_k)$ 的一致性估计。

从统计方法要求来看，人们自然要求一个估计量具有一致性，然而，用一致性来评价估计量好坏时，要求样本容量充分地大，但这一点在实际中往往办不到。无偏性直观、简便，但它不能体现与真值的偏离程度，而有效性无论在直观上或理论上都比较合理，所以有效性是用得比较多的一个评价标准。

第三节 区 间 估 计

一、区间估计的基本原理

人们在测量或计算时，常不以得到近似值为目的，还需要估计误差，即要求更确切地知道近似值的精确程度。因此对于未知参数，除了求出点估计 $\hat{\theta}$ 外，还希望估计出一

个范围，并希望知道这个范围包含参数 θ 真值的可靠程度。这种包含参数 θ 真值的范围且具有一定可靠程度的估计称为区间估计（interval estimation）。估计区间包括单侧置信区间和双侧置信区间。

（一）双侧置信区间

设总体 X 的分布函数 $F(x;\theta)$ 含有一个未知参数 θ，对于给定的值 $\alpha(0<\alpha<1)$，若由样本 $X_1,X_2,\cdots,X_n$ 确定的两个统计量 $\underline{\theta}(X_1,X_2,\cdots,X_n)$ 和 $\overline{\theta}(X_1,X_2,\cdots,X_n)$ 满足

$$P\{\underline{\theta}(X_1,X_2,\cdots,X_n)<\theta<\overline{\theta}(X_1,X_2,\cdots,X_n)\}=1-\alpha \tag{5.30}$$

则称随机区间 $(\underline{\theta},\overline{\theta})$ 是 θ 的置信度为 $1-\alpha$ 的双侧置信区间，$\underline{\theta}$ 称为置信度为 $1-\alpha$ 的置信下限，$\overline{\theta}$ 是置信度为 $1-\alpha$ 的置信上限，$1-\alpha$ 称为置信度，也称置信概率或置信水平。

式（5.30）的意义如下：若反复抽样多次（各次得到的样本容量相等，都是 n）。由每个样本值确定一个区间 $(\underline{\theta},\overline{\theta})$，则每个这样的区间要么包含 θ 的真值，要么不包含 θ 的真值，如图 5.7 所示。按伯努利大数定理，在这样多的区间中，包含 θ 真值的约占 $100(1-\alpha)\%$，不包含 θ 真值的约占 $100\alpha\%$。例如，若 $\alpha=0.01$，反复抽样 1 000 次，则得到的 1 000 个区间中不包含 θ 真值的约为 10 个。

图 5.7　θ 的置信区间包含 θ 的情况

【**例 5.16**】设总体 $X\sim N(\mu,\sigma^2)$，σ^2 为已知，μ 为未知，设 $X_1,X_2,\cdots,X_n$ 是来自 X 的样本，求 μ 的置信度为 $1-\alpha$ 的置信区间。

解　由于样本均值 $\overline{X}$ 是总体均值 μ 的无偏估计量，因此用 $\bar{x}$ 作为 μ 的点估计值，并且

$$\frac{\overline{X}-\mu}{\sigma/\sqrt{n}}\sim N(0,1)$$

即 $\dfrac{\overline{X}-\mu}{\sigma/\sqrt{n}}$ 所服从的分布 $N(0,1)$ 不依赖于任何未知参数。由标准正态分布上 α 分位点的定义，根据图 5.8 得到

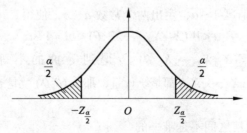

图 5.8　标准正态分布双侧各 $\alpha/2$

$$P\left\{\left|\frac{\overline{X}-\mu}{\sigma/\sqrt{n}}\right|<Z_{\frac{\alpha}{2}}\right\}=1-\alpha$$

即

$$P\left\{\bar{X} - \frac{\sigma}{\sqrt{n}}Z_{\frac{\alpha}{2}} < \mu < \bar{X} + \frac{\sigma}{\sqrt{n}}Z_{\frac{\alpha}{2}}\right\} = 1 - \alpha$$

于是得到了 μ 的一个置信度为 $1 - \alpha$ 的置信区间

$$\left(\bar{X} - \frac{\sigma}{\sqrt{n}}Z_{\frac{\alpha}{2}}, \bar{X} + \frac{\sigma}{\sqrt{n}}Z_{\frac{\alpha}{2}}\right)$$

或写成

$$\mu = \bar{X} \pm \frac{\sigma}{\sqrt{n}}Z_{\frac{\alpha}{2}}$$

上述区间是随机区间，在实际计算时，只要将样本均值和样本标准差的观测值代入上式，即可计算得到所求的置信区间。

公式中 $Z_{\frac{\alpha}{2}}$ 的含义是置信度为 $1 - \alpha$ 时，正态分布中双侧面积各为 $\frac{\alpha}{2}$ 时的分位点的值或临界值；$\frac{\sigma}{\sqrt{n}}$ 表示标准误差（standard error）；$\frac{\sigma}{\sqrt{n}}Z_{\frac{\alpha}{2}}$ 表示估计误差，也称为抽样极限误差或抽样允许误差。

例 5.16 中，取 $\alpha = 0.05$，$\sigma = 4$，$n = 9$，查表 $Z_{0.025} = 1.96$，$\sigma^2 = 16$。将所有值代入上述公式中，于是得到一个置信度 95% 的置信区间：

$$\left(\bar{X} \pm \frac{4}{\sqrt{9}} \times 1.96\right)，即（\bar{X} - 2.613\,3, \bar{X} + 2.613\,3）$$

这就是 μ 的置信度为 95% 的一个置信区间。这个区间 $(\bar{X} - 2.613\,3, \bar{X} + 2.613\,3)$ 仍然是一个随机区间。

当样本确定后，即根据样本观测值计算得到样本均值后，这时的区间就是一个确定性区间。如样本均值 $\bar{x} = 500$ 时，上述区间为（497.386 7，502.613 3）。

确定未知参数 θ 置信区间的一般步骤如下：

（1）构造一个样本 $X_1, X_2, \cdots, X_n$ 的函数 $W = W(X_1, X_2, \cdots, X_n; \theta)$，它包含待估未知参数 θ，而不含其他未知参数，并且 W 的分布已知且不依赖于任何未知参数；

（2）对于给定的置信度 $1 - \alpha$，定出两个常数 a、b，使得

$$P\{a < W(X_1, X_2, \cdots, X_n; \theta) < b\} = 1 - \alpha$$

（3）若能由 $a < W(X_1, X_2, \cdots, X_n; \theta) < b$ 得到等价的不等式 $\underline{\theta} < \theta < \bar{\theta}$，其中 $\underline{\theta}(X_1, X_2, \cdots, X_n)$，$\bar{\theta}(X_1, X_2, \cdots, X_n)$ 都是统计量，那么 $(\underline{\theta}, \bar{\theta})$ 就是 θ 的一个置信度为 $1 - \alpha$ 的置信区间。

置信度为 $1 - \alpha$ 的置信区间不是唯一的。

（二）单侧置信区间

对于某些问题，例如设备、元件的寿命来说，人们一般只关心它们的平均寿命的"下限"；而对于产品的废品率来说，人们只关心它的"上限"。这就是单侧置信区间的问题。

对于给定的值 $\alpha(0 < \alpha < 1)$，若由样本 $X_1, X_2, \cdots, X_n$ 确定的统计量 $\underline{\theta}(X_1, X_2, \cdots, X_n)$ 满足

$$P\{\theta > \underline{\theta}(X_1, X_2, \cdots, X_n)\} = 1 - \alpha \qquad （5.31）$$

则称随机区间 $(\underline{\theta}, \infty)$ 是 θ 的置信度为 $1 - \alpha$ 的单侧置信区间，$\underline{\theta}$ 是置信度 $1 - \alpha$ 的单侧置信下限。

同理可得到单侧置信区间上限的概念。

若统计量 $\overline{\theta}(X_1, X_2, \cdots, X_n)$ 满足

$$P\{\theta < \overline{\theta}(X_1, X_2, \cdots, X_n)\} = 1 - \alpha \qquad （5.32）$$

则称随机区间 $(-\infty, \overline{\theta})$ 是 θ 的置信度为 $1 - \alpha$ 的单侧置信区间，$\overline{\theta}$ 是置信度 $1 - \alpha$ 的单侧置信上限。

【例 5.17】 设总体 $X \sim N(\mu, \sigma^2)$，σ^2 为已知，μ 为未知，设 $X_1, X_2, \cdots, X_n$ 是来自 X 的样本，求 μ 的置信度为 $1 - \alpha$ 的单侧置信区间。

解 对于置信度为 $1 - \alpha$，有

$$P\left\{\frac{\overline{X} - \mu}{\sigma / \sqrt{n}} > -Z_a\right\} = 1 - \alpha \text{ 或 } P\left\{\frac{\overline{X} - \mu}{\sigma / \sqrt{n}} < Z_a\right\} = 1 - \alpha$$

因此，μ 的置信度为 $1 - \alpha$ 的单侧置信区间为

$$\left(\overline{X} - \frac{\sigma}{\sqrt{n}}Z_a, +\infty\right) \text{ 或 } \left(-\infty, \overline{X} + \frac{\sigma}{\sqrt{n}}Z_a\right)$$

单侧置信下限和上限分别为

置信下限：$\mu = \overline{X} - \dfrac{\sigma}{\sqrt{n}}Z_\alpha$，置信上限：$\mu = \overline{X} + \dfrac{\sigma}{\sqrt{n}}Z_\alpha$

二、一个正态总体参数的区间估计

研究一个总体的参数估计时，人们所关心的参数主要有总体均值 μ、方差 σ^2 和比例 P。

设总体 σ^2 为已知或未知，μ 为未知，设 $X_1, X_2, \cdots, X_n$ 是来自总体 $N(\mu, \sigma^2)$ 的一个样本，样本均值为 $\overline{X}$，方差为 S^2，给定的置信度为 $1 - \alpha$。

（一）总体均值 μ 的区间估计

1. σ^2 已知时，总体均值 μ 的区间估计

σ^2 已知时，则

$$\frac{\overline{X} - \mu}{\sigma / \sqrt{n}} \sim N(0,1)$$

总体均值 μ 的置信度 $1 - \alpha$ 的置信区间为

$$\left(\overline{X} - \frac{\sigma}{\sqrt{n}}Z_{\frac{\alpha}{2}}, \overline{X} + \frac{\sigma}{\sqrt{n}}Z_{\frac{\alpha}{2}}\right) \qquad （5.33）$$

一般地，为了计算方便，这个置信区间也常写成

$$\mu = \overline{X} \pm \frac{\sigma}{\sqrt{n}}Z_{\frac{\alpha}{2}} \qquad （5.34）$$

注意：（1）如果总体不是正态分布，当样本容量充分大时，根据中心极限定理，$\bar{X}$ 渐近服从正态分布。因此，在大样本情况下，仍可用上式对 μ 进行较准确的区间估计。

（2）总体方差 σ^2 未知时，如果样本容量充分大（$n \geqslant 30$），可以用 S 代替上式中的 σ，对 μ 进行近似的区间估计。

【例 5.18】 某企业全部职工工资近似服从正态分布，从企业全体职工中任意抽取 100 人，计算得知样本平均月收入 3 000 元。若已知该企业全部工资的标准差是 500 元，用 95% 的置信度估计该企业的平均月工资范围。

解 由题意知，$n = 100$，$\bar{x} = 3\,000$（元），$\sigma = 500$（元），$1 - \alpha = 95\%$

查附表得，$Z_{0.025} = 1.96$

因此，μ 置信度为 95% 的置信区间为

$$\mu = \bar{X} \pm \frac{\sigma}{\sqrt{n}} Z_{\frac{\alpha}{2}} = 3\,000 \pm \frac{500}{\sqrt{100}} \times 1.96 = 3\,000 \pm 98$$

即：（2 902，3 098）

所以，用 95% 的置信度估计该企业的平均月工资范围在 2 902 ~ 3 098 元之间。

2. σ^2 未知时，总体均值 μ 的区间估计

σ^2 未知时，则

$$\frac{\bar{X} - \mu}{S / \sqrt{n}} \sim t(n-1)$$

总体均值 μ 的置信度 $1 - \alpha$ 的置信区间为

$$\left(\bar{X} - \frac{S}{\sqrt{n}} t_{\frac{\alpha}{2}}(n-1), \bar{X} + \frac{S}{\sqrt{n}} t_{\frac{\alpha}{2}}(n-1) \right) \qquad (5.35)$$

一般地，这个置信区间也常写成

$$\left(\bar{X} \pm \frac{S}{\sqrt{n}} t_{\frac{\alpha}{2}}(n-1) \right) \qquad (5.36)$$

其中，$S/\sqrt{n}$ 表示估计标准误差（standard error of estimation）。

【例 5.19】 设某大学的大学生参加体育锻炼的时间近似服从正态分布，现从该校大学生中随机抽取 20 人，调查学生平均每天参加体育锻炼的时间为 35 分钟，经过计算样本标准差为 24 分钟。试以 90% 的置信度估计该大学全体学生平均每天锻炼身体的时间。

解 由题意知，$n = 20$，$\bar{x} = 35$，$s = 24$，$1 - \alpha = 90\%$

查附表得，$t_{\frac{\alpha}{2}}(n-1) = t_{0.05}(19) = 1.729\,1$

因此，μ 置信度为 90% 的置信区间为

$$\mu = \bar{X} \pm \frac{S}{\sqrt{n}} t_{\frac{\alpha}{2}}(n-1) = 35 \pm \frac{24}{\sqrt{20}} \times 1.729\,1 = 35 \pm 9.28$$

即（25.72，44.28）

所以，以 90% 的置信度估计该大学全体学生平均每天锻炼身体时间在 25.72 ~ 44.28 分钟之间。

（二）总体方差 σ^2 的区间估计

这里只讨论总体均值未知这种更实际的情况。

因为样本方差 s^2 是总体方差 σ^2 的无偏估计量，由公式：

$$\frac{(n-1)S^2}{\sigma^2} \sim \chi^2(n-1)$$

可以得到

$$P\left\{\chi^2_{1-\frac{\alpha}{2}}(n-1) < \frac{(n-1)S^2}{\sigma^2} < \chi^2_{\frac{\alpha}{2}}(n-1)\right\} = 1-\alpha \tag{5.37}$$

因此，σ^2 的置信度 $1-\alpha$ 的置信区间为

$$\left\{\frac{(n-1)S^2}{\chi^2_{\frac{\alpha}{2}}(n-1)}, \frac{(n-1)S^2}{\chi^2_{1-\frac{\alpha}{2}}(n-1)}\right\} \tag{5.38}$$

进一步得到 σ 的置信区间：

$$\left\{\frac{\sqrt{n-1}S}{\sqrt{\chi^2_{\frac{\alpha}{2}}(n-1)}}, \frac{\sqrt{n-1}S}{\sqrt{\chi^2_{1-\frac{\alpha}{2}}(n-1)}}\right\} \tag{5.39}$$

【**例 5.20**】 从一个正态总体中随机抽取容量为 8 的样本，样本各数值分别为 10、7、12、18、8、13、5、11，求置信度为 95% 的总体方差的置信区间。

解　首先，计算样本均值和方差

$$\bar{x} = \frac{\sum_{i=1}^{n}x_i}{n} = \frac{84}{8} = 10.5, \quad s^2 = \frac{\sum_{i=1}^{n}(x_i - \bar{x})^2}{n-1} = \frac{114}{7} = 16.286$$

根据置信度 $1-\alpha = 0.95$ 和自由度 $n-1 = 7$，查 χ^2 分布表得

$$\chi^2_{\frac{\alpha}{2}}(n-1) = \chi^2_{0.025}(7) = 16.0128, \quad \chi^2_{1-\frac{\alpha}{2}}(n-1) = \chi^2_{0.975}(7) = 1.6899$$

因此，σ^2 置信度为 95% 的置信区间为

$$\left\{\frac{(n-1)S^2}{\chi^2_{\frac{\alpha}{2}}(n-1)}, \frac{(n-1)S^2}{\chi^2_{1-\frac{\alpha}{2}}(n-1)}\right\}$$

计算得：$\dfrac{(n-1)S^2}{\chi^2_{\frac{\alpha}{2}}(n-1)} = \dfrac{7 \times 16.286}{16.0128} = 7.119;\ \dfrac{(n-1)S^2}{\chi^2_{1-\frac{\alpha}{2}}(n-1)} = \dfrac{7 \times 16.286}{1.6899} = 67.461$

即，置信度 95% 的总体方差的置信区间为（7.119，67.461）。

（三）总体比例的区间估计

由样本比例的抽样分布知，当样本容量足够大时（一般指 $n\bar{X} \geqslant 5$ 和 $n(1-\bar{X}) \geqslant 5$，即

同时均大于等于 5），样本比例的抽样分布近似服从正态分布，则有

$$\frac{\bar{X} - P}{\sqrt{\dfrac{P(1-P)}{n}}} \sim N(0,1)$$

与总体均值估计类似，总体比例 P 在置信度为 $1-\alpha$ 的置信区间为

$$P = \bar{X} \pm Z_{\frac{\alpha}{2}} \sqrt{\frac{P(1-P)}{n}} \tag{5.40}$$

注意用式（5.40）时，总体比例应该是已知的，实际上是要估计的值，因此大样本情况下，需要用样本比例 $\bar{X}$ 代替总体比例 P，这时，总体比例 P 的置信区间可表示为

$$P = \bar{X} \pm Z_{\frac{\alpha}{2}} \sqrt{\frac{\bar{X}(1-\bar{X})}{n}} \tag{5.41}$$

【例 5.21】 某高校要了解大学生的出勤情况，随机抽取了 100 名学生，其中有 85 名学生出勤。试以 90% 的置信度估计该高校大学生的出勤率的置信区间。

解 依题意知，$n=100$，$n_1=85$，$1-\alpha=0.90$，查表得 $Z_{0.05}=1.645$。根据抽样结果计算的样本比例为

$$\bar{x} = \frac{n_1}{n} = \frac{85}{100} = 85\%$$

因此，P 的置信度为 90% 的置信区间为

$$P = \bar{X} \pm Z_{\frac{\alpha}{2}} \sqrt{\frac{\bar{X}(1-\bar{X})}{n}} = 0.85 \pm 1.645 \times \sqrt{\frac{0.85 \times 0.15}{100}} = 0.85 \pm 0.058\,738$$

即（0.791 3，0.908 7）

所以，以 90% 的置信度估计该高校大学生出勤率的置信区间为 79.13%～90.87%。

三、两个正态总体参数的区间估计

对于两个总体参数的区间估计，人们所关心的参数主要有两个总体的均值差（$\mu_1 - \mu_2$）、方差比（σ_1^2 / σ_2^2）和比例差（$P_1 - P_2$）。

设 $X_1, X_2, \cdots, X_{n_1}$ 是来自总体 $N(\mu_1, \sigma_1^2)$ 的样本，$Y_1, Y_2, \cdots, Y_{n_2}$ 是来自总体 $N(\mu_2, \sigma_2^2)$ 的样本，且两个样本相互独立，设 $\bar{X}$ 和 $\bar{Y}$ 分别为两个总体的样本均值，S_1^2 和 S_2^2 分别为两个总体的样本方差，置信度为 $1-\alpha$。

（一）两个正态总体均值差 $\mu_1 - \mu_2$ 的区间估计

1. 当 σ_1^2 和 σ_2^2 已知时，有

$$\frac{(\bar{X} - \bar{Y}) - (\mu_1 - \mu_2)}{\sqrt{\dfrac{\sigma_1^2}{n_1} + \dfrac{\sigma_2^2}{n_2}}} \sim N(0,1)$$

因此，（$\mu_1 - \mu_2$）的置信度为 $1-\alpha$ 的置信区间为

$$\left\{ (\overline{X} - \overline{Y}) - Z_{\frac{\alpha}{2}}\sqrt{\frac{\sigma_1^2}{n_1} + \frac{\sigma_2^2}{n_2}}, (\overline{X} - \overline{Y}) + Z_{\frac{\alpha}{2}}\sqrt{\frac{\sigma_1^2}{n_1} + \frac{\sigma_2^2}{n_2}}, \right\} \quad (5.42)$$

或

$$\mu_1 - \mu_2 = (\overline{X} - \overline{Y}) \pm Z_{\frac{\alpha}{2}}\sqrt{\frac{\sigma_1^2}{n_1} + \frac{\sigma_2^2}{n_2}} \quad (5.43)$$

2. 当 σ_1^2 和 σ_2^2 未知且 $\sigma_1^2 = \sigma_2^2$ 时，有

$$\frac{(\overline{X} - \overline{Y}) - (\mu_1 - \mu_2)}{S_w\sqrt{\frac{1}{n_1} + \frac{1}{n_2}}} \sim t(n_1 + n_2 - 2)$$

其中：$S_w^2 = \dfrac{(n_1 - 1)S_1^2 + (n_2 - 1)S_2^2}{n_1 + n_2 - 2}$

由此（$\mu_1 - \mu_2$）的置信度为 $1 - \alpha$ 的置信区间为

$$\left\{ (\overline{X} - \overline{Y}) - t_{\frac{\alpha}{2}}(n_1 + n_2 - 2)S_w\sqrt{\frac{1}{n_1} + \frac{1}{n_2}}, (\overline{X} - \overline{Y}) + t_{\frac{\alpha}{2}}(n_1 + n_2 - 2)S_w\sqrt{\frac{1}{n_1} + \frac{1}{n_2}} \right\} \quad (5.44)$$

或

$$\mu_1 - \mu_2 = (\overline{X} - \overline{Y}) \pm t_{\frac{\alpha}{2}}(n_1 + n_2 - 2)S_w\sqrt{\frac{1}{n_1} + \frac{1}{n_2}} \quad (5.45)$$

【例 5.22】 某企业甲、乙两台设备加工同一种零件，现在分别从甲设备加工的零件中随机抽取 10 个零件，经计算 $\overline{x} = 10.02$，样本标准差为 $s_1 = 0.08$；从乙设备加工的零件中随机抽取 12 个零件，经计算 $\overline{y} = 9.99$，样本标准差 $s_2 = 0.05$。试求两台设备加工零件均值差的 95% 置信度的置信范围。

解 依题意知，$\overline{x} = 10.02$，$s_1 = 0.08$，$n_1 = 10$；$\overline{y} = 9.99$，$s_2 = 0.05$，$n_2 = 12$

由于总体方差未知，因此 $\overline{X} - \overline{Y}$ 近似服从 t 分布，经计算

$$\overline{x} - \overline{y} = 0.03，\quad 查表 \ t_{0.025}(20) = 2.086\ 0$$

$$S_w^2 = \frac{(n_1 - 1)s_1^2 + (n_2 - 1)s_2^2}{n_1 + n_2 - 2} = \frac{9 \times 0.08^2 + 11 \times 0.05^2}{10 + 12 - 2} = \frac{0.085\ 1}{20}$$

$$= 0.004\ 255，\quad S_w = 0.065\ 23$$

因此，（$\mu_1 - \mu_2$）的置信度为 95% 的置信区间为

$$\mu_1 - \mu_2 = (\overline{X} - \overline{Y}) \pm t_{\frac{\alpha}{2}}(n_1 + n_2 - 2)S_W\sqrt{\frac{1}{n_1} + \frac{1}{n_2}}$$

$$= 0.03 \pm 2.086\ 0 \times 0.065\ 23 \times \sqrt{\frac{1}{10} + \frac{1}{12}} = 0.03 \pm 0.058\ 26$$

即（$-0.028\ 26，0.088\ 26$）

所以，两台设备加工零件均值差的 95% 置信度的置信范围为 $-0.028\ 26 \sim 0.088\ 26$。

注意： 由于所得置信区间包含零，在实际中可以认为两台设备加工零件的均值没有显著差别。

（二）两个正态总体方差比 σ_1^2/σ_2^2 的区间估计

这里只讨论实际应用中常见的总体均值 μ_1 和 μ_2 未知的情况，由于

$$\frac{S_1^2/S_2^2}{\sigma_1^2/\sigma_2^2} \sim F(n_1-1, n_2-1)$$

因此，σ_1^2/σ_2^2 的置信度为 $1-\alpha$ 的置信区间为

$$\left\{ \frac{S_1^2/S_2^2}{F_{\frac{\alpha}{2}}(n_1-1, n_2-1)}, \frac{S_1^2/S_2^2}{F_{1-\frac{\alpha}{2}}(n_1-1, n_2-1)} \right\} \quad (5.46)$$

还可以得到 σ_1/σ_2 的置信度为 $1-\alpha$ 的置信区间为

$$\left\{ \frac{S_1/S_2}{\sqrt{F_{\frac{\alpha}{2}}(n_1-1, n_2-1)}}, \frac{S_1/S_2}{\sqrt{F_{1-\frac{\alpha}{2}}(n_1-1, n_2-1)}} \right\} \quad (5.47)$$

【例 5.23】 某自动机床加工同类型套筒，假设套筒的直径服从正态分布，现在从两个不同班次的产品中各抽取了 5 个套筒，测定它们的直径，得如下数据：

A 班：2.6　　2.6　　2.9　　2.6　　2.7

B 班：2.5　　2.7　　2.6　　2.9　　2.6

试求两班所加工的套筒直径的方差之比 σ_1^2/σ_2^2 的 0.90 置信区间。

解 依题意知，$n_1 = 5$，$n_2 = 5$，$1-\alpha = 0.9$

计算得，$\bar{x} = 2.68$，$s_1 = 0.130\,384$，$s_1^2 = 0.017$；$\bar{y} = 2.66$，$s_2 = 0.151\,657\,5$，$s_2^2 = 0.023$

查附表得，$F_{\frac{\alpha}{2}}(n_1-1, n_2-1) = F_{0.05}(4,4) = 6.39$

$$F_{1-\frac{\alpha}{2}}(n_1-1, n_2-1) = F_{0.95}(4,4) = \frac{1}{F_{0.05}(4,4)} = 0.156\,5$$

因此，σ_1^2/σ_2^2 的置信度为 0.90 的置信区间为

$$\frac{\sigma_1^2}{\sigma_2^2} = \left\{ \frac{S_1^2/S_2^2}{F_{\frac{\alpha}{2}}(n_1-1, n_2-1)}, \frac{S_1^2/S_2^2}{F_{1-\frac{\alpha}{2}}(n_1-1, n_2-1)} \right\}$$

$$= \left\{ \frac{0.017/0.023}{6.39}, \frac{0.017/0.023}{0.156\,5} \right\} = \{0.115\,7, 4.722\,9\}$$

所以，两班所加工的套筒直径的方差之比 σ_1^2/σ_2^2 的 0.90 置信区间为 $0.115\,7 \sim 4.722\,9$。

注意： 由于所得置信区间包含 1，在实际中可以认为两班所加工的套筒直径的方差比没有显著差别。

（三）两个正态总体比例差的区间估计

由样本比例的抽样分布可知，从两个总体中抽取两个独立的样本，则两个样本比例差的抽样分布近似服从正态分布，即

$$\frac{(\overline{X}-\overline{Y})-(P_1-P_2)}{\sqrt{\dfrac{P_1(1-P_1)}{n_1}+\dfrac{P_2(1-P_2)}{n_2}}} \sim N(0,1) \tag{5.48}$$

当两个总体比例未知时，用样本比例 $\overline{X}$ 和 $\overline{Y}$ 代替总体比例 P_1 和 P_2，因此根据正态分布建立的两个总体比例差 P_1-P_2 在置信度为 $1-\alpha$ 的置信区间为

$$\left\{(\overline{X}-\overline{Y})-Z_{\frac{\alpha}{2}}\sqrt{\frac{\overline{X}(1-\overline{X})}{n_1}+\frac{\overline{Y}(1-\overline{Y})}{n_2}},(\overline{X}-\overline{Y})+Z_{\frac{\alpha}{2}}\sqrt{\frac{\overline{X}(1-\overline{X})}{n_1}+\frac{\overline{Y}(1-\overline{Y})}{n_2}}\right) \tag{5.49}$$

或

$$P_1-P_2=(\overline{X}-\overline{Y})\pm Z_{\frac{\alpha}{2}}\sqrt{\frac{\overline{X}(1-\overline{X})}{n_1}+\frac{\overline{Y}(1-\overline{Y})}{n_2}} \tag{5.50}$$

【例 5.24】 某饮料公司对其所做的报纸广告在两个城市的效果进行了比较，它们从两个城市分别随机地调查了 1 000 个成年人，其中看过该广告的比率分别为 18% 和 14%。试求两城市成年人中看过该广告的比例之差的 95% 的置信区间。

解 依题意知，$n_1=n_2=1000$，$\overline{x}=18\%$，$\overline{y}=14\%$，$1-\alpha=95\%$

由于 $n\overline{x}=180$，$n(1-\overline{x})=820$，均大于 5；$n\overline{y}=140$，$n(1-\overline{y})=860$，均大于 5，所以均为大样本。查表得 $Z_{\frac{\alpha}{2}}=Z_{0.025}=1.96$。

P_1-P_2 在置信度为 $1-\alpha$ 的置信区间为

$$P_1-P_2=(\overline{X}-\overline{Y})\pm Z_{\frac{\alpha}{2}}\sqrt{\frac{\overline{X}(1-\overline{X})}{n_1}+\frac{\overline{Y}(1-\overline{Y})}{n_2}}$$

$$=(18\%-14\%)\pm1.96\times\sqrt{\frac{0.18\times0.82}{1000}+\frac{0.14\times0.86}{1000}}$$

$$=4\%\pm0.032\,087$$

即（0.007 913，0.072 087）

所以，两城市成年人中看过该广告的比例之差的 95% 的置信区间为 0.79% ~ 7.21%。

四、抽样组织方式

在进行抽样时，必须根据所研究总体的特征和调查的目的要求，对抽样样本的程序和工作作出周密的设计和安排，称为抽样组织方式或抽样设计。抽样组织方式分为非概率抽样和概率抽样两大类型。非概率抽样主要有偶遇抽样、判断抽样、定额抽样和雪球抽样；概率抽样主要有简单随机抽样、类型抽样、机械抽样、整群抽样和多阶段抽样。

（一）非概率抽样

1. 偶遇抽样

偶遇抽样又称便利抽样，是指研究者根据实际情况，为方便开展工作，选择偶然遇到的人作为调查对象，或者仅仅选择那些离得最近的、最容易找到的人作为调查对象。例如在广场选择对来往行人进行调查。

2. 判断抽样

判断抽样又称立意抽样，是指根据调查人员的主观经验从总体样本中选择那些被判断为最能代表总体的单位作样本的抽样方法。

3. 定额抽样

定额抽样又称配额抽样，是按市场调查对象总体单位的某种特征，将总体分为若干类，按一定比例在各类中分配样本单位数额，并按各类数额任意或主观抽样。其抽样时并不遵循随机的原则。

4. 雪球抽样

雪球抽样又称滚雪球抽样，是指先随机选择一些被访者并对其实施访问，再请他们提供另外一些属于所研究目标总体的调查对象，根据所形成的线索选择此后的调查对象。

（二）概率抽样

1. 简单随机抽样

从总体中抽取 n 个单位作为样本，并使得每个总体单位都有相同的机会被抽中，这种抽样方式称为简单随机抽样，又称纯随机抽样。简单随机抽样是其他抽样方式的基础，是抽样调查中应用较多的方式之一。

具体做法有

（1）直接抽取法。直接抽取法就是对总体不进行任何处理，直接抽取样本单位的方式。如从成品库中任意抽取 n 个产品进行质量检查。

（2）抽签法。抽签法就是先给总体单位编号，将号码写在纸条或卡片上，然后抽签，签上的号码就是抽取的样本单位，直到抽够数目为止。

（3）随机数字表法。随机数字表也称为乱数表，是 0～9 的这 10 个数码随机排列组成的多位数字表，参考附表 1。使用此表取样时，首先，将总体的全部单位编号；其次，确定表的页数，可用铅笔之类的工具在随机数字表上任指一点，如是奇数则起点页为第 1 页，偶数为第 2 页；最后，确定行和列，随机地确定行和列，遇到编号范围内的数字就作为样本的单位，超过编号范围的数字去掉，直到抽够样本数目为止。

简单随机抽样最符合随机的原则，但在实际工作中有一定的局限性，主要是事先要给总体单位编号，只有在总体单位不太多时才能做到，另外要求各单位之间变异程度不大才能采用。因此在大规模的抽样调查中很少单独采用简单随机抽样。

2. 类型抽样

在抽样之前先将总体单位划分为若干层（组），然后从各个层（组）中按照随机原则抽取样本的组织方式，称为类型抽样，又称为分类抽样、分层抽样等。

在分层或分类时，应使层内各单位的差异尽可能小，而使层与层之间的差异尽可能大。各层的划分可根据研究者的判断或需要进行。例如研究对象是人时，可以按照性别、年龄、民族等分层；研究收入差异时，可以按照城镇、农村分层。

类型抽样是一种常用的抽样方式。它具有以下优点。

（1）类型抽样除了可以对总体进行估计外，还可以对各层进行估计。

（2）类型抽样可以按照自然区域或行政区域进行分层，使抽样的组织和实施都比较方便。

（3）类型抽样的样本分布在各个层内，从而使样本在总体中的分布比较均匀。

（4）类型抽样的误差较小，精度较高。

对总体划分各个层后，如何确定各层的抽样单位数，一般有以下两种方法。

1）类型比例方法抽样

当各层标准差大致相同时，采用类型比例方法抽样较好。确定各层抽样单位数可以用下式：

$$\frac{n_i}{n} = \frac{N_i}{N} \tag{5.51}$$

式中，n_i 为各层抽取的样本单位数（$i = 1,2,3,\cdots$）；n 为抽样单位总数，（$n = n_1 + n_2 + \cdots$），N_i 为各层单位数；N 为总体单位数。

计算各层应抽取样本单位数的公式为 $n_i = \frac{N_i}{N} n$。

2）类型适宜方法抽样

在类型适宜抽样条件下，对于标准差大的层，抽取样本单位数的比例相应要大些；反之，对于标准差小的层，抽取样本单位数的比例相应地要小些。因此，确定各层抽样单位数可以用下式：

$$n_i = \frac{N_i \sigma_i}{\sum_{i=1}^{m} N_i \sigma_i} n \tag{5.52}$$

其中，m 表示层数或组数。

类型抽样适用于调查既需要对总体进行估计也需要对局部进行估计的情况，当层内成员差异较小，而层间成员差异较大时，类型抽样可以提高估计的精度。

3. 机械抽样

在抽样中先将总体各单位按照某种顺序排列，并按照某种规则确定一个随机起点，然后依固定的间隔抽取样本单位，直至抽取 n 个单位形成一个随机样本。这种方式称为机械抽样，也称等距抽样或系统抽样。

设有 N 个总体单位，现抽取样本容量为 n 的样本，其抽取方法是先将 N 个总体单位按照一定顺序排列，固定间隔：$k = N/n$，k 为固定间隔或抽样距离。

机械抽样具有以下优点：

（1）简单易行。当样本容量较大时，简单随机抽样要编号，还要从随机数字表中一一抽取，是很麻烦的，而机械抽样有了总体单位排序后，只要确定抽样的随机起点和固定间隔后，样本单位就确定了。

（2）机械抽样的样本在总体中的分布一般比较均匀，因此抽样误差一般小于简单随机抽样误差。如果掌握了总体的有关信息，将总体各单位按照有关标志排列，就可以提高估计的精度。如果按照无关标志排列就类似于简单随机抽样方式，误差较大。

4. 整群抽样

整群抽样是指在组织抽样调查时按群（组）进行不重复抽选，然后在抽中的群（组）

内进行全面调查的抽样组织形式。进行整群抽样时，可以按照随机方式来进行，也可按等距方式来进行。由于整群抽样是在群之间进行抽样调查，对被抽中群的内部进行全面调查，所以，整群抽样误差的大小取决于群间方差的大小和抽样数目的多少，群间的平均变异程度越小，则抽样结果就越精确，而群内方差是不会影响整群抽样误差的。

进行整群抽样将总体进行分解时，必须遵循以下两条原则。

（1）群内单位的变异性，即同一群内的各单位，其统计特征值相差大一些好。

（2）群间的同质性，即群与群之间的统计特征值相差小一些好。以上两点刚好和类型抽样相反。类型抽样是通过分类体现出同类型的同质性、不同类型的差异性。

整群抽样的优点是抽选的单位比较集中，调查较为方便，可以节省人力、物力和财力，尤其是总体中包含的单位数很多且缺乏可靠的登记资料时，直接对这些单位进行抽样调查将有困难。

5. 多阶段抽样

在调查对象的总体范围大，且分布又广的情况下，一般使用多阶段抽样。多阶段抽样，就是在抽样调查抽选样本时并不是一次直接从总体中抽取，而是分两个或两个以上阶段来进行。

多阶段抽样和类型抽样、整群抽样看上去有点相似，都是先对总体分组然后抽取单位进行调查。它们之间的主要区别如下。

类型抽样是对总体人为进行分组，然后从全部的分组中每组随机地抽取部分单位。而多阶段抽样在开始时就随机地抽取部分组。

整群抽样是从全部分组中随机抽取部分组，然后对选中的组进行全面调查。而多阶段抽样是在随机选中的组中，随机抽取部分单位进行调查。

多阶段抽样的作用如下。

（1）当抽样调查的面很广，或总体范围太大无法直接抽取样本时，需采用多阶段抽样。例如城市居民的住户调查，样本单位遍布全国各地，显然不可能直接一次抽到所需的样本，只能分成几个阶段来逐级抽取。

（2）可以相对地节约人力和物力。若从一个较大的总体中抽取一个随机样本，则抽到的样本单位比较分散，若要派人调查，人力和物力的支出比较大。

（3）可以利用现成的行政区划、组织系统作为划分各阶段的依据，为组织抽样调查提供方便。

在多阶段抽样中，前几个阶段的抽样都类似于整群抽样，每个阶段都会存在抽样误差。为提高抽样结果的代表性，抽取的群数和抽样方式都应注意样本单位的均匀分布。为达到此要求，通常应适当多抽一些第一阶段的群数。对于群间方差大的阶段，应适当多抽一些；反之，则可以少抽一些。

每阶段的抽样方式可用简单随机抽样或机械抽样。各阶段可用同一种抽样方式，也可用不同的抽样方式，要视具体情况和要求而定。在各阶段中，抽样单位的调查变量，其数值有较大的共同性，因而不宜采用类型抽样方式。另外，除最后阶段需要进行直接调查基本单位外，其他各阶段因尚需进一步抽样，所以不宜采用整群抽样方式。

五、样本容量的确定

在前面的讨论中，都是假设样本容量 n 是已知的，但是在实际问题中，需要自己动手设计调查方案，这时，就需要科学确定样本容量。如果 n 选得过大，调查需要大量人力、物力和财力；如果 n 选得过小，会使估计误差增大。

（一）确定样本容量要考虑的因素

确定样本容量应该考虑以下几个方面的因素。

（1）变异指标的大小。如果总体标准差 σ 较大，要多抽一些样本单位数。

（2）抽样估计误差的大小。如果要求抽样估计误差较小，要多抽一些样本单位数；反之，可以减少抽样单位数。

（3）置信度的大小。置信度 $1-\alpha$ 越大，抽样单位数就越多；反之，可少些。

（4）抽样的组织方式。一般情况下，类型抽样和机械抽样比简单随机抽样和整群抽样的样本单位数少。

（5）抽样方法。一般情况下，不重复抽样比重复抽样的样本单位数要少。

（二）样本容量的计算方法

进行任何调查之前，都要确定样本单位数。一般情况下，要根据调查要求，确定调查的准确性，即规定抽样估计误差的大小；确定抽样调查的可靠性，即先确定置信度；以及根据过去资料或试验数据确定总体标准差或样本标准差，综合以上条件就可以确定样本容量。

以简单随机抽样方式为例计算样本容量 n。

1. 根据样本均值抽样估计误差确定样本容量

若抽样估计误差用 Δ 表示，样本均值的估计误差用 $\Delta_{\bar{x}}$ 表示，样本比例的估计误差用 Δ_p 表示。

在重复抽样条件下：

由 $\Delta_x = Z_{\frac{\alpha}{2}}\sqrt{\dfrac{\sigma^2}{n}}$ 可以推导出

$$n = \frac{Z_{\frac{\alpha}{2}}^2 \sigma^2}{\Delta_{\bar{x}}^2} \qquad (5.53)$$

在不重复抽样条件下：

由 $\Delta_x = Z_{\frac{\alpha}{2}}\sqrt{\dfrac{\sigma^2}{n}\left(\dfrac{N-n}{N-1}\right)}$ 可以推导出

$$n = \frac{Z_{\frac{\alpha}{2}}^2 \sigma^2 N}{(N-1)\Delta_{\bar{x}}^2 + Z_{\frac{\alpha}{2}}^2 \sigma^2} \qquad (5.54)$$

2. 根据样本比例抽样估计误差确定样本容量

在重复抽样条件下：

由 $\Delta_p = Z_{\frac{\alpha}{2}}\sqrt{\dfrac{P(1-P)}{n}}$ 可以推导出

$$n = \frac{Z_{\frac{\alpha}{2}}^2 P(1-P)}{\Delta_p^2} \qquad (5.55)$$

在不重复抽样条件下：

由 $\Delta_p = Z_{\frac{\alpha}{2}}\sqrt{\dfrac{P(1-P)}{n}\left(\dfrac{N-n}{N-1}\right)}$ 可以推导出

$$n = \frac{Z_{\frac{\alpha}{2}}^2 P(1-P)N}{(N-1)\Delta_p^2 + Z_{\frac{\alpha}{2}}^2 P(1-P)} \qquad (5.56)$$

【例 5.25】 设按标准工艺过程生产灯泡的平均寿命为 2 000 小时，标准差为 250 小时，假定平均寿命提高 10% 以上就值得改进生产工艺。某工程师希望试验一种新的工艺，假定按新工艺生产的灯泡，其标准差与原来的相同，如果实际上新灯泡的平均寿命是 $E(X) = 2\,250$ 小时，他希望新工艺不被采用的概率不超过 0.01，即 $P\{\bar{X} < 2\,200\} \leqslant 0.01$，问需要试验多大容量的样本？

解 依题意知，$P\{\bar{X} < 2\,200\} \leqslant 0.01$

可以变换为

$$P\left\{\frac{\bar{X}-\mu}{\sigma/\sqrt{n}} < \frac{2\,200 - 2\,250}{250/\sqrt{n}}\right\} \leqslant 0.01$$

由于 $\dfrac{\bar{X}-\mu}{\sigma/\sqrt{n}} \sim N(0,1)$，查表得 $Z_{0.01} = 2.33$

即 $\dfrac{2\,200 - 2\,250}{250/\sqrt{n}} = -2.33$，解得 $n \approx 136$

所以，需要试验样本容量为 136 个。

【例 5.26】 一家广告公司想估计某类商店下年所花的平均广告费有多少。经验表明，总体标准差约为 1 300 元。如置信度取 95%，并要使估计值处在总体均值附近 300 元的范围内，这家广告公司应取多大的样本？

解 已知：$\sigma = 1300$，$1 - \alpha = 95\%$，$\Delta_x = 300$，查表得 $Z_{0.025} = 1.96$

在重复抽样条件下，样本容量 n 为

$$n = \frac{Z_{\frac{\alpha}{2}}\sigma^2}{\Delta_{\bar{x}}^2} = \frac{1.96^2 \times 1300^2}{300^2} = 72.137$$

取 n 为 73 个。因此该广告公司应随机抽取 73 个单位。

需要说明的是：根据样本容量公式计算出的样本不一定是整数，通常将样本容量取成较大的整数。如上式计算得 $n = 72.137$ 取 73，即向上进一个单位取整数。

　　对于其他类型样本容量的确定，只要先确定出总体方差和极限误差，就可以按照上述公式计算。

思考与作业

1. 什么是随机样本？
2. 什么是统计量？
3. 简述 χ^2 分布、t 分布、F 分布的含义。
4. 简述评价估计量的优良标准。
5. 怎样理解置信区间？
6. 解释 95% 置信区间的含义。
7. 解释 $\dfrac{\sigma}{\sqrt{n}} Z_{\frac{\alpha}{2}}$ 的含义。
8. 如果样本平均数 $\overline{X}$ 与样本中位数 M_e 都是总体数学期望 $E(X)$ 的无偏估计量，且有 $D(\overline{X}) = \dfrac{D(X)}{n}$，$D(M_e) = \dfrac{\pi}{2}\dfrac{D(X)}{n}$，问 $\overline{X}$ 与 M_e 哪一个更有效？简述做此判断的理论依据是什么？
9. 试写出 σ_1^2、σ_2^2 已知时，两个正态总体均值差（$\mu_1 - \mu_2$）区间估计时，（$\overline{X} - \overline{Y}$）涉及的分布形式以及置信度 $1-\alpha$ 的置信区间？如果置信区间中包含 0，说明什么问题？
10. 简述影响样本容量大小的因素。考虑抽样误差大小时，样本容量越大越好吗？为什么？
11. 抽样组织方式主要有哪些？其各自特点是什么？
12. 设总体 $X \sim N(3,1)$，$(X_1, X_2, \cdots, X_9)$ 是来自总体 X 的一个样本，求 $P(2 \leqslant X \leqslant 4)$ 和 $P(2 \leqslant \overline{X} \leqslant 4)$。比较说明 X 分布和 $\overline{X}$ 分布之间的关系。
13. 设总体 $X \sim N(5,4)$ 中随机抽取样本容量为 25 的样本，求样本方差大于 6.07 的概率。
14. 假设样本 $(X_1, X_2, \cdots, X_{10})$ 和 $(Y_1, Y_2, \cdots, Y_5)$ 分别取自两个独立总体 X 和 Y，$X \sim N(10,4)$，$Y \sim N(20,4)$。计算 $P\{(\overline{X} - \overline{Y}) \geqslant -11\}$。
15. 设 $X_1, X_2, \cdots, X_{10}$ 为取自总体 $N(0, 0.09)$ 的一个样本，求 $P\left\{\sum_{i=1}^{10} X_i^2 > 1.44\right\}$。
16. 某企业以生产食品为主，规定产品重量是 400 克。现随机抽取了 25 袋，资料见表 5.2。已知产品重量分布服从正态分布，且总体标准差为 4 克。试以 95% 的置信度估计该产品平均重量的置信区间。

表 5.2　抽样 25 袋食品的重量表

克

编号	重量	编号	重量	编号	重量	编号	重量	编号	重量
1	399	6	397	11	397	16	401	21	403
2	398	7	396	12	395	17	399	22	397
3	402	8	401	13	405	18	396	23	398
4	405	9	399	14	404	19	395	24	399
5	398	10	400	15	402	20	398	25	396

17. 一家保险公司调查了 36 位投保人组成的随机样本，得到每位投保人的平均年龄为 40.5 岁，样本标准差为 7.9 岁。试以 90%的置信度估计投保人平均年龄的置信区间。

18. 已知某灯泡的寿命服从正态分布，现在从一批灯泡中随机抽取 25 个，测得其使用寿命均值为 1 520 小时，样本标准差为 20 小时。试以 99%的置信度估计灯泡平均寿命的置信区间。

19. 某大学想了解学生的到课率情况。现在随机抽取了 60 名学生，调查发现有 50 名学生到课。试以 95%的置信度估计该校大学生的到课率置信区间。

20. 现欲了解某专业 1 班和 2 班的手机话费支出情况。假如两班的话费均服从正态分布，且总体方差相等。现从 1 班和 2 班中分别抽取了 16 人和 20 人。经计算得知：$\bar{x} = 54$ 元，$s_1 = 24$ 元；$\bar{y} = 60$ 元，$s_2 = 21$ 元。试以 95%的置信区间估计两班平均话费差的置信区间。

21. 为研究男女大学生生活费支出情况的差异，在大学随机抽查男女生各 25 名学生，得到如下结果。男学生：平均费用 1 900 元，标准差 50 元；女学生：平均费用 1 600 元，标准差 45 元。试以 90%的置信度估计男女生方差比的置信区间。

22. 拥有工商管理学位的大学生毕业月薪的标准差为 2 000 元，假定估计月薪 95%的置信区间，要求估计误差不超过 200 元。问应抽取多大容量的样本？

23. 某居民小区共有 800 户，想了解小区居民的满意比例情况，现在从小区中随机抽取了 80 户，其中 64 户满意，16 户不满意。

计算：（1）小区满意比例的 90%置信区间；（2）如果小区管理者想达到 90%的满意比例，估计误差不超过 8%，置信度为 95%时应抽取多少户进行调查？

课程思政拓展阅读

由正态分布看人生选择

即测即练

自学自测 扫描此码

第六章

参数假设检验

教学目标

统计假设检验是统计推断的又一重要内容。通过本章的学习，应正确理解假设检验的基本思想及推断原理；熟悉假设检验的一般步骤，掌握建立原假设、备择假设的方法及假设检验的两类错误；重点掌握一个正态总体均值、方差、比例和两个正态总体均值差、方差比、比例差的检验方法，并能灵活地把这些检验方法运用到社会经济管理和科学研究活动中。

教学要求

知 识 要 点	能 力 要 求	相 关 知 识
假设检验的基本问题	理解假设检验的基本思想，学会建立假设，正确把握两类错误	建立原假设和备择假设、假设检验的步骤，两类错误
一个正态总体参数的假设检验	熟练运用检验统计量对一个正态总体均值、方差、比例等做出正确判断	一个正态总体均值检验、方差检验、比例检验
两个正态总体参数的假设检验	熟练运用检验统计量对两个正态总体均值差、方差比、比例差做出正确判断	两个正态总体均值差检验、方差比检验、比例差检验
假设检验中的相关问题	学会用 P 值方法作出判断	P 值和显著性水平 α 比较

导入案例

你能正确判断某部门宣称的数据真伪吗？有质疑时该怎么办？

大学生逃课男生比女生多吗

在校大学生，或者曾经是大学生的都理所当然地认为"大学生逃课是很正常的"。足见大学生逃课已成为各大高校教学与管理中不得不面对的挑战。无论从逃课的数量还是从逃课的时间上来看，逃课问题已不再是个别学生的行为，而已经发展为相当普遍的一种校园行为，严重影响了高校教学工作的正常开展，不利于大学生专业知识与综合能力的提高。据调查了解，不同年级学生逃课的原因及情况是不同的（见表 6.1）。为了调查与分析不同年级的逃课现象，调查组针对在校大四学生设计了调查问卷，通过整理与分析来了解大四学生逃课的特点，针对调查分析的结果得出具有针对性的结论，并给出相应的建议，以便学校采取相应的措施来解决大四学生的逃课问题，提高学校的教学质量。

表 6.1 大四学生逃课的男女差异

性别	逃课	未逃课	小计	样本比例/%
男生	64	13	77	83.12
女生	70	7	77	90.91
合计	134	20	154	—

问：该大四学生中男生的逃课比例是否高于女生（ $\alpha = 0.05$ ）？

男生逃课样本比例： $\bar{x} = 83.12\%$ ，女生逃课样本比例： $\bar{y} = 90.91\%$

提出原假设 H_0 ： $P_1 \leqslant P_2$ ， H_1 ： $P_1 > P_2$

计算： $\hat{P} = \dfrac{n_1 \bar{x} + n_2 \bar{y}}{n_1 + n_2} = 87.02\%$ ，检验统计量为

$$Z = \frac{\bar{x} - \bar{y}}{\sqrt{\hat{P}(1 - \hat{P})\left(\dfrac{1}{n_1} + \dfrac{1}{n_2}\right)}} = -1.438$$

因为 $Z = -1.438 < Z_{0.05} = 1.645$ ，因此不能拒绝原假设，即 0.05 显著性水平下没有理由证明男生比女生逃课率高。

资料来源：李曼，唐静超，陈思，等. 大四学生逃课现象的调查分析——以河北理工大学轻工学院为例[J]. 中国电力教育，2010（9）：170-172.

由上述案例可看出，假设检验是先对总体参数提出一个假设，然后用样本数据去检验其是否成立。本章主要讨论如何利用样本数据，对总体参数正确与否作出科学的判断。

第一节 假设检验的基本问题

一、基本思想

统计假设检验是统计推断的另一个主要问题。在总体的分布函数已知，但参数未知时，如对总体分布中的未知参数提出假设，则如何利用样本提供的信息来检验这个假设，即接受此假设还是拒绝此假设。这类统计问题称为参数的假设检验（hypothesis testing）问题。

【例 6.1】 某食盐生产企业生产定量包装的食用盐，食用盐的重量服从正态分布。规定重量是 500 克，标准差 $\sigma = 5$ 克，质量检测人员每天定期对设备进行检查，确定这台设备生产是否正常。如果食盐的袋装平均重量大于或小于 500 克，则说明生产过程不正常，必须调整。现在随机抽取了 9 袋食盐，其重量分别为（克）：

495　　506　　510　　498　　515　　490　　508　　496　　509

试分析用来检验生产过程是否正常的原假设和备择假设。

解 设这台设备生产的标准重量是 $\mu = \mu_0 = 500$ 克，表明生产过程正常，作为原假设。如果 $\mu < 500$ 或 $\mu > 500$ 克，则表明设备的生产过程不正常，研究者要检测这两种可能情况中的一种。如果研究者认为生产过程正常就不用进行检验了，因此，备择假设为

生产过程不正常。

原假设 H_0：$\mu = \mu_0$（生产过程正常）

备择假设 H_1：$\mu \neq \mu_0$（生产过程不正常）

统计假设 H_0 称为原假设或零假设，H_1 为备择假设或对立假设。假设检验问题，就是要建立一个合理的法则，根据这一法则，利用已知样本做出接受原假设（即拒绝备择假设）还是拒绝原假设（即接受备择假设）的决策。

从参数估计中可知，样本均值 $\bar{X}$ 是总体均值 μ 的无偏估计量，$\bar{X}$ 的观测值大小在一定程度上反映了 μ 的大小。如果假设 H_0 为真，即 $\mu = \mu_0$，则 $|\bar{X} - \mu_0|$ 不会太大。否则就要动摇 H_0 为真的正确性而拒绝 H_0。衡量 $|\bar{X} - \mu_0|$ 的大小，可以归结为 $\left|\dfrac{\bar{X} - \mu_0}{\sigma/\sqrt{n}}\right|$ 的大小，因此只要适当选择一个正数 k，当 $\left|\dfrac{\bar{X} - \mu_0}{\sigma/\sqrt{n}}\right| \geqslant k$ 时就拒绝 H_0；反之，当 $\left|\dfrac{\bar{X} - \mu_0}{\sigma/\sqrt{n}}\right| < k$ 时就接受 H_0。

由于 H_0 为真时 $Z = \dfrac{\bar{X} - \mu_0}{\sigma/\sqrt{n}} \sim N(0,1)$，由标准正态分布分位点的定义得

$$P\left\{|Z| \geqslant Z_{\frac{\alpha}{2}}\right\} = \alpha \tag{6.1}$$

若 k 取 $Z_{\frac{\alpha}{2}}$，α 较小时，当 $\left|\dfrac{\bar{X} - \mu_0}{\sigma/\sqrt{n}}\right| \geqslant Z_{\frac{\alpha}{2}}$ 时就拒绝 H_0；相反，当 $\left|\dfrac{\bar{X} - \mu_0}{\sigma/\sqrt{n}}\right| < Z_{\frac{\alpha}{2}}$ 时就接受 H_0。

如例 6.1 中，如 $\alpha = 0.05$，经计算：$\bar{x} = 503$，$Z_{0.025} = 1.96$，$n = 9$，$\sigma = 5$，$\mu_0 = 500$ 时，代入公式 $Z = \dfrac{\bar{X} - \mu_0}{\sigma/\sqrt{n}} = 1.8$，由于 $|Z| < Z_{\frac{\alpha}{2}}$，即接受 H_0，认为当天的机器生产正常。

二、判断假设的依据

假设检验的基本思想是这样考虑的，即概率很小的事件在一次试验中几乎是不会发生的。事件发生的概率小，说明事件出现的可能性小，那么这样的事件在一次或少量观察中往往是不会出现的。统计假设检验便是依据这一原理对提出的假设作出拒绝与否的判断。例如，假定某经销商承诺他的一批货物中不合格品率在 1% 以下，即平均 100 件产品中只有 1 件不合格品。为检验经销商的说法是否可靠，从这批货物中随机抽取 1 件，不合格品出现的概率为 1%，如果抽出的这件样品经检验是不合格品，则有理由认为经销商的承诺是值得怀疑的。原因是，1% 的概率是个很小的数，因此，随机抽出一件产品恰是不合格品几乎是不可能的事情，如果事实相反，那么就找到了一个比较有说服力的证据，表明这批货物的不合格率不可能小于 1%，从而推断出经销商的承诺存在虚假问题。

例 6.1 中为什么可以接受 H_0 而没有拒绝呢？也是因为 H_0 为真，$P\left\{\left|\dfrac{\bar{X} - \mu_0}{\sigma/\sqrt{n}}\right| < Z_{\frac{\alpha}{2}}\right\} = 1 - \alpha$，

接受 H_0 是在大概率范围中的正常情况，而 $P\left\{\left|\dfrac{\bar{X}-\mu_0}{\sigma/\sqrt{n}}\right|\geqslant Z_{\frac{\alpha}{2}}\right\}=\alpha$ ，即拒绝 H_0 这个事件发生的概率仅为 α 。根据小概率原理，如果在一次抽样中确实发生了小概率事件，则有理由怀疑原来的假设 H_0 的正确性，就可以拒绝原假设 H_0 。

概率的值多小，才称得上是小概率呢？对此，不好给出一个统一的标准或结论，应视检验问题的具体情况来定。如果一旦判断错误，拒绝原假设后果比较严重，那么拒绝的概率就要定小些；如果一旦判断错误，接受原假设后果比较严重，拒绝的概率就要定得大些。

三、两类错误

假设检验是依据样本提供的信息进行判断的，也就是由部分来推断整体，因而假设检验不可能绝对准确，它也可能犯错误。假设检验所犯的错误有以下两种类型。

假设实际上为真时，作出了拒绝的错误决策，称这类"弃真"的错误为第一类错误，犯这种错误的概率用 α 来表示：

$$P\{拒绝 H_0 \mid H_0 为真\} = \alpha$$

假设实际上不真时，却被接受了，称这类"取伪"的错误为第二类错误，犯这种错误的概率用 β 来表示：

$$P\{接受 H_0 \mid H_0 为假\} = \beta$$

自然，人们希望犯这两类错误的概率越小越好。但对于一定的样本容量 n ，不能同时做到犯这两类错误的概率都很小。如果减小 α 错误，就会增大犯 β 错误的机会；若减小 β 错误，也会增大犯 α 错误的机会。当然，使 α 、β 同时变小的办法也有，那就是增大样本容量。但样本容量不可能没有限制，否则就会使抽样调查失去意义。因此，在假设检验中，必须对两类错误加以控制。

一般来说，哪一类错误所带来的后果越严重，危害越大，在假设检验中就应当把哪一类错误作为首要的控制目标。在假设检验中，通常只限定 α ，不考虑 β ，即只考虑假设是否成立，不考虑不成立的后果，这种检验称为显著性检验，α 称为显著性水平。

显著性水平 α 一旦确定下来，判别假设正确与否的临界值就可以确定，这时只要计算出检验统计量的值，然后把它与临界值比较，便能作出判断。假设检验中的判断结论以及后果有四种情况，如表 6.2 所示。

表 6.2 假设检验的两类错误

决策结果	实际情况	
	H_0 为真	H_0 为假
未拒绝 H_0	正确决策	第 Ⅱ 类错误 β
拒绝 H_0	第 Ⅰ 类错误 α	正确决策

需要注意的是：只有当原假设被拒绝时，才会犯第 Ⅰ 类错误；只有当原假设未被拒绝时，才会犯第 Ⅱ 类错误。

四、原假设与备择假设的选择

统计假设往往是成对提出的，如果有假设原假设 H_0 和备择假设 H_1 ，要么 H_0 成立 H_1 不成立，要么 H_0 不成立 H_1 成立。原假设和备择假设的选择一般有三个原则，可根据实际需要进行选用。

（1）原假设一般代表一种久已存在的状态，而备择假设则反映改变。如：某工厂生产灯泡，平均寿命为 1 000 小时，现改进了工艺，抽取用新工艺生产的灯泡 10 只，测得平均寿命为 1 050 小时，问新工艺下灯泡的平均寿命是否有所提高？

按本原则应有：H_0: $\mu = 1\,000$；H_1: $\mu > 1\,000$

（2）样本观测值显示所支持的结论应作为备择假设。

（3）应尽量使后果严重的错误成为第一类错误。如：某工厂生产一批产品，规定其次品率 $P \leqslant 0.05$。现从待查的产品中抽取 180 件，出现 10 件次品，问这批产品能否出厂？如果实际上 $P \leqslant 0.05$，而检验判断 $P > 0.05$（产品不能出厂），对于生产厂家来说损失严重，则应选 H_0: $P \leqslant 0.05$；H_1: $P > 0.05$；如果实际上 $P \geqslant 0.05$，而检验判断 $P < 0.05$，会损害消费者的利益，则应选 H_0: $P \geqslant 0.05$；H_1: $P < 0.05$。

五、双侧检验与单侧检验

在假设检验中，当备择假设 H_1 分散在原假设 H_0 两侧时称为双侧检验或双边检验。假设形式为

$$H_0: \mu = \mu_0; \quad H_1: \mu \neq \mu_0$$

当备择假设 H_1 在原假设 H_0 一侧时，称为单侧检验或单边检验。单侧检验分为左侧检验和右侧检验，假设形式为

左侧检验：H_0: $\mu \geqslant \mu_0$；H_1: $\mu < \mu_0$

右侧检验：H_0: $\mu \leqslant \mu_0$；H_1: $\mu > \mu_0$

这里需要注意的是"$=$"必须在原假设中。实际应用中，原假设都用"$=$"形式即可。

六、假设检验的步骤

一个完整的假设检验通常包括以下六个步骤。

第一步：根据实际问题的要求，提出原假设和备择假设。

第二步：确定检验统计量及其分布，并由原假设的内容确定拒绝域的形式（构建统计量）。

第三步：由 $P\{$拒绝$H_0 \mid H_0$为真$\} = \alpha$ 求出拒绝域。

第四步：根据样本观测值计算检验统计量的具体值。

第五步：给定显著性水平和样本容量确定临界值。

第六步：作出拒绝还是接受原假设的统计判断。

第二节　一个正态总体参数的假设检验

研究一个总体参数的假设检验，人们所关心的主要有总体均值 μ、方差 σ^2 和比例 P 的检验问题。

设 X_1，X_2，$\cdots$，X_n 是来自总体 $N(\mu, \sigma^2)$ 的一个样本，样本均值为 $\bar{X}$，方差为 S^2，给定的显著性水平为 α。

一、总体均值的假设检验

要检验的假设为

$$H_0: \mu = \mu_0; \quad H_1: \mu \neq \mu_0 \text{（双侧检验）}$$
$$H_0: \mu \leqslant \mu_0; \quad H_1: \mu > \mu_0 \text{（右侧检验）}$$
$$H_0: \mu \geqslant \mu_0; \quad H_1: \mu < \mu_0 \text{（左侧检验）}$$

（一）σ^2 已知，关于 μ 的检验

检验统计量为：$Z = \dfrac{\bar{X} - \mu_0}{\sigma / \sqrt{n}}$，$H_0$ 为真时，$Z = \dfrac{\bar{x} - \mu_0}{\sigma / \sqrt{n}} \sim N(0,1)$

给定显著性水平 $\alpha(0 < \alpha < 1)$，由 $P\{$拒绝$H_0 \mid H_0$为真$\} = \alpha$ 得

$$P\left\{ \left| \frac{\bar{X} - \mu_0}{\sigma / \sqrt{n}} \right| \geqslant Z_{\frac{\alpha}{2}} \right\} = \alpha$$

双侧检验拒绝域为

$$\left| \frac{\bar{X} - \mu_0}{\sigma / \sqrt{n}} \right| \geqslant Z_{\frac{\alpha}{2}} \tag{6.2}$$

右侧检验拒绝域为

$$\frac{\bar{X} - \mu_0}{\sigma / \sqrt{n}} \geqslant Z_{\alpha} \tag{6.3}$$

左侧检验拒绝域为

$$\frac{\bar{X} - \mu_0}{\sigma / \sqrt{n}} \leqslant -Z_{\alpha} \tag{6.4}$$

双侧检验、单侧检验检验情况汇总表如表 6.3 所示。

表 6.3　总体均值 Z 检验汇总表（正态总体，σ^2 已知）

检验方法	原假设	备择假设	临界值	统计量及其分布	拒绝域
双侧检验	$\mu = \mu_0$	$\mu \neq \mu_0$	$Z_{\frac{\alpha}{2}}$		$\lvert Z \rvert \geqslant Z_{\frac{\alpha}{2}}$
右侧检验	$\mu \leqslant \mu_0$	$\mu > \mu_0$	Z_{α}	$Z = \dfrac{\bar{X} - \mu_0}{\sigma / \sqrt{n}} \sim N(0,1)$	$Z \geqslant Z_{\alpha}$
左侧检验	$\mu \geqslant \mu_0$	$\mu < \mu_0$	$-Z_{\alpha}$		$Z \leqslant -Z_{\alpha}$

注：如果总体不服从正态分布，当样本充分大时（$n \geqslant 30$），仍可用上述结论进行检验，如果总体方差未知当样本充分大时（$n \geqslant 30$），用样本标准差 S 代替总体标准差 σ，也可用上述结论进行检验。

【例 6.2】　某市区有 5 万户居民，根据历史资料，其家庭每月收入服从正态分布且每户平均收入 3 000 元，标准差 200 元。今年该市城调队随机抽取 100 户居民，计算出户均收入 3 050 元。根据此抽样结果，是否能认为该区居民的月均收入水平有显著性变化（$\alpha = 0.05$）？

解　检验假设 $H_0: \mu = \mu_0 = 3\,000$；$H_1: \mu \neq \mu_0 = 3\,000$

检验的拒绝域为：$\lvert Z \rvert \geqslant Z_{\frac{\alpha}{2}}$

由题意知，$n=100, \bar{x}=3\,050, \sigma=200, \alpha=0.05$，查表得 $Z_{\frac{\alpha}{2}} = Z_{0.025} = 1.96$

检验统计量

$$Z = \frac{\bar{X} - \mu_0}{\sigma / \sqrt{n}} = \frac{3\,050 - 3\,000}{200 / \sqrt{100}} = 2.5$$

因为 $|Z| = 2.5 > Z_{0.025} = 1.96$，统计量的值落在拒绝域内，所以拒绝原假设 H_0，即认为该区居民的月均收入有显著性变化。

【例 6.3】 如例 6.2，将命题改为，问该区居民月均收入在显著性水平 $\alpha = 0.05$ 下是否有显著提高？

解 这是一个单侧检验问题。如把收入不变或减少作为原假设的话，只要否定原假设，就可说明收入在提高。

检验假设 H_0：$\mu \leqslant \mu_0 = 3\,000$；$H_1$：$\mu > 3\,000$

检验的拒绝域为：$Z \geqslant Z_\alpha$

由题意知，$n=100, \bar{x}=3\,050, \sigma=200, \alpha=0.05$，查表得 $Z_\alpha = Z_{0.05} = 1.645$

检验统计量

$$Z = \frac{\bar{X} - \mu_0}{\sigma / \sqrt{n}} = \frac{3\,050 - 3\,000}{200 / \sqrt{100}} = 2.5$$

因为 $Z = 2.5 > Z_{0.05} = 1.645$，统计量的值落在拒绝域内，所以拒绝原假设 H_0，即该区居民月均收入有显著提高。

【例 6.4】 某市区有 5 万户居民，根据历史资料，其家庭每月收入服从正态分布且每户平均收入 3\,000 元。今年该市城调队随机抽取 100 户居民，计算出户均收入 3\,050 元，标准差 200 元。根据此抽样结果，是否能认为该区居民的月均收入水平有显著性变化（$\alpha = 0.05$）

解 这是总体标方差未知，大样本的均值检验问题。

检验假设 H_0：$\mu = \mu_0 = 3\,000$；H_1：$\mu \neq \mu_0 = 3\,000$

检验的拒绝域为：$|Z| \geqslant Z_{\frac{\alpha}{2}}$

由题意知，$n=100, \bar{x}=3\,050, s=200, \alpha=0.05$，查表得 $Z_{\frac{\alpha}{2}} = Z_{0.025} = 1.96$

检验统计量

$$Z = \frac{\bar{X} - \mu_0}{s / \sqrt{n}} = \frac{3\,050 - 3\,000}{200 / \sqrt{100}} = 2.5$$

因为 $|Z| = 2.5 > Z_{0.025}$，落在拒绝域内，所以拒绝原假设 H_0，即认为该区居民的月均收入有显著性变化。

（二）σ^2 未知，关于 μ 的检验

在抽样推断中总体标准差 σ 是很少知道的，通常仅有样本标准差 S。此时，不能用 Z 统计量作为检验统计量，必须用样本的标准差来估计总体的标准差，所以用 t 统计量进行检验：

$$t = \frac{\overline{X} - \mu_0}{S / \sqrt{n}}, \quad \text{当 } H_0 \text{ 为真时，} \quad t = \frac{\overline{X} - \mu_0}{S / \sqrt{n}} \sim t(n-1)$$

双侧检验、单侧检验检验情况汇总表如表 6.4 所示。

表 6.4　总体均值 t 检验汇总表（正态总体，σ^2 未知）

检验方法	原假设	备择假设	临界值	统计量及其分布	拒绝域
双侧检验	$\mu = \mu_0$	$\mu \neq \mu_0$	$t_{\frac{\alpha}{2}}(n-1)$	$t = \frac{\overline{X}-\mu_0}{S/\sqrt{n}} \sim t(n-1)$	$\lvert t \rvert \geqslant t_{\frac{\alpha}{2}}(n-1)$
右侧检验	$\mu \leqslant \mu_0$	$\mu > \mu_0$	$t_\alpha(n-1)$		$t \geqslant t_\alpha(n-1)$
左侧检验	$\mu \geqslant \mu_0$	$\mu < \mu_0$	$-t_\alpha(n-1)$		$t \leqslant -t_\alpha(n-1)$

【**例 6.5**】 某食盐生产企业生产定量包装的食用盐，规定重量是 500 克，质量检测人员每天定期对设备进行检查，抽样结果是（单位：克）：501、498、502、499、501、497。问在 $\alpha = 0.05$ 显著性水平下该批产品质量是否正常？

解　检验假设 H_0：$\mu = \mu_0 = 500$；H_1：$\mu \neq 500$

检验的拒绝域为：$\lvert t \rvert \geqslant t_{\frac{\alpha}{2}}(n-1)$

由题意计算知，$n = 6, \overline{x} = 499.667, s = 1.699, \alpha = 0.05$，查表得 $t_{\frac{\alpha}{2}}(n-1) = t_{0.025}(6-1) = 2.570\,6$

检验统计量

$$t = \frac{\overline{X} - \mu_0}{S / \sqrt{n}} = \frac{499.667 - 500}{1.699 / \sqrt{6}} = -0.415$$

因为 $\lvert t \rvert = 0.415 < t_{0.025}(5) = 2.570\,6$，统计量的值落在接受域内，所以接受 H_0，即认为在 $\alpha = 0.05$ 显著性水平下该批产品质量正常。

二、总体方差的假设检验

只讨论总体均值 μ 未知的情形，要检验的假设包括：

$$H_0\text{：} \sigma^2 = \sigma_0^2\text{；} \quad H_1\text{：} \sigma^2 \neq \sigma_0^2 \quad \text{（双侧检验）}$$
$$H_0\text{：} \sigma^2 \leqslant \sigma_0^2\text{；} \quad H_1\text{：} \sigma^2 > \sigma_0^2 \quad \text{（右侧检验）}$$
$$H_0\text{：} \sigma^2 \geqslant \sigma_0^2\text{；} \quad H_1\text{：} \sigma^2 < \sigma_0^2 \quad \text{（左侧检验）}$$

选择的统计量为：$\chi^2 = \dfrac{(n-1)S^2}{\sigma_0^2}$，当 H_0 为真时，$\chi^2 = \dfrac{(n-1)S^2}{\sigma_0^2} \sim \chi^2(n-1)$

χ^2 检验中双侧检验、单侧检验检验情况汇总表如表 6.5 所示。

表 6.5　总体方差 χ^2 检验汇总表（正态总体，μ 未知）

检验方法	原假设	备择假设	临界值	统计量及其分布	拒绝域
双侧检验	$\sigma^2 = \sigma_0^2$	$\sigma^2 \neq \sigma_0^2$	$\chi_{\frac{\alpha}{2}}^2(n-1)$ $\chi_{1-\frac{\alpha}{2}}^2(n-1)$	$\chi^2 = \frac{(n-1)S^2}{\sigma_0^2} \sim \chi^2(n-1)$	$\chi^2 \geqslant \chi_{\frac{\alpha}{2}}^2(n-1)$ 或 $\chi^2 \leqslant \chi_{1-\frac{\alpha}{2}}^2(n-1)$
右侧检验	$\sigma^2 \leqslant \sigma_0^2$	$\sigma^2 > \sigma_0^2$	$\chi_\alpha^2(n-1)$		$\chi^2 \geqslant \chi_\alpha^2(n-1)$
左侧检验	$\sigma^2 \geqslant \sigma_0^2$	$\sigma^2 < \sigma_0^2$	$\chi_{1-\alpha}^2(n-1)$		$\chi^2 \leqslant \chi_{1-\alpha}^2(n-1)$

【例 6.6】　自动装罐机装罐头食品，规定罐头净重的标准差不能超过 5 克，不然的话，必须停工检验机器，现检查 10 罐，测量并计算得净重的标准差为 5.5 克。假定罐头净重服从正态分布，取显著性水平 $\alpha = 0.05$。问机器工作是否正常？

解　检验假设 H_0：$\sigma^2 \leqslant \sigma_0^2 = 5^2$；$H_1$：$\sigma^2 > 5^2$

检验的拒绝域为

$$\frac{(n-1)S^2}{\sigma_0^2} \geqslant \chi_\alpha^2(n-1)$$

由题意知，$n = 10$，$s = 5.5$，$\alpha = 0.05$，查表得 $\chi_\alpha^2(n-1) = \chi_{0.05}^2(10-1) = 10.9190$

检验统计量

$$\chi^2 = \frac{(n-1)s^2}{\sigma_0^2} = \frac{9 \times 5.5^2}{5^2} = 10.89$$

因为 $\chi^2 = 10.89 < \chi_\alpha^2(n-1) = 16.9190$，统计量的值落在接受域内，所以接受 H_0，即认为在 $\alpha = 0.05$ 显著性水平下机器工作正常。

三、总体比例的假设检验

当样本容量足够大时（一般指 $n\bar{X} \geqslant 5$ 和 $n(1-\bar{X}) \geqslant 5$，即同时均大于或等于 5），样本比例的抽样分布近似服从正态分布，总体比例检验用正态分布方法即 Z 检验法。

要检验的假设包括：

$$H_0: P = P_0；H_1: P \neq P_0（双侧检验）$$
$$H_0: P \leqslant P_0；H_1: P > P_0（右侧检验）$$
$$H_0: P \geqslant P_0；H_1: P < P_0（左侧检验）$$

检验统计量为：$Z = \dfrac{\bar{X} - P_0}{\sqrt{P_0(1-P_0)/n}}$，$H_0$ 为真时，$Z = \dfrac{\bar{X} - P_0}{\sqrt{P_0(1-P_0)/n}} \sim N(0,1)$

双侧检验、单侧检验检验情况汇总表如表 6.6 所示。

表 6.6　总体比例 Z 检验汇总表

检验方法	原假设	备择假设	临界值	统计量及其分布	拒绝域
双侧检验	$P = P_0$	$P \neq P_0$	$Z_{\frac{\alpha}{2}}$		$\lvert Z \rvert \geqslant Z_{\frac{\alpha}{2}}$
右侧检验	$P \leqslant P_0$	$P > P_0$	Z_α	$Z = \dfrac{\bar{X} - P_0}{\sqrt{P_0(1-P_0)/n}} \sim N(0,1)$	$Z \geqslant Z_\alpha$
左侧检验	$P \geqslant P_0$	$P < P_0$	$-Z_\alpha$		$Z \leqslant -Z_\alpha$

【例 6.7】　某销售人员向公司领导汇报工作时声称本公司产品在本地的市场占有率为 40%。公司领导为了正确决策，到市场进行了调研。在随机抽样调查中，100 件同类产品中，本公司产品销售了 30 件。问分别在 0.05 和 0.01 的显著性水平下，验证本公司产品市场占有率是否为 40%？

解　计算，$\bar{x} = \dfrac{30}{100} = 30\%$

因为 $n\bar{x} = 30 > 5$ 和 $n(1-\bar{x}) = 70 > 5$，属于大样本的比例检验问题，因此用 Z 检验法。

检验假设：H_0: $P = P_0 = 40\%$，H_1: $P \neq 40\%$

检验的拒绝域为：$|Z| \geq Z_{\frac{\alpha}{2}}$

由题意知，$n = 100$，$\alpha = 0.05$ 查表得，$Z_{\frac{\alpha}{2}} = Z_{0.025} = 1.96$

检验统计量

$$Z = \frac{\bar{x} - P_0}{\sqrt{\dfrac{P_0(1-P_0)}{n}}} = \frac{0.30 - 0.40}{\sqrt{\dfrac{0.4 \times (1-0.4)}{100}}} = -2.041$$

因为 $|Z| = 2.041 > Z_{0.025} = 1.96$，统计量的值落在拒绝域内，所以拒绝 H_0，即认为在 0.05 显著性水平下本公司产品市场占有率不是 40%。

当显著性水平 $\alpha = 0.01$ 时，查表 $Z_{\frac{\alpha}{2}} = Z_{0.005} = 2.575$。

因为 $|Z| = 2.041 < Z_{0.005} = 2.575$，接受 H_0。即认为在 0.01 显著性水平下本公司产品市场占有率是 40%。

通过以上计算结果可知，同样的事件在不同的显著性水平下可能出现不同的结果。这主要是计算的统计量的绝对值介于两个显著性水平对应的临界值之间造成的。

第三节　两个正态总体参数的假设检验

对于两个总体参数的假设检验，人们所关心的主要有两个总体均值差（$\mu_1 - \mu_2$）、方差比（σ_1^2 / σ_2^2）和比例差（$P_1 - P_2$）的检验问题。

设 $X_1, X_2, \cdots, X_{n1}$ 是来自总体 $N(\mu_1, \sigma_1^2)$ 的样本，$Y_1, Y_2, \cdots Y_{n2}$ 是来自总体 $N(\mu_1, \sigma_2^2)$ 的样本，且两个样本相互独立，设 $\bar{X}$ 和 $\bar{Y}$ 分别为两个总体的样本均值，S_1^2 和 S_2^2 分别为两个总体的样本方差，显著性水平为 α。

一、两个总体均值差的假设检验

要检验的假设包括：

$$H_0: \mu_1 = \mu_2; \ H_1: \mu_1 \neq \mu_2 \ （双侧检验）$$
$$H_0: \mu_1 \leq \mu_2; \ H_1: \mu_1 > \mu_2 \ （右侧检验）$$
$$H_0: \mu_1 \geq \mu_2; \ H_1: \mu_1 < \mu_2 \ （左侧检验）$$

（一）σ_1^2、σ_2^2 均已知

检验统计量为：$Z = \dfrac{\bar{X} - \bar{Y}}{\sqrt{\dfrac{\sigma_1^2}{n_1} + \dfrac{\sigma_2^2}{n_2}}}$，当 H_0 为真时，$Z = \dfrac{\bar{X} - \bar{Y}}{\sqrt{\dfrac{\sigma_1^2}{n_1} + \dfrac{\sigma_2^{2}}{n_2}}} \sim N(0,1)$

双侧检验、单侧检验检验情况汇总表如表 6.7 所示。

表 6.7　总体均值差 Z 检验汇总表（正态总体，σ_1^2、σ_2^2 均已知）

检验方法	原假设	备择假设	临界值	统计量及其分布	拒绝域
双侧检验	$\mu_1 = \mu_2$	$\mu_1 \neq \mu_2$	$Z_{\frac{\alpha}{2}}$		$\|Z\| \geqslant Z_{\frac{\alpha}{2}}$
右侧检验	$\mu_1 \leqslant \mu_2$	$\mu_1 > \mu_2$	Z_α	$Z = \dfrac{\overline{X} - \overline{Y}}{\sqrt{\dfrac{\sigma_1^2}{n_1} + \dfrac{\sigma_2^2}{n_2}}} \sim N(0,1)$	$Z > Z_\alpha$
左侧检验	$\mu_1 \geqslant \mu_2$	$\mu_1 < \mu_2$	$-Z_\alpha$		$Z \leqslant -Z_\alpha$

注：如果总体不服从正态分布，对于充分大的样本，用两个样本的方差 S_1^2、S_2^2 分别代替总体方差 σ_1^2、σ_2^2，然后用以上公式进行检验。

【例 6.8】　某高校经济管理学院对学生的统计学成绩进行调查，假设两个班的成绩服从正态分布，现在从一班中抽取 10 人，平均成绩为 70 分；从二班中抽取 12 人，平均成绩为 72 分。已知两个班的统计学分数标准差分别为 15 分和 18 分。显著性水平 $\alpha = 0.05$ 时，问两个班级的统计学成绩是否有显著性差异？

解　检验假设 H_0：$\mu_1 = \mu_2$；H_1：$\mu_1 \neq \mu_2$

检验的拒绝域为：$|Z| \geqslant Z_{\frac{\alpha}{2}}$

由题意知，$n_1 = 10, \overline{x} = 70, \sigma_1 = 15, n_2 = 12, \overline{y} = 72, \sigma_2 = 18$

$\alpha = 0.05$，查表得：$Z_{\frac{\alpha}{2}} = Z_{0.025} = 1.96$

检验统计量

$$Z = \frac{\overline{X} - \overline{Y}}{\sqrt{\dfrac{\sigma_1^2}{n_1} + \dfrac{\sigma_2^2}{n_2}}} = \frac{70 - 72}{\sqrt{\dfrac{15^2}{10} + \dfrac{18^2}{12}}} = -0.284$$

因为 $|Z| = 0.284 < Z_{0.025} = 1.96$，统计量的值落在了接受域内，因此不能拒绝 H_0。即在 0.05 的显著性水平下，两个班级的统计学平均成绩没有显著性差异。

【例 6.9】　仍用例 6.8 资料，其他条件不变，问二班的平均成绩是否比一班显著性提高？

解　检验假设为 H_0：$\mu_1 \geqslant \mu_2$；H_1：$\mu_1 < \mu_2$

检验拒绝域为：$Z \leqslant -Z_\alpha$

由题意知，$n_1 = 10, \overline{x} = 70, \sigma_1 = 15, n_2 = 12, \overline{y} = 72, \sigma_2 = 18$

$\alpha = 0.05$，查表得 $-Z_\alpha = -Z_{0.05} = -1.645$

检验统计量

$$Z = \frac{\overline{X} - \overline{Y}}{\sqrt{\dfrac{\sigma_1^2}{n_1} + \dfrac{\sigma_2^2}{n_2}}} = \frac{70 - 72}{\sqrt{\dfrac{15^2}{10} + \dfrac{18^2}{12}}} = -0.284$$

因为 $Z = -0.284 > -Z_{0.05} = -1.645$，统计量的值落在了接受域内，因此接受 H_0。即在 0.05 的显著性水平下，二班的统计学平均成绩没有比一班有显著性提高。

【例 6.10】　对甲、乙两地的居民收入进行抽样调查。甲地随机抽查 60 人，计算得平均月收入 2 300 元，标准差为 120 元；乙地随机抽查 80 人，计算得平均收入 2 200 元，标准差为 180 元。问在 0.05 显著性水平下，甲、乙两地居民的平均月收入是否有显著性差异？

解 检验假设 H_0：$\mu_1 = \mu_2$；H_1：$\mu_1 \neq \mu_2$

检验的拒绝域为：$|Z| \geqslant Z_{\frac{\alpha}{2}}$

由题意知，$n_1 = 60$，$\bar{x} = 2\,300$，$s_1 = 120$，$n_2 = 80$，$\bar{y} = 2\,200$，$s_2 = 180$

$\alpha = 0.05$，查表得 $Z_{\frac{\alpha}{2}} = Z_{0.025} = 1.96$

检验统计量

$$Z = \frac{\bar{X} - \bar{Y}}{\sqrt{\dfrac{s_1^2}{n_1} + \dfrac{s_2^2}{n_2}}} = \frac{2\,300 - 2\,200}{\sqrt{\dfrac{120^2}{60} + \dfrac{180^2}{80}}} = 3.94$$

因为 $|Z| = 3.94 > Z_{0.025} = 1.96$，统计量的值落在了拒绝域内，因此拒绝 H_0。即在 0.05 的显著性水平下，甲、乙两地居民的平均月收入有显著性差异。

（二）$\sigma_1^2 = \sigma_2^2 = \sigma^2$，但 σ^2 未知

检验统计量为：$t = \dfrac{\bar{X} - \bar{Y}}{S_\omega \sqrt{\dfrac{1}{n_1} + \dfrac{1}{n_2}}}$，其中：$S_\omega = \sqrt{\dfrac{(n_1 - 1)S_1^2 + (n_2 - 1)S_2^2}{n_1 + n_2 - 2}}$

当 H_0 为真时，$t = \dfrac{\bar{X} - \bar{Y}}{S_\omega \sqrt{\dfrac{1}{n_1} + \dfrac{1}{n_2}}} \sim t(n_1 + n_2 - 2)$

双侧检验、单侧检验检验情况汇总表如表 6.8 所示。

表 6.8　总体均值差 t 检验汇总表（正态总体，$\sigma_1^2 = \sigma_2^2 = \sigma^2$，但 σ^2 未知）

检验方法	原假设	备择假设	临界值	统计量及其分布	拒绝域
双侧检验	$\mu_1 = \mu_2$	$\mu_1 \neq \mu_2$	$t_{\frac{\alpha}{2}}(n_1 + n_2 - 2)$	$t = \dfrac{\bar{X} - \bar{Y}}{S_\omega \sqrt{\dfrac{1}{n_1} + \dfrac{1}{n_2}}} \sim t(n_1 + n_2 - 2)$	$\|t\| \geqslant t_{\frac{\alpha}{2}}(n_1 + n_2 - 2)$
右侧检验	$\mu_1 \leqslant \mu_2$	$\mu_1 > \mu_2$	$t_\alpha(n_1 + n_2 - 2)$		$t \geqslant t_\alpha(n_1 + n_2 - 2)$
左侧检验	$\mu_1 \geqslant \mu_2$	$\mu_1 < \mu_2$	$-t_\alpha(n_1 + n_2 - 2)$		$t \leqslant -t_\alpha(n_1 + n_2 - 2)$

【**例 6.11**】 在平炉上进行一项试验以确定改变操作方法的建议是否会增加钢的得率。试验是在同一只平炉上进行的，每炼一炉钢时除操作方法外，其他条件都尽可能做到相同。先用标准方法炼一炉，然后用建议的新方法炼一炉，这样交替进行，各炼了 10 炉，其得率分别为：

（a）标准方法：78.1　72.4　76.2　74.3　77.4　78.4　76.0　75.5　76.5　77.3

（b）新方法：　79.1　81.0　77.3　79.1　80.0　79.1　79.1　77.3　80.2　82.1

设这两个样本相互独立，且分别来自正态总体 $N(\mu_1, \sigma^2)$ 和 $N(\mu_2, \sigma^2)$，其中 μ_1、μ_2、σ^2 均未知。问建议的新操作方法是否能提高钢的得率？（取 $\alpha = 0.05$）

解 检验假设 H_0：$\mu_1 \geqslant \mu_2$；H_1：$\mu_1 < \mu_2$

检验的拒绝域为：$t \leqslant -t_\alpha(n_1 + n_2 - 2)$

由题意计算知， $n_1 = 10, \bar{x} = 76.21, s_1^2 = 3.308, n_2 = 10, \bar{y} = 79.43, s_2^2 = 2.225, a = 0.05$ ，查表得 $t_{0.05}(18) = 1.734\,1$ ，又计算得

$$S_W = \sqrt{\frac{(n_1 - 1)S_1^2 + (n_2 - 1)S_2^2}{n_1 + n_2 - 2}} = \sqrt{\frac{(10 - 1) \times 3.308 + (10 - 1) \times 2.225}{10 + 10 - 2}} = 1.663$$

检验统计量

$$t = \frac{\bar{X} - \bar{Y}}{S_W \sqrt{\frac{1}{n_1} + \frac{1}{n_2}}} = \frac{76.21 - 79.43}{1.663 \times \sqrt{\frac{1}{10} + \frac{1}{10}}} = -4.33$$

因为 $t = -4.33 < -t_{0.05}(18) = -1.734\,1$ ，统计量的值落在拒绝域，所以拒绝 H_0 。即在 0.05 的显著性水平下建议的新操作方法能显著提高钢的得率。

二、两个总体方差比的假设检验

只讨论实际应用中常见的总体均值 μ_1 和 μ_2 均为未知的情况。要检验的假设包括：

$$H_0: \frac{\sigma_1^2}{\sigma_2^2} = 1 ; \quad H_1: \frac{\sigma_1^2}{\sigma_2^2} \neq 1 \quad （双侧检验）$$

$$H_0: \frac{\sigma_1^2}{\sigma_2^2} \leqslant 1 ; \quad H_1: \frac{\sigma_1^2}{\sigma_2^2} > 1 \quad （右侧检验）$$

$$H_0: \frac{\sigma_1^2}{\sigma_2^2} \geqslant 1 ; \quad H_1: \frac{\sigma_1^2}{\sigma_2^2} < 1 \quad （左侧检验）$$

检验的统计量为 $F = \frac{S_1^2}{S_2^2}$ ，当 H_0 为真时， $F = \frac{S_1^2}{S_2^2} \sim F(n_1 - 1, n_2 - 1)$

双侧检验、单侧检验检验情况汇总表如表 6.9 所示。

表 6.9 总体方差比的 F 检验汇总表（正态总体，μ_1 和 μ_2 均为未知）

检验方法	原假设	备择假设	临界值	统计量及其分布	拒绝域
双侧检验	$\frac{\sigma_1^2}{\sigma_2^2} = 1$	$\frac{\sigma_1^2}{\sigma_2^2} \neq 1$	$F_{\frac{a}{2}}(n_1 - 1, n_2 - 1)$ $F_{1 - \frac{a}{2}}(n_1 - 1, n_2 - 1)$	$F = \frac{S_1^2}{S_2^2} \sim F(n_1 - 1, n_2 - 1)$	$F \geqslant F_{\frac{a}{2}}(n_1 - 1, n_2 - 1)$ 或 $F \leqslant F_{1 - \frac{a}{2}}(n_1 - 1, n_2 - 1)$
右侧检验	$\frac{\sigma_1^2}{\sigma_2^2} \leqslant 1$	$\frac{\sigma_1^2}{\sigma_2^2} > 1$	$F_a(n_1 - 1, n_2 - 1)$		$F \geqslant F_a(n_1 - 1, n_2 - 1)$
左侧检验	$\frac{\sigma_1^2}{\sigma_2^2} \geqslant 1$	$\frac{\sigma_1^2}{\sigma_2^2} < 1$	$F_{1-a}(n_1 - 1, n_2 - 1)$		$F \leqslant F_{1-a}(n_1 - 1, n_2 - 1)$

【例 6.12】 对某高校两个专业的学生进行统计学成绩抽样调查，调查资料如下：A 专业学生随机抽取 21 人，平均成绩为 71 分，标准差为 10 分；B 专业学生随机抽取 20 人，平均成绩为 74 分，标准差为 12 分。在 0.05 的显著性水平下，问两个专业学生统计学平均成绩稳定性是否一致？

解 所谓成绩稳定性一致就是说两个专业方差相等。

检验假设 H_0：$\sigma_1^2 = \sigma_2^2$；H_1：$\sigma_1^2 \neq \sigma_2^2$

检验的拒绝域为

$$F \geqslant F_{\frac{\alpha}{2}}(n_1-1, n_2-1) \text{ 或 } F \leqslant F_{1-\frac{\alpha}{2}}(n_1-1, n_2-1)$$

依题意知，$n_1 = 21, \bar{x} = 71, s_1^2 = 10^2, n_2 = 20, \bar{y} = 74, s_2^2 = 12^2, \alpha = 0.05$

查表得 $F_{\frac{\alpha}{2}}(n_1-1, n_2-1) = F_{0.025}(20,19) = 2.51$

$$F_{1-\frac{\alpha}{2}}(n_1-1, n_2-1) = F_{0.975}(20,19) = \frac{1}{F_{0.025}(19,20)} = \frac{1}{2.46} = 0.41$$

检验统计量为

$$F = \frac{10^2}{12^2} = 0.694\,4$$

因为 $0.41 < F < 2.51$，统计量的值落在了接受域内，所以接受 H_0，即在 0.05 的显著性水平下，两个专业学生统计学平均成绩稳定性一致。

三、两个总体比例差的假设检验

两个总体比例之差的检验和一个总体比例的检验方法一致，要求 n_1 和 n_2 都是大样本。设两个总体比例分别为 P_1 和 P_2，样本比例分别为 $\bar{X}$ 和 $\bar{Y}$，则两个总体比例之差检验的统计量为

$$Z = \frac{\bar{X} - \bar{Y}}{\sqrt{\dfrac{P_1(1-P_1)}{n_1} + \dfrac{p_2(1-P_2)}{n_2}}}$$

当 H_0 为真时，$Z = \dfrac{\bar{X} - \bar{Y}}{\sqrt{\dfrac{P_1(1-P_1)}{n_1} + \dfrac{P_2(1-P_2)}{n_2}}} \sim N(0,1)$

要检验的假设包括：

$$H_0：P_1 = P_2；H_1：P_1 \neq P_2 \text{（双侧检验）}$$
$$H_0：P_1 \leqslant P_2；H_1：P_1 > P_2 \text{（右侧检验）}$$
$$H_0：P_1 \geqslant P_2；H_1：P_1 < P_2 \text{（左侧检验）}$$

双侧检验、单侧检验检验情况汇总表如表 6.10 所示。

表 6.10　总体比例差的 Z 检验汇总表

检验方法	原假设	备择假设	临界值	统计量及其分布	拒绝域
双侧检验	$P_1 = P_2$	$P_1 \neq P_2$	$Z_{\frac{a}{2}}$	$Z = \dfrac{\bar{X} - \bar{Y}}{\sqrt{\dfrac{P_1(1-P_1)}{n_1} + \dfrac{P_2(1-P_2)}{n_2}}} \sim N(0,1)$	$\lvert Z \rvert \geqslant Z_{\frac{\alpha}{2}}$
右侧检验	$P_1 \leqslant P_2$	$P_1 > P_2$	Z_a		$Z \geqslant Z_\alpha$
左侧检验	$P_1 \geqslant P_2$	$P_1 < P_2$	$-Z_a$		$Z \leqslant -Z_\alpha$

当两个总体比例 P_1 和 P_2 均已知时，可以直接用上述公式计算。

当两个总体比例 P_1 和 P_2 均未知时，要以样本比例 $\overline{X}$ 和 $\overline{Y}$ 来估计，当原假设为真时，以两个样本的合并比例作为两个总体比例的共同估计值，即

$$\hat{P} = \frac{n_1\overline{X} + n_2\overline{Y}}{n_1 + n_2} \tag{6.5}$$

$\hat{P}$ 称为联合加权成数。

这样当原假设成立时，检验统计量为

$$Z = \frac{\overline{X} - \overline{Y}}{\sqrt{\hat{P}(1-\hat{P})\left(\dfrac{1}{n_1} + \dfrac{1}{n_2}\right)}} \tag{6.6}$$

【例 6.13】 某城市同时发行报纸 A 和报纸 B，根据随机抽样调查 100 人的结果，A 报阅读量市场中所占份额为 23%，B 报占 15%。问在 0.05 显著性水平下 A 报和 B 报市场份额有没有显著性差异？

解：检验假设 H_0：$P_1 = P_2$；H_1：$P_1 \neq P_2$

因为 $n_1\overline{x} = 23 > 5$，$n_1(1-\overline{x}) = 77 > 5$，$n_2\overline{y} = 15 > 5$，$n_2(1-\overline{y}) = 85 > 5$，属于大样本，因此用 Z 检验法，检验拒绝域为：$|Z| \geqslant Z_{\frac{\alpha}{2}}$。

依题意知，$n_1 = 100$，$\overline{x} = 23\%$，$n_2 = 100$，$\overline{y} = 15\%$，$\alpha = 0.05$，查表得 $Z_{\frac{\alpha}{2}} = Z_{0.025} = 1.96$，

又计算

$$\hat{P} = \frac{n_1\overline{X} + n_2\overline{Y}}{n_1 + n_2} = \frac{100 \times 0.23 + 100 \times 0.15}{100 + 100} = 19\%$$

检验统计量为

$$Z = \frac{\overline{X} - \overline{Y}}{\sqrt{\hat{P}(1-\hat{P})\left(\dfrac{1}{n_1} + \dfrac{1}{n_2}\right)}} = \frac{0.23 - 0.15}{\sqrt{0.19 \times (1-0.19) \times \left(\dfrac{1}{100} + \dfrac{1}{100}\right)}} = 1.442$$

因为 $|Z| = 1.442 < Z_{0.025} = 1.96$，统计量的值落在了接受域内，所以接受 H_0，即该城市 A 报和 B 报的阅读量的市场占有率没有显著性差异。

第四节　假设检验中的相关问题

一、P 值检验

前面讨论的是传统的假设检验方法，称为临界值法，它是根据计算出的统计量和显著性水平 α 查表确定的临界值进行比较而作出决策。此法得到的结论很简单，在给定的显著性水平下，不是拒绝原假设，就是接受原假设，但应用中可能会出现这样的情况：在一个较大的显著性水平（如 $\alpha = 0.05$）下得到拒绝原假设的结论，而在一个较小的显著性水平（如 $\alpha = 0.01$）下却得到接受原假设的结论。这种情况在理论上很容易解释：因为显著性水平变小后会导致检验的拒绝域变小，于是原来落在拒绝域内的观测值就可

能落在拒绝域之外（即落入接受域内），这种情况在实际应用中可能会带来一些不必要的麻烦。假如这时一个人主张选显著性水平 $\alpha = 0.05$，而另一个人主张选显著性水平 $\alpha = 0.01$，则第一个人的结论是拒绝，而第二个人的结论是接受，该如何处理这一问题呢？

【例6.14】 一支香烟中的尼古丁含量 $X \sim N(\mu, 1)$，质量标准规定 μ 不能超过 1.5 毫克，现从某厂生产的香烟中随机抽取 20 支，测得平均每支香烟尼古丁含量为 $\bar{X} = 1.97$ 毫克。试问该厂生产的香烟尼古丁含量是否符合标准的规定？

解 检验假设 H_0：$\mu \leqslant \mu_0 = 1.5$；$H_1$：$\mu > 1.5$

这是一个有关正态总体下方差已知时对总体均值的单侧假设检验问题，采用 Z 检验法，检验统计量为

$$Z = \frac{\bar{X} - \mu_0}{\sigma / \sqrt{n}}$$

由已知数据计算得到：$Z = \dfrac{\bar{X} - \mu_0}{\sigma / \sqrt{n}} = \dfrac{1.97 - 1.5}{1 / \sqrt{20}} = 2.1019$

表 6.11 列出了显著性水平 α 取不同值时该问题相应的拒绝域和检验结论：

可以看出，对同一个假设检验问题，不同的 α 可能有不同的检验结论。

假设检验依据的是样本信息，样本信息中包含了支持或反对原假设的证据，因此需要我们来探求一种定量表述样本信息中证据支持或反对原假设的强度。现在换一个角度分析前例，在 $\mu_0 = 1.5, X \sim N(\mu, 1)$，此时可算得 $P(Z \geqslant 2.1) = 0.0179$，当 α 以 0.017 9 为基准做比较时，上述检验问题结论如表 6.12 所示。

表 6.11 例 6.14 问题的拒绝域

显著性水平	拒绝域	检验结论
$\alpha = 0.05$	$Z \geqslant 1.645$	拒绝 H_0
$\alpha = 0.025$	$Z \geqslant 1.96$	拒绝 H_0
$\alpha = 0.01$	$Z \geqslant 2.33$	接受 H_0
$\alpha = 0.005$	$Z \geqslant 2.575$	接受 H_0

表 6.12 以 0.017 9 为基准检验的问题结论

显著性水平	拒绝域	检验结论
$\alpha < 0.017\,9$	$Z = 2.1 < Z_\alpha$	接受 H_0
$\alpha \geqslant 0.017\,9$	$Z = 2.1 > Z_\alpha$	拒绝 H_0

通过上述分析，本例中由样本信息确定的 0.017 9 是一个重要的值，它是能用观测值 2.1 做出"拒绝 H_0"的最小的显著性水平，这个值就是此检验法的 P 值。

一般在一个假设检验中，利用观测值能够作出的拒绝原假设的最小显著性水平称为该检验的 P 值。按 P 值的定义，对于任意指定的显著性水平 α，有以下结论：

（1）若：$P < \alpha$，则在显著性水平 α 下拒绝 H_0；

（2）若：$P \geqslant \alpha$，则在显著性水平 α 下接受 H_0；

有了这两条结论就能方便地确定 H_0 的拒绝域。这种利用 P 值进行检验假设的方法称为 P 值检验法。

P 值反映了样本信息中所包含的反对原假设的依据的强度，它是已经观测到的一个小概率事件的概率，其越小，H_0 越有可能不成立，说明样本信息中反对的依据的强度越强、越充分。

一般地，若 $P \leqslant 0.01$，称拒绝 H_0 的依据很强或称检验是高度显著的；

若 $0.01 < P \leqslant 0.05$，称拒绝 H_0 的依据是强的或称检验是显著的；

若 $0.05 < P \leqslant 0.1$，称拒绝 H_0 的依据是弱的或称检验是不显著的；

若 $P > 0.1$，一般来说，没有理由拒绝 H_0。

P 值检验的步骤为：

第一，提出原假设 H_0 和备择假设 H_1。

第二，确定检验统计量并计算检验统计量的值。

第三，根据统计量的值计算相对应的实际概率值即 P 值。

第四，作出统计决策。根据计算出的 P 值和显著性水平 α 比较，确定是否拒绝原假设。

随着计算机的普及和发展，Office 办公软件的应用也越来越广泛。根据不同的检验统计量值都能通过 Excel 中的函数快捷地计算出对应的概率 P 值，然后进行比较做出决策。

【**例 6.15**】　用例 6.2 资料，某市区有 5 万户居民，根据历史资料，其家庭每月收入服从正态分布且每户平均收入 3 000 元，标准差 200 元。今年该市城调队随机抽取 100 户居民，计算出户均收入 3 050 元。根据此抽样结果，在 $\alpha = 0.05$ 的显著性水平是否认为该区居民的月均收入水平有显著性变化？

解　这是一个有关正态总体方差已知时对总体均值的双侧假设检验问题，采用 Z 检验法。

检验假设 H_0：$\mu = \mu_0 = 3\ 000$；H_1：$\mu \neq \mu_0 = 3\ 000$

检验统计量为 $Z = \dfrac{\bar{X} - \mu_0}{\sigma / \sqrt{n}}$

由已知数据计算得到检验统计量的观测值

$$Z = \frac{\bar{X} - \mu_0}{\sigma / \sqrt{n}} = \frac{3\ 050 - 3\ 000}{200 / \sqrt{100}} = 2.5$$

由 Z 统计量的值计算 P 值

$$P = P\left\{ |Z| \geqslant Z_{\frac{\alpha}{2}} \right\} = 1 - P\left\{ |Z| < Z_{\frac{\alpha}{2}} \right\}$$

$$= 1 - [\phi(2.5) - \phi(-2.5)]$$

$$= 1 - [2\phi(2.5, -1)] = 2 - 2 \times 0.993\ 8 = 0.012\ 4$$

因为 $P = 1.24\% < \alpha = 5\%$，统计量落在拒绝域内，所以拒绝原假设 H_0，即在 $\alpha = 0.05$ 的显著性水平认为该区居民的月均收入水平有显著性变化。

Z 检验问题也可以利用 Excel 中的 NORMSDIST 函数，先得到单边检验 $\dfrac{1}{2} P = (1 - 0.993\ 79) = 0.621\%$；然后乘以 2 计算出双侧概率为 1.24%，再比较得出结论。

二、区间估计与假设检验的关系

结合第五章参数估计和第六章假设检验的内容，可以看到，参数的区间估计和假设检验有着密切联系。下面分析置信区间和假设检验的对应关系。

设 $X_1, X_2, \cdots, X_n$ 是来自总体 X 的一个样本，样本确定的两个统计量 $\underline{\theta}(X_1, X_2 \cdots, X_n)$ 和 $\bar{\theta}(X_1, X_2, \cdots, X_n)$，对于给定的值 $\alpha (0 < \alpha < 1)$ 满足

$$P\{\underline{\theta}(X_1, X_2, \cdots, X_n) < \theta < \bar{\theta}(X_1, X_2, \cdots, X_n)\} = 1 - \alpha \tag{6.7}$$

对于显著性水平为 α 的双侧检验为

$$H_0: \theta = \theta_0; \ H_1: \theta \neq \theta_0$$

则

$$P\{\theta_0 < \underline{\theta}(X_1, X_2, \cdots, X_n) \bigcup \theta_0 > \overline{\theta}(X_1, X_2, \cdots, X_n)\} = \alpha \qquad (6.8)$$

由显著性水平 α 确定的拒绝域为 $\theta_0 < \underline{\theta}(X_1, X_2, \cdots, X_n)$，$\bigcup \theta_0 > \overline{\theta}(X_1, X_2, \cdots, X_n)$，因此 $1 - \alpha$ 置信度下的接受域为

$$\underline{\theta}(X_1, X_2, \cdots, X_n) < \theta_0 < \overline{\theta}(X_1, X_2, \cdots, X_n)$$

由此可知，只要先计算出置信度为 $1 - \alpha$ 的置信区间 $[\underline{\theta}, \overline{\theta}]$，然后考察 θ_0 是否包含在置信区间内，若包含则接受原假设 H_0，否则就拒绝 H_0。

另外，对于显著性水平为 α 的检验问题：

$$H_0: \theta = \theta_0; \ H_1: \theta \neq \theta_0$$

假设此检验问题的接受域为

$$\underline{\theta}(X_1, X_2, \cdots, X_n) < \theta < \overline{\theta}(X_1, X_2, \cdots, X_n)$$

即有

$$P\{\underline{\theta}(X_1, X_2, \cdots, X_n) < \theta < \overline{\theta}(X_1, X_2, \cdots, X_n)\} = 1 - \alpha \qquad (6.9)$$

由于 θ_0 的任意性，可知对于任意 θ 都有

$$P\{\underline{\theta}(x_1, x_2, \cdots, x_n) < \theta < \overline{\theta}(x_1, x_2, \cdots, x_n)\} = 1 - \alpha$$

即

$$\underline{\theta}(X_1, X_2, \cdots, X_n) < \theta < \overline{\theta}(X_1, X_2, \cdots, X_n)$$

是参数 θ 的一个置信度为 $1 - \alpha$ 的置信区间。这表明，要计算参数 θ 的一个置信度为 $1 - \alpha$ 的置信区间，只要先找到显著性水平为 α 的假设检验问题 $H_0: \theta = \theta_0$；$H_1: \theta \neq \theta_0$ 的接受域：$\underline{\theta}(X_1, X_2, \cdots, X_n) < \theta < \overline{\theta}(X_1, X_2, \cdots, X_n)$，则区间 $\underline{\theta}(X_1, X_2, \cdots, X_n) < \theta < \overline{\theta}(X_1, X_2, \cdots, X_n)$ 就是 θ 的 $1 - \alpha$ 的置信区间。

例如，$X \sim N(\mu, 2^2), \alpha = 0.05, n = 9$，现有来自总体 X 的一个样本，样本均值为 $\overline{x} = 8.6$，在此得到一个参数为 μ 的置信度为 0.95 的置信区间 $(\overline{X} - Z_{0.025} 2 / \sqrt{9}, \overline{X} + Z_{0.025} 2 / \sqrt{9})$，将样本均值代入后得到（7.29, 9.91）。如果考虑检验问题：$H_0: \mu = \mu_0 = 8.2, H_1: \mu \neq \mu_0$，由于 $\mu_0 = 8.2$ 在 0.95 置信度的置信区间（7.29, 9.91）内，因此接受 H_0。

很明显，参数的区间估计和假设检验对同一事例用的是同一个样本、同一个统计量、同一种分布，区间估计中的置信区间所对应的就是假设检验中的接受域，置信区间以外对应的就是假设检验的拒绝域。因而区间估计问题可以转换成假设检验问题，假设检验问题也可以转换成区间估计问题。这种转换形成了区间估计与假设检验的对偶性。

思考与作业

1. 什么是假设检验？简述假设检验的步骤。

2. 什么是双侧检验？什么是单侧检验？

3. 简述假设检验的两类错误，并回答样本容量固定时 α、β 能否同时减小。

4. 假设检验依据的基本原理。

5. 你认为单侧检验中原假设和备择假设的方向如何确定？

6. 写出两个正态总体方差比双侧假设检验时，原假设、备择假设、采用的统计量、拒绝域。

7. 解释假设检验中的 P 值。

8. 已知某炼铁厂的含碳量服从 $N(5.0, 0.12^2)$，现在测定了 9 炉铁水，其平均含碳量为 4.98。如果估计方差没有变化，显著性水平为 0.05 时，现在生产的铁水平均含碳量是否有显著性变化？

9. 某企业生产的零件要求耐高温且抗热的平均温度达到 1 250 ℃以上。现在从企业中随机抽出 100 个零件，测得耐高温平均温度达到 1 200 ℃，标准差为 150 ℃。问在 0.05 显著性水平下，能否接受这批产品？

10. 某公司对两种药品在治疗成本方面进行对比，对两种药品的服用者实施一项标准测试，测验结果如表 6.13 所示。

在显著性水平 0.05 下，试检验两种药品的治疗成本是否有显著性变化。

表 6.13　药品 A 和药品 B 测试结果

名　　称	药品 A	药品 B
样本容量/个	36	48
样本均值/元	85	82
样本标准差/元	9	11

11. 某车间两台设备加工同一种零件，要求加工尺寸一致，设加工尺寸均服从正态分布。现在对两台设备分别进行了抽样，计算结果如下。

甲设备加工尺寸（毫米）：$\bar{x} = 10.01$，$s = 0.01$，$n_1 = 10$

乙设备加工尺寸（毫米）：$\bar{x} = 9.98$，$s = 0.02$，$n_2 = 12$

在显著性水平 0.05 时，问这两台设备加工的零件尺寸是否一致？

12. 某保险公司想了解所在城市居民参加财产保险的比例，该公司业务员认为大约有 75%的居民参加了财产保险。统计人员随机调查了 150 户，其中有 70%的参加了财产保险。在 0.05 显著性水平下，能否认为参加保险的比例为 75%？

13. 某城市居民固定电话拥有率为 80%。现根据最新 100 户的抽样调查，发现固定电话的拥有率为 85%。问能否认为固定电话拥有率有明显的提高？（取 $\alpha = 0.05$）

14. 某城市两家企业竞争，甲企业认为他们的市场占有率高于乙企业。委托调查公司对该城市的甲、乙两家产品进行了调查。结果是：销售的 100 件产品中，甲企业产品占 52%，乙企业产品占 48%。在 0.05 的显著性水平下，能否认为甲企业的市场占有率高于乙企业？

15. 某产品质量服从正态分布，总体方差为 8，现在从这种产品中随机抽取 25 件，测得样本方差为 9。在 0.05 显著性水平下，判断产品质量是否有显著性变化？

16. 某产品有进口和国产两种产品，现在各抽取 24 只进行拉伸断裂强力试验，结果进口产品的拉伸断裂强力的标准差为 50 千克，国产产品的拉伸断裂强力标准差为 55 千克。如果产品拉伸试验强力服从正态分布，在 0.05 显著性水平下，进口产品和国产产品拉伸断裂强力方差是否有显著性不同？

课程思政拓展阅读

假设检验的不对称性

即测即练

自学自测　　　扫描此码

第七章

相关与回归分析

教学目标

　　相关与回归分析是对现象之间关联关系研究的两种常用分析方法。通过本章的学习，学生可了解相关关系的概念及种类；掌握相关关系的描述与度量方法，尤其是相关系数的计算及检验；重点掌握一元线性回归和多元线性回归的建模、估计、检验、拟合优度的判定及预测，并能正确利用回归分析方法解决实际社会经济问题。

教学要求

知识要点	能力要求	相关知识
相关分析	熟悉相关关系的概念、种类及度量方法	相关关系的概念与种类、相关系数的测定及检验
一元线性回归分析	熟悉一元线性回归的建模、估计、检验、拟合优度的判定及预测	一元线性回归模型、参数的最小二乘估计，拟合优度的判定，回归效果的检验，估计与预测
多元线性回归分析	熟悉多元线性回归的建模、估计、检验、拟合优度的判定及预测	多元线性回归模型、参数的最小二乘估计，拟合优度的判定，回归效果的检验，估计与预测
非线性回归分析	了解非线性回归转化为线性回归	对数变换、倒数变换等线性化方法

导入案例

"回归"一词的由来

　　在统计学中，相关与回归是经典的内容，也是应用最为广泛的统计方法之一。但是，国内教材却很少讲到回归方法的起源。

　　英国著名遗传学家弗朗西斯·高尔顿爵士（Sir Francis Galton，1822—1911）在子女与父母相像程度遗传学研究方面取得了重要进展。高尔顿的学生卡尔·皮尔逊（Karl Pearson，1857—1936）在继续这一遗传学研究的过程中，测量了 1 078 个父亲及其成年儿子的身高。

　　计算父亲身高和儿子身高两个变量的相关系数为 $r \approx 0.501$，表明高个子的父亲会有较高的儿子，矮身材的父亲其儿子身材也不会很高，但这一正相关的关系并不十分明显。

　　那么，父子身高之间有什么规律呢？经过对 1 078 个父子身高数据的计算，得到：父亲的平均身高 $\bar{x}=67.6$ 英寸 ≈ 68 英寸，标准差 $s_x=2.74 \approx 2.7$ 英寸；儿子的平均身高 $\bar{y}=68.7$ 英寸 ≈ 69 英寸，标准差 $s_y \approx 2.8$ 英寸（1 英寸=2.54 厘米）。我们看到，儿子的平均身高比父亲高一英寸，表明下一代的平均身高比上一代要高。这样，我们会自然地猜测 72 英寸身高的父亲平均会有 73 英寸身高的儿子；64 英寸身高的父亲平均会有 65

英寸身高的儿子等。

他作出了父子身高回归效应的图示（图 7.1），看到斜虚线是父子平均身高推测的关系线，即 58 英寸身高父亲有 59 英寸身高的儿子，59 英寸身高的父亲有 60 英寸身高的儿子等。在父亲身高 64 英寸和 72 英寸处的两条线为虚线，表明 64 英寸身高父亲和 72 英寸身高父亲的儿子们身高的分布情况。首先来看 64 英寸身高父亲的儿子们身高分布。从图 7.1 看到，在这条虚线柱内的点多数分布在斜虚线的上方，表明 64 英寸身高父亲的儿子们的身高多数高于 65 英寸，即较矮父亲的儿子们多数比父亲身材要高。接下来再看 72 英寸身高父亲的儿子们身高分布，在这条虚线柱内的点多数分布在斜虚线的下方，表明 72 英寸身高父亲的儿子们的身高多数低于 73 英寸，甚至多数低于与父亲同样高度的 72 英寸，即较高父亲的儿子们多数比父亲身材要矮。高尔顿和皮尔逊把这种现象称为"回归效应"，即回归到一般高度的效应。

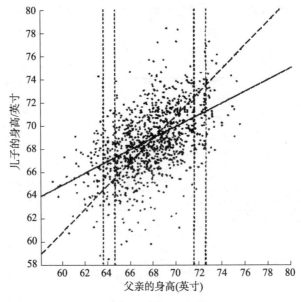

图 7.1　父子身高"回归效应"

这一回归直线和回归方程表明，矮个子父亲的儿子们平均身高会比父辈高一些，高个子父亲的儿子们平均身高会比父辈低一些，即儿子们的身高会向平均值回归。

我们的读者必然会问，现代人一代比一代高，为什么高个子父亲的儿子们平均身高要比父辈矮呢?细心的读者不难发现，当时高尔顿和皮尔逊做研究时只观察了父亲和儿子的身高，并没有考虑母亲的身高。实际上，高个子父亲的太太可能是较高的女性，也可能是较矮的女性。反之，矮个子父亲的太太可能是矮个子，也可能是较高的身材。而儿子的身高既受父亲遗传的影响，也受母亲遗传的影响，这就是为什么儿子们身高会发生"回归"的原因。

资料来源：袁卫. 趣味统计案例（九）——"回归"一词的由来. 北京统计，1998（9）：42-44.

案例中，由于影响儿子身高的因素除了父亲的遗传因素外，还有母亲身高的遗传影响，也受生理条件、饮食营养等多种因素的影响，这些影响因素与儿子身高统计数据之间显然不可能存在严格的函数关系。因此，必须寻求分析各种数据相互之间关系的统计方法。在本章中，我们将讨论如何运用相关与回归分析的方法去解决诸如此类的问题。

第一节　相　关　分　析

一、相关关系的概念

客观现象总是普遍联系和相互依存的。客观现象之间的数量联系存在着两种不同的类型：一种是函数关系（function relation），一种是相关关系（correlation）。

当一个或几个变量取一定的值时，另一个变量有确定的值与之相对应，这种变量之间存在的严格、确定的依存关系称为函数关系。例如，某种商品的销售收入（y）与该商品的销售量（x）以及该商品的价格（p）之间的关系可表示为 $y = px$；圆的面积（s）与半径（r）之间的关系可表示为 $s = \pi r^2$ 等都属于函数关系。一般把作为影响因素的变量称为自变量，把发生对应变化的变量称为因变量。上面例中 y 是因变量，p、x、r 是自变量。

当一个或几个相互联系的变量取一定数值时，与之相对应的另一变量的值虽然不确定，但它仍按某种规律在一定的范围内变化，这种变量之间存在的非严格、非确定的依存关系称为相关关系。例如，商品的消费量（y）与居民收入（x）之间的关系、商品销售额（y）与广告费支出（x）之间的关系、子女身高（y）与父亲身高（x）之间的关系等都属于相关关系。

变量间的函数关系和相关关系有区别也有联系。它们的联系主要体现在两个方面：一方面具有函数关系的现象，在实际中由于测量误差等原因往往表现出相关关系的特征；另一方面，现象间的相关关系通常利用函数关系式来表现。

相关分析（correlation analysis）是研究分析一个变量 y 与另一个变量 x 或另一组变量（$x_1, x_2, \cdots, x_n$）之间相关密切程度和相关方向的一种统计分析方法。

二、相关关系的种类

客观现象的相关关系可以按不同的类型来划分。

（一）按相关的程度不同，分为完全相关、不完全相关和不相关

当一个变量的数量变化完全由另一个变量的数量变化所确定时，称这两个变量间的关系为完全相关。例如在价格不变的条件下，某种商品的销售总额与其销售量总是成正比例关系的。在这种情况下，相关关系变成了函数关系，所以也可说函数关系是相关关系的特例。当两个变量彼此互不影响，其数量变化各自独立时，称这两个变量间的关系为不相关。当两个现象之间的关系介于完全相关和不相关之间，称为不完全相关，一般的相关现象属于不完全相关。

（二）按相关的方向不同，分为正相关和负相关

当一个变量的数量增加（或者减少），另一个变量的数量也随之增加（或者减少）

时，称这两个变量间的关系为正相关。例如，消费水平随收入的增加而提高。当一个变量的数量增加（或者减小），而另一变量的数量向相反方向变动时，称这两个变量间的关系为负相关。例如，商品流转的规模越大，流通费用率越低。

（三）按相关的形式不同，分为线性相关和非线性相关

当两个变量之间的关系大致呈现为线性关系时，称为线性相关。例如，人均消费水平与人均收入水平之间的关系通常为线性相关。如果两个变量之间并不表现为直线的关系，而是近似于某种曲线的关系，则这种相关关系称为非线性相关。例如，产品平均成本与产品总产量之间就是一种非线性相关。

（四）按所研究的变量多少，分为单相关、复相关和偏相关

两个变量之间的相关关系称为单相关。当所研究的是一个变量对两个或者两个以上的其他变量之间的相关关系时，称为复相关。例如，某商品的需求与其价格水平以及收入水平之间的相关关系便是一种复相关。在某一个变量与多个变量相关的场合，假定其他变量不变，专门考察其中两个变量的相关关系称为偏相关。例如，在假定人们收入水平不变的条件下，某种商品的需求与其价格水平的关系就是一种偏相关。

图 7.2 绘制出了几种常见的相关关系图。

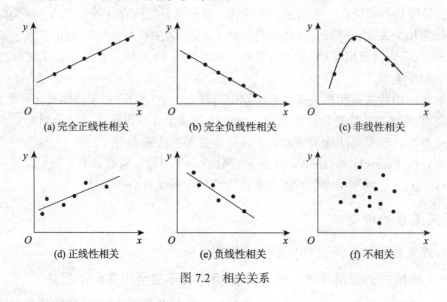

图 7.2   相关关系

三、相关关系的描述与度量

在进行相关分析之前，首先要对变量之间是否存在依存关系以及存在什么样的依存关系进行分析、做出判断，即进行定性分析。在定性认识的基础上，可利用相关表、散点图和相关系数等方法对变量间的相关关系进行深入分析。

（一）相关表

把变量之间的相关关系用表格形式反映，这种表示相关关系的统计表称为相关表。常见的相关表有简单相关表、单变量相关表和双变量相关表。

1. 简单相关表

把自变量与因变量成对的数据，按自变量值大小顺序排列在一张统计表上就得到简单相关表。

【例 7.1】 某炼钢厂进行钢液含碳量和精炼时间关系的测定，10 个炉次的钢液含碳量和精炼时间试验结果如表 7.1 所示。试编制相关表，并简要说明钢液含碳量和精炼时间的关系。

表 7.1 10 个炉次钢液含碳量和精炼时间试验结果相关表

炉次	1	2	3	4	5	6	7	8	9	10
含碳量 x/%	0.9	1.0	1.2	1.4	1.5	1.6	1.7	1.8	1.9	2.0
精炼时间 y/分	100	105	130	145	170	175	190	190	220	235

由表 7.1 可知，钢液含碳量越高，精炼的时间越长，二者呈正相关关系。

2. 单变量分组相关表

原始资料较多时，需要编制分组相关表。对自变量进行分组，计算各组的频数和各组中因变量值的平均数，由此编制的相关表称为单变量分组相关表（见表 7.2）。

表 7.2 某企业工人看管机器台数和时劳动生产率相关表

工人看管织机台数 x/台	工人数 f/人	时劳动生产率 y/(台/时)
5~6	11	15
7~8	13	18
9~10	18	23
11~12	28	26
13~14	31	33
15~16	29	38
17~18	27	43

由表 7.2 可知，工人看管机器台数越多，时劳动生产率也相应提高，二者呈正相关关系。

3. 双变量分组相关表

对自变量和因变量同时进行分组，并列出对应的频数，编制出的相关表就是双变量分组相关表（见表 7.3）。

表 7.3 双变量分组相关表

运材成本 y（元/立方米）	木材运量 x/万立方米					
	1~11	11~21	21~31	31~41	41~51	合计
16~21	2	1	—	—	—	3
11~16	5	3	4	1	—	13
6~11	—	3	3	1	1	8
合计	7	7	7	2	1	24

由表 7.3 可知，随着木材运量的增大，运材成本相应降低，二者呈负相关关系。

（二）散点图

散点图又称相关图。它是以直角坐标系的横轴代表变量 x，纵轴代表变量 y，将两个变量间相对应的变量值用坐标点的形式描绘出来，用来反映两变量之间相关关系的图形。散点图是研究相关关系的直观工具，一般在进行详细的定量分析之前，可以先利用它对变量之间存在的相关关系的方向、表现形式和密切程度作大致的判断。根据例 8.1 绘制出钢液含碳量和精炼时间的散点图（见图 7.3）。

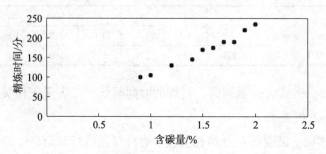

图 7.3   钢液含碳量与精炼时间的相关性

（三）相关系数

1. 相关系数的概念及计算

相关图表可简单反映两个变量之间的线性相关关系及其方向，但无法确切地表明两个变量之间线性相关的程度。著名统计学家卡尔·皮尔逊设计了简单相关系数，简称相关系数（correlation coefficient）。相关系数是测定两个变量之间是否存在线性相关关系，及其相关的方向和密切程度的统计指标。根据总体资料计算的相关系数，称为总体相关系数，用 ρ 表示；由样本资料计算的相关系数，称为样本相关系数，用 r 表示。相关系数一般用积差法（pearson 相关系数）计算。

总体相关系数的计算公式为

$$\rho = \frac{\mathrm{Cov}(X,Y)}{\sqrt{\mathrm{Var}(X)\,\mathrm{Var}(Y)}} = \frac{\sum\limits_{i=1}^{n}\left(X_i - \bar{X}\right)\left(Y_i - \bar{Y}\right)}{\sqrt{\sum\limits_{i=1}^{n}\left(X_i - \bar{X}\right)^2 \sum\limits_{i=1}^{n}\left(Y_i - \bar{Y}\right)^2}} \tag{7.1}$$

式中，$\mathrm{Cov}(X,Y)$ 表示变量 X 和 Y 的协方差；$\mathrm{Var}(X)$ 和 $\mathrm{Var}(Y)$ 分别表示变量 X 和 Y 的总体方差；$\bar{X}$、$\bar{Y}$ 分别为变量 X 和 Y 的总体均值。

样本相关系数的计算公式为

$$r = \frac{s_{xy}^2}{s_x s_y} = \frac{\sum\limits_{i=1}^{n}(x_i - \bar{x})(y_i - \bar{y})}{\sqrt{\sum\limits_{i=1}^{n}(x_i - \bar{x})^2 \sum\limits_{i=1}^{n}(y_i - \bar{y})^2}} \tag{7.2}$$

式中，s_{xy} 表示变量 x 和 y 的样本的协方差；s_x、s_y 分别表示变量 x 和 y 的样本标准差；$\bar{x}$

与 $\bar{y}$ 分别表示变量 x 和 y 的样本均值。

样本相关系数的简捷计算公式为

$$r=\frac{n\sum_{i=1}^{n}x_iy_i-\sum_{i=1}^{n}x_i\sum_{i=1}^{n}y_i}{\sqrt{n\sum_{i=1}^{n}x_i^2-\left(\sum_{i=1}^{n}x_i\right)^2}\sqrt{n\sum_{i=1}^{n}y_i^2-\left(\sum_{i=1}^{n}y_i\right)^2}} \tag{7.3}$$

样本相关系数是根据样本观测值计算的，抽取的样本不同，其具体的数值也会有差异。容易证明样本相关系数是总体相关系数的一致估计量。

【例 7.2】 根据例 7.1 的资料，计算初始含碳量和钢液精炼时间的相关系数。

解 初始含碳量和钢液精炼时间的相关系数计算表见表 7.4。

表 7.4　初始含碳量和钢液精炼时间的相关系数计算表

炉次	含碳量 x/%	精炼时间 y/分	x_i^2	y_i^2	x_iy_i
1	0.9	100	0.81	10 000	90
2	1.0	105	1.00	11 025	105
3	1.2	130	1.44	16 900	156
4	1.4	145	1.96	21 025	203
5	1.5	170	2.25	28 900	255
6	1.6	175	2.56	30 625	280
7	1.7	190	2.89	36 100	323
8	1.8	190	3.24	36 100	342
9	1.9	220	3.61	48 400	418
10	2.0	235	4.00	55 225	470
合计	15.0	1 660	23.76	294 300	2 642

根据表 7.4 计算初始含碳量和钢液精炼时间的相关系数为

$$r=\frac{n\sum_{i=1}^{n}x_iy_i-\sum_{i=1}^{n}x_i\sum_{i=1}^{n}y_i}{\sqrt{n\sum_{i=1}^{n}x_i^2-\left(\sum_{i=1}^{n}x_i\right)^2}\sqrt{n\sum_{i=1}^{n}y_i^2-\left(\sum_{i=1}^{n}y_i\right)^2}}$$

$$=\frac{10\times2\,642-15\times1\,660}{\sqrt{10\times23.76-15^2}\times\sqrt{10\times294\,300-1\,660^2}}=0.989\,2$$

结果表明，钢液精炼时间和初始含碳量之间为正相关关系，而且两者关系密切。

2. 相关系数的性质

相关系数 r 的性质如下：

（1）r 的取值介于 -1 与 $+1$ 之间。

（2）当 $|r|=1$ 时，表示变量 x 与 y 为完全线性相关，存在着函数关系；当 $r=1$ 时，完全正相关；当 $r=-1$ 时，完全负相关。

（3）当 $r=0$ 时，表示 x 的变化与 y 不存在线性相关（不一定没有其他相关）。

（4）$|r|$ 越趋于 1 表示相关关系越密切，越趋于 0 表示相关关系越不密切。

（5）在实际应用中的标准：

$|r|<0.3$ 为无相关；$0.3\leqslant|r|<0.5$ 为低度相关；

$0.5\leqslant|r|<0.8$ 为显著相关；$|r|\geqslant0.8$ 为高度相关。

3. 相关系数的显著性检验

一般情况下，总体相关系数是未知的，人们通常是将样本相关系数作为总体相关系数的近似值。但由于样本相关系数是根据样本数据计算出来的，它受到抽样波动的影响。由于抽取的样本不同，相关系数的取值也就不同，因此相关系数 r 是一个随机变量。能否根据样本相关系数说明总体的相关程度呢？这就需要考察样本相关系数的可靠性，即进行显著性检验。

通过对相关系数的显著性检验可以确定 x 与 y 之间是否存在显著的线性关系。相关系数的检验可以用 t 检验法，也可用相关系数检验法。

1）t 检验法

t 检验法基本步骤为

第一步，建立假设，H_0：ρ(总体相关系数)$=0$；H1：$\rho\neq0$。

第二步，确定检验统计量及其分布，$t=\dfrac{r\sqrt{n-2}}{\sqrt{1-r^2}}$，$H_0$ 为真时，$t\sim t(n-2)$。

第三步，确定拒绝域，$t\geqslant t_{\frac{\alpha}{2}}(n-2)$。

第四步，计算检验统计量的值。

第五步，根据给定的显著性水平 α 查 t 分布表，找到相应的临界值 $t_{\alpha/2}(n-2)$。

第六步，作出统计判断，若 $|t|\geqslant t_{\alpha/2}$，统计量的值落在拒绝域内，拒绝 H_0，说明 r 在统计上是显著的，即 X 与 Y 间存在显著相关关系；

若 $|t|<t_\alpha/2$，统计量的值落在接受域内，接受 H_0，表示 r 在统计上是不显著的，即 X 与 Y 间相关关系不显著。

【例 7.3】 根据例 7.1 资料计算的钢液初始含碳量和冶炼时间的相关系数进行显著性检验（$\alpha=0.05$）。

解 建立假设，H_0：ρ(总体相关系数)$=0$　H_1：$\rho\neq0$

计算统计量：$t=\dfrac{r\sqrt{n-2}}{\sqrt{1-r^2}}=\dfrac{0.989\,2\sqrt{10-2}}{\sqrt{1-0.989\,2^2}}=19.088\,8$

查 t 分布表，找到 $\alpha=0.05$ 相应的临界值 $t_{\alpha/2}(n-2)=t_{0.025}(8)=2.306$

因为，$t=19.088\,8>t_{0.025}(8)=2.306$，所以拒绝 H_0，说明钢液初始含碳量和冶炼时间存在显著相关关系。

2）相关系数检验法

相关系数检验法比 t 检验法要简单，只要根据显著性水平和自由度查附表 6 相关系数临界值表得到临界值 $r_\alpha(n-2)$，把临界值 $r_\alpha(n-2)$ 与相关系数 $|r|$ 比较就可以判断，

若 $|r| \geqslant r_\alpha(n-2)$ 则拒绝 H_0，表示变量间存在显著相关关系；否则就接受 H_0。

仍用上例资料，用相关系数检验法进行检验。

解　提出假设 H_0：ρ(总体相关系数) $= 0$；H_1：$\rho \neq 0$

根据 $\alpha = 0.05$，查简单相关系数临界值表得到临界值：

$$r_\alpha(n-2) = r_{0.05}(n-2) = r_{0.05}(8) = 0.632$$

因为 $|r| = 0.989\,2 > r_{0.05}(8) = 0.632$，所以拒绝 H_0，说明钢液初始含碳量和冶炼时间存在显著相关关系。

两种方法检验的结果是一样的。

四、相关分析的特点

相关分析用于反映两个变量之间的直线关系程度时，称为直线相关分析。直线相关分析具有以下特点。

（1）两个变量的地位是对等的。不论是互为因果关系还是单向因果关系，两个变量的地位完全对等，不分彼此。

（2）两个变量之间只能计算出一个相关系数。

（3）相关系数有正号和负号，分别表示正相关和负相关。

（4）用来计算相关系数的两个变量必须都是随机变量。

第二节　一元线性回归分析

一、回归分析的概念

具有相关关系的变量之间有时存在着因果关系，这时可以通过回归分析来研究它们之间的具体依存关系。例如，根据经济学理论，消费支出与可支配收入之间不但密切相关，而且有着因果关系，即可支配收入的变化往往是消费支出变化的原因。这时不仅可以通过相关分析研究两者间的相关程度，而且可以通过回归分析研究两者间的具体依存关系，即考察可支配收入每 1 元的变化所引起的消费支出的平均变化。

回归分析（regression analysis）是根据变量之间相关关系的具体形态，选择一个合适的数学模型，近似地表达变量间的平均变化关系的一种统计分析方法。回归分析作为统计学方法的一个重要组成部分，它包括的内容相当广泛。根据涉及的自变量数量的多少，回归分析可以分为一元回归分析和多元回归分析；根据回归模型的函数形式不同，回归分析可以分为线性回归分析和非线性回归分析等。本节主要介绍一元线性回归分析。

一元线性回归分析具有以下特点。

（1）回归分析中两个变量之间不是对等关系，必须根据研究对象的性质和目的，确定自变量和因变量。

（2）回归分析中的回归方程，是利用自变量的给定值来推算因变量值，它反映的是变量值之间具体的变动关系。

（3）有些现象的自变量和因变量不能互换，如初始含碳量和精炼时间，初始含碳量只能是自变量，精炼时间只能作为因变量。这类变量的回归方程称 y 倚 x 的回归方程。有些现象的自变量和因变量可以互换，例如，身高和体重。身高和体重是一种不明显的因果关系。若身高为自变量，体重为因变量，其回归方程为 y 倚 x 的回归方程；若身高作为自变量，而体重作为因变量，则称为 x 倚 y 的回归方程，这两个回归方程是两条斜率不同的回归直线。

（4）线性回归方程中的回归系数也有正负，回归系数为正，表示两变量之间的变动方向相同，为负则表示两变量之间的变动方向相反。

（5）回归分析中的自变量是给定的数值，不是随机的，而因变量是随机的。当将给定的自变量值代入回归方程，可以得出因变量的估计值，这个估计值是许多可能数值的均值，存在着估计标准误差。

回归分析与相关分析相比既有联系又有区别。其区别为：

第一，相关分析所研究的两个变量是对等关系；而回归分析所研究的两个变量不是对等关系。

第二，对两个变量 x 和 y 来说，相关分析只能计算出一个相关系数；而回归分析有时可根据研究目的建立两个回归方程。

第三，相关分析对资料的要求是，两个变量都必须是随机变量；而回归分析对资料的要求是，自变量是可控变量，因变量是随机变量。

其联系为：

第一，相关分析是回归分析的基础和前提；

第二，回归分析是相关分析的深入和继续。

二、一元线性回归模型及其理论假设

一元线性回归分析是回归分析的基础，又称简单线性回归模型（simple linear regression model）。

设对于自变量 x 取一组不完全相同的值 $x_1, x_2, \cdots, x_n$ 做独立试验得到 n 对观察结果：

$$(x_1, y_1), (x_2, y_2), \cdots, (x_n, y_n)$$

式中，y_i 是 $x = x_i$ 处因变量 y 观察的结果。这 n 对观察结果就是一个容量为 n 的样本。

假定因变量 y 主要受自变量 n 的影响，它们之间存在着近似的线性关系，则一元线性回归模型为

$$y_i = a + bx_i + \varepsilon_i \tag{7.4}$$

式中，a、b 为待定参数，也称为回归系数（regression coefficient）；a 为截距，b 为斜率，ε 为随机误差项（random disturbance term），又称随机干扰项，它是一个特殊的随机变量，反映未列入方程式的其他各种因素对 y 的影响。

一般来说，随机误差项 ε 来自以下几个方面。

（1）自变量的省略。由于人们认识的局限，不能穷尽所有的影响因素，或由于受时间、费用、数据质量等制约，没有引入模型之中的，而对被解释变量 y 又有一定影响的自变量被省略。

（2）统计误差。数据收集中由于计量、计算、记录等导致的登记误差；或由样本信息推断总体信息时产生的代表性误差。

（3）模型的设定误差。如在模型构造时，非线性关系用线性模型描述，复杂关系用简单模型描述，此非线性关系用彼非线性模型描述等。

（4）随机误差。被解释变量还受一些不可控制的众多的、细小的偶然因素的影响。

一元线性回归分析需要的假设条件有：

（1）变量 y 与 x 之间存在着"真实"的线性关系。

（2）变量 x 为非随机变量。

（3）随机误差项服从正态分布，有 $\varepsilon_i \sim N(0, \sigma^2)$ ，且相互独立，即

$$\mathrm{Cov}(\varepsilon_i, \varepsilon_j) = \begin{cases} \sigma^2, i = j \\ 0, i \neq j \end{cases}, i = 1, 2, \cdots, n, j = 1, 2, \cdots, n$$

（4）$\mathrm{Cov}(\varepsilon_i, \varepsilon_j) = 0 (i \neq j)$ 。这个假设称为非自相关假定，要求只有 x_i 才对 y_i 产生系统影响。

（5）$\mathrm{Cov}(\varepsilon_i, x_i) = 0$ ，这一假定要求 x_i 与 ε_i 不存在相关关系。

由样本 $(x_1, y_1), (x_2, y_2), \cdots, (x_n, y_n)$ 得到式（7.4）中参数 a、b 的估计 $\hat{a}$ 和 $\hat{b}$ ，则对于给定的 x ，取

$$\hat{y} = \hat{a} + \hat{b}x$$

作为 $a + bx$ 的估计，称它为 y 关于 x 的一元线性回归方程，其图形称为回归直线。

三、一元线性回归模型的基本特征

一元线性回归模型的基本特征如下：

（1）由于 $y_i = (a + bx_i) + \varepsilon_i$ ，其中 $(a + bx_i)$ 为常量项（不是随机变量），ε_i 是随机变量，因此 y_i 也是随机变量。

（2）$E(y_i) = E(a + bx_i + \varepsilon_i) = E(a + bx_i) + E(\varepsilon_i) = a + bx_i$ 。

（3）$D(y_i) = D(a + bx_i + \varepsilon_i) = D(\varepsilon_i) = \sigma^2$ 。

（4）因为 $\mathrm{Cov}(\varepsilon_i, \varepsilon_j) = 0$ ，所以，$\mathrm{Cov}(y_i, y_j) = 0$ 。

（5）$y_i - E(y_i) = y_i - (a + bx_i) = \varepsilon_i$ 。

以上特征表明，y_i 是一个随机变量，它来自 $N(a + bx_i, \sigma^2)$ 分布，对于不同的 i ，y_i 的均值随 x_i 的不同而不同，但方差不随 i 变化（同方差假设）。

四、参数的最小二乘估计

（一）普通最小二乘估计法

实际观测值 y_i 与它的拟合值 $\hat{y}_i$ 之差记为

$$e_i = y_i - \hat{y}_i = y_i - \hat{a} - \hat{b}x_i$$

式中，e_i 为残差，它是随机项 ε_i 的估计值。

最小二乘准则是使全部观测值的残差平方和为最小，即

$$Q = \sum_{i=1}^{n} e_i^2 = \sum_{i=1}^{n} (y_i - \hat{a} - \hat{b}x_i)^2 = \min$$

由微分极值原理知，要使 Q 达到最小，充分必要条件是：Q 对 $\hat{a}$ 和 $\hat{b}$ 的一阶偏导数等于零，二阶偏导数大于零。依据必要条件，$\hat{a}$ 和 $\hat{b}$ 应满足下列方程组：

$$\begin{cases} \dfrac{\partial Q}{\partial \hat{a}} = -2\sum_{i=1}^{n}(y_i - \hat{a} - \hat{b}x_i) = 0 \\ \dfrac{\partial Q}{\partial \hat{b}} = -2\sum_{i=1}^{n}(y_i - \hat{a} - \hat{b}x_i)x_i = 0 \end{cases}$$

经整理后得正规方程组：

$$\begin{cases} \sum_{i=1}^{n} y_i = n\hat{a} + \hat{b}\sum_{i=1}^{n} x_i \\ \sum_{i=1}^{n} x_i y_i = \hat{a}\sum_{i=1}^{n} x_i + \hat{b}\sum_{i=1}^{n} x_i^2 \end{cases}$$

求解正规方程组得到参数 a、b 的最小二乘估计 $\hat{a}$ 和 $\hat{b}$：

$$\begin{cases} \hat{b} = \dfrac{n\sum\limits_{i=1}^{n} x_i y_i - \sum\limits_{i=1}^{n} x_i \sum\limits_{i=1}^{n} y_i}{n\sum\limits_{i=1}^{n} x_i^2 - \left(\sum\limits_{i=1}^{n} x_i\right)^2} \\ \hat{a} = \overline{y} - \hat{b}\overline{x} \end{cases} \qquad (7.5)$$

式中，$\overline{y} = \dfrac{1}{n}\sum_{i=1}^{n} y_i$，$\overline{x} = \dfrac{1}{n}\sum_{i=1}^{n} x_i$。由 $\hat{a} = \overline{y} - \hat{b}\overline{x}$ 知，$\overline{y} = \hat{a} + \hat{b}\overline{x}$，说明回归直线 $\hat{y} = \hat{a} + \hat{b}x$ 通过平均数这个点 $(\overline{x}, \overline{y})$。

上述方法就是普通最小二乘估计法（ordinary least square estimation），简记为 OLS。由于 $\hat{a}$ 和 $\hat{b}$ 的估计结果是从最小二乘原理得到的，故称为普通最小二乘估计量。

【例 7.4】 仍用例 7.1 资料，结合例 7.2 中数据配合回归方程。

解 将表 7.4 中的有关数字代入式（7.5），得

$$\hat{b} = \dfrac{n\sum\limits_{i=1}^{n} x_i y_i - \sum\limits_{i=1}^{n} x_i \sum\limits_{i=1}^{n} y_i}{n\sum\limits_{i=1}^{n} x_i^2 - \left(\sum\limits_{i=1}^{n} x_i\right)^2} = \dfrac{10 \times 2\,642 - 15.0 \times 1\,660}{10 \times 23.76 - 15.0^2} = 120.635$$

$$\hat{a} = \overline{y} - b\overline{x} - \dfrac{1\,660}{10} - 120.635 \times \dfrac{15}{10} = -14.952\,5$$

回归方程为：$\hat{y} = \hat{a} + \hat{b}x = -14.952\,5 + 120.635x$。

这一回归方程表明，钢水初始含碳量每增加 0.1%，则精炼时间平均来说大约要延长 12.06 分。根据回归方程，可以给出自变量的某一值来估计或预测因变量的平均可能值。

（二）总体方差的估计

除了 a 和 b 外，一元线性回归模型还包括了另一个待定参数，那就是总体随机误差项的方差 σ^2。σ^2 可以反映理论模型误差的大小，是检验模型时必须利用的一个重要参数。由于随机误差项本身不能直接观测，所以需要通过最小二乘残差代替随机误差项来估计 σ^2。数学上可证明，σ^2 的无偏估计 s^2 可由下式给出

$$s^2 = \frac{\sum_{i=1}^{n} e_i^2}{n-2} \tag{7.6}$$

式（7.6）中分子是残差平方和，分母是自由度，其中 n 是样本观测值的个数。一般采用以下公式计算残差平方和：

$$\sum_{i=1}^{n} e_i^2 = \sum_{i=1}^{n}(y_i - \hat{y}_i)^2 = \sum_{i=1}^{n} y_i^2 - \hat{a}\sum_{i=1}^{n} y_i - \hat{b}\sum_{i=1}^{n} x_i y_i \tag{7.7}$$

s^2 的正平方根为回归估计的标准误差，常用计算公式为

$$s^2 = \sqrt{\frac{\sum_{i=1}^{n}(y_i - \hat{y}_i)^2}{n-2}} = \sqrt{\frac{\sum_{i=1}^{n} y_i^2 - \hat{a}\sum_{i=1}^{n} y_i - \hat{b}\sum_{i=1}^{n} x_i y_i}{n-2}} \tag{7.8}$$

s 越小，表明实际观测点与所拟合的样本回归线的离差程度越小，即回归线所具有的代表性越强；相反，s 越大，表明实际观测点与所要拟合的样本回归线的离差程度越大，即回归线的代表性就越差。

（三）最小二乘估计量的性质

当模型参数估计出后，需考虑参数估计值的精度，即是否能代表总体参数的真值，或者说需考察参数估计量的统计性质。可从如下几个方面考察总体的估计量优劣性：

（1）线性性，即它是否是另一随机变量的线性函数；

（2）无偏性，即它的均值或期望值是否等于总体的真实值；

（3）有效性，即它是否在所有线性无偏估计量中具有最小方差。

这三个准则也称做估计量的小样本性质。拥有这类性质的估计量称为最佳线性无偏估计量（best liner unbiased estimator，BLUE）。

当不满足小样本性质时，需进一步考察估计量的大样本或渐近性质：

（1）渐近无偏性，即样本容量趋于无穷大时，是否它的均值序列趋于总体真值；

（2）一致性，即样本容量趋于无穷大时，它是否依概率收敛于总体的真值；

（3）渐近有效性，即样本容量趋于无穷大时，是否它在所有的一致估计量中具有最小的渐近方差。

可以证明，在经典线性回归的假设下，最小二乘估计量是具有最小方差的线性无偏估计量。

1. 线性性

线性，即估计量 $\hat{a}$、$\hat{b}$ 是 y_i 或 ε_i 的线性组合。

（1）$\hat{b}$ 的线性表达式：

$$\hat{b} = \frac{\sum_{i=1}^{n}(x_i - \bar{x})(y_i - \bar{y})}{\sum_{i=1}^{n}(x_i - \bar{x})^2} = \frac{\sum_{i=1}^{n}(x_i - \bar{x})y_i}{\sum_{i=1}^{n}(x_i - \bar{x})^2} = \sum_{i=1}^{n}\frac{(x_i - \bar{x})}{\sum_{i=1}^{n}(x_i - \bar{x})^2} = \sum_{i=1}^{n}k_i y_i \qquad (7.9)$$

其中，$k = \dfrac{(x_i - \bar{x})}{\sum_{i=1}^{n}(x_i - \bar{x})^2}$。

表明 $\hat{b}$ 是 y_i 的线性函数组合。

由于 $y_i = a + bx_i + \varepsilon_i$，所以

$$\hat{b} = \sum_{i=1}^{n}k_i y_i = \sum_{i=1}^{n}k_i(a + bx_i + \varepsilon_i) = a\sum_{i=1}^{n}k_i + b\sum_{i=1}^{n}k_i x_i + \sum_{i=1}^{n}k_i \varepsilon_i = b + \sum_{i=1}^{n}k_i \varepsilon_i \qquad (7.10)$$

其中，$\sum_{i=1}^{n}k_i = 0, \sum_{i=1}^{n}k_i x_i = 1$。

式（7.10）表明 $\hat{b}$ 是 ε_i 的线性函数。

（2）$\hat{a}$ 的线性表达式：

由式（7.5）有

$$\hat{a} = \bar{y} - \hat{b}\bar{x} = \frac{1}{n}\sum_{i=1}^{n}y_i - \bar{x}\sum_{i=1}^{n}k_i y_i \qquad (7.11)$$

表明 $\hat{a}$ 是 y_i 的线性函数组合。

$$\hat{a} = \sum_{i=1}^{n}\left(\frac{1}{n} - k_i\bar{x}\right)y_i = \sum_{i=1}^{n}\left(\frac{1}{n} - k_i\bar{x}\right)(a + bx_i + \varepsilon_i) = a + \sum_{i=1}^{n}\left(\frac{1}{n} - k_i\bar{x}\right)\varepsilon_i \qquad (7.12)$$

式（7.12）表明 $\hat{a}$ 是 ε_i 的线性函数。

2. 无偏性

无偏性，即估计量 $\hat{a}$、$\hat{b}$ 的均值（期望）等于总体回归参数真值 a 和 b。

由式（7.10）知 $\hat{b} = b + \sum_{i=1}^{n}k_i\varepsilon_i$，取期望值便有

$$E(\hat{b}) = b + \sum k_i E(\varepsilon_i) = b \qquad (7.13)$$

式中，$E(\varepsilon_i) = 0$。

表明 $\hat{b}$ 是 b 的无偏估计量。

由式（7.12）知 $\hat{a} = a + \sum_{i=1}^{n}\left(\frac{1}{n} - k_i\bar{x}\right)\varepsilon_i$，取期望值便有

$$E(\hat{a}) = a + \sum_{i=1}^{n}\left(\frac{1}{n} - \bar{x}k_i\right)E(\varepsilon_i) = a \qquad (7.14)$$

表明 $\hat{a}$ 是 a 的无偏估计量。

3. 有效性

有效性（最小方差性），即在所有线性无偏估计量中，最小二乘估计量 $\hat{a}$、$\hat{b}$ 具有最小方差。证明如下：

由式（7.10）$\hat{b}=b+\sum_{i=1}^{n}k_i\varepsilon_i$，有

$$\mathrm{Var}(\hat{b})=\mathrm{Var}\left(b+\sum_{i=1}^{n}k_i\varepsilon_i\right)=\sigma^2\sum_{i=1}^{n}k_i^2=\frac{\sigma^2}{\sum_{i=1}^{n}(x_i-\bar{x})^2}\qquad（7.15）$$

由式（7.12）$\hat{a}=a+\sum_{i=1}^{n}\left(\frac{1}{n}-k_i\bar{x}\right)\varepsilon_i$，有

$$\mathrm{Var}(\hat{a})\mathrm{Var}\left[a+\sum_{i=1}^{n}\left(\frac{1}{n}-k_i\bar{x}\right)\varepsilon_i\right]=\sigma^2\sum_{i=1}^{n}\left(\frac{1}{n}-k_i\bar{x}\right)^2=\sigma^2\left(\frac{1}{n}+\frac{\bar{x}^2}{\sum_{i=1}^{n}(x_i-\bar{x})^2}\right)\qquad（7.16）$$

假设 $\hat{b}^*$ 是其他估计方法得到的关于 b 的线性无偏估计量：

$$\hat{b}^*=\sum_{i=1}^{n}c_iy_i$$

式中，$c_i=k_i+d_i$，d_i 为不全为零的常数，则容易证明：

$$\mathrm{Var}(\hat{b}^*)\geqslant\mathrm{Var}(\hat{b})$$

说明 b 的最小二乘估计量 $\hat{b}$ 具有最小的方差，同理可证明 a 的最小二乘估计量 $\hat{a}$ 也具有最小的方差。

综合以上讨论，就得到了著名的高斯-马尔可夫定理：在给定线性回归模型的假定下，参数 a、b 的最小二乘法估计量 $\hat{a}$ 和 $\hat{b}$ 是最佳线性无偏估计量。

五、一元线性回归模型的检验

回归分析是要通过样本所估计的参数来代替总体的真实参数，或者说是用样本回归直线代替总体回归直线。尽管从统计性质上已知，如果有足够多的重复抽样，参数的估计值的期望（均值）就等于其总体的参数真值，但在一次抽样中，估计值不一定就等于该真值。那么，在一次抽样中，参数的估计值与真值的差异有多大，是否显著，这就需要进一步进行统计检验。主要包括拟合优度检验和回归效果的显著性检验。

（一）拟合优度检验

拟合优度检验，是对样本回归直线与样本观测值之间拟合程度的检验。拟合程度（goodness of fit），是指样本观测值聚集在样本回归直线周围的紧密程度。拟合程度的优劣常用可决系数 R^2（又称判定系数）表示。

1. 离差平方和的分解

拟合程度的判定是建立在对总离差平方和进行分解基础之上的。在一元线性回归中，观测值的数值会发生波动，这种波动称为离差或者变差或者偏差。离差来源于两个方面：

（1）受自变量变动的影响，即 x 取值不同时的影响；

（2）受其他因素（包括观测和实验中产生的误差）的影响。

为了分析这两方面的影响，需要对总离差进行如下分解：

$$\sum_{i=1}^{n}(y_i - \overline{y}) = \sum_{i=1}^{n}(y_i - \hat{y}_i) + \sum_{i=1}^{n}(\hat{y}_i - \overline{y}) \tag{7.17}$$

由于 $\sum_{i=1}^{n}(y_i - \overline{y})$ 综合了 $\sum_{i=1}^{n}(y_i - \hat{y})$ 和 $\sum_{i=1}^{n}(\hat{y}_i - \overline{y})$ 的结果，常称为总离差。不难理解 $\sum_{i=1}^{n}(y_i - \hat{y})$ 为残差或剩余误差，$\sum_{i=1}^{n}(\hat{y}_i - \overline{y})$ 为回归误差或回归离差。这一关系如图 7.4 所示。

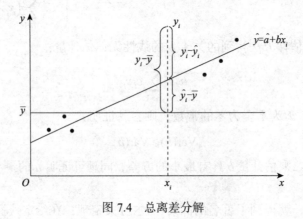

图 7.4　总离差分解

与式（7.17）相对应也存在：

$$\sum_{i=1}^{n}(y_i - \overline{y})^2 = \sum_{i=1}^{n}(y_i - \hat{y})^2 + \sum_{i=1}^{n}(\hat{y}_i - \overline{y})^2 \tag{7.18}$$

式中，$\sum_{i=1}^{n}(y_i - \overline{y})^2$ 为总离差平方和（SST），其自由度为 $n-1$，$\sum_{i=1}^{n}(y_i - \hat{y})^2$ 为残差平方和（SSE），其自由度为 $n-2$；$\sum_{i=1}^{n}(\hat{y}_i - \overline{y})^2$ 为回归离差平方和（SSR），其自由度为 1。

式（7.18）又可以表述为：SST = SSE + SSR。

2. 可决系数 R^2

在总离差平方和 SST 一定时，回归离差平方 SSR 所占的比重越大，残差平方和 SSE 所占比重就越小，说明总离差平方和 SST 的大部分可由自变量作出解释，因而回归模

型的拟合优度好。模型的拟合优度用可决系数 R^2 表示，公式为

$$R^2 = \frac{\text{SSR}}{\text{SST}} = \frac{\sum_{i=1}^{n}(\hat{y}_i - \bar{y})^2}{\sum_{i=1}^{n}(y_i - \bar{y})^2} = 1 - \frac{\sum_{i=1}^{n}(y_i - \hat{y}_i)^2}{\sum_{i=1}^{n}(y_i - \bar{y})^2} \qquad (7.19)$$

由式（7.19）可见：$R^2 = 1$，所有观测值都落在直线上，拟合是完全的；$R^2 = 0$，变量 X 与 Y 无关，x 完全无助于解释 y 的离差；R^2 越接近于 1，各观测点离回归直线越近，用 x 的变化解释 y 值离差的部分越多，回归直线的拟合程度就越好。反之，R^2 越接近于 0，回归直线的拟合程度就越差。

可决系数 R^2 具有如下特性：

（1）可决系数 R^2 具有非负性；

（2）可决系数 R^2 的取值范围为 $0 \leqslant R^2 \leqslant 1$；

（3）可决系数是样本观测值的函数，它也是一个统计量；

（4）在一元线性回归模型中，可决系数是相关系数 r 的平方，即 $R^2 = r^2$。

【例 7.5】　仍用例 7.1 资料，计算回归直线的可决系数。

解：根据已配合的回归方程 $\hat{y} = \hat{a} + \hat{b}x = -14.9525 + 120.635x$。列计算表如表 7.5 所示。

表 7.5　初始含碳量和钢液精炼时间的可决系数计算表

炉次	含碳量 x/%	精炼时间 y/分	$\hat{y}_i$	$(y_i - \hat{y}_i)^2$	$(\hat{y}_i - \bar{y})^2$	$(y_i - \bar{y})^2$
1	0.9	100	93.6190	40.7172	5239.0092	4356
2	1.0	105	105.6825	0.4658	3638.2008	3721
3	1.2	130	129.8095	0.0363	1309.7523	1296
4	1.4	145	153.9365	79.8610	145.5280	441
5	1.5	170	166.0000	16.0000	0.0000	16
6	1.6	175	178.0635	9.3850	145.5280	81
7	1.7	190	190.1270	0.0161	582.1121	576
8	1.8	190	202.1905	148.6083	1309.7523	576
9	1.9	220	214.2540	33.0165	2328.4485	2916
10	2.0	235	226.3175	75.3850	3638.2008	4761
合计	15.0	1660	1660.0000	403.4920	18336.532	18740

$$R^2 = \frac{\sum_{i=1}^{n}(\hat{y}_i - \bar{y})^2}{\sum_{i=1}^{n}(y_i - \bar{y})^2} = 1 - \frac{\sum_{i=1}^{n}(y_i - \hat{y}_i)}{\sum_{i=1}^{n}(y_i - \bar{y})^2} = \frac{18336.532}{18740} = 1 - \frac{403.492}{18740} = 0.9785$$

很明显，$R^2 = r^2$

根据这一结论，不仅能由相关系数直接计算可决系数，还可以进一步理解相关系数

的意义。相关系数 r 可以作为回归直线的另一个测度值。$|r|$ 越接近于 1，表明回归直线对观测数据的拟合程度越高。但用 r 说明回归直线的拟合程度要慎重，因为 r 的值总是大于可决系数 R^2 的值（除 $r=1$ 或 $r=0$ 两种情况外）。例如，当 $r=0.5$ 时，表面上看已经相关一半了，但 $R^2=0.25$，实际上只能解释总离差的 25%；$r=0.707$ 时，才能解释一半的总离差。

（二）回归模型的显著性检验

建立回归方程后，要对其进行显著性检验，主要是因为以下两点。

第一，根据样本数据拟合回归方程时，是假定变量 X 与 Y 之间存在着线性关系，但这种假设是否成立必须通过检验才能证实。

第二，样本回归方程中的两个回归系数 $\hat{a}$、$\hat{b}$ 是总体回归方程中两个参数 a、b 的估计值，样本回归系数能否作为总体回归系数的估计值，需要进行显著性检验。

回归方程的显著性检验包括两方面的内容：一是回归方程的显著性检验；二是回归系数的显著检验。

1. 回归方程的显著性检验——F 检验

F 检验也称全检验，是检验自变量与因变量之间的线性关系是否显著，变量之间的关系能否用线性模型来表示。F 检验的具体步骤如下：

（1）提出假设 H_0：$b=0$（线性关系不显著）；H_0：$b \neq 0$（线性关系显著）。

（2）计算检验统计量 F 值：

$$F = \frac{SSR/1}{SSE/(n-2)} = \frac{\sum\limits_{i=1}^{n}\left(\hat{y}_i - \bar{y}^2\right)/1}{\sum\limits_{i=1}^{n}\left(y_i - \hat{y}_i\right)^2/n-2} \sim F(1, n-2) \tag{7.20}$$

（3）确定显著性水平 α（一般 α 取 0.05），查 F 分布表，得到相应的临界值 $F_\alpha(1, n-2)$。

（4）判断：若 $F \geqslant F_\alpha(1, n-2)$，则拒绝 H_0，说明变量之间的线性关系是显著的；若 $F < F_\alpha(1, n-2)$，则接受原假设 H_0，说明变量之间的线性关系不显著。

显著性检验过程可由方差分析表给出，如表 7.6 所示。

表 7.6　一元回归模型显著性检验的方差分析表

误差来源	自由度	平方和	平均平方和	F
回归误差 R	1	SSR	SSR//1	
剩余误差 E	$n-2$	SSE	SSE/$(n-2)$	$\dfrac{SSR/1}{SSE/(n-2)}$
总离差 T	$n-1$	SST	SST/$(n-1)$	

【例 7.6】 根据例 7.5 中数据，对钢液初始含碳量与精炼时间线性关系的显著性进行检验（$\alpha = 0.05$）。

解　建立原假设 H_0：$b=0$；H_0：$b \neq 0$

计算检验统计量 F 值：

$$F = \frac{\text{SSR}/1}{\text{SSE}/(n-2)} = \frac{\displaystyle\sum_{i=1}^{n}(\hat{y}_i - \bar{y})^2 / 1}{\displaystyle\sum_{i=1}^{n}(y_i - \hat{y}_i)^2 / n-2} = \frac{18\,336.532 / 1}{403.492 / 8} = 363.556\,8$$

根据 $\alpha = 0.05$，查 F 分布表得临界值 $F_\alpha(1, n-2) = F_{0.05}(1,8) = 5.32$。

因为 $F = 363.556\,8 > F_{0.05}(1,8) = 5.32$，故拒绝 H_0，说明钢液初始含碳量和精炼时间的线性关系显著。

2. 回归系数的显著性检验——t 检验

t 检验也称偏检验，是检验自变量对因变量的影响程度是否显著的问题。若总体回归系数 $b = 0$，则总体回归直线就是一条水平线，说明两个变量之间没有线性关系，即自变量的变化对因变量没有影响。t 检验的具体步骤如下：

（1）提出假设 H_0：$b = 0$（回归系数不显著）；H_1：$b \neq 0$（回归系数显著）。

（2）计算检验统计量 t 值：

$$t = \frac{\hat{b} - b}{s_{\hat{b}}} \sim t(n-2) \tag{7.21}$$

式中，$s_{\hat{b}}$ 是回归系数 $\hat{b}$ 的标准差，可由式（7.22）计算出：

$$s_{\hat{b}} = \sqrt{\frac{\text{SSE}/n-2}{\displaystyle\sum_{i=1}^{n}(x_i - \bar{x})^2}} \tag{7.22}$$

（3）确定显著性水平 α（一般 α 取 0.05），查 t 分布表，得到相应的临界值 $t_{\alpha/2}(n-2)$。

（4）判断：若 $|t| \geq t_{\alpha/2}(n-2)$，则拒绝 H_0，说明自变量 X 对因变量 Y 的影响是显著的；若 $|t| \geq t_{\alpha/2}(n-2)$，则接受 H_0，说明自变量 X 对因变量 Y 的影响是不显著的。

【例 7.7】　根据例 7.5 中数据，对回归系数的显著性进行检验（$\alpha = 0.05$）。

解　提出假设 H_0：$b = 0$；H_0：$b \neq 0$

计算检验统计量 t 值：

$$t = \frac{\hat{b}}{s_{\hat{b}}} = \frac{120.635}{6.326\,8} = 19.067\,3$$

其中，$S_b = \sqrt{\dfrac{\text{SSE}/n-2}{\displaystyle\sum_{i=1}^{n}(x_i - \bar{x})^2}} = \sqrt{\dfrac{403.492 / 8}{1.26}} = 6.326\,8$

根据 $\alpha = 0.05$，查 t 分布表得临界值 $t_{\alpha/2}(n-2) = t_{0.025}(8) = 2.306$。

因为 $|t| = 19.067\,3 > t_{0.025}(8) = 2.306$，故拒绝 H_0，说明钢液初始含碳量对精炼时间的影响是显著的。

在一元线性回归中，自变量的个数只有一个，F 检验和 t 检验是等价的。

六、回归估计与预测

（一）回归系数的估计与预测

在回归系数 t 检验的基础上，依据区间估计与假设检验的对偶关系，回归系数 b 的置信度为 $1-\alpha$ 的置信区间为

$$\left(\hat{b} \pm t_{\frac{\alpha}{2}}(n-2)S_{\hat{b}}\right) \tag{7.23}$$

其中，$s_{\hat{b}} = \sqrt{\dfrac{\text{SSE}/n-2}{\displaystyle\sum_{i=1}^{n}\left(x_i - \bar{x}\right)^2}}$

同理可写出回归参数 a 的置信度为 $1-\alpha$ 的置信区间为

$$\left(\hat{a} \pm t_{\frac{\alpha}{2}}(n-2)S_{\hat{a}}\right) \tag{7.24}$$

其中，$S_{\hat{a}} = \sqrt{\dfrac{\text{SSE}}{(n-2)} \times \dfrac{\displaystyle\sum_{i=1}^{n} x_i^2}{n\displaystyle\sum_{i=1}^{n}\left(x_i - \bar{x}\right)^2}} = S_{\hat{b}}\sqrt{\dfrac{\displaystyle\sum_{i=1}^{n} x_i^2}{n}}$

【例 7.8】 根据例 7.4 中数据，求置信度为 95% 时回归参数的置信区间。

解 在例 7.7 计算结果的基础上，回归系数 b 置信度为 95% 的置信区间为

$$\hat{b} \pm t_{\frac{\alpha}{2}}(n-2)S_b = 120.635 \pm 2.306 \times 6.326\,8 = 120.635 \pm 14.589\,6$$

即回归系数 b 置信度为 95% 的置信区间为 106.045 4～135.224 6。

计算 $S_{\hat{a}}$ 得，$S_{\hat{a}} = S_{\hat{b}}\sqrt{\dfrac{\displaystyle\sum_{i=1}^{n} x_i^2}{n}} = 6.326\,8 \times \sqrt{\dfrac{23.76}{10}} = 9.752\,3$

回归系数 a 置信度为 95% 的置信区间为

$$\hat{a} \pm t_{\frac{\alpha}{2}}(n-2)S_a = -14.952\,5 \pm 2.036 \times 9.752\,3 = -14.952\,5 \pm 19.855\,7$$

即回归参数 a 置信度为 95% 的置信区间为 –34.808 2～4.903 2。

（二）因变量的估计与预测

1. 点估计与预测

因为 $E\left(y_i\right) = a + bx_i$，用 $\hat{a}$、$\hat{b}$ 估计 a、b 得

$$E(\hat{y}_i) = E\left(\hat{a} + \hat{b}x_i\right) \tag{7.25}$$

一般地就用 $\hat{y}_i = \hat{a} + \hat{b}x_i$ 作为 $E(y_i)$ 的点估计，对于给定的某个自变量的值 x_0，代入 $\hat{y}_i = \hat{a} + \hat{b}x_i$ 中就得到因变量期望值的点估计值为

$$\hat{y}_0 = \hat{a} + \hat{b}x_0 \tag{7.26}$$

　　可以证明式（7.26）是 $E(y_0)$ 的无偏估计和最小方差估计，此式也是因变量点估计值的计算式。

　　2. 区间估计与预测

　　因为 $\hat{y}_i = \hat{a} + \hat{b}x_i$，$\hat{a} = \bar{y} - \hat{b}\bar{x}$

则有

$$\hat{y}_i = \bar{y} + \hat{b}(x_i - \bar{x})$$

又由于

$$E(\hat{y}_i) = E(\hat{a} + \hat{b}x_i) = E(\hat{a}) + E(\hat{b}x_i) = E(\hat{a}) + x_i E(\hat{b}) = a + bx_i$$

且 $\mathrm{Var}(\hat{y}_i) = \mathrm{Var}(\bar{y} + \hat{b}(x_i - \bar{x})) = \mathrm{Var}(\bar{y}) + \mathrm{Var}(\hat{b}(x_i - \bar{x}))$

$$= \frac{\sigma^2}{n} + (x_i - \bar{x})^2 \times \frac{\sigma^2}{\sum_{i=1}^{n}(x_i - \bar{x})^2} = \sigma^2 \left[\frac{1}{n} + \frac{(x_i - \bar{x})^2}{\sum_{i=1}^{n}(x_i - \bar{x})^2} \right]$$

　　另外，$\bar{y}$、$\hat{b}$ 服从正态分布，因此有

$$\hat{y}_i = \hat{a} + \hat{b}x_i \sim N\left[a + bx_i, \sigma^2 \left[\frac{1}{n} + \frac{(x_i - \bar{x})^2}{\sum_{i=1}^{n}(x_i - \bar{x})^2} \right] \right]$$

　　进一步地：

$$\frac{\hat{y}_i - (a + bx_i)}{\sigma^2 \sqrt{\dfrac{\mathrm{SSE}}{n-2} \left[\dfrac{1}{n} + \dfrac{(x_i - \bar{x})^2}{\sum_{i=1}^{n}(x_i - \bar{x})^2} \right]}} \sim t(n-2)$$

　　在给定的置信度 $1 - \alpha$ 下，$E(y_i)$ 的置信区间为

$$\left[\hat{y}_i \pm t_{\alpha/2}(n-2) \sqrt{\frac{\mathrm{SSE}}{n-2} \left[\frac{1}{n} + \frac{(x_i - \bar{x})^2}{\sum_{i=1}^{n}(x_i - \bar{x})^2} \right]} \right] \tag{7.27}$$

　　对于给定的自变量值 x_0，因变量期望值估计置信度 $1 - \alpha$ 的置信区间为

$$\left[\hat{y}_0 \pm t_{\alpha/2}(n-2) \sqrt{\frac{\mathrm{SSE}}{n-2} \left[\frac{1}{n} + \frac{(x_0 - \bar{x})^2}{\sum_{i=1}^{n}(x_i - \bar{x})^2} \right]} \right] \tag{7.28}$$

进一步推导可得出，在给定的置信度 $1-\alpha$ 下，y_i 的置信区间为

$$\left[\hat{y}_i \pm t_{\alpha/2}(n-2)\sqrt{\frac{SSE}{n-2}\left[1+\frac{1}{n}+\frac{(x_i-\bar{x})^2}{\sum\limits_{i=1}^{n}(x_i-\bar{x})^2}\right]}\right] \tag{7.29}$$

在自变量取值 x_0 时，y_0 的置信度 $1-\alpha$ 的置信区间为

$$\left[\hat{y}_0 \pm t_{\alpha/2}(n-2)\sqrt{\frac{SSE}{n-2}\left[1+\frac{1}{n}+\frac{(x_0-\bar{x})^2}{\sum\limits_{i=1}^{n}(x_i-\bar{x})^2}\right]}\right] \tag{7.30}$$

显然可以看出，因变量估计的精度比期望值低一些。

如果掌握的资料是大样本，y_0 的置信区间可简化为

$$\left(\hat{y}_0 \pm Z_{\alpha/2}\sqrt{\frac{SSE}{n-2}}\right) \tag{7.31}$$

【例 7.9】 根据例 7.5 中资料，如含碳量为 1.45% 所需的精炼时间是多少？如显著性水平 α 取 0.05 估计所需精炼时间的置信区间。

解 $x_0 = 1.45\%$ 时，所需的精炼时间为

$$\hat{y}_0 = \hat{a} + \hat{b}x_0 = -14.953 + 120.635 \times 1.45 = 159.9678 \text{（分）}$$

$\alpha = 0.05$ 时，估计所需精炼时间的预测区间为

$$\left[\hat{y}_0 \pm t_{\alpha/2}(n-2)\sqrt{\frac{SSE}{n-2}\left[1+\frac{1}{n}+\frac{(x_0-\bar{x})^2}{\sum\limits_{i=1}^{n}(x_i-\bar{x})^2}\right]}\right]$$

$$=159.9678 \pm 2.306\sqrt{\frac{403.492}{9}\times\left[1+\frac{1}{10}+\frac{(1.45-1.5^2)}{1.26}\right]}=159.9678 \pm 16.2085$$

即按照 95% 的置信度估计所需精炼时间为 143.7593～176.1763 分钟。

第三节　多元线性回归分析

一元线性回归分析研究的是一个因变量与一个自变量之间的关系。但是，客观现象之间的联系是复杂的，许多现象的变动都涉及多个变量之间的数量关系。在统计中，研究一个因变量与多个自变量之间相互关系的理论和方法，称为多元回归或复回归。多元线性回归模型参数估计的原理与一元线性回归模型相同，只是计算更为复杂。

设对于 $x_1, x_2, \cdots, x_k$ 的取定的 n 组不完全相同的值，作独立试验得到 n 组观察结果：

$$(x_{i1}, x_{i2}, \cdots, x_{ik}, y_i), i = 1, 2, \cdots, n$$

式中，y_i 是在 $(x_{i1}, x_{i2}, \cdots, x_{ik})$ 处对随机变量 y 观察的结果，这组结果就是一个容量为 n 的样本。

一、多元线性回归模型及其基本理论假设

多元线性回归模型是

$$y_i = \beta_0 + \beta_1 x_{i_1} + \beta_2 x_{i_2} + \cdots + \beta_k x_{ik} + \varepsilon_i, i = 1, 2, \cdots, n \qquad (7.32)$$

则称式（7.32）为 $k(k \geq 2)$ 元线性回归模型。其中，y_i 是因变量 y 的第 i 个观测值，x_{ij} 是第 i 个自变量的第 j 个取值，$\beta_0, \beta_1, \cdots, \beta_k$ 是未知参数，ε_i 是随机误差项。

式（7.32）也可写成

$$\begin{cases} y_1 = \beta_0 + \beta_1 x_{11} + \beta_2 x_{12} + \cdots + \beta_k x_{1k} + \varepsilon_1 \\ y_2 = \beta_0 + \beta_2 x_{21} + \beta_2 x_{22} + \cdots + \beta_k x_{2k} + \varepsilon_2 \\ \vdots \\ y_n = \beta_0 + \beta_n x_{n1} + \beta_2 x_{n2} + \cdots + \beta_k x_{nk} + \varepsilon_n \end{cases}$$

写成矩阵形式为

$$\begin{bmatrix} y_1 \\ y_2 \\ \vdots \\ y_n \end{bmatrix} = \begin{bmatrix} 1 & x_{11} & x_{12} & \cdots & x_{1k} \\ 1 & x_{21} & x_{22} & \cdots & x_{2k} \\ \vdots & \vdots & \vdots & \cdots & \vdots \\ 1 & x_{n1} & x_{n2} & \cdots & x_{nk} \end{bmatrix} \begin{bmatrix} \beta_0 \\ \beta_1 \\ \vdots \\ \beta_k \end{bmatrix} + \begin{bmatrix} \varepsilon_1 \\ \varepsilon_2 \\ \vdots \\ \varepsilon_n \end{bmatrix}$$

即

$$\boldsymbol{Y} = \boldsymbol{X}\boldsymbol{\beta} + \boldsymbol{\varepsilon} \qquad (7.33)$$

式中，$Y = \begin{bmatrix} y_1 \\ y_2 \\ \vdots \\ y_n \end{bmatrix}, X = \begin{bmatrix} 1 & x_{11} & x_{12} & \cdots & x_{1k} \\ 1 & x_{21} & x_{22} & \cdots & x_{2k} \\ \vdots & \vdots & \vdots & \cdots & \vdots \\ 1 & x_{n1} & x_{n2} & \cdots & x_{nk} \end{bmatrix}, \beta = \begin{bmatrix} \beta_0 \\ \beta_1 \\ \vdots \\ \beta_k \end{bmatrix}, \varepsilon = \begin{bmatrix} \varepsilon_1 \\ \varepsilon_2 \\ \vdots \\ \varepsilon_n \end{bmatrix}$

为数学处理上方便，多元线性回归模型做如下基本假定：

（1）随机误差项 ε_i 服从正态分布，即 $\varepsilon_i \sim N(0, \sigma^2)(i = 1, 2, \cdots, n)$。

（2）随机误差项 ε_i 在不同样本点之间互相独立，不存在序列关系，即

$$\mathrm{Cov}(\varepsilon_i, \varepsilon_j) = 0, i \neq j; i, j = 1, 2, \cdots, n$$

（3）自变量 $x_1, x_2, \cdots, x_k$ 是确定性变量，且它们之间不相关，也不存在共线性问题。

（4）因变量 y 与自变量 $x_1, x_2, \cdots, x_k$ 之间存在显著的线性关系，即模型是线性的。

由以上假设知：

$$y_i \sim N(\beta_0 + \beta_1 x_{i1} + \cdots + \beta_k x_{ik}, \sigma^2)$$

由样本 $(x_{i1}, x_{i2}, \cdots, x_{ik}, y_i)$ 得到式（7.34）中参数 $\beta_0, \beta_1, \cdots, \beta_k$ 的估计 $\hat{\beta}_0, \hat{\beta}_1, \cdots, \hat{\beta}_k$，可得到回归方程为

$$\hat{y}_i = \hat{\beta}_0 + \hat{\beta}_1 x_{i1} + \hat{\beta}_2 x_{i2} + \cdots + \hat{\beta}_k x_{ik} \qquad (7.34)$$

回归方程的矩阵形式为 $\qquad \hat{\boldsymbol{Y}} = \boldsymbol{X}\hat{\boldsymbol{B}} \qquad (7.35)$

其中，$\hat{\boldsymbol{Y}} = \begin{bmatrix} \hat{y}_1 \\ \hat{y}_2 \\ \vdots \\ \hat{y}_n \end{bmatrix}$，$\boldsymbol{X} = \begin{bmatrix} 1 & x_{11} & x_{12} & \cdots & x_{1k} \\ 1 & x_{21} & x_{22} & \cdots & x_{2k} \\ \vdots & \vdots & \vdots & \vdots & \vdots \\ 1 & x_{n1} & x_{n2} & \cdots & x_{nk} \end{bmatrix}$，$\hat{\boldsymbol{\beta}} = \begin{bmatrix} \hat{\beta}_0 \\ \hat{\beta}_1 \\ \vdots \\ \hat{\beta}_k \end{bmatrix}$

二、参数的最小二乘估计

与一元线性回归参数的最小二乘估计类似，多元线性回归参数的最小二乘估计 $\hat{\beta}$ 应该使 $Q = \sum_{i=1}^{n} e_1^2 = \sum_{i=1}^{n}(y_i - \hat{y})^2 = \sum_{i=1}^{n}\left[y_i - \left(\hat{\beta}_0 + \hat{\beta}_1 x_{i1} + \cdots + \hat{\beta}_k x_{ik} \right) \right]^2$ 达到最小。

由微积分学可知，只需求 Q 关于待估参数 $\hat{\beta}$ 的偏导数，并令其值为零，就可得到求解待估参数估计值的方程组：

$$\begin{cases} \dfrac{\partial Q}{\partial \hat{\beta}_0} = -2\sum_{i=1}^{n}\left(y_i - \hat{\beta}_0 - \hat{\beta}_1 x_{i1} - \cdots - \hat{\beta}_k x_{ik} \right) = 0 \\ \dfrac{\partial Q}{\partial \hat{\beta}_1} = -2\sum_{i=1}^{n}\left(y_i - \hat{\beta}_0 - \hat{\beta}_1 x_{i1} - \cdots - \hat{\beta}_k x_{ik} \right) x_{i1} = 0 \\ \vdots \\ \dfrac{\partial Q}{\partial \hat{\beta}_k} = -2\sum_{i=1}^{n}\left(y_i - \hat{\beta}_0 - \hat{\beta}_1 x_{i1} - \cdots - \hat{\beta}_k x_{ik} \right) x_{ik} = 0 \end{cases}$$

整理得到正规方程组：

$$\begin{cases} \sum_{i=1}^{n} y_i = n\hat{\beta}_0 + \hat{\beta}_1 \sum_{i=1}^{n} x_{i1} + \cdots + \hat{\beta}_k \sum_{i=1}^{n} x_{ik} \\ \sum_{i=1}^{n} x_{i1} y_i = \hat{\beta}_0 \sum_{i=1}^{n} x_{i1} + \hat{\beta}_1 \sum_{2i1}^{n} x_{i1}^2 + \cdots + \hat{\beta}_k \sum_{i=1}^{n} x_{i1} x_{ik} \\ \vdots \\ \sum_{i=1}^{n} x_{ik} y_i = \hat{\beta}_0 \sum_{i=1}^{n} x_{ik} + \hat{\beta}_1 \sum_{i=1}^{n} x_{i1} x_{ik} + \cdots + \hat{\beta}_k \sum_{i=1}^{n} x_{ik}^2 \end{cases} \tag{7.36}$$

为方便求解，将式（7.36）写成矩阵形式：

$$\boldsymbol{X'Y} = \boldsymbol{X'X}\hat{\boldsymbol{\beta}} \tag{7.37}$$

在此两边左乘 $\boldsymbol{X'X}$ 的逆矩阵 $(\boldsymbol{X'X})^{-1}$（设 $(\boldsymbol{X'X})^{-1}$ 存在），得

$$\boldsymbol{\beta} = \begin{bmatrix} \hat{\beta}_0 \\ \hat{\beta}_1 \\ \vdots \\ \hat{\beta}_k \end{bmatrix} = (\boldsymbol{X'X})^{-1} \boldsymbol{X'Y} \tag{7.38}$$

多元回归方程为：$\hat{y} = \hat{\beta}_0 + \hat{\beta}_1 x_1 + \cdots + \hat{\beta}_k x_k$，也可以写成

$$\hat{Y} = X\hat{\beta} \qquad\qquad (7.39)$$

与一元线性回归参数的最小二乘估计类似地，多元线性回归参数也具有线性性、无偏性、最小方差性等统计特性。

【例 7.10】 某造纸厂要估计其每月的间接生产费用。经验表明，间接生产费用与直接劳动时间和机器运转时间相关，且其关系为线性相关关系。试根据表 7.7 中的有关资料确定间接生产费用对劳动时间和机器运转时间的线性回归方程。

解列计算表如表 7.7 所示。

表 7.7　间接生产费用、劳动时间、机器运转时间数据资料表

月份	间接生产费用 y/万元	直接劳动时间 x_1/小时	机器运转时间 x_2/小时	x_1y	x_2y	x_1x_2	x_1^2	x_2^2	y^2
1	29	45	16	1 305	464	720	2 025	256	841
2	24	42	14	1 008	336	588	1 764	196	576
3	27	44	15	1 188	405	660	1 936	225	729
4	25	45	13	1 125	325	585	2 025	169	625
5	26	43	13	1 118	338	559	1 849	169	676
6	28	46	14	1 288	392	644	2 116	196	784
7	30	44	16	1 320	480	704	1 936	256	900
8	28	45	16	1 260	448	720	2 025	256	784
9	28	44	15	1 232	420	660	1 936	225	784
10	27	43	15	1 161	405	645	1 849	225	729
合计	272	441	147	12 005	4 013	6 485	19 461	2 173	7 428

根据表 7.7 中数据，得到正规方程组：

$$\begin{cases} 272 = 10\hat{\beta}_0 + 441\hat{\beta}_1 + 147\hat{\beta}_2 \\ 12\,005 = 441\hat{\beta}_0 + 19461\hat{\beta}_1 + 6485\hat{\beta}_2 \\ 4\,013 = 147\hat{\beta}_0 + 6485\hat{\beta}_1 + 2173\hat{\beta}_2 \end{cases}$$

解此方程组可得

$$\hat{\beta}_0 = -13.820, \quad \hat{\beta}_1 = 0.564, \quad \hat{\beta}_2 = 1.099$$

于是，得到二元线性回归方程：

$$\hat{y} = -13.820 + 0.564x_1 + 1.099x_2$$

三、多元线性回归模型的检验

多元线性回归模型与一元线性回归模型一样，在得到参数的最小二乘估计值之后，也需要进行必要的检验与评价，以判定估计的可靠程度，包括拟合优度的检验、回归模型的显著性检验等。

（一）拟合优度的检验

与一元线性回归中可决系数 R^2 相对应，多元线性回归中也有复可决系数（又称复

判定系数）R^2，它是在因变量的总变化中，由回归方程解释的变动（回归平方和）所占的比重，R^2 越大，回归平方和对样本数据点拟合的程度越强，自变量与因变量的关系越密切。

在多元线性回归模型中总离差平方和，$\mathrm{SST} = \sum_{i=1}^{n}(y_i - \bar{y})^2$，其自由度为 $n-1$；残差平方和，$\mathrm{SSE} = \sum_{i=1}^{n}(y_i - \hat{y}_i)^2$，其自由度为 $n-k-1$；回归离差平方和，$\mathrm{SSR} = \sum_{i=1}^{n}(\hat{y}_i - \bar{y})^2$，其自由度为 k。

总离差平方和可分解为：$\mathrm{SST} = \mathrm{SSE} + \mathrm{SSR}$。

由此得到复可决系数（判定系数）的计算公式为

$$R^2 = \frac{\mathrm{SSR}}{\mathrm{SST}} = 1 - \frac{\mathrm{SSE}}{\mathrm{SST}} \tag{7.40}$$

很明显，R^2 的取值范围是[0,1]，越接近于 1，线性拟合程度越高；越接近于 0，线性拟合程度越低。$R^2 = 1$ 说明所有观测值都落在直线上，拟合是完全的；$R^2 = 0$ 说明 x_i 对 y_i 完全没有拟合能力。

在应用过程中发现，如果在模型中增加一个解释变量，R^2 往往增大。这是因为残差平方和往往随着解释变量个数的增加而减少，至少不会增加。这就使人觉得：要使模型拟合得好，只要增加解释变量就可以了。但现实情况往往是，由增加解释变量个数引起的 R^2 增大与拟合好坏无关，因此 R^2 需要调整。

在样本容量一定的情况下，增加解释变量必定使得自由度减少，所以调整的思路是：将残差平方和与总离差平方和分别除以各自的自由度，以剔除变量个数对拟合优度的影响。记 $\overline{R^2}$ 为调整的复可决系数，则有：

$$\overline{R^2} = 1 - \frac{\mathrm{SSE}/n-k-1}{\mathrm{SST}/n-1} \tag{7.41}$$

在实际应用中，$\overline{R^2}$ 达到多大才算是通过检验？没有绝对标准，要看具体情况而定。模型的拟合优度并不是判断模型质量的唯一标准，有时甚至为追求模型的经济意义可牺牲一点拟合优度。

（二）回归模型的显著性检验

与一元线性回归的显著性检验一样，多元回归模型的显著性检验也分为回归方程的显著性检验和回归系数的显著性检验。

1. 回归方程的显著性检验——F 检验

方程的显著性检验旨在对模型中被解释变量与解释变量之间的线性关系在总体上是否显著成立作出统计判断。

检验假设为：$H_0: \beta_1 = \beta_2 = \cdots = \beta_k = 0$，$H_1: \beta_1, \beta_2, \cdots, \beta_k$ 不全为零。

检验统计量为

$$F = \frac{\mathrm{SSR}/k}{\mathrm{SSE}/n-k-1} \sim F(k, n-k-1) \tag{7.42}$$

给定显著性水平 α，若 $F \geqslant F_\alpha(k, n-k-1)$，拒绝 H_0，即 $\beta_1, \beta_2, \cdots, \beta_k$ 中至少有一个不为零，说明回归模型有意义；若 $F < F_\alpha(k, n-k-1)$，接受 H_0，即 $\beta_1, \beta_2, \cdots, \beta_k$ 中全为零，说明回归模型无意义。

上述分析的方差分析表如 7.8 所示。

表 7.8 多元回归模型显著性检验的方差分析表

误差来源	自由度	平方和	平均平方和	F
回归误差 R	k	SSR	SSR/k	
剩余误差 E	$n-k-1$	SSE	SSE/$n-k-1$	$\dfrac{\text{SSR}/k}{\text{SSE}/n-k-1}$
总离差 T	$n-1$	SST	SST/$n-1$	

2. 回归系数的显著性检验——t 检验

在一元线性回归中，回归系数显著性检验（t 检验）与回归方程的显著性检验（F 检验）是等价的，但在多元线性回归中，这个等价不成立。方程的总体线性关系显著不等于每个解释变量对被解释变量的影响都是显著的。因此，必须对每个解释变量进行显著性检验，以决定是否作为解释变量被保留在模型中。这一检验是由对变量的 t 检验完成的。t 检验是分别检验回归模型中各个回归系数是否具有显著性，以便使模型中只保留那些对因变量有显著影响的因素。

对于任意参数 $\beta_i(i = 1, 2, \cdots, k)$，提出检验假设 H_0：$\beta_i = 0$，H_1：$\beta_i \neq 0$。

检验统计量为

$$t = \frac{\hat{\beta}_i}{S_{\hat{\beta}_i}} \sim t(n-k-1) \tag{7.43}$$

式中，$S_{\hat{\beta}_i}$ 是回归系数 $\hat{\beta}_i$ 的标准差，即

$$S_{\beta_i}^2 = \text{SSE}/(n-k-1)\left[\frac{1}{n} + \frac{\overline{x}^2}{\sum\limits_{i=1}^{n}(x_i - \overline{x})^2}\right]$$

给定显著性水平 α，若 $|t| \geqslant t_{\alpha/2}(n-k-1)$，拒绝 H_0，即 x_i 对 y 有显著影响，应保留在模型中；$|t| < t_{\alpha/2}(n-k-1)$，接受 H_0，即 x_i 对 y 无显著影响，应从模型中剔除。

四、复相关系数和偏相关系数

（一）复相关系数（多重相关系数）

复相关系数（multiple correlation coefficient）是衡量因变量 y 与所有 k 个自变量 x 间的关系密切程度的指标。一般定义样本的复相关系数为

$$R = \sqrt{R^2} = \sqrt{\frac{\text{SSR}}{\text{SST}}} = \sqrt{1 - \frac{\text{SSE}}{\text{SST}}} \tag{7.44}$$

很显然，复相关系数 R 反映了因变量 y 关于一组自变量 $x_1, x_2, \cdots, x_k$ 之间的线性相关

程度。

（二）偏相关系数

在多元线性回归分析中，如果要研究因变量 y 与某个自变量 x_j 之间的纯相关性或真实相关性，就必须消除其他变量对它们的影响，这种相关称偏相关。由此计算的相关系数就叫偏相关系数（partial correlation coefficient）。

如：三个变量：y、x_1、x_2，偏相关系数有两个，分别为

（1）y 与 x_1 在排除 x_2 的影响后的相关系数记为 $r_{y1.2}$，称为 y 与 x_1 对 x_2 的偏相关系数：

$$r_{y1.2} = \sqrt{\frac{R_{y,12}^2 - r_{y2}^2}{1 - r_{y2}^2}} \tag{7.45}$$

（2）y 与 x_2 在排除 x_1 的影响后的相关系数记为 $r_{y2.1}$，称为 y 与 x_2 对 x_1 的偏相关系数：

$$r_{y2.1} = \sqrt{\frac{R_{y.12}^2 - r_{y1}^2}{1 - r_{y1}^2}} \tag{7.46}$$

五、回归估计与预测

预测也是多元线性回归分析的目的和进一步检验模型的方法，也包括回归系数的估计与预测以及因变量的估计与预测。

（一）回归系数的估计与预测

在回归系数 t 检验的基础上，依据区间估计与假设检验的对偶关系，回归系数 β 的置信度为 $1-\alpha$ 的置信区间为

$$\left[\hat{\beta}_i, \pm t_{\alpha/2}(n-k-1)S_{\hat{\beta}_i} \right] \tag{7.47}$$

（二）因变量的估计与预测

1. 点估计和预测

对于给定的 $\boldsymbol{X}_0 = (x_{01}, x_{02}, \cdots, x_{0k})$，$\boldsymbol{Y}_0$ 的点预测为

$$\hat{Y}_0 = \hat{\beta}_0 + \hat{\beta}_1 x_{01} + \hat{\beta}_2 x_{02} + \cdots + \hat{\beta}_k x_{0k} \tag{7.48}$$

用矩阵表示为

$$\hat{\boldsymbol{Y}}_0 = \boldsymbol{X}_0 \hat{\boldsymbol{\beta}} \tag{7.49}$$

式中，$\boldsymbol{X}_0 = (1, x_{01}, x_{02}, \cdots, x_{0k})$

2. 区间估计和预测

1）均值的区间预测

可以证明 $\left(\boldsymbol{Y}_0 - \boldsymbol{E}(\boldsymbol{Y}_0) \sim N\left(\boldsymbol{X}_0 \boldsymbol{\beta}, \dfrac{\text{SSE}}{n-k-1} \boldsymbol{X}_0 \left(\boldsymbol{X'X} \right)^{-1} \boldsymbol{X}_0' \right) \right.$

所以，在给定了显著水平 α 之后，均值 $E(y_0)$ 在 $1-\alpha$ 置信度下的置信区间为

$$\hat{Y}_0 \pm t_{a/2}(n-k-1)\sqrt{\frac{\text{SSE}}{n-k-1} / \boldsymbol{X}_0 \left(\boldsymbol{X'X} \right)^{-1} \boldsymbol{X}_0'} \tag{7.50}$$

2）个别值的区间预测

可以证明 $\left(\boldsymbol{Y}_0 - \hat{\boldsymbol{Y}}_0\right) \sim N\left(\boldsymbol{X}_0\boldsymbol{\beta}, \dfrac{\mathrm{SSE}}{n-k-1}\left(1 + \boldsymbol{X}_0\left(\boldsymbol{X'X}\right)^{-1}\boldsymbol{X}_0'\right)\right)$

所以，在给定了显著水平 α 之后，个别值 y_i 在 $1-\alpha$ 置信度下的置信区间为

$$\hat{y}_0 \pm t_{a/2}(n-k-1)\sqrt{\dfrac{\mathrm{SSE}}{n-k-1}}\sqrt{1 + \boldsymbol{X}_0\left(\boldsymbol{X'X}\right)^{-1}\boldsymbol{X}_0'} \qquad （7.51）$$

【例 7.11】 2010—2020 年某地区年城镇居民家庭的消费资料见表 7.9，要求：

（1）拟合城镇居民家庭人均消费支出（y）受城镇居民人均可支配收入（x_1）和消费品价格指数（以上年为 100）（x_2）影响的线性回归方程并解释回归系数的经济意义；

（2）检验拟合优度，对回归方程和回归系数进行显著性检验（$\alpha = 0.05$）；

（3）如果 2021 年城镇居民家庭人均可支配收入达到 55 000 元，消费品价格指数为 102.5%，对城镇居民家庭人均消费支出作点预测。

表 7.9　2010—2020 年某地区年城镇居民消费资料

年份	人均消费支出 y/元	人均可支配收入 x_1/元	消费品价格指数 x_2/%
2010	13 716	11 814	103.2
2011	12 456	13 757	105.3
2012	10 791	15 012	102.7
2013	10 296	17 006	102.6
2014	12 524	20 266	102.1
2015	16 245	25 774	101.5
2016	21 743	34 962	102.1
2017	25 342	42 830	101.7
2018	25 107	48 389	102.1
2019	28 585	51 603	102.8
2020	32 726	54 251	102.3

解　（1）用 Excel 软件作 OLS 参数估计得回归方程为：

$$\hat{y} = -74\,003.408 + 0.491x_1 + 76\,107.038x_2$$

(69 744.014)(0.042)(67 431.637)（注：回归系数的标准误差）

$t = (-1.061)(11.599)(1.129)$，$F = 76.601$，$R^2 = 0.950$，$\overline{R^2} = 0.938$

$\hat{\beta}_1 = 0.491$，表示在消费品价格指数不变的情况下，城镇居民家庭人均可支配收入每增加或减少 1 元，人均消费支出平均增加或减少 0.491 元；

$\hat{\beta}_2 = 76\,107.038$，表示在城镇居民家庭人均可支配收入不变的情况下，消费品价格指数每增长或下降 1%，人均消费支出平均增加或减少 76 107.038 元。

（2）拟合优度：根据 $\overline{R^2} = 0.938$，说明样本回归方程拟合效果较好。

F 检验：

提出检验假设 $H_0: \beta_1 = \beta_2 = 0$，$H_1: \beta_1$、$\beta_2$ 不全为 0

查表得 $F_\alpha(k, n-k-1) = F_{0.05}(2, 11-2-1) = 4.46$

因为 $F = 76.601 > F_{0.05} = 2，8 = 4.46$，拒绝 H_0，说明回归模型总体上显著，城镇居民家庭人均可支配收入与消费品价格指数对人均消费支出的影响显著。

t 检验：

提出检验假设 $H_0 : \beta_1 = 0 \ H_1 : \beta_1 \neq 0$

由回归结果 $s_{\hat{\beta}_1} = 0.042$ 计算得，$t = \dfrac{\hat{\beta}_1}{s_{\hat{\beta}_1}} = \dfrac{0.491}{0.042} = 11.762$

查表得 $t_{\alpha/2}(n-k-1) = t_{0.025}(8) = 2.306$

因为 $|t| = 11.762 > t_{0.025}(8) = 2.306$，拒绝 H_0，说明城镇居民家庭人均可支配收入对人均消费支出确有显著影响。

提出检验假设 $H_0 : \beta_2 = 0 \ H_1 : \beta_2 \neq 0$

由回归结果 $s_{\hat{\beta}_2} = 76431.637$ 计算得，$t = \dfrac{\hat{\beta}_2}{s_{\hat{\beta}_2}} = \dfrac{76\,107.038}{76\,431.637} = 0.996$

因为 $|t| = 0.996 < t_{0.025}(8) = 2.306$，接受 H_0，说明城镇居民消费品价格指数对人均消费支出并没有显著影响。（这说明用常规理论去说明该地区的消费有问题，或模型有其他问题，可能会有什么问题呢？）

（3）如果 2021 年城镇居民家庭人均可支配收入达到 55 000 元，消费品价格指数为 102.5%，对城镇居民家庭人均消费支出作点预测。

将 $x_{01} = 55\,000$，$x_{02} = 102.5\%$ 代入回归方程得：

$$\hat{y}_0 = -74\,003.408 + 0.491 x_{01} + 76\,107.038 x_{02}$$
$$= -74\,003.408 + 0.491 \times 55\,000 + 76\,107.038 \times 1.025 = 31\,011.306\,(\text{元})$$

所以，城镇居民耐用消费品支出的点预测估为 31 011.306 元。

第四节　非线性回归分析

一、非线性回归模型概述

（一）非线性回归分析的意义

在前几节中假定因变量和自变量之间的相关关系可以用线性方程来近似地反映。但是现实生活中，非线性关系是大量存在的。在许多场合，非线性的回归函数比线性回归函数更能够正确地反映客观现象之间的相互联系。例如，在考虑建立生产函数时，线性假定就不大合适。在这种模型的生产函数中，资本和劳动之间能够完全替代，即便某一个生产要素的投入为 0，只要另一生产要素的投入够多，产出量还是会增加的，很显然这是不可能的。而要建立边际生产率递减、生产要素之间可以替代但又不能完全替代的这种更符合客观现实的生产函数，就必须考虑采用非线性回归模型（nonlinear regression model）。

非线性回归分析必须着重解决以下两个问题。

（1）如何确定非线性函数的具体形式。与线性回归分析的场合不同，非线性回归函数有多种多样的具体形式,需要根据所要研究的问题的性质并结合实际的样本观测值作出恰当的选择。

（2）如何估计函数的参数。非线性回归分析最常用的方法仍然是最小二乘估计法。但需要根据函数的不同类型，做适当的处理。

（二）非线性函数形式的确定

下面简要地介绍几种实际分析中常用的非线性函数的特点。

1. 抛物线函数

抛物线方程的具体形式为

$$y = a + bx_i + cx_i^2 \qquad (7.52)$$

式中，a、b、c 为待定参数。

判断某现象是否适合应用抛物线，可利用差分法。

首先将样本观察值按 x 的大小顺序排列,然后按以下两式计算 x 和 y 的一阶差分 Δx_i、Δy_i 以及 y 的二阶差分 $\Delta^2 y_i$。

$$\Delta x_i = x_i - x_{i-1}; \Delta y_i = y_i - y_{i-1}; \Delta^2 y_i = \Delta y_i = \Delta y_{i-1}$$

当 Δx_i 接近于一个常数，而 $\Delta 2 y_i$ 的绝对值也接近于常数时，y 与 x 的关系可用抛物线方程近似表示。

2. 双曲线函数

假如 y 随着 x 的增加而增加（或减少），最初增加（或减少）很快，以后逐渐缓慢并趋于稳定，则可以选用双曲线来拟合。双曲线方程为

$$y = a + b\frac{1}{x_i} \qquad (7.53)$$

3. 幂函数

幂函数的一般方程是

$$y = ax_1^{b_1} x_2^{b_2} \cdots x_k^{b_k} \qquad (7.54)$$

这类函数的优点在于：方程中的参数可以直接反映因变量 y 对于某一个自变量的弹性。所谓 y 对于 x_i 的弹性，是指在其他情况不变的条件下，x_i 变动 1% 时所引起 y 变动的百分比。弹性是一个无量纲的数值，它是定量分析中常用的一个尺度。它在生产函数分析和需求函数分析中得到了广泛的应用。

4. 指数函数

指数函数的方程形式为

$$y = ab^{x_i} \qquad (7.55)$$

式中，a、b 为待定参数。当 $a>0$，$b>1$ 时，曲线随 x_i 值的增加而弯曲上升，趋于正无穷；当 $a>0$，$0<b<1$ 时，曲线随 x_i 值的增加而弯曲下降趋于 0。

这种曲线被广泛应用于描述客观现象的变动趋势。如产值、产量按一定比率增长，就符合第一种形式的曲线；如成本、原材料消耗按一定比例降低，就符合第二种形式的曲线。

5. 对数函数

对数函数的方程形式为

$$y = a + b \ln x_i \tag{7.56}$$

式中，$\ln x$ 表示取自然对数。对数函数的特点是随着 x 的增大，x 的单位变动对因变量 y 的影响效果不断递减。

6. 多项式方程

多项式方程在非线性回归分析中占有重要的地位。当因变量与自变量之间关系未知时，可以用适当幂次的多项式来近似反映。

当所涉及的自变量只有一个时，所采用的多项式方程称为一元多项式，其一般形式如下：

$$y = b_0 + b_1 x + b_2 x^2 + \cdots + b_k x^k \tag{7.57}$$

前面介绍的简单线性函数、抛物线函数和双曲线函数都是一元多项式的特例。

二、非线性回归模型及线性化方法

很多非线性函数可以通过适当的变换转化为线性函数，然后再利用线性回归分析的方法进行估计和检验。

常用的非线性函数的线性化方法有以下几种。

（一）倒数变换法

倒数变换法是用新的变量来替换原模型中变量的倒数，从而使原模型变换成线性模型的一种方法。如对于双曲线函数，令 $x_i' = \dfrac{1}{x_i}$，代入原方程即得线性方程形式：$y = a + bx_i'$。

（二）对数变换法

对数变换法是用新的变量来替换原模型中变量的对数，从而使原模型变换为线性模型。

如令 $x' = \ln x_i$，代入原方程即得线性方程形式：$y = a + bx_i'$。

（三）多项式变换法

这种方法适合于多项式方程的变换。对于一元多项式，可令 $x^i = x_i$，代入原方程即得线性方程形式：$y = b_0 + bx_1 + b_2 x_2 + \cdots + b_k x_k$。

以上所述的线性变换的方法具有简单易行的优点。但在实际应用中应注意以下几点。

（1）对于一些较复杂的非线性函数，常常需要综合利用上述几种方法。

（2）为了能够根据样本观测值，对通过变换得到的线性回归方程式进行估计，方程中的所有变量都不允许包含未知的参数。

（3）和线性回归分析的场合一样，非线性回归分析也要考虑随机误差项的问题。只有当变换后的新模型中包含的误差项能够满足各种标准假定时，新模型中回归系数最小二乘估计量的各种理想性质才能成立。

（4）严格地说，上述各种线性变换方法只适用于变量为非线性的函数。当参数为非线性或参数与变量均为非线性的函数时，即使有可能进行线性变换和回归分析，也无法得到原方程中非线性参数的无偏估计量。

思考与作业

1. 什么是相关关系？它与函数关系有何联系与区别？
2. 简述相关系数取值为–1、0、+1 时的意义。
3. 为什么要对相关系数进行显著性检验？
4. 简述一元线性回归分析的特点。
5. 简述相关分析与回归分析的区别与联系。
6. 解释回归模型、回归方程及估计的回归方程的含义。
7. 一元线性回归模型中有哪些基本的假定？
8. 解释总离差平方和、回归离差平方和、残差平方和的含义，并说明它们之间的关系。
9. 在回归分析中，F 检验和 t 检验各有什么作用？
10. 简述线性关系检验和回归系数检验的具体步骤。
11. 有 10 个同类企业的生产性固定资产年平均价值和工业总产值资料如表 7.10 所示。

表 7.10 有 10 个同类企业的生产性固定资产年平均价值和工业总产值资料　　　万元

企业编号	1	2	3	4	5	6	7	8	9	10
生产性固定资产价值	318	910	200	409	415	502	314	1 210	1 022	1 225
工业总产值	524	1 019	638	815	913	928	605	1 516	1 219	1 624

试计算：

（1）生产性固定资产年平均价值和工业总产值相关系数，判断这两个变量之间是否显著相关；

（2）建立直线回归方程，并解释回归系数的经济意义；

（3）对回归方程进行全检验（$\alpha = 0.05$）；

（4）估计生产性固定资产（自变量）为 1 100 万元时总产值（因变量）的可能值。

12. 对某 10 户居民家庭的年可支配收入和消费支出进行调查，得到的原始资料表 7.11 所示。

表 7.11 年可支配收入和消费支出调查的资料　　　千元

居民家庭编号	1	2	3	4	5	6	7	8	9	10
可支配收入	25	18	60	45	62	88	92	99	75	98
消费支出	20	15	40	30	42	60	65	70	53	78

试计算：

（1）居民可支配收入与消费支出之间的相关系数，判断这两个变量之间是否显著相关；

（2）建立居民消费支出对居民可支配收入的一元线性回归方程，并解释回归系数的经济意义；

（3）计算可决系数 R^2，并解释其意义；

（4）当居民可支配收入为 120 千元时，利用回归方程预测相应的消费支出。

13. 设销售收入 X 为自变量，销售成本 Y 为因变量。现根据某百货公司 12 个月的有关资料计算出以下数据：（单位：万元）

$$\sum_{i=1}^{n}\left(x_i - \overline{x}\right)^2 = 425\,053.73; \quad \overline{x} = 647.88, \quad \sum_{i=1}^{n}\left(y_i - \overline{y}\right)^2 = 262\,855.25, \quad \overline{y} = 549.8$$

$$\sum_{i=1}^{n}\left(x_i - \overline{x}\right)\left(y_i - \overline{y}\right) = 334\,229.09$$

（1）拟合一元线性回归方程，并对方程中回归系数的经济意义作出解释；

（2）计算可决系数和回归估计的标准误差；

（3）对回归系数进行显著性检验（$\alpha = 0.05$）；

（4）假定明年 1 月销售收入为 800 万元，预测相应的销售成本，并给出置信度为 95%的预测区间。

14. 我国某一时间 13 年的货物运输量、国内总产值、运输线路长度的统计资料数据如表 7.12 所示。

表 7.12　货物运输量、国内总产值、运输线路长度的统计资料

年份	货物周转量 y/亿吨千米	国内生产总值 x_1/亿元	运输线路长度 x_2/万千米
1	2 236	1 504	69.54
2	3 463	2 235	74.79
3	4 565	3 138	86.79
4	7 297	4 467	105.47
5	6 904	4 536	111.12
6	7 969	4 978	117.92
7	6 829	5 634	123.20
8	10 907	6 379	120.25
9	11 517	7 077	124.71
10	11 616	7 580	128.43
11	12 403	8 291	130.92
12	13 295	9 211	131.56
13	14 512	10 797	135.00

试计算：

（1）拟合货物周转量对国内生产总值以及运输线路长度的线性回归方程；

（2）对整个回归方程进行显著性检验（$\alpha = 0.05$）；

（3）假设第 14 年国内生产总值为 12 000 亿元，运输线路长度为 140 万千米，试对货物周转量进行点估计。

课程思政拓展阅读

河北省服务业发展影响因素实证分析

即测即练

自学自测　　扫描此码

第八章

时间序列分析

教学目标

　　时间序列分析是统计分析的重要方法之一，是统计预测、季节变动研究的基础。通过本章的学习，要求学生熟悉时间序列分析的意义、种类和编制原则；重点掌握时间序列的水平分析指标和速度分析指标的计算及应用，尤其是不同类型时间序列计算平均发展水平和相关分析指标之间的相互联系；掌握长期趋势、季节变动测定的理论和方法以及在实际工作中的应用。

教学要求

知识要点	能力要求	相关知识
时间序列概述	掌握时间序列的种类和编制原则	绝对数时间序列（时期序列、时点序列）、相对数时间序列、平均数时间序列、可比性原则
时间序列分析的水平指标	熟悉时间序列分析水平指标的计算及指标之间的相互关系	发展水平、平均发展水平（序时平均数）、增长量、平均增长量
时间序列分析的速度指标	熟悉时间序列分析速度指标的计算及指标之间的相互关系	发展速度、增长速度、平均发展速度、平均增长速度
时间序列的趋势分析	掌握时间序列的影响因素及模型	时距扩大法、移动平均法、最小平方法、同月或季平均法、趋势剔除法

导入案例

从山东和江苏 GDP 数据对比看，山东经济总量要追上江苏任重道远

　　多年来，从经济数据看，山东和江苏算是好兄弟。自改革开放初期，山东、江苏轮流做老大，广东后来居上，慢慢超越山东、江苏；从 20 世纪 90 年代开始，广东稳坐第一，从此再没有被山东、江苏两省超越，可谓是一骑绝尘。至于山东、江苏哥儿俩一直以来争夺第二的位置，前期也是互有更替，算是轮流做，从 2005 年以后山东只能屈居江苏之后排名第三，再也没能追上过。

　　对比具体数据，从 2010 年左右开始，山东、江苏追赶广东的脚步在加快，实际上很多年差距并不大，但到了 2015 年之后，山东和广东、江苏两省差距逐渐拉开，而且差距越来越大。

　　对比 2020 年的 GDP 数据，广东还是"粤老大"，GDP 达到 11.08 亿元，同比增长 2.3%，这也是广东 GDP 首次超 11 万亿元大关，而且是连续 32 年居全国首位；排名第

二的江苏，GDP 为 10.27 万亿元，首次突破 10 万亿元大关，同比增长 3.7%；位居第三的山东，2020 年 GDP 为 7.31 万亿元，同比增长 3.6%。

和江苏相比，山东比江苏 GDP 总量少近 3 万亿元，相当于 3 个济南市的 GDP 总量。江苏超过万亿的城市有四个，苏州 2 万亿元，南京 1.48 万亿元，无锡 1.23 万亿元，南通 1 万亿元；相比较山东，差距就比较大了，仅有青岛和济南两个城市 GDP 上万亿元，最强的青岛 GDP 仅和江苏排名第三的无锡相当，济南和南通相当。从两省内的顶级城市看出两省的差距比较大。

再拿最后一名的市比较，江苏宿迁市，2020 年 GDP 总量 3 262 亿元，而山东枣庄市仅 1 733 亿元，如果将宿迁市 GDP 放在山东各地市数据表中，其位于菏泽市和德州市之间，也就是说能排名第九。

江苏 GDP7 000 亿元的城市有常州和徐州两个市，山东仅有烟台一个城市；江苏6 000 亿元的城市有扬州一个市，而山东一个没有；江苏 GDP5 000 亿元的城市有盐城和泰州两个市，而山东只有潍坊一个。

资料来源：德州颖瑞生活圈，https://www.163.com/dy/article/GGR9Q TR60545Q6FC.html

根据此案例，整体感觉山东和江苏 GDP 差距还是比较明显的。虽说山东这几年经济发展势头不错，但江苏发展也不慢啊，这样的话山东要想追上江苏，应该如何做呢？十年后，山东 GDP 总量能超过江苏吗？

第一节　时间序列概述

一、时间序列的意义

时间序列（times series）也称动态序列或时间数列，是指将某一统计指标在不同时间上的数值，按时间先后顺序加以排列后形成的统计序列。例如，将我国 2013—2020年的国内生产总值、年末总人口、人均国内生产总值、城镇单位就业人员平均工资按时间先后顺序进行排列就形成了时间序列，见表 8.1。

表 8.1　2013—2020 年我国主要国民经济和社会发展总量指标

年　　份	国内生产总值/亿元	年末总人口/万人	人均国内生产总值/元	城镇单位就业人员平均工资/元
2013	592 963.2	136 072	43 684	51 483
2014	643 563.2	136 782	47 173	56 360
2015	688 858.2	137 462	50 237	62 029
2016	746 395.1	138 271	54 139	67 569
2017	832 035.9	139 008	60 014	74 318
2018	919 281.1	139 538	66 006	82 413
2019	990 865.1	140 005	70 892	90 501
2020	1 015 986.2	141 178	72 000	90 501

注：①国内生产总值和人均国内生产总值都是按当年价格计算的；
　　②资料来源《中国统计年鉴 2021》。

可见，时间序列由两个基本要素构成：一个是现象所属的时间，如表 8.1 中的年份；另一个是反映客观现象的指标数值，如表 8.1 中四个指标各年的数值。

编制时间序列是计算动态分析指标的基础，是分析社会经济现象发展变化过程及规律的前提。具体讲，编制时间序列的作用为。

（1）可以反映社会经济现象在不同时间上的规模和水平；

（2）可以反映社会经济现象随着时间推移发展变化的过程和趋势；

（3）可用于探索某些社会经济现象发展变化的规律性；

（4）根据社会经济现象发展变化的规律建立数学模型，预测未来，这是统计预测方法的一个重要内容。

二、时间序列的种类

时间序列可以从不同角度进行分类，通常按所列指标的表现形式分为绝对数时间序列、相对数时间序列和平均数时间序列三种。其中绝对数时间序列是基本序列，相对数时间序列和平均数时间序列是派生序列。

（一）绝对数时间序列

绝对数时间序列又称总量指标时间序列，是把总量指标在不同时间上的数值按时间先后顺序加以排列形成的时间序列。它用以反映现象在一段时间内达到的规模、水平和工作总量。按反映时间状况的不同，绝对数时间序列分为时期序列和时点序列两种。

1. 时期序列

在绝对数时间序列中，所列总量指标都是反映社会经济现象在一段时间内发展过程的总量，则这种序列称为时期序列。如表 8.1 中我国各年国内生产总值就是时期序列。时期序列具有以下几个特点。

（1）可相加性。即时期序列中各指标数值可以相加。因为构成时期序列的每一个指标数值都是反映社会经济现象在一段时期内发展过程的总量，所以，各指标数值相加后可反映更长时间社会经济发展过程的总量。如一个季度的产值是由 3 个月的产值加总得到的，一年的产值是由 12 个月的产值加总得到的。

（2）直接相关性。即时期序列中各指标数值的大小与所包含时期的长短有直接关系。时期序列中，每一个指标数值所包含的时间长度，称为"时期"，时期可以是日、月、季、年，或者更长时间。具体研究时，时期长短可以根据研究目的确定。如表 8.1 中，时期就是年。一般来讲，时期越长，指标数值越大；时期越短，指标数值越小。

（3）连续性。即时期序列中各个指标数值是由连续不断的登记取得的。由于时期序列中的指标数值都是反映现象在一段时间内发展过程的总量，因此必须在这段时间内，随着现象发展变化不断地对现象的数量进行登记，然后进行加总。

2. 时点序列

在绝对数时间序列中，所列总量指标都是反映社会经济现象在某一时刻（或瞬间）上的总量，则这种序列称为时点序列。如表 8.1 中我国各年年末人口数就是时点序列。与时期序列相比，时点序列有以下几个特点。

（1）不可相加性。即时点序列中的各项指标数值不具有可加性。时点序列中每个指标值都是反映某一时点上社会经济现象的数量状况，指标的部分数值又包含在以后统计的指标值中。如表 8.1 中我国 2013 年年末的人口数很大一部分又包含在 2014 年以后的年末人口数中。所以，时点序列中指标值相加后无法准确说明该数值到底是哪个时点上现象的数量，使得各指标值总和没有实际意义。

（2）无直接相关性。即时点序列中各指标值的大小与其时间间隔无直接关系。间隔是指相邻的两个时点指标值之间的时间距离。时点序列各指标的数值只反映现象在某一瞬间上的数量，因而数值的大小与时间间隔的长短没有直接关系。如年末的人口数、库存量就不一定比年内各月末的数值大。

（3）一次性。即时间序列中的各指标值一般是通过一次性登记取得的。时点序列各指标值是现象在某一瞬间的数量，因此只要在某一时点上进行统计即可满足研究的需要，不必连续进行登记。

（二）相对数时间序列

相对数时间序列又称相对指标时间序列，是把相对指标在不同时间上的数值按时间先后顺序加以排列形成的时间序列。它用于反映社会经济现象之间相互联系的发展过程。相对数时间序列可以是两个时期序列、两个时点序列或者一个时期序列与一个时点序列对比而成。如表 8.1 中，我国各年人均国内生产总值相对数时间序列就是国内生产总值时期序列与年末人口数时点序列对比而成的。在相对数时间序列中，各个指标数值是不能相加的。

（三）平均数时间序列

平均数时间序列又称平均指标时间序列，是把平均指标在不同时间上的数值按时间先后顺序加以排列所形成的时间序列。它用于反映社会经济现象总体各单位某一数量标志值一般水平的发展变化趋势。如表 8.1 中我国各年城镇单位就业人员平均工资就是平均数时间序列。平均数时间序列中各个指标数值也是不能相加的。

三、时间序列的编制原则

为了使编制的时间序列能够正确地反映被研究现象的发展变化过程和规律性，就必须保证序列的每个指标具有可比性。指标的可比性是编制时间序列要遵守的基本原则。可比性的具体表现如下。

（一）时期长短应该相等

在时期序列中各个指标值的大小与时期长短有直接关系。一般时期越长，数值越大；反之就越小。所以时期序列各指标所属时期的长短应该相等，否则时期不同，长短不一，就很难做出判断和比较。

在特殊研究目的下，也可编制时期不等的时期序列。例如，把我国新中国成立以来几个重要时期的钢产量资料（见表 8.2）编制成时期不等的时间序列，可以更清晰地反映新中国成立以来我国钢铁工业取得的伟大成就。

表 8.2　中华人民共和国成立以来几个重要时期的钢产量　　　　　　万吨

时　　期	1900—1949	一五	八五	九五	十五	十一五	十二五	2020
钢产量	776	1 667	42 947	57 853	119 249	262 084	384 843	106 477

注：资料来源《中国钢铁工业年鉴》（2005）、《中国统计年鉴》（2006—2021）整理得到。

对于时点序列来说，其指标数值的大小与时点间隔的长短无直接关系，所以各指标数值之间的间隔是否相等可根据实际情况和需要而定。但为了便于比较分析，各指标数值之间的间隔也最好相等。

（二）指标的经济内容必须相同

一般来说，只有同质的现象才能进行动态对比，才能表明现象发展变化的过程及规律性。因此，保证时间序列各指标经济内容的一致性就十分必要。即使名称相同的指标，经济内容不同或发生改变，也是不能直接比较的。例如：农业总产值指标在 1993 年前后对于副业的处理就不同，使用时应注意调整指标经济内容，保持前后一致。

（三）指标所属的总体范围应该一致

总体范围一致是对时间序列所属空间范围而言的，如地区范围、隶属范围、分组范围等。例如，研究某一地区的经济发展情况，要注意该地区行政区划是否发生过变更，如发生过变更，则需要对变更前后的数据资料进行调整，在保证总体范围一致后才能直接比较分析。

（四）指标的计算方法和计量单位必须统一

在时间序列中各个指标的计算方法、计量单位应该一致，保持不变。例如，要研究企业劳动生产率，产量用实物量还是价值量，人数用从业人员数还是工人（含学徒工）人数，前后要统一。再如，研究工农业生产情况时，产值指标有不变价格和现行价格之分，使用时前后也要一致。指标数值的计量单位也要一致，如农业机械总动力，曾用马力、千瓦作计量单位，使用时应进行换算，一致后才能使用。

第二节　时间序列分析的水平指标

为了利用时间序列研究社会经济现象的发展过程和发展规律性，就需要根据时间序列计算一系列的动态分析指标。动态分析指标包括两类：一类是根据时间序列计算的水平分析指标，有发展水平、平均发展水平、增长量和平均增长量等；另一类是根据时间序列计算的速度分析指标，有发展速度、增长速度、平均发展速度和平均增长速度等。本节先介绍时间序列的水平分析指标，速度分析指标放到下一节讲。

一、发展水平

发展水平（level of development）是时间序列中的每个指标数值，它具体反映社会经济现象在不同时期或时点所达到的总量。发展水平可以表现为总量指标，如城镇单位就业人员工资总额、年末人口数等；也可以表现为相对指标或平均指标，如人口出生率、男性人口数所占比重、城镇单位就业人员平均工资等。

按发展水平在时间序列中所处的位置不同，分为最初水平、最末水平和中间发展水平。最初水平就是时间序列的第一项指标数值；最末水平就是时间序列的最后一项指标数值；除去最初水平和最末水平，时间序列的其余各项发展水平就是中间发展水平。如用符号 a_1, a_2, $\cdots$, a_{n-1}, a_n 代表时间序列的各个发展水平，则 a_0 就是最初水平，a_n 就是最末水平，其余就是中间发展水平。

根据发展水平在动态分析中的作用不同，通常将所研究的那个时期水平叫作报告期水平（level of given period），用来比较的基础时期水平叫作基期水平（level of base period）。

二、平均发展水平

平均发展水平（average level of development）是根据时间序列中各期发展水平加以平均得到的平均数，用于说明现象在不同时间上发展变化的一般水平。由于该指标是将指标值按时间顺序加以排列后计算的平均数，所以又称为序时平均数（chronological average）或动态平均数。

序时平均数与一般平均数（静态平均数）既有相同之处，也有差别。其相同点都是将各个变量值差异抽象化，概括地反映现象的一般水平。其差异为：序时平均数是将现象总体在不同时间上的数量差异抽象化，从动态上说明现象在一段时期内发展的一般水平，是根据时间序列计算的；一般平均数是将同一时间总体各单位某一数量标志值的差异抽象化，从静态上表明现象在具体条件下的一般水平，是根据变量数列计算的。

由于时间序列的种类不同，序时平均数可以用绝对数时间序列计算，也可以用相对数或平均数时间序列计算。其中，由绝对数时间序列计算序时平均数是最基本的。

（一）由绝对数时间序列计算序时平均数

绝对数时间序列分为时期序列和时点序列，由于两种序列的特点不同，计算序时平均数的方法也不同。

1. 由时期序列计算序时平均数

由于时期序列各指标数值具有可加性，所以，时期序列计算序时平均数可采用简单算术平均法，即各时期指标值相加除以时期数。其计算公式为

$$\bar{a} = \frac{a_1 + a_2 + \cdots + a_{n-1} + a_n}{n} = \frac{\sum\limits_{i=1}^{n} a_i}{n}, i = 1,2,\cdots,n \tag{8.1}$$

式中，$\bar{a}$ 代表序时平均数，a_i 代表各时期的指标值，n 代表时期数。

【例 8.1】 根据表 8.1 资料计算 2013—2020 年我国年平均国内生产总值为

$$\bar{a} = \frac{\sum\limits_{i=1}^{n} a_i}{n}$$

$$= \frac{592\,963.2 + 643\,563.2 + 688\,858.2 + 746\,395.1 + 832\,035.9 + 919\,281.1 + 990\,865.1 + 1\,015\,986.2}{8}$$

$$= \frac{6\,429\,948}{8} = 803\,743.5（亿元）$$

2. 由时点序列计算序时平均数

时点序列都是反映社会经济现象在不同时刻的数量状况，因此属于不连续序列。但在实际应用中，为便于操作，可把逐日记录、逐日排列指标数值得到的时点序列视为连续时点序列。

1）由连续时点序列计算序时平均数

连续时点序列有间隔相等连续时点序列和间隔不等连续时点序列两种情况。

（1）间隔相等连续时点序列。间隔相等连续时点序列资料是逐日登记、排列得到的，可采用简单算术平均法计算，即用各时点指标数值相加除以时点项数。计算公式为

$$\bar{a} = \frac{a_1 + a_2 + \cdots + a_{n-1} + a_n}{n} = \frac{\sum_{i=1}^{n} a_i}{n}, \quad i = 1, 2, \cdots, n \tag{8.2}$$

在工业企业中，如果掌握了一个月每天的职工人数，要计算该月每日的平均职工人数，可将每天人数相加除以该月的日历天数。

（2）间隔不等连续时点序列。间隔不等连续时点序列资料不是逐日登记排列，而是当数据变动时加以登记所得到的，可用数据每次变动持续的间隔长度（f）作权数计算加权算术平均数。计算公式为

$$\bar{a} = \frac{\sum_{i=1}^{n} a_i f_i}{\sum_{i=1}^{n} f_i}, \quad i = 1, 2, \cdots, n \tag{8.3}$$

【例 8.2】 某工业企业 2020 年 6 月份的职工人数变动情况见表 8.3，试计算该企业6 月份日平均职工人数。

表 8.3 某工业企业 2020 年 6 月份职工人数变动资料

时间/日	1—10	11—25	26—30
职工人数/人	1 000	1 050	1 045

解 该企业 6 月份日平均职工人数为

$$\bar{a} = \frac{\sum_{i=1}^{n} a_i f_i}{\sum_{i=1}^{n} f_i} = \frac{1\,000 \times 10 + 1\,050 \times 15 + 1\,045 \times 5}{10 + 15 + 5} = 1\,032.5（人）$$

2）由间断时点序列计算序时平均数

间断时点序列也有间隔相等间断时点序列和间隔不等间断时点序列两种情况。

（1）间隔相等的间断时点序列。当掌握的资料是研究时期的几个时点数据且间隔相等时，可将相邻的两个时点数据先计算出序时平均数，然后再用简单算术平均法求整个研究时期的序时平均数。这种计算方法也可以简化为：时点序列的首尾两项数值折半，加上中间各项数值，再除以项数减 1，此方法称"首尾折半"法。计算公式为

$$\overline{a} = \frac{\dfrac{a_1 + a_2}{2} + \dfrac{a_2 + a_3}{2} + \cdots + \dfrac{a_{n-1} + a_n}{2}}{n-1} = \frac{\dfrac{1}{2}a_1 + a_2 + \cdots + a_{n-1} + \dfrac{1}{2}a_n}{n-1} \qquad (8.4)$$

【例 8.3】　某企业 2020 年上半年各月初的职工人数资料如表 8.4 所示，试计算该企业上半年月平均工人数。

表 8.4　某企业 2020 年上半年各月初的职工人数资料

月　份	1	2	3	4	5	6	7
月初工人数/人	1 850	2 050	1 950	2 150	2 216	2 190	2 250

解　该企业上半年的月平均工人数为

$$\overline{a} = \frac{\dfrac{1}{2} \times 1\,850 + 2\,050 + 1\,950 + 2\,150 + 2\,216 + 2\,190 + \dfrac{1}{2} \times 2\,250}{7 - 1} = 2\,101（人）$$

（2）间隔不等的间断时点序列。如果掌握的资料是研究时期的几个时点数据且间隔不等，序时平均数的计算可用间隔长度作权数计算加权算术平均数。计算公式为

$$\overline{a} = \frac{\dfrac{a_1 + a_2}{2} f_1 + \dfrac{a_2 + a_3}{2} f_2 + \cdots + \dfrac{a_{n-1} + a_n}{2} f_{n-1}}{\displaystyle\sum_{i=1}^{n-1} f_i} \qquad (8.5)$$

【例 8.4】　某企业 2020 年职工人数资料如表 8.5 所示，试计算该企业年平均职工人数。

表 8.5　某企业 2020 年职工人数变动表

日　期	1 月 1 日	3 月 1 日	7 月 1 日	10 月 1 日	12 月 31 日
职工人数/人	900	600	700	1 000	800

解　该企业 2020 年平均职工人数为

$$\overline{a} = \frac{\dfrac{900 + 600}{2} \times 2 + \dfrac{600 + 700}{2} \times 4 + \dfrac{700 + 1\,000}{2} \times 3 + \dfrac{1\,000 + 800}{2} \times 3}{2 + 4 + 3 + 3} = 779.17（人）$$

根据间断时点序列计算的序时平均数都具有一定的假定性。因为其计算的前提是，假定研究现象在相邻两个时点之间的变动是均匀的，实际上任何一种现象的变动都是不均匀的。因此，为使计算结果尽可能接近实际，收集时点序列资料的时间间隔不宜取得过长。

（二）由相对数时间序列计算序时平均数

相对数时间序列是由两个相互联系的绝对数时间序列对比构成的。所以，由相对数时间序列计算序时平均数的基本思路是：首先计算出构成相对数时间序列的分子项与分母项两个绝对数时间序列的序时平均数，然后将这两个序时平均数进行对比，就可得到相对数时间序列的序时平均数。其计算公式为

$$\overline{c} = \frac{\overline{a}}{\overline{b}} \tag{8.6}$$

式中，$\overline{a}$ 表示分子序列的序时平均数，$\overline{b}$ 表示分母序列的序时平均数，$\overline{c}$ 表示相对数时间序列的序时平均数。

相对数时间序列可以由两个时期序列构成，也可以由两个时点序列或一个时期序列与一个时点序列构成。下面分别介绍三种情况序时平均数的计算方法。

1. 由两个时期序列构成的相对数时间序列计算序时平均数

【例 8.5】 某企业 2020 年第二季度各月工业增加值计划完成程度如表 8.6 所示，试计算该企业 2020 年第二季度月平均工业增加值计划完成程度。

表 8.6　某企业 2020 年第二季度各月工业增加值计划完成程度

项　　目	7 月	8 月	9 月
实际工业增加值 a/万元	1 000	1 224	1 736
计划工业增加值 b/万元	1 000	1 200	1 400
增加值计划完成程度 c/%	100	102	124

解　该企业 2020 年第二季度月平均工业增加值计划完成程度为

$$\overline{c} = \frac{\overline{a}}{\overline{b}} = \frac{(1\,000 + 1\,224 + 1\,736)/3}{(1\,000 + 1\,200 + 1\,400)/3} = \frac{1\,320}{1\,200} = 1.1(\text{或}110\%)$$

用符号表示，其计算公式为

$$\overline{c} = \frac{\overline{a}}{\overline{b}} = \frac{\sum\limits_{i=1}^{n} a_i}{n} \div \frac{\sum\limits_{i=1}^{n} b_i}{n} = \frac{\sum\limits_{i=1}^{n} a_i}{\sum\limits_{i=1}^{n} b_i} \tag{8.7}$$

由于 $c_i = \dfrac{a_i}{b_i}$，则 $a_i = b_i c_i$，将 $a_i = b_i c_i$ 代入式（8.7），得到一个加权算术平均数形式的计算公式：

$$\overline{c} = \frac{\sum\limits_{i=1}^{n} a_i}{\sum\limits_{i=1}^{n} b_i} = \frac{\sum\limits_{i=1}^{n} b_i c_i}{\sum\limits_{i=1}^{n} b_i} \tag{8.8}$$

同理，将 $b_i = \dfrac{a_i}{c_i}$ 代入式（8.8），可得一个加权调和平均数形式的计算公式：

$$\overline{c} = \frac{\sum\limits_{i=1}^{n} a_i}{\sum\limits_{i=1}^{n} b_i} = \frac{\sum\limits_{i=1}^{n} a_i}{\sum\limits_{i=1}^{n} \dfrac{a_i}{c_i}} \tag{8.9}$$

上述三个公式在实际应用时计算结果完全相同，具体用哪一个公式应根据掌握的资料来确定。如掌握的资料是 a 和 b 时用基本公式；掌握的资料是 b 和 c 时用加权算术平均数公式；掌握的资料是 a 和 c 时用加权调和平均数公式。

2. 由两个时点序列构成的相对数时间序列计算序时平均数

时点序列序时平均数的计算公式有四种，实际工作中常见的是间隔相等的间断时点序列计算的形式。基于相对数时间序列计算序时平均数的基本公式：

$$\bar{c} = \frac{\bar{a}}{\bar{b}} = \frac{\left(\dfrac{a_1}{2} + a_2 + a_3 + \cdots + a_{n-1} + \dfrac{a_n}{2}\right) / n - 1}{\left(\dfrac{b_1}{2} + b_2 + b_3 + \cdots + b_{n-1} + \dfrac{b_n}{2}\right) / n - 1} = \frac{\dfrac{a_1}{2} + a_2 + a_3 + \cdots + a_{n-1} + \dfrac{a_n}{2}}{\dfrac{b_1}{2} + b_2 + b_3 + \cdots + b_{n-1} + \dfrac{b_n}{2}} \quad (8.10)$$

【例 8.6】 某企业 2020 年第三季度各月末职工人数资料如表 8.7 所示，试计算该企业第三季度生产工人占全部职工的平均比重。

表 8.7　某企业 2020 年第三季度各月末职工人数统计表

时　　间	6 月末	7 月末	8 月末	9 月末
生产工人数 a/人	725	754	760	780
职工人数 b/人	860	863	865	868
生产工人占全部职工的比重 c/%	84.3	87.4	87.9	89.9

解　该企业第三季度生产工人占全部职工的平均比重为

$$\bar{c} = \frac{\dfrac{a_1}{2} + a_2 + a_3 + \cdots + a_{n-1} + \dfrac{a_n}{2}}{\dfrac{b_1}{2} + b_2 + b_3 + \cdots + b_{n-1} + \dfrac{b_n}{2}} = \frac{\dfrac{725}{2} + 754 + 760 + \dfrac{780}{2}}{\dfrac{860}{2} + 863 + 865 + \dfrac{868}{2}} \times 100\% = 87.44\%$$

3. 由一个时期序列和一个时点序列构成的相对数时间序列计算序时平均数

这时计算序时平均数应考虑分子、分母是时期序列还是时点序列，间隔是否相等。时期序列用时期序列的计算方法，时点序列用时点序列的计算方法进行处理。

【例 8.7】 某企业 2020 年第四季度商品销售、库存和流转资料如表 8.8 所示，试计算该企业第四季度平均商品流转次数。

表 8.8　某企业 2020 年第四季度商品流转统计表

月　　份	9	10	11	12
商品销售额 a/万元	—	2 800	3 080	3 466
月末库存额 b/万元	981	1 173	1 393	1 175
商品流转次数 c/次	—	2.6	2.4	2.7

表 8.8 资料中，由于分子是时期序列，分母是间隔相等的间断时点序列，因此，得到相对数时间序列平均数的计算公式为

$$\bar{c} = \frac{\bar{a}}{\bar{b}} = \frac{(a_1 + a_2 + a_3 + \cdots + a_{n-1} + a_n) / n}{\left(\dfrac{b_1}{2} + b_2 + b_3 + \cdots + b_{n-1} + \dfrac{b_n}{2}\right) / n' - 1} = \frac{\displaystyle\sum_{i-1}^{n} a_i}{\dfrac{b_1}{2} + b_2 + b_3 + \cdots + b_{n-1} + \dfrac{b_n}{2}} \quad (8.11)$$

式中，n 为时期序列项数，n' 为时点序列项数（实际上，n 与 $n'-1$ 结果是相同的）。

则，该企业 2020 年第四季度平均商品流转次数为

$$\overline{c} = \frac{\sum_{i-1}^{n} a_i}{\dfrac{b_1}{2} + b_2 + b_3 + \cdots + b_{n-1} + \dfrac{b_n}{2}} = \frac{2\,800 + 3\,080 + 3\,466}{\dfrac{981}{2} + 1173 + 1393 + \dfrac{1175}{2}} = 2.56（次）$$

（三）由平均数时间序列计算序时平均数

平均数时间序列分为两种：一种是由一般平均数构成的；另一种是由序时平均数构成的。由一般平均数构成的平均数时间序列计算序时平均数的基本思路与相对数时间序列计算序时平均数相同。由序时平均数构成的平均数时间序列计算序时平均数，由于各个指标值本身已是按序时平均法计算的结果，因此，如果序列中各个指标数值的间隔相等，可采用简单算术平均法计算；如果间隔不相等，可用间隔长度作权数计算加权算术平均数。

应当注意的是，由相对数时间序列计算序时平均数时，如果所掌握的分子序列或分母序列本身就是序时平均数序列，则应按上述第二种平均数时间序列的要求计算其序时平均数。

三、增长量

增长量（growth quantity）是报告期水平与基期水平之差，反映某一现象在不同时期增减变化的绝对量。增长量可以是正数，代表现象的增加量；也可以是负数，代表现象的减少量。其计算公式为

$$增长量 = 报告期水平 - 基期水平 \tag{8.12}$$

由于采用的基期不同，增长量分为累计增长量和逐期增长量两种。累计增长量是报告期水平与某一固定基期水平（常用最初水平）之差，反映现象在某一较长时期增减变化的绝对量。逐期增长量是报告期水平与前一时期水平之差，反映现象在相邻时期增减变化的绝对量。如时间序列是 a_0，a_1，a_2，$\cdots$，a_{n-1}，a_n，用符号表示的累计增长量和逐期增长量为

累计增长量：$a_1 - a_0$，$a_2 - a_0$，$\cdots$，$a_{n-1} - a_0$，$a_n - a_0$

逐期增长量：$a_1 - a_0$，$a_2 - a_1$，$\cdots$，$a_{n-1} - a_{n-2}$，$a_n - a_{n-1}$

从上述公式中，可以看出累计增长量与逐期增长量之间具有一定的等式关系，即累计增长量等于相应各期的逐期增长量之和，用公式表示为

$$a_n - a_0 = (a_1 - a_0) + (a_2 - a_1) + \cdots + (a_{n-1} - a_{n-2}) + (a_n - a_{n-1}) \tag{8.13}$$

【例 8.8】根据表 8.1 中我国各年的国内生产总值计算 2013—2020 年的累计增长量、逐期增长量，见表 8.9。

表 8.9　2013—2020 年我国国内生产总值增长量计算表　　　　　　　　　　亿元

年　　份		2013	2014	2015	2016	2017	2018	2019	2020
国内生产总值		592 963.2	643 563.2	688 858.2	746 395.1	832 035.9	919 281.1	990 865.1	1 015 986.2
增长量	累计	—	50 600.0	95 895.0	153 431.9	239 072.7	326 317.9	397 901.9	42 3023.0
	逐期	—	50 600.0	45 295.0	57 536.9	85 640.8	87 245.2	71 584.0	25 121.1

实际工作中，常计算年距增长量，代表报告期水平与上年同期水平之差，其计算公式为

$$年距增长量 = 报告期发展水平 - 上年同期发展水平 \qquad (8.14)$$

计算年距增长量可以消除季节变动的影响，表明报告期水平比上年同期水平增减变化的绝对量。

四、平均增长量

平均增长量（average growth amount）是一定时期内逐期增长量的序时平均数，用来说明社会经济现象在一段时期内平均增加的绝对数量。其计算公式为

$$平均增长量 = \frac{逐期增长量之和}{逐期增长量个数} = \frac{累计增长量}{时间序列项数 - 1} \qquad (8.15)$$

【例 8.9】 根据表 8.1 资料，计算我国 2014—2020 年国内生产总值的年平均增长量为

$$年平均增量 = \frac{50\,600.0 + 45\,295.0 + 57\,536.9 + 85\,640.8 + 87\,245.2 + 71\,584.0 + 25\,121.1}{7}$$

$$= \frac{423\,023}{8 - 1} = 60\,431.86 \ (亿元)$$

第三节 时间序列分析的速度指标

时间序列分析的速度指标是反映社会经济现象在某一段时间内发展变化速度的动态指标，包括发展速度、增长速度、平均发展速度和平均增长速度四个指标，它们之间具有密切的关系，其中发展速度是最基本的速度指标。

一、发展速度

发展速度（speed of development）是两个不同时期发展水平对比所得的动态相对指标，反映社会经济现象发展变化的相对程度。该指标说明了报告期水平已发展为（或增加到）基期水平的百分之几或若干倍。其计算公式为

$$发展速度 = \frac{报告期水平}{基期水平} \qquad (8.16)$$

由于采用的基期不同，发展速度分为定基发展速度（fixed base speed of development）和环比发展速度（chained speed of development）两种。定基发展速度也称总发展速度，是报告期水平与某一固定基期水平（常用最初水平）之比，用来反映社会经济现象在某一较长时期内发展的总速度；环比发展速度是报告期水平与前一时期水平之比，用来反映社会经济现象在相邻时期发展的相对程度。如时间序列是 $a_0, a_1, a_2, \cdots, a_{n-1}, a_n$，用符号表示的定基发展速度和环比发展速度为

定基发展速度：$\dfrac{a_1}{a_0}, \dfrac{a_2}{a_0}, \cdots, \dfrac{a_{n-1}}{a_0}, \dfrac{a_n}{a_0}$

环比发展速度：$\dfrac{a_1}{a_0}, \dfrac{a_2}{a_1}, \cdots, \dfrac{a_{n-1}}{a_{n-2}}, \dfrac{a_n}{a_{n-1}}$

【**例 8.10**】 根据表 8.1 中我国各年的国内生产总值计算不同年份的定基发展速度和环比发展速度，见表 8.10。

表 8.10　2013—2020 年我国国内生产总值发展速度计算表

年　　份	2013	2014	2015	2016	2017	2018	2019	2020
国内生产总值/亿元	592 963.2	643 563.2	688 858.2	746 395.1	832 035.9	919 281.1	990 865.1	1 015 986.2
发展速度/% 定基	100	108.53	116.17	125.88	140.32	155.03	167.10	171.34
发展速度/% 环比	—	108.53	107.04	108.35	111.47	110.49	107.79	102.54

从上述公式中可以看出定基发展速度和环比发展速度之间具有一定的等式关系，即定基发展速度等于相应各期环比发展速度的连乘积，用公式表示为

$$\frac{a_n}{a_0} = \frac{a_1}{a_0} \cdot \frac{a_2}{a_1} \cdot \cdots \cdot \frac{a_{n-1}}{a_{n-2}} \cdot \frac{a_n}{a_{n-1}} \tag{8.17}$$

实际工作中，经常计算年距发展速度，它是报告期水平与上年同期水平之比，表明在消除季节变动影响的情况下，现象本期比上年同期相对发展的程度。其计算公式为

$$年距发展速度 = \frac{报告期发展水平}{上年同期发展水平} \tag{8.18}$$

二、增长速度

增长速度（speed of growth）是增长量与基期水平对比所得的动态相对数，反映社会经济现象增长变化的相对程度。该指标说明了报告期水平比基期水平增加（或提高）了百分之几或若干倍。其计算公式为

$$增长速度 = \frac{增长量}{基期水平} \tag{8.19}$$

或 $$增长速度 = \frac{报告期水平 - 基期水平}{基期水平} = 发展速度 - 1（或100\%）$$

由于采用的基期不同，增长速度可分为定基增长速度（fixed base growth speed）和环比增长速度（chained growth speed）两种。定基增长速度也称总增长速度，是累计增长量与某一固定基期水平之比，反映社会经济现象在某一较长时期内增长的总速度；环比增长速度是逐期增长量与前一时期水平之比，反映社会经济现象在相邻时期增长的相对程度。如时间序列是 $a_0, a_1, a_2, \cdots, a_{n-1}, a_n$，用符号表示的定基增长速度和环比增长速度为

定基增长速度：$\dfrac{a_1 - a_0}{a_0}, \dfrac{a_2 - a_0}{a_0}, \cdots, \dfrac{a_{n-1} - a_0}{a_0}, \dfrac{a_n - a_0}{a_0}$

或 $\dfrac{a_1}{a_0} - 1, \dfrac{a_2}{a_0} - 1, \cdots, \dfrac{a_{n-1}}{a_0} - 1, \dfrac{a_n}{a_0} - 1$

环比增长速度：$\dfrac{a_1 - a_0}{a_0}, \dfrac{a_2 - a_1}{a_1}, \cdots, \dfrac{a_{n-1} - a_{n-2}}{a_{n-2}}, \dfrac{a_n - a_{n-1}}{a_{n-1}}$

或 $$\frac{a_1}{a_0}-1, \frac{a_2}{a_1}-1, \cdots, \frac{a_{n-1}}{a_{n-2}}-1, \frac{a_n}{a_{n-1}}-1$$

【例 8.11】 根据表 8.1 中我国各年的国内生产总值可计算出 2013—2020 年各年的定基增长速度和环比增长速度，见表 8.11。

表 8.11　2013—2020 年我国国内生产总值增长速度计算表　　　　　　　　亿元

年　份		2013	2014	2015	2016	2017	2018	2019	2020
国内生产总值/亿元		592 963.2	643 563.2	688 858.2	746 395.1	832 035.9	919 281.1	990 865.1	1 015 986.2
增长速度/%	定基	100	8.53	16.17	25.88	40.32	55.03	67.10	71.34
	环比	—	8.53	7.04	8.35	11.47	10.49	7.79	2.54

发展速度是计算增长速度的基本指标。但从指标的实际意义看，增长速度的重要性远远超过发展速度。一般来讲，发展速度大于 1，则增长速度为正值，表示现象增长的程度；反之，则表示现象下降的程度。

实际应用中，需要把发展速度和增长速度同隐藏在其后的绝对量——发展水平和增长量结合起来，进行动态分析，以免高速度掩盖低水平，而低速度掩盖高水平。速度和水平结合分析时，有一个代表性的指标，即增长 1% 的绝对值。它是用前期水平除于 100，表明现象每增长 1% 而增加的绝对量。计算公式为

$$\text{增长1\%的绝对值} = \frac{\text{逐期增长量}}{\text{环比增长速度}(\%)} = \frac{\text{前期发展水平}}{100} \qquad (8.20)$$

【例 8.12】 根据表 8.1 中我国各年的国内生产总值可计算出 2013—2020 年各年增长 1% 的绝对值，见表 8.12。

表 8.12　2013—2020 年我国国内生产总值增长 1% 绝对值计算表　　　　　　亿元

年　份	2013	2014	2015	2016	2017	2018	2019	2020
国内生产总值	592 963.2	643 563.2	688 858.2	746 395.1	832 035.9	919 281.1	990 865.1	1 015 986.2
增长 1% 绝对值	—	5 929.63	6 435.63	6 888.58	7 463.95	8 320.35	9 192.81	9 908.65

值得注意的是：由于增长速度只反映增长部分的相对程度，所以，环比增长速度的连乘积不等于定基增长速度。如果要由环比增长速度求定基增长速度，必须将环比增长速度加 1 再连乘，然后将所得结果再减 1。

实际工作中，有时也计算年距增长速度，它是年距增长量与上年同期水平之比。计算公式为

$$\text{年距增长速度} = \frac{\text{年距增长量}}{\text{上年同期发展水平}} = \text{年距发展速度} - 1(\text{或}100\%) \qquad (8.21)$$

三、平均发展速度与平均增长速度

（一）平均速度指标的意义

平均速度指标可以分为平均发展速度（average speed of development）和平均增长

速度（average speed of growth）两种。平均发展速度是各期环比发展速度的序时平均数，用来表明现象在一段时期内逐期发展的平均速度；平均增长速度是各期环比增长速度的序时平均数，用来表明现象在一段时期内逐期增长的平均速度。

平均增长速度不能根据各个环比增长速度直接求得，而要依据与平均发展速度的等式关系进行计算。平均增长速度与平均发展速度的等式关系为

平均增长速度 = 平均发展速度 − 1（或 100%）

（二）平均发展速度的计算方法

由于平均发展速度是根据现象在各个时期对比得到的动态相对数进行计算的，因此不能直接应用前述序时平均数的计算方法。在实际统计工作中，平均发展速度的计算方法有水平法和累计法两种。

1. 水平法

水平法又称几何平均法。由于现象发展的总速度不等于各期环比发展速度之和，而等于各期环比发展速度的连乘积，因此，计算平均发展速度要用水平法。这种计算方法的实质是：从最初水平（a_0）出发，按平均发展速度（$\bar{x}$）发展，n 期之后，正好达到实际最末水平（a_n）。由于掌握的资料不同，平均发展速度可用不同公式计算。

如掌握的资料是各期的环比发展速度，平均发展速度的计算公式为

$$\bar{x} = \sqrt[n]{x_1 \cdot x_2 \cdot x_3 \cdots \cdots x_n} = \sqrt[n]{\prod_{i-1}^{n} x_i} \tag{8.22}$$

式中，x_i 表示各期环比发展速度；n 表示环比发展速度的个数；$\prod$ 表示连乘符号。

如掌握的资料是最后一期的定基发展速度，式（8.22）可以简化为

$$\bar{x} = \sqrt[n]{\frac{a_1}{a_0} \cdot \frac{a_2}{a_1} \cdot \frac{a_3}{a_2} \cdots \cdots \frac{a_n}{a_{n-1}}} = \sqrt[n]{\frac{a_n}{a_0}} \tag{8.23}$$

如直接掌握整个研究时期的总发展速度 R，式（8.23）又可以简化为

$$\bar{x} = \sqrt[n]{R} \tag{8.24}$$

在实际工作中，根据水平法计算平均发展速度，用电子计算器计算比较方便，也可以用《平均增长速度查对表》查表运算。

【例 8.13】已知某地区 2013 年社会消费品零售总额为 852.06 亿元，如果 2020 年达到了 1 778.26 亿元，计算平均发展速度：

$$\bar{x} = \sqrt[n]{\frac{a_n}{a_0}} = \sqrt[7]{\frac{1\,778.26}{852.06}} = \sqrt[7]{2.087} = 1.110\,8 \text{ 或 } 111.08\%$$

平均增长速度 = 111.08% − 100% = 11.08%

2. 累计法

累计法也称高次方程法。它是以各期发展水平之和和基期水平为基础计算平均发展速度的一种方法。这种计算方法的实质是：从最初水平（a_0）出发，按平均发展速度（$\bar{x}$）发展，n 期之后，各计算期的发展水平之和与各期实际发展水平的总和相等。根据此等式列出的方程式为

$$\overline{x}^n + \overline{x}^{n-1} + \cdots + \overline{x}^2 + \overline{x} - \frac{\sum\limits_{i=1}^{n} a_i}{a_0} = 0 \tag{8.25}$$

求解这个高次方程，得到的正根就是平均发展速度。但是求解这个方程是比较复杂的。在实际统计工作中，都是根据《平均增长速度查对表》查表计算，如表 8.13 所示。

表 8.13 平均增长速度查对表（累计法）

平均每年增长%	各年发展水平总和为基期的%				
	1 年	2 年	3 年	4 年	5 年
…	…	…	…	…	…
10.7	110.70	233.24	368.89	519.05	685.28
10.8	110.80	233.57	369.60	520.32	687.32
10.9	110.90	233.89	370.29	521.56	689.32
…	…	…	…	…	…

【例 8.14】 某地区"十三五"期间各年的国有房地产开发固定资产投资总额资料如表 8.14 所示，结合表 8.13 的部分《平均增长速度查对表》，说明累计法平均增长速度的计算方法。

表 8.14 某地区 2015—2020 年国有房地产开发固定资产投资总额 亿元

年 份	2015	2016	2017	2018	2019	2020
固定资产投资总额	25.42	24.57	26.91	35.68	43.93	43.76

解 第一步，计算各年发展水平之和与最初水平的百分比：

$$\frac{a_1 + a_2 + \cdots + a_n}{a_0} = \frac{24.57 + 26.91 + 35.68 + 43.93 + 43.76}{25.42} = \frac{174.85}{25.42} = 687.84\%$$

第二步，判断资料的增减类型：

如果 $\frac{a_1 + a_2 + \cdots + a_n}{a_0} \cdot \frac{1}{n} > 1$ 或 100%时，表明现象是递增型，应在累计法查对表的递增部分查找；如果 $\frac{a_1 + a_2 + \cdots + a_n}{a_0} \cdot \frac{1}{n} < 1$ 或 100%时，表明现象是递减型，应在累计法查对表的递减部分查找。

本例中，$\frac{a_1 + a_2 + \cdots + a_n}{a_0} \cdot \frac{1}{n} = \frac{687.84\%}{5} = 137.57\% > 100\%$，所以资料属于递增类型。

第三步，查表。在表 8.13 平均增长速度查对表的 $n=5$ 栏内，找到接近 687.84%的数字 687.32%，再查到该数同行的第 1 栏内平均每年增长速度为 10.8%，即为所求的平均增长速度。根据平均增长速度可求出平均发展速度，即

国有房地产开发固定资产投资总额平均发展速度=100%+10.8%=110.8%

（三）水平法与累计法两种计算方法的比较

由以上对水平法与累计法两种计算方法的介绍可以看出，这两种计算方法各有侧

重，其应用条件也有差异。水平法侧重考察现象的期末发展水平，而不反映中间各项水平的变化，所以在计算平均发展速度时，必须对各期的发展水平进行分析，只有在现象发展情况比较稳定时才能运用这种方法；累计法则侧重考察现象整个研究时期中各年发展水平的总和，因此，利用累计法计算出的平均发展速度不决定于最初与最末水平的变化情况，而受整个研究时期内各期发展水平的影响。

水平法和累计法在使用时应根据研究对象的不同特点分别采用。水平法常用于考察重点是最末一年所达到水平的现象，如工农业生产、运输与邮电及商业、劳动工资等现象；而累计法则比较适宜考察现象在较长时间内累计达到的总量情况，如基本建设投资、地质勘探、垦荒造林等现象。比较而言，水平法计算简单，在实际应用中较为常用。

在运用平均速度指标时还要注意，为全面说明现象的发展过程和发展趋势，应把这种指标与各期的发展水平、环比速度、定基速度等常用指标结合应用。有时为了比较准确地反映较长历史时期现象的平均速度，也可分段计算平均速度来补充说明总平均速度。

第四节　时间序列的趋势分析

一、时间序列的影响因素及分析模型

（一）时间序列的影响因素

社会经济现象随着时间推移不断地发生变化，有时呈现上升或增加状态，有时又表现为下降或减少状态。影响现象发展变化的因素很复杂，既有长期起作用的基本因素，也有短期或偶然起作用的偶然因素。趋势归纳起来可大体分为长期趋势（secular trend，用 T 表示）、季节变动（seasonal variation，用 S 表示）、循环波动（cyclical fluctuation，用 C 表示）和不规则变动（irregular variation，用 I 表示）四类。

长期趋势是指现象在一段较长时期内所呈现的持续向上增长或向下降低的态势。影响现象长期趋势的主要因素是具有普遍性、持续性、决定性的基本因素。例如，中华人民共和国成立以来，由于技术进步，我国国民经济基本处于持续、稳定上升的发展状态，人民生活也不断改善；而人口死亡率则呈现下降的趋势。

季节变动是指某些社会经济现象随着季节的更换而发生的有规律的变动。引起季节变动的因素既有自然因素，也有人为因素。季节变动的影响周期可长可短，可以是年，也可以是月、周、日等。

循环波动是指现象发生周期在一年以上的，涨落起伏有规律的变动。循环波动与季节变动相比，一是它发生的周期较长，常在一年以上，甚至七八年、十多年；二是不只是受气候变化的影响，而是多种因素交织影响的结果；三是它变化的幅度和周期一般不规则。在我国很多经济活动，如国民经济发展、基本建设投资等现象都具有循环波动。

不规则变动是指现象除了受以上因素变动的影响以外，还受不明原因的因素影响引起的非规律性变动。如政局动荡、爆发战争、自然灾害等由突发性、无法预见性等偶然因素引起的现象的变动，就属不规则变动。

（二）时间序列的分析模型

时间序列的发展变化一般是由长期趋势 T、季节变动 S、循环波动 C 和不规则变动

*I*四种因素共同作用的结果。这四种因素对现象变动的影响通常有两种假定，并相应构成了两种分析模型。

1. 加法模型

加法模型（additive model of time series）的表达式为

$$Y = T + S + C + I \qquad (8.26)$$

式中，Y表示现象的观察值；T表示长期趋势；S表示季节变动；C表示循环波动；I表示不规则变动。

加法模型采用的假设前提是，时间序列的各个因素相互独立地发挥作用，因而，现象的观察值就是长期趋势T、季节变动S、循环波动C和不规则变动I各自效应的总和。

按照加法模型，如要测定某种因素变动的影响，可用Y减去其余因素即可。如时间序列为年度资料，就不存在季节变动的影响，则模型可变成：$Y = T + C + I$。

2. 乘法模型

乘法模型（multiplicative model of time series）的表达式为

$$Y = T \cdot S \cdot C \cdot I \qquad (8.27)$$

乘法模型采用的假设前提是，时间序列的长期趋势T、季节变动S、循环波动C和不规则变动I是相互影响的关系，时间序列中的每个观察值是它们交互作用的结果。

按照乘法模型，如要测定某种因素变动的影响，用Y除以其余因素即可。

在实际统计工作中，应用哪一种模型进行分析，需根据研究的目的、研究对象的性质及所掌握的资料来确定。相对而言，乘法模型应用较普遍。

二、长期趋势分析

测定长期趋势的方法很多，较为常用的有时距扩大法、移动平均法和最小平方法。

（一）时距扩大法

时距扩大法是测定现象长期趋势的一种最简单的方法。它是通过把原时间序列各个时期的数值加以合并，扩大研究时期，消除偶然因素影响，使扩大时距后的时间序列能明显地反映现象发展的长期趋势。

【**例 8.15**】 根据表 8.15 我国 1991—2020 年的粮食产量资料，说明时距扩大法修匀

表 8.15　1991—2020 年我国各年的棉花产量资料　　　　　　　　万吨

年　份	产　量	年　份	产　量	年　份	产　量
1991	43 529.3	2001	45 263.7	2011	58 849.3
1992	44 265.8	2002	45 705.8	2012	61 222.6
1993	45 648.8	2003	43 069.5	2013	63 048.2
1994	44 510.1	2004	46 946.9	2014	63 964.8
1995	46 661.8	2005	48 402.2	2015	66 060.3
1996	50 453.5	2006	49 804.2	2016	66 043.5
1997	49 417.1	2007	50 413.9	2017	66 160.7
1998	51 229.5	2008	53 434.3	2018	65 789.2
1999	50 838.6	2009	53 940.9	2019	66 384.0
2000	46 217.5	2010	55 911.3	2020	66 949.2

注：资料来源：《中国统计年鉴 2010、2021》）。

时间序列的方法。

从表 8.15 中可以看出，1991 年以来我国的粮食产量基本呈上升趋势。但各年之间，有升降交替现象。如果把研究的时距从一年扩大到五年，则可整理出如表 8.16 的一个新时间序列。从修匀后的时间序列看，我国的粮食产量呈现明显的上升趋势。

表 8.16　我国几个五年计划时期的棉花产量　　　　　　　　万吨

年　　份	总产量	平均产量
1991—1995	224 615.8	44 923.16
1996—2000	248 156.2	49 631.24
2001—2005	229 388.1	45 877.62
2006—2010	263 504.5	52 700.91
2011—2015	313 145.3	62 629.05
2016—2020	331 326.6	66 265.33

运用时距扩大法修匀时间序列，要求所扩大的时距要相等，以便互相比较，观察现象的变动趋势。在确定时距时，时距大小要适中，如时距过小，不能消除现象变动中的偶然因素；反之，时距过长，修匀后的时间序列数值太少，则会掩盖现象发展的具体趋势。

（二）移动平均法

移动平均法是时距扩大法的改良。它是在时距扩大的基础上，通过逐项移动，计算得出一个由序时平均数构成的新时间序列，并用新时间序列把现象发展的趋势明显表现出来。通过这种修匀的方法，也可以消除偶然因素对时间序列的影响，使现象发展的长期趋势明显地呈现出来。

设时间序列为 a_1, a_2, $\cdots$, a_n，移动时距为 k。如 k 为奇数，则移动平均形成的新的时间序列为 $\bar{a}_i$，其计算公式为

$$\bar{a}_i = \frac{a_i + a_{i+1} + \cdots + a_{i+k-1}}{k} \tag{8.28}$$

若 k 为偶数，则需进行两次移动平均。第一次移动平均的方法与奇数项移动的方法一样，只是得到的新时间序列的各个数值与原序列中各数值都错了半格；第二次移动是对第一次移动结果进行中心化处理，即再做两项移动平均，中心化处理后的各个数值与原时间序列的数值正好对齐。

【例 8.16】 某钢铁厂 2020 年各月生产机器台数资料如表 8.17 所示。

从表 8.17 中可以看出，经过移动平均后所得到的序时平均数时间序列的项数比原时间序列要少，但对现象长期趋势的表现较清晰。在使用移动平均法时应注意以下几个问题。

（1）移动时距的选择。移动时距越长，现象长期趋势表现得越明显，但序列保留的项数越少；反之亦然，如图 8.1 所示。

在实际统计研究中，移动时距的选择应根据掌握资料的性质确定。如果掌握的是日资料，采用 7 项移动；如是月度资料，采用 12 项移动；如果是季度资料，采用 4 项移动；如果现象有明显的周期波动，采用周期波动的长度移动平均。一般来说，奇数项移动平均所形成的新序列，头尾各减少（$k-1$）/2 项；偶数项移动平均所形成的新序列，头尾各减少 k/2 项。

表 8.17　某钢铁厂 2020 年各月生产机器台数资料　　　　　　　　　台

月份	机器台数	三项移动平均值	四项移动平均值	
			一次移动	中心化处理
1	41	—	—	—
2	42	45.0	44.5	—
3	52	45.7	45.5	45.0
4	43	46.7	47.8	46.7
5	45	46.3	48.0	47.7
6	51	49.7	47.3	47.6
7	53	48.0	48.8	48.1
8	40	48.0	48.3	48.6
9	51	46.7	49.0	48.7
10	49	52.0	52.5	50.8
11	56	53.0	—	—
12	54	—	—	—

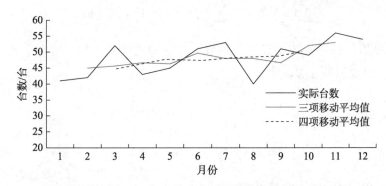

图 8.1　某工厂 2020 年各月生产机器台数移动平均法趋势图

（2）此方法不能直接用于预测。因为移动平均后得到的新时间序列前后项数已不再完整，所以不能直接用于预测。如要进行预测，需对移动后的时间序列进行加工处理。

（3）移动平均法是通过移动平均来平滑时间序列，但平均数易受异常数值的影响，为避免这种情况，可以用中位数代替平均数，这就是移动中位数法，也称为中位数扫描法。

（三）最小平方法

最小平方法（least square method）又称最小二乘法。这是测定现象长期趋势比较常用的方法。其基本思路是：利用数学方法，配合一条较为理想的趋势线。这条趋势线必须满足两个条件：一是实际观测值与趋势值的离差平方和为最小值；二是实际观测值与趋势值的离差之和等于 0。在这两个条件中，第一条是最基本的条件。

在最小平方法配合趋势线之前，首先要对趋势线的形状进行判断，其方法是：

把原时间序列中的各个数值绘制到直角坐标图中，观察散点图的形状，如呈现直线变动，配合直线；如呈现曲线变动，配合曲线。有时也可以用近似方法判断：若观察值的一次差（逐期增长量）大体相同，可配合直线；若二次差大体相同，可配合二次曲线；若观察值对数的一次差大体相同，可配合指数曲线；若观察值一次差的环比值大体相同，可配合修正指数曲线；若观察值对数一次差的环比值大体相同，可配合 *Gompertz* 曲线；若观察值倒数一次差的环比值大体相同，可配合 *Logistic* 曲线。如果对同一时间序列有几种趋势线可供选择，以估计标准误差最小者为宜。这里仅介绍几种常用的趋势模型。

1. 直线趋势模型

直线趋势线（linear trend）的一般形式为

$$y_c = a + bt \tag{8.29}$$

式中，y_c 表示趋势值；a、b 表示待定参数，a 是直线的截距，b 是直线的斜率，即 t 每变动一个单位，y_c 平均增加或减少的量；t 表示时间。

设实际观测值为 y_i，根据最小平方法的要求，得下式：

$$\sum_{i=1}^{n}(y_i - y_c)^2 = \sum_{i=1}^{n}(y_i - a - bt_i)^2 = 最小值$$

如果把 Q 看作待定参数 a 和 b 的函数，要令 Q 等于最小值，可对上式的 a 和 b 分别求偏导数，并使其等于 0，即

$$\frac{\partial Q}{\partial a} = 2\sum_{i=1}^{n}(y_i - a - bt_i) = 0$$

$$\frac{\partial Q}{\partial b} = 2\sum_{i=1}^{n}(y_i - a - bt_i)(-t_i) = 0$$

经整理，可得到两个标准方程式：

$$\begin{cases} \sum_{i=1}^{n} y_i = na + b\sum_{i=1}^{n} t_i \\ \sum_{i=1}^{n} t_i y_i = a\sum_{i=1}^{n} t_i + b\sum_{i=1}^{n} t_i^2 \end{cases} \tag{8.30}$$

式中，n 表示时间序列项数。

解标准方程式，求得待定参数 a、b 的计算公式为

$$b = \frac{n\sum_{i=1}^{n} t_i y_i - \sum_{i=1}^{n} t_i \sum_{i=1}^{n} y_i}{n\sum_{i=1}^{n} t_i^2 - \left(\sum_{i=1}^{n} t_i\right)^2}, \quad a = \overline{y} - b\overline{t} \tag{8.31}$$

【例 8.17】 根据某地区 2015—2020 年的洗衣机产量（见表 8.18），配合直线趋势线，预测 2022 年洗衣机的产量。

根据表 8.18 的资料，介绍用最小平方法配合直线趋势方程的过程。

表 8.18　某地区 2015—2020 年的洗衣机产量

年份	2015	2016	2017	2018	2019	2020
产量/千台	68	71	75	79	84	88

解：第一步，将计算所用数据列入计算表，如表 8.19 所示。

表 8.19　最小平方法计算表

年份	产量/千台	标准方程式法				简化计算法			
		t_i	t_i^2	$t_i y_i$	y_c	t_i	t_i^2	$t_i y_i$	y_c
2015	68	1	1	68	67.29	−5	25	−340	67.29
2016	71	2	4	142	71.37	−3	09	−213	71.37
2017	75	3	9	225	75.46	−1	01	−75	75.46
2018	79	4	16	316	79.54	1	01	79	79.54
2019	84	5	25	420	83.63	3	09	252	83.63
2020	88	6	36	528	87.71	5	25	440	87.71
合计	465	21	91	1 699	465.00	0	70	143	465.00

第二步，根据表 8.19 中的数据，得标准方程式：

$$\begin{cases} 465 = 6a + 21b \\ 1699 = 21a + 91b \end{cases}$$

解方程组，得

$$b = \frac{6 \times 1\,699 - 21 \times 465}{6 \times 91 - 21^2} = \frac{429}{105} = 4.085\,7$$

$$a = \frac{465}{6} - 4.085\,7 \times \frac{21}{6} = 63.2$$

则，直线趋势方程为：$y_c = 63.2 + 4.085\,7t$

第三步，预测。2022 年的 $t = 8$，则 2022 年家用洗衣机的产量为

$$y_c = 63.2 + 4.085\,7 \times 8 = 95.89\,（千台）$$

将各年的 t 值代入所求方程，可以得到各年洗衣机产量的趋势值（见表 8.19）。可以验证实际观测值和趋势值的离差之和等于零。

例 8.17 中，从 t 的取值可以看出，直线趋势方程的原点取在时间序列的前一年，即 2014 年。如果把原点移到序列的正中间，求解 a、b 的标准方程式中，$\sum\limits_{i=1}^{n} t_i = 0$，则标准方程式可以简化为

$$\begin{cases} \sum\limits_{i=1}^{n} y_i = na \\ \sum\limits_{i=1}^{n} t_i y_i = b \sum\limits_{i=1}^{n} t_i^2 \end{cases} \tag{8.32}$$

同样，a、b 的计算公式也可简化为

$$a = \frac{\sum\limits_{i=1}^{n} y_i}{n}, \quad b = \frac{\sum\limits_{i=1}^{n} t_i y_i}{\sum\limits_{i=1}^{n} t_i^2} \tag{8.33}$$

值得注意的是：在利用上述简化计算方法时，如果时间序列是奇数项，t 的取值为…，-3，-2，-1，0，1，2，3，…；如是偶数项，t 的取值为…，-5，-3，-1，1，3，5，… 仍用例 8.17 资料，介绍简化计算方法。

解： 第一步，将计算所用数据列入计算表，如表 8.19 所示。

第二步，根据表 8.19 中的计算数据，直接求解 a、b，得

$$a = \frac{465}{6} = 77.5, \quad b = \frac{143}{70} = 2.042\,9$$

则直线趋势方程为：$y_c = 77.5 + 2.042\,9t$

第三步，预测。2022 年的 $t=9$，则 2022 年家用洗衣机的产量为

$$y_c = 77.5 + 2.0429 \times 9 = 95.89\,(\text{千台})$$

2. 曲线趋势模型

曲线趋势的研究思路与直线趋势基本一样。可以用标准方程式求解，也可以用简化计算法求解。现实生活中，曲线类型很多，下面仅选择二次曲线和指数曲线进行讨论。

1）二次曲线

二次曲线（second degree curve）的一般方程式为

$$y_c = a + bt + ct^2 \tag{8.34}$$

二次曲线方程式中，有 a、b、c 三个待定参数，根据最小平方法的要求，同样用求偏导数的方法，导出以下三个标准方程式：

$$\begin{cases} \sum\limits_{i=1}^{n} y_i = na + b\sum\limits_{i=1}^{n} t_i + c\sum\limits_{i=1}^{n} t_i^2 \\ \sum\limits_{i=1}^{n} t_i y_i = a\sum\limits_{i=1}^{n} t_i + b\sum\limits_{i=1}^{n} t_i^2 + c\sum\limits_{i=1}^{n} t_i^3 \\ \sum\limits_{i=1}^{n} t_i^2 y_i = a\sum\limits_{i=1}^{n} t_i^2 + b\sum\limits_{i=1}^{n} t_i^3 + c\sum\limits_{i=1}^{n} t_i^4 \end{cases} \tag{8.35}$$

同样，可以把坐标原点取在时间序列的正中间，使 $\sum\limits_{i=1}^{n} t_i = 0$，$\sum\limits_{i=1}^{n} t_i^3 = 0$，上述标准方程式可以简化为

$$\begin{cases} \sum\limits_{i=1}^{n} y_i = na + c\sum\limits_{i=1}^{n} t_i^2 \\ \sum\limits_{i=1}^{n} t_i y_i = b\sum\limits_{i=1}^{n} t_i^2 \\ \sum\limits_{i=1}^{n} t_i^2 y_i = a\sum\limits_{i=1}^{n} t_i^2 + c\sum\limits_{i=1}^{n} t_i^4 \end{cases} \tag{8.36}$$

【例 8.18】 设某企业历年洗衣机产量资料如表 8.20 所示，其二次差大体相同，试配合二次曲线，并预测 2023 年企业的产量。

表 8.20 某企业 2012—2020 年的洗衣机产量 万台

年份	2012	2013	2014	2015	2016	2017	2018	2019	2020
产量	988	1 012	1 043	1 080	1 126	1 179	1 239	1 307	1 382

解 根据上述资料，利用简化计算法列计算表如表 8.21 所示，得到标准方程式：

$$\begin{cases} 10\ 356 = 9a + 60c \\ 2\ 952 = 60b \\ 70\ 178 = 60a + 708c \end{cases}$$

表 8.21 最小平方法计算表 万台

年份	产量	t_i	$t_i y_i$	t_i^2	$t_i^2 y_i$	t_i^4	y_c
2012	988	−4	−3 952	16	15 808	256	988.36
2013	1 012	−3	−3 036	9	9 108	81	1 011.69
2014	1 043	−2	−2 086	4	4 172	16	1 042.42
2015	1 080	−1	−1 080	11	080	1	1 080.53
2016	1 126	0	0	0	0	0	1 126.04
2017	1 179	1	1 179	1	1 179	1	1 178.93
2018	1 239	2	2 478	4	4 956	16	1 239.22
2019	1 307	3	3 921	9	11 763	81	1 306.89
2020	1 382	4	5 528	16	22 112	256	1 381.96
合计	10 356	0	2 952	60	70 178	708	10 356.04

解得：$a = 1\ 126.035$，$b = 49.2$，$c = 3.695$

则二次曲线方程为：$y_c = 1\ 126.035 + 49.2t + 3.695t^2$

将 $t = 7$ 代入上述方程式，预测 2023 年的产量为

$$y_c = 1126.035 + 49.2 \times 7 + 3.695 \times 7^2 = 1651.49（万台）$$

2）指数曲线

指数曲线（exponential curve）方程式的一般形式为

$$y_c = ab^t \tag{8.37}$$

将此方程式两边取对数化为直线形式，得

$$\lg y_c = \lg a + t \lg b \tag{8.38}$$

令，$y' = \lg y_c$，$A = \lg a$，$B = \lg b$

则，指数曲线方程式可转化为直线方程式，为

$$y' = A + Bt \tag{8.39}$$

从而，可按直线拟合的方法确定所需的指数曲线。

【例 8.19】 根据表 8.22 中某省 2015—2020 年各年平均人口数资料，各年人口增长速度大体一致，配合指数曲线，并预测 2022 年该省平均人口数。

表 8.22　某省 2015—2020 年各年的平均人口数

年份	平均人数/万人	环比增长速度/%	t_i	t_i^2	$\lg y_i$	$t_i \lg y_i$	y_c
2015	6 460.5	—	−5	25	3.810 3	−19.051 5	6 457.977
2016	6 504.5	0.68	−3	9	3.813 2	−11.439 6	6 503.261
2017	6 547.0	0.65	−1	1	3.816 0	−3.816 0	6 548.864
2018	6 591.5	0.68	1	1	3.819 0	3.819 0	6 594.786
2019	6 644.0	0.80	3	9	3.822 4	11.467 2	6 641.031
2020	6 686.5	0.64	5	25	3.825 2	19.126 0	6 687.599
合计	39 434.0	—	0	70	22.906 1	0.105 1	39 433.518

把计算过程中所用数据列入表 8.22 中，并依据所列数据得简化方程式：

$$\lg a = \frac{22.906\ 1}{6} = 3.817\ 7, \quad \lg b = \frac{0.105\ 1}{70} = 0.001\ 5$$

从而，配合的直线趋势方程为 $\lg y_c = 3.817\ 7 + 0.001\ 5t$

求反对数得：$a = 6\ 571.785$，$b = 1.003\ 5$

则，配合的指数曲线方程为：$y_c = 6\ 571.785 \times 1.003\ 5^t$

如果要预测 2022 年该省的年平均人口，$t = 9$，预测结果为

$$y_c = 6\ 571.785 \times 1.003\ 5^9 = 6\ 781.72\ （万人）$$

根据所求指数曲线方程，可以对应计算出某省 2015—2020 年每年平均人口的趋势值，很明显，实际观测值的和与趋势值的和近似相等。

三、季节变动分析

（一）季节变动的测定

在现实生活中，有许多社会经济现象，由于受到自然条件和社会条件的影响，随着季节变化有规律地波动。了解季节变动，认识季节变动的趋势，并利用季节变动的规律合理地安排生产和生活，把其不良影响降低到最低限度，这正是测定季节变动的目的所在。

测定季节变动的主要指标是季节指数（seasonal index），也称为季节比率。它是若干年同月（或季）平均数与总的月（或季）平均数之比，常用百分数表示。其计算公式为

$$季节指数 = \frac{同月（或季）平均数}{总的月（或季）平均数} \times 100\% \tag{8.40}$$

各月（或季）的季节指数波动越大，说明现象受季节变动影响越大；反之，说明现象受季节变动影响就越小。如果现象不受季节变动的影响，则各月（或季）的季节指数应接近于 1 或 100%。

季节变动的测定方法有两种：一种是不考虑长期趋势影响的同月（或季）平均法；一种是考虑长期趋势影响的移动平均趋势剔除法。不管用哪种方法测定季节变动，都必须掌握 3 年或更多年份的数据资料，以便较好地消除偶然因素的影响，使季节变动的规律反映得更加符合实际。

（二）同月（或季）平均法

不考虑长期趋势的影响，直接按时间序列测定季节变动的方法。其计算步骤为：

（1）根据时间序列资料计算各年同月（或季）的平均数；

（2）计算各年所有月（或季）的总平均数；

（3）将各年同月（或季）平均数与总的月（或季）平均数对比，计算季节指数。

【例 8.20】 某饮料公司 2018—2020 年各月的销售额资料，如表 8.23 所示。

表 8.23　某饮料公司 2018—2020 年各月的销售额　　　　　　　万元

年份	1 月	2 月	3 月	4 月	5 月	6 月	7 月	8 月	9 月	10 月	11 月	12 月	年合计
2018	1.40	2.10	3.10	5.20	6.80	18.80	31.00	14.00	4.80	2.40	1.20	1.10	91.90
2019	1.40	2.10	3.10	5.00	6.60	19.50	31.50	14.50	4.90	2.50	1.40	1.20	93.70
2020	1.30	2.20	3.30	4.90	7.00	20.00	31.80	15.30	5.10	2.60	1.40	1.10	96.00
同月合计	4.10	6.40	9.50	15.10	20.40	58.30	94.30	43.80	14.80	7.50	4.00	3.40	281.60
月平均数	1.37	2.13	3.17	5.03	6.80	19.43	31.43	14.60	4.93	2.50	1.33	1.13	7.82
季节指数/% 调整前	17.52	27.24	40.54	64.32	86.96	248.47	401.92	186.70	63.04	31.97	17.01	14.45	1200.13
季节指数/% 调整后	17.52	27.24	40.53	64.31	86.95	248.44	401.88	186.68	63.03	31.97	17.01	14.45	1200.00

第一步，计算 2018—2020 年各月的平均销售额：

1 月：$\overline{y}_1 = \dfrac{1.4 + 1.4 + 1.3}{3} = 1.37$，2 月：$\overline{y}_2 = \dfrac{2.1 + 2.1 + 2.2}{3} = 2.13$

同理，可计算出 3—12 月各月的平均销售额，计算结果如表 8.23 所示。

第二步，计算 3 年各月总的平均销售额：

$$\overline{y} = \frac{1.37 + 2.13 + 3.17 + 5.03 + 6.8 + 19.43 + 31.43 + 14.6 + 4.93 + 2.5 + 1.33 + 1.13}{12}$$

$$= \frac{93.87}{12} = 7.82$$

第三步，计算各月季节比率：

1 月：$\dfrac{1.37}{7.82} \times 100\% = 17.52\%$　　　　2 月：$\dfrac{2.13}{7.82} \times 100\% = 27.24\%$

同理，可计算出 3—12 月各月的季节指数，计算结果如表 8.23 所示。

各月（或季）的季节指数之和应等于 1 200%（或 400%），如果不满足此要求，就需要计算调整系数进行调整。其计算公式为

调整系数 ＝ 1 200%（或 400%）/实际各月（或季）季节指数之和　　　　（8.41）

本例中，各月季节指数之和大于 1 200%，调整后的季节指数如表 8.23 所示。销售额存在明显的季节变动，从 1 月份开始销售额缓慢上升，到 6 月份增速迅猛，7 月份达到最高峰，高达平均水平的 401.87%，8 月份开始下降，到 12 月份降到最低点，仅为平均水平的 14.45%。

同月（或季）平均法计算简单，易于理解，但在含有长期趋势影响的现象中，计算

的季节指数不够准确。

（三）趋势剔除法

该方法的基本思想是，先将时间序列中的长期趋势予以消除，而后再计算季节指数。其中，序列中的趋势值可采用移动平均法求得，也可采用最小二乘法求得。利用前者分析季节变动又称为移动平均趋势剔除法，后者简称为趋势剔除法，这里介绍一下移动平均趋势剔除法。其计算步骤为：

（1）根据月度（或季度）资料，计算 12 项（或 4 项）移动平均数，得到相应的时间序列的长期趋势值（T）；

（2）将实际数值除以对应的趋势值 $Y/T = S \cdot I$；

（3）把 $Y/T = S \times I$ 重新按月（或季）排列，求其季节指数。

【例 8.21】　仍用例 8.20 某饮料公司的销售额资料，说明移动平均趋势剔除法的计算过程。

（1）将各年饮料销售额资料按月排列，求 12 项移动平均数构成的序时平均数时间序列，计算出时间序列的趋势值（T），计算结果如表 8.24 所示。

表 8.24　移动平均剔除长期趋势计算表　　　　　　　　　　　　　　　万元

年份	月份	销售额	12 项移动总数	12 项移动平均数	趋势值（T）	Y/T/%	年份	月份	销售额	12 项移动总数	12 项移动平均数	趋势值（T）	Y/T/%
2018	1	1.40	—	—	—	—		7	31.50	93.60	7.80	7.8	403.63
	2	2.10	—	—	—	—		8	14.50	93.70	7.81	7.8	185.80
	3	3.10	—	—	—	—		9	4.90	93.90	7.83	7.82	62.69
	4	5.20	—	—	—	—		10	2.50	93.80	7.82	7.82	31.97
	5	6.80	—	—	—	—		11	1.40	94.20	7.85	7.83	17.87
	6	18.80	91.90	7.66	—	—		12	1.20	94.70	7.89	7.87	15.25
	7	31.00	91.90	7.66	7.66	404.79	2020	1	1.30	95.00	7.92	7.90	16.45
	8	14.00	91.90	7.66	7.66	182.81		2	2.20	95.80	7.98	7.95	27.67
	9	4.80	91.90	7.66	7.66	62.68		3	3.30	96.00	8.00	7.99	41.29
	10	2.40	91.70	7.64	7.65	31.37		4	4.90	96.10	8.01	8.00	61.22
	11	1.20	91.50	7.63	7.63	15.72		5	7.00	96.10	8.01	8.01	87.41
	12	1.10	92.20	7.68	7.65	14.37		6	20.00	96.00	8.00	8.00	249.87
2019	1	1.40	92.70	7.73	7.70	18.17		7	31.80	—	—	—	—
	2	2.10	93.20	7.77	7.75	27.11		8	15.30	—	—	—	—
	3	3.10	93.30	7.78	7.77	39.89		9	5.10	—	—	—	—
	4	5.00	93.40	7.78	7.78	64.27		10	2.60	—	—	—	—
	5	6.60	93.60	7.80	7.79	84.71		11	1.40	—	—	—	—
	6	19.50	93.70	7.81	7.80	249.87		12	1.10	—	—	—	—

（2）将实际值除以趋势值，计算出各月的（Y/T），计算结果如表 8.24 所示。

（3）计算三年各月的同月平均数再除以总的月平均数得到各月的季节指数，计算结果如表 8.25 所示。由于各月实际的季节指数之和已等于 1200%，不需进行调整。

表 8.25 移动平均趋势剔除法季节指数计算表 万元

年份	1月	2月	3月	4月	5月	6月	7月	8月	9月	10月	11月	12月	年合计
2018	—	—	—	—	—	—	404.79	182.81	62.68	31.37	15.72	14.37	711.74
2019	18.17	27.11	39.89	64.27	84.71	249.87	403.63	185.80	62.69	31.97	17.87	15.25	1 201.23
2020	16.45	27.67	41.29	61.22	87.41	249.87	—	—	—	—	—	—	483.91
同月合计	34.62	54.78	81.18	125.49	172.12	499.74	808.42	368.61	125.37	63.34	33.59	29.62	2 396.88
月平均数	17.31	27.39	40.59	62.75	86.06	249.87	404.21	184.31	62.69	31.67	16.80	14.81	99.87
季节指数/%	17.33	27.43	40.64	62.83	86.17	250.20	404.74	184.54	62.77	31.71	16.82	14.83	1 200.00

表 8.25 中，根据移动平均趋势剔除法计算的季节指数，也反映了饮料公司 2018—2020 年的销售额存在明显的季节变动。很明显，移动平均趋势剔除法比同月（或季）平均法的计算结果准确，但计算过程较复杂。

四、循环波动和不规则变动分析

（一）循环波动分析

循环波动由于经常与不规则变动混在一起，因此很难单独测定。一般的做法是用剩余法，从原时间序列中逐次消除长期趋势、季节变动和不规则变动，剩下来的波动就是循环波动。

以乘法模型为例，剩余法的具体做法为

（1）求出季节指数 S，并从原时间序列中将其剔除，即

$$\frac{T \cdot S \cdot C \cdot I}{S} = T \cdot C \cdot I$$

（2）计算长期趋势值 T，并在不含季节变动的时间序列中将其消除，即

$$\frac{T \cdot C \cdot I}{T} = C \cdot I$$

（3）用移动平均法对不含季节变动、长期趋势的时间序列 $C \cdot I$ 进行移动平均，消除不规则变动，得到循环波动值。

【例 8.22】根据表 8.26 某地区粮食产量资料，对该地区 2001—2020 年粮食产量的循环波动进行测定。

表 8.26 某地区 2001—2020 年粮食产量循环波动计算表 万吨

年份	产量（TCI）	时间（t）	长期趋势值（T）	CI/%	三项移动平均值 C/%
2001	1 575.00	−19	1 655.115 6	95.16	—
2002	1 751.85	−17	1 718.634 8	101.93	101.23
2003	1 899.86	−15	1 782.154 0	106.60	103.29
2004	1 870.00	−13	1 845.673 2	101.32	103.64
2005	1 966.60	−11	1 909.192 4	103.01	101.32
2006	1 965.54	−9	1 972.711 6	99.64	98.98
2007	1 920.02	−7	2 036.230 8	94.29	96.75
2008	2 022.54	−5	2 099.750 0	96.32	95.41

续表

年份	产量（TCI）	时间（t）	长期趋势值（T）	CI/%	三项移动平均值 C/%
2009	2 068.60	−3	2 163.269 2	95.62	98.07
2010	2 276.90	−1	2 226.788 4	102.25	98.98
2011	2 268.70	1	2 290.307 6	99.06	98.05
2012	2 185.60	3	2 353.826 8	92.85	96.79
2013	2 380.17	5	2 417.346 0	98.46	97.68
2014	2 523.46	7	2 480.865 2	101.72	102.61
2015	2 739.03	9	2 544.384 4	107.65	105.44
2016	2 789.49	11	2 607.903 6	106.96	105.81
2017	2 746.70	13	2 671.422 8	102.82	105.49
2018	2 917.48	15	2 734.942 0	106.67	102.54
2019	2 746.29	17	2 798.461 2	98.14	97.98
2020	2 551.07	19	2 861.980 4	89.14	—

解　该资料是年度数据，所以不含季节变动，只含长期趋势、循环波动和不规则变动的影响。

首先，测定 20 年粮食产量的长期趋势，用最小平方法简化计算方法得到直线趋势方程为

$$y_c = 2\ 258.25 + 31.759\ 6t$$

第二步，根据趋势方程计算各年粮食产量的趋势值 T，计算结果见表 8.26；

第三步，计算剔除长期趋势值 T 之后的粮食产量 $C \times I$；

最后，计算三年移动平均值，即得到循环波动的结果，见表 8.26。

据上述计算结果绘制图 8.2，可以看到从 2002—2019 年该地区粮食产量确实存在着明显的循环波动，如果把一个波峰到另一个波峰所经历的时间看作一次完整的循环，则该地区粮食产量 18 年间经历了两个完整的循环和两个半截的循环。

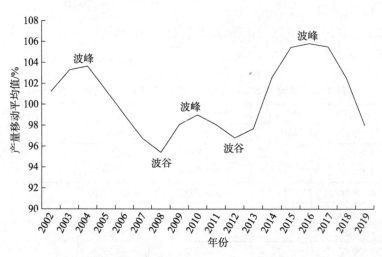

图 8.2　某地区 2002—2019 年粮食产量循环波动图

（二）不规则变动分析

不规则变动是由偶然因素引起的，是趋势变动、季节变动和循环波动不能解释的部分。

在乘法模型中，也可以用剩余法来测定。

在循环波动测定中得到的 $C \cdot I$（包含循环变动 C 和不规则变动 I）的基础上，除以循环变动指数 C，即可得不规则变动指数 I 为

$$\frac{C \cdot I}{C} = I \tag{8.42}$$

思考与作业

1. 时间序列的概念、构成要素及编制的原则是什么？

2. 什么是时期序列与时点序列？两者有何区别？

3. 区分累计增长量与逐期增长量、定基发展速度与环比发展速度、定基增长速度与环比增长速度、增长速度与发展速度、增长量与增长速度、增长速度与增长 1%的绝对值、平均发展速度和平均增长速度的关系。

4. 什么是序时平均数？它与一般平均数有何异同？

5. 水平法和累计法计算平均发展速度有何差异？

6. 何谓现象的长期趋势？用什么方法测定？

7. 何谓季节变动？其测定方法有几种？

8. 某钢厂 2015—2020 年各年的钢产量资料如表 8.27 所示。

表 8.27　某钢厂 2015—2020 年各年的钢产量资料　　　　　　　万吨

年份	2015	2016	2017	2018	2019	2020
钢产量	172	200	240	360	540	756

试用列表方法计算"十三五"时期以下各指标：（1）增长量（累计、逐期）、发展速度（定基、环比）、增长速度（定基、环比）、增长 1%的绝对值；（2）平均发展水平、平均增长量；（3）水平法平均发展速度和平均增长速度。

9. 某工厂 2020 年各月初的物资库存额资料如表 8.28 所示。

表 8.28　某工厂 2020 年各月初的物资库存额资料　　　　　　　万元

日　期	1 月 1 日	2 月 1 日	3 月 1 日	4 月 1 日	5 月 1 日	6 月 1 日	7 月 1 日	9 月 1 日	10 月 1 日	11 月 1 日	次年 1 月 1 日
库存额	63	60	55	48	43	50	48	45	57	60	68

试计算第一季度、第二季度，上半年、下半年和全年的平均库存额。

10. 某企业 2020 年各季度的实际产值和产值计划完成程度资料如表 8-29 所示。

表 8.29 某企业 2020 年各季度的实际产值和产值计划完成程度资料 万元

季度	一季度	二季度	三季度	四季度
实际产值/万元	120	135	140	148
计划完成程度/%	100	110	115	120

试计算该企业的产值年计划完成程度。

11. 某企业 2015—2020 年各年末的职工人数和工程技术人员数资料如 8.30 所示。

表 8.30 2015—2020 年各年末的职工人数和工程技术人员数资料 人

年份	职工人数	工程技术人员数
2015	5 000	312
2016	5 020	315
2017	5 085	320
2018	6 120	365
2019	6 220	378
2020	6 420	382

试计算该企业工程技术人员占全部职工人数的平均比重。

12. 某工厂 2020 年上半年的工业增加值资料如表 8.31 所示。

表 8.31 某工厂 2020 年上半年的工业增加值资料 万元

月份	1	2	3	4	5	6
工业增加值	1 250	1 270	1 275	1 324	1 378	1 382

另外该厂各月初的职工人数为：1 月 1 日 5 850 人，2 月 1 日 6 050 人，3 月 1 日 6 024 人，4 月 1 日 6 150 人，5 月 1 日 6 228 人，6 月 1 日 6 268 人，7 月 1 日 6 312 人。根据上述资料计算该厂上半年的月平均劳动生产率和上半年的劳动生产率。

13. 甲、乙两省某种产品产量资料如表 8.32 所示。

表 8.32 甲、乙两省某种产品产量资料 吨

年份	甲省	乙省
2016	4 567	10 040
2017	5 360	12 246
2018	6 482	13 080
2019	7 065	14 075
2020	8 820	15 240

试计算：

（1）甲省、乙省的平均增长速度。

（2）从 2021 年开始，按这几年的平均增长速度增长再有多少年甲省可以赶上乙省。

（3）如果甲省要在 6 年赶上乙省，其平均每年的增长速度应提高多少。

14. 某煤矿 4 月份采煤量资料如表 8.33 所示。

表 8.33 某煤矿 4 月份采煤量资料 吨

日期	产量	日期	产量	日期	产量
1	310	11	326	21	335
2	312	12	335	22	342
3	315	13	322	23	356
4	302	14	328	24	358
5	308	15	338	25	348
6	318	16	345	26	350
7	325	17	340	27	365
8	316	18	348	28	370
9	319	19	342	29	368
10	330	20	350	30	372

要求：运用 4 项和 5 项移动平均法编制时间序列。

15. 某企业 2014—2020 年彩色电视机产量资料如表 8.34 所示。

表 8.34 某企业 2014—2020 年彩色电视机产量资料 万台

年份	2014	2015	2016	2017	2018	2019	2020
产量	64	68	71	75	80	85	89

试用最小平方法配合直线方程，并预测该企业 2022 年彩色电视机的产量。

16. 某地区 2016—2020 年各年末人口数资料如表 8.35 所示。

表 8.35 某地区 2016—2020 年各年末人口数资料 万人

年份	2016	2017	2018	2019	2020
年末人口数	25	30	36	44	53

要求：用最小平方法配合适当的曲线方程，并预测该地区 2021 年末的人口数。

17. 某产品 2016—2020 年各季度的销售量资料如表 8.36 所示。

表 8.36 某产品 2016—2020 年各季度的销售量资料 千件

年份	一季度	二季度	三季度	四季度
2016	153	170	202	138
2017	167	186	249	171
2018	231	250	307	232
2019	281	307	377	290
2020	340	395	441	314

试用同月（季）平均法和移动平均趋势剔除法分别计算季节指数，并分析销售量的变化趋势。

课程思政拓展阅读

统计报告展示新中国成立 70 年经济社会发展伟大飞跃

即测即练

自学自测　　扫描此码

第九章

统 计 指 数

教学目标

　　统计指数是社会经济分析中的一种常用的统计方法,它主要用于反映事物数量的相对变动程度和方向。通过本章的学习,学生可了解统计指数的概念、分类和作用;掌握综合指数和平均数指数的编制方法及其在社会经济方面的应用;掌握建立指数体系及进行因素分析的基本原理,能够对实际经济现象变动进行因素分析。

教学要求

知 识 要 点	能 力 要 求	相 关 知 识
统计指数的概念、作用和种类	明确指数的概念、作用和种类	指数的概念、分类、作用
综合指数	熟练掌握综合指数的编制方法	数量指标综合指数、质量指标综合指数
平均数指数	熟练掌握平均数指数的编制方法	加权算术平均数指数、加权调和平均数指数
指数体系及因素分析	建立指数体系,进行因素分析	总量指标变动因素分析、平均指标变动因素分析
指数数列	掌握指数数列的编制方法	指数数列分类及编制

导入案例

　　小王是一名刚毕业的大学生,应聘到一家公司销售部门做统计工作。该公司作为钢铁企业,主要从事钢材和数控机床的生产和销售。公司销售部门 2020 年 11 月份和 12 月份销售量及出厂价格资料如表 9.1 所示。

表 9.1　某公司 2020 年 11 月份和 12 月份销售资料

商品名称	销售量		出厂价格/万元	
	11 月	12 月	11 月	12 月
钢材/万吨	50	45	0.398	0.425
数控机床/台	100	118	300	320

　　由表 9.1 可以看出,该公司销售的两种产品中,钢材销售量 12 月份比 11 月份降低了 10%,出厂价格增长了 6.78%;数控机床销售量 12 月份比 11 月份提高了 18%,出厂价格提高了 6.67%。现在销售部门经理要求小王分析两个月销售量和出厂价格的变化情况以及由于销售量和出厂价格的变动影响总销售收入变化的情况。

　　这下可愁坏了小王。因为两个月产品的销售量,一个上升,一个下降,不好直接判断。另外这两种商品的计量单位也不一致，没有办法加起来用12月份的总销售量与11月份进行对比。那么，到底应该怎么办呢？

解决这个问题，需要引入一种新的统计方法，通过这种方法研究不能直接相加和对比的复杂社会经济现象的综合变动。即在此案例中，计算两种商品销售量和价格综合变动程度的相对数。这就是本章所要学习的统计指数。

第一节　统计指数的概念、作用和种类

一、统计指数的概念

统计指数（statistical index）简称指数，是用来分析社会经济现象数量变动的对比性指标。简单地说，统计指数就是对有关现象进行比较分析的一种相对比率。

1650年，英国人沃汉（Rice Youghan）首创物价指数，用于度量物价的变化状况。其后指数的应用范围不断扩大，其含义和内容也随之发生了变化。从内容上看，指数由单纯反映一种现象的相对变动到反映多种现象的综合变动；从对比的场合上看，指数由单纯的不同时间的对比分析到不同空间的对比分析等。运用统计指数可以考察很多社会经济问题，例如，通过生产指数可以反映经济增长的实际水平，通过股价指数可以显示股市行情，通过物价指数可以说明市场价格的动态及其对居民生活的影响，通过购买力指数又可以进行经济水平的国际对比等。凡是经济分析的各个领域，指数这种统计工具都获得了广泛的应用。因此，统计指数常常也被称为经济指数。

指数的含义有广义和狭义两种。广义的指数是指一切说明社会经济现象数量变动或差异程度的相对数，如动态相对数、比较相对数、计划完成程度相对数等都可以称为指数。狭义的指数是一种特殊的相对数，即指不能直接相加和对比的复杂社会经济现象综合变动程度的相对数。例如，居民消费价格指数、零售物价指数等。从指数理论和方法上看，指数所研究的主要是狭义的指数。因此，本章所讨论的主要是狭义的指数。

统计指数具有以下几个基本性质和特点。

（1）相对性。指数是总体各变量在不同场合下对比形成的相对数。它可以是不同时间的现象水平的对比，也可以是不同空间（如国家、地区、部门、企业等）的现象水平的对比，或是现象的实际水平与计划水平的对比。

（2）综合性。它综合地反映了复杂现象总体的数量变化关系。复杂现象总体中各个项目的数量变化往往是不一致的，例如受多种因素的影响，各种商品价格变动有的上涨，有的下跌，而且上涨与下跌的幅度也不一样。商品价格总指数就反映了各种商品价格综合变动的结果。

（3）平均性。指数是总体水平的一个代表性数值，它所表示的综合变动是所研究现象中每个项目共同变动的一般水平，也可以说是平均的变动水平。如某年度社会零售商品价格指数为102%，说明各种商品有涨有跌，但平均来说涨了2%。

二、统计指数的作用

指数的作用主要表现在以下几个方面。

（1）综合反映复杂现象总体数量变动的方向和程度。这是指数的主要作用。指数是用百分比表示的相对数，百分比大于或小于 100%，反映现象变动方向是正还是负；而比 100% 大多少或小多少则反映现象变动程度的大小。例如，商品零售物价指数为 125%，则说明多种商品零售物价总的变动情况，具体到某种商品价格可能有涨有落，但从总体上看零售物价仍然上涨了 25%。

（2）用来分析复杂现象总体变动中各因素的变动，以及它们的变动对总体变动的影响程度。复杂现象总体的变动是由各种因素综合影响的结果，而各种因素自身变动的速度和变动方向常常是不一致的，对总体变动的影响也不同。例如，工业总产值是工业产品产量及其价格共同作用的结果。而产品产量的变动又受工人人数和工人劳动生产率等因素变动的影响。指数分析方法就是通过这些因素的内在联系，编制指数体系，从相对数和绝对数两个方面，分析各个因素对总变动的影响方向和程度。

（3）用来分析复杂现象平均水平变动中各因素的变动，以及它们的变动对总平均水平变动的影响程度。在平均指标对比指数中，总平均数的变动，不仅受各组标志值的影响，而且还受结构变动的影响。例如，城镇职工平均工资水平的变动，既受各行业职工工资水平变动的影响，也受各行业职工构成变动的影响。借助统计指数法，就能对全体就业人口的工资水平变动进行分析，同时分析各行业职工平均工资变动及其对全体就业人口平均工资变动的影响，分析各行业职工所占比重的变动及其对全体职工平均工资的影响。

（4）利用连续编制的指数数列，分析复杂现象总体在长时期内的发展变化趋势。借助连续编制的动态指数形成的指数数列，可以反映现象长时期的发展变化趋势。同时，如果把两个相互联系的指数数列(如居民收入指数和价格指数)加以比较，还可以进一步认识复杂现象总体之间数量上的变动关系。

三、统计指数的种类

统计指数是对现象进行比较分析的一种相对数，这是所有指数的共性，但是不同的指数往往还有一些不同的特性。通过对指数进行适当的分类，有利于研究者更加深入地了解这些特性。下面为统计指数的主要分类。

（一）按指数所考察范围的不同分为个体指数和总指数

个体指数（individual index）是考察总体中个别现象数量变动的相对数，用 k 表示。例如，某种商品的销售量指数、个别商品的价格指数、单个产品的成本指数等。个体指数实质上就是一般的相对数。狭义的指数不包括个体指数。个体指数用公式表示为

$$K_q = \frac{q_1}{q_0}$$

式中，K_q 代表个体物量指数；q_1 代表报告期产量或销量；q_0 代表基期产量或销量；下标 1 代表各因素的报告期；下标 0 代表各因素的基期。

$$K_p = \frac{p_1}{p_0}$$

式中，K_q 代表个体物价（或单位成本）指数；p_1 代表报告期价格（或单位成本）；p_0

代表基期价格（或单位成本）。

总指数（general-index）是综合反映由许多个别事物构成的复杂现象总体数量综合变动的相对数，用 K 表示。例如，工业生产指数反映各种工业品产量总的变动情况，商品零售价格指数反映各种零售商品价格总的变动情况。

指数法的应用要与科学分组相结合，因而在编制总指数的同时，往往还要编制组指数或类指数，用来反映总体内部各部分现象数量上的变动程度，它处于个体指数和总指数之间。如工业总产量指数分为重工业和轻工业产量指数。又如，我国居民消费价格指数的统计范围是居民日常生活消费的全部商品价格和服务项目价格，共分为八大类。在每大类中分成若干中类，中类中分成若干小类，小类中再分成若干商品。处于中间各类编制的指数就是类指数或组指数。

（二）按指数所反映的现象特征不同分为数量指标指数和质量指标指数

数量指标指数（quantitative indicator index）反映所研究现象的数量规模变动，如工业产品产量指数、商品销售量指数等。质量指标指数（qualitative indicator index）反映所研究现象的质量水平变动，如商品价格指数、产品成本指数、劳动生产率指数等。

但是，对于商品的销售额指数、总产值指数、费用总额指数等，它们所对比的现象虽然属于数量指标，却具有价值总额的特殊形式，这种形式可以分解为一个数量因素与一个质量因素的乘积，而相应的指数则反映了两个因素共同变化的影响。在指数分析中，它们既不属于数量指标指数，也不属于质量指标指数，通常称为总变动指数。

（三）按指数所反映的时间状态不同分为动态指数和静态指数

动态指数（dinamic index）又称为时间指数。它是将不同时间上的同类现象水平进行比较的结果，反映社会经济现象在不同时间的发展变化。如物价指数、股票价格指数、工业生产指数等。动态指数按所对比的基期不同，分为定基指数与环比指数两种。静态指数（static index）包括空间指数和计划完成情况指数两种。空间指数指同类现象水平在同一时间内不同空间上对比的结果，反映现象在不同区域的差异程度。计划完成情况指数则是将某种现象的实际水平与计划水平对比的结果，反映计划的完成程度。

第二节 综 合 指 数

一、综合指数的编制原理

综合指数（aggregative index）是总指数的基本形式之一，用来反映复杂现象的总变动。

编制综合指数的基本方法是"先综合，后对比"。例如，编制销售价格综合指数或销售数量综合指数，首先需要将各种商品的价格或销售量资料加总，然后通过对比得到相应的总指数。但是，不同的商品数量和价格不能直接相加，或直接相加没有经济意义，所以一般要引进一个同度量因素，通过同度量因素把各种商品的价格或数量过渡为价值指标，再进行综合对比或计算。

在编制综合指数中需要解决以下两个问题。

（1）同度量因素问题。同度量因素是把不能直接相加的指标过渡到可以相加的因素，也称权数。例如，编制销售量综合指数，用同度量因素把各种不能直接相加的商品销售量过渡到能够相加的销售额，然后就可以进行对比了。考虑同度量因素时，一定要从经济意义出发。综合指数的基本公式如下：

$$\bar{K}_p = \frac{\sum p_1 q}{\sum p_0 q}$$

$$\bar{K}_q = \frac{\sum q_1 p}{\sum q_0 p}$$

式中，$\bar{K}_p$ 表示质量指标综合指数形式；$\bar{K}_q$ 表示数量指标综合指数形式；p 表示质量指标因素；q 表示数量指标因素；下标 1 表示各因素的报告期；下标 0 表示各因素的基期；$\sum$ 表示加总求和。

（2）同度量因素时期确定问题。同度量因素有基期和报告期之分，选择不同时期的同度量因素会得到不同的计算结果，具有不同的经济意义。此内容将在后面的具体编制方法中阐述。

二、综合指数的编制方法

综合指数有数量指标指数和质量指标指数两种。运用综合指数形式计算总指数时，一般要涉及两个因素：一个是指数所研究的对象，称为指数化指标；另一个是同度量因素。当指数化指标是数量指标时，计算数量指标指数；当指数化指标是质量指标时，计算质量指标指数。

（一）数量指标综合指数的编制方法

以销售量指数为例，说明数量指标指数的编制方法。

【例 9.1】 某公司销售五种产品的产量和价格资料如表 9.2 所示，编制五种商品的数量指标综合指数。

表 9.2 某公司商品销售量综合指数计算表

产品名称	计量单位	销售量		销售价格/元		$p_0 q_0$/万元	$p_1 q_1$/万元	$p_0 q_1$/万元	$p_1 q_0$/万元
		q_0	q_1	p_0	p_1				
面粉	kg	2 000	2 500	200.0	300.0	40.0	75.0	50.0	60.0
肉	kg	60 000	75 000	14.0	16.0	84.0	120.0	105.0	96.0
酱油	g	10 000	15 000	1.2	1.0	1.2	1.5	1.8	1.0
服装	件	18 000	17 000	200.0	230.0	360.0	391.0	340.0	414.0
电视机	台	480	600	2 100.0	1 800.0	100.8	108.0	126.0	86.4
合计	—	—	—	—	—	586.0	695.5	622.8	657.4

编制数量指标综合指数主要解决以下两个问题。

（1）选择同度量因素：销售价格 p。

为了反映销售量的变化，需要把不能直接相加的销售量过渡到能相加的销售额，选择销售价格为同度量因素，起到桥梁的作用。

$$\overline{K}_q = \frac{\sum q_1 p}{\sum q_0 p}$$

（2）同度量因素时期的固定。

编制销售量指数，可以以基期销售价格作为同度量因素，也可以以报告期销售价格作为同度量因素。

1. 拉氏数量指标指数

拉氏指数（Laspeyres's index，简记为 L），是德国经济统计学家拉斯佩雷斯（E.Laspeyres）在 1864 年提出的，后人以他的名字来命名该指数。拉氏指数公式的特点是将同度量因素固定在基期水平上，因此也称基期综合指数，公式具体形式如下：

$$\overline{K}_q = \frac{\sum q_1 p_0}{\sum q_0 p_0} \tag{9.1}$$

将表 9.1 的数据代入式（9.1），可求得拉氏销售量总指数为

$$\overline{K}_q = \frac{\sum q_1 p_0}{\sum q_0 p_0} = \frac{622.8}{586.0} = 106.28\%$$

表明：五种商品综合起来，其销售量报告期比基期上涨了 6.28%。

综合指数不仅可以反映现象的相对变动程度，通常还可以进行绝对数分析，用于测定指数化指标变动所引起的相应总值的绝对变动差额。利用上面资料可计算得到

$$\sum q_1 p_0 - \sum q_0 p_0 = 622.8 - 586.0 = 36.8(\text{万元})$$

即由于销售量增长 6.28%，使销售额增加了 36.8 万元。

2. 帕氏数量指标指数

帕氏指数（Paasche's index，简记为 P），是德国的另一位经济统计学家帕舍（H.Paasche）继拉斯佩雷斯之后在 1874 年提出的，人们也以他的名字来命名该指数。与拉氏指数不同之处是，帕氏指数将同度量因素固定在报告期水平上，因此也称报告期综合指数。公式具体形式如下：

$$\overline{K}_q = \frac{\sum q_1 p_1}{\sum q_0 p_1} \tag{9.2}$$

将表 9.1 中的数据代入式（9.2），可求得帕氏销售量总指数为

$$\overline{K}_q = \frac{\sum q_1 p_1}{\sum q_0 p_1} = \frac{695.5}{657.4} = 105.80\%$$

表明：五种商品综合起来，销售量平均增长了 5.80%。

同理，用于测定指数化指标变动所引起的相应总值的绝对变动差额为

$$\sum q_1 p_1 - \sum q_0 p_1 = 695.5 - 657.4 = 38.1(\text{万元})$$

即由于销售量增长 5.80%，使销售额增加了 38.1 万元。

综合以上两种情况，数量指标综合指数以基期商品销售价格作为同度量因素，这说明它是在基期的销售价格和销售结构的基础上来考察各种商品的销售量的综合变动程度的；而以报告期商品销售价格作为同度量因素，则说明它是在计算期的销售价格和销售结构的基础上来考察各种商品销售量的综合变动程度的。尽管两者的基本作用都是反映销售数量水平的综合变动，但两者又是不同的。一般认为，在基期价格不变的情况下反映数量的变化比较合理。所以，在实际中常用拉氏指数作为编制数量指标综合指数的基本公式。

结论：在综合指数中，编制数量指标指数往往用基期质量指标作为同度量因素，即用拉氏指数，公式为

$$\bar{K}_q = \frac{\sum q_1 p_0}{\sum q_0 p_0}$$

（二）质量指标综合指数的编制方法

以销售价格指数为例，说明质量指标综合指数的编制方法。

编制质量指标综合指数主要解决以下两个问题。

（1）选择同度量因素：销售量 q。

为了反映销售价格的变化，需要把不能直接相加的销售价格过渡到能相加的销售额，选择销售量为同度量因素，起到桥梁的作用。

$$\bar{K}_p = \frac{\sum p_1 q}{\sum p_0 q}$$

（2）同度量因素时期的固定。

编制销售价格指数，同样可以以基期销售量作为同度量因素，也可以以报告期销售量作为同度量因素。

1. 拉氏质量指标指数

以基期数量指标为同度量因素编制销售价格指数，公式具体形式如下：

$$\bar{K}_p = \frac{\sum p_1 q_0}{\sum p_0 q_0} \qquad （9.3）$$

将表 9.1 中的数据代入式（9.3），可求得拉氏销售价格指数为

$$\bar{K}_p = \frac{\sum p_1 q_0}{\sum p_0 q_0} = \frac{657.4}{586.0} = 112.18\%$$

表明：五种商品综合起来，其销售价格报告期比基期上涨了 12.18%。

综合指数不仅可以反映现象的相对变动程度，通常还可以进行绝对数分析，用于测定指数化指标变动所引起的相应总值的绝对变动差额。利用上面的资料可计算得到

$$\sum p_1 q_0 - \sum p_0 q_0 = 657.4 - 586.0 = 71.4（万元）$$

即由于销售价格增长 12.18%，使销售额增加了 71.4 万元。

2. 帕氏质量指标指数

以报告期数量指标为同度量因素编制销售价格指数，公式具体形式如下：

$$\bar{K}_p = \frac{\sum p_1 q_1}{\sum p_0 q_1} \tag{9.4}$$

将表 9.1 中的数据代入式（9.4），可求得帕氏销售价格指数为

$$\bar{K}_p = \frac{\sum p_1 q_1}{\sum p_0 q_1} = \frac{695.5}{622.8} = 111.67\%$$

表明：五种商品综合起来，销售价格平均增长了 11.67%。

同理，用于测定指数化指标变动所引起的相应总值的绝对变动差额为

$$\sum p_1 q_1 - \sum p_0 q_1 = 695.5 - 622.8 = 72.7 (\text{万元})$$

即由于销售价格增长 11.67%，使销售额增加了 72.7 万元。

综合以上两种情况，质量指标综合指数以基期商品销售量作为同度量因素，说明在基期销售量和销售结构基础上各种商品销售价格的综合变动程度；而以报告期商品销售量作为同度量因素，则说明在报告期销售量和销售结构基础上各种商品销售价格的综合变动程度。尽管两者的基本作用都是反映销售价格水平的综合变动，但两者又是存在差别的。一般认为在报告期销售量不变的情况下讨论价格变化较为合理。所以，在实际应用中常用帕氏指数作为编制质量指标综合指数的基本公式。

结论：在综合指数中，编制质量指标指数采用报告期质量指标作为同度量因素，即用帕氏指数，公式为

$$\bar{K}_p = \frac{\sum p_1 q_1}{\sum p_0 q_1}$$

三、其他形式的综合指数

拉氏指数和帕氏指数是两种基本的综合指数公式，由于同度量因素固定水平的不同，两者之间通常存在明显差异，分析意义也不同。为了调和这种差异，或为了满足特殊分析的需要，经济学家和统计学家试图对已有的指数公式加以改造，由此形成了各种新的综合指数公式。

（一）马埃指数

马埃指数（Marshall-Edgeworth's index，简记为 E），是由英国著名经济学家马歇尔（A.Marshall）和埃奇沃斯（F.Y.Edgeworth）等人于 1887—1890 年间提出。该指数对拉氏指数和帕氏指数的同度量因素进行简单算术平均。公式具体形式如下：

$$E_p = \frac{\sum p_1 \left(\dfrac{q_0 + q_1}{2} \right)}{\sum p_0 \left(\dfrac{q_0 + q_1}{2} \right)} = \frac{\sum p_1 (q_0 + q_1)}{\sum p_0 (q_0 + q_1)} = \frac{\sum p_1 q_0 + \sum p_1 q_1}{\sum p_0 q_0 + \sum p_0 q_1} \tag{9.5}$$

$$E_q = \frac{\sum q_1 \left(\dfrac{p_1 + p_0}{2} \right)}{\sum q_0 \left(\dfrac{p_1 + p_0}{2} \right)} = \frac{\sum q_1 (p_1 + p_0)}{\sum q_0 (p_1 + p_0)} = \frac{\sum q_1 p_1 + \sum q_1 p_0}{\sum q_0 p_1 + \sum q_0 p_0} \tag{9.6}$$

（二）理想指数

理想指数（ideal index，简记为 F），是由美国经济学家沃尔什（G.M.Walsh）和庇古（P.C.Pigou）等人于 1901—1902 年先后提出，后来美国经济学家欧文·费希尔（Irving Fisher）比较验证了其优良性后，将它命名为理想公式，也有人称其为费希尔指数。理想指数是对拉氏指数和帕氏指数的几何平均。公式具体形式如下：

$$F_p = \sqrt{\frac{\sum p_1 q_1}{\sum p_0 q_1} \cdot \frac{\sum p_1 q_0}{\sum p_0 q_0}} \tag{9.7}$$

$$F_q = \sqrt{\frac{\sum q_1 p_1}{\sum q_0 p_1} \cdot \frac{\sum q_1 p_0}{\sum q_0 p_0}} \tag{9.8}$$

（三）鲍莱指数

鲍莱指数（Bowley's index，简记为 B），是 1901 年由统计学家鲍莱（A.L.Bowley）等人提出。它是对拉氏指数和帕氏指数直接进行简单算术平均的结果。其公式为

$$B_P = \frac{1}{2}\left(\frac{\sum p_1 q_0}{\sum p_0 q_0} + \frac{\sum p_1 q_1}{\sum p_0 q_1}\right) \tag{9.9}$$

$$B_q = \frac{1}{2}\left(\frac{\sum q_1 p_0}{\sum q_0 p_0} + \frac{\sum q_1 p_1}{\sum q_0 p_1}\right) \tag{9.10}$$

（四）固定权数综合指数

固定权数综合指数由英国经济学家杨格（A.Young）提出，因此也称杨格指数（Young's index）。在固定权数综合指数中，同度量因素所属时期既不固定在报告期也不固定在基期，而是固定在一个特定的水平上。公式具体形式如下：

$$I_p = \frac{\sum p_1 q_n}{\sum p_0 q_n} \tag{9.11}$$

$$I_q = \frac{\sum q_1 p_n}{\sum q_0 p_n} \tag{9.12}$$

式中，q_n 和 p_n 分别表示特定的物量和价格水平。

由于固定权数综合指数的同度量因素不因比较时期(报告期或基期)的改变而改变，因此采用固定权数综合指数，不但方便指数的编制，而且便于观察现象长期发展变化的趋势。

上述各种形式的综合指数各有不同的特点，在实际分析应用时应根据现象的性质和分析问题的需要合理选择。

四、综合指数的应用

（一）工业生产指数

工业生产指数概括反映一个国家或地区各种工业产品产量的综合变动程度，它是衡量经济增长水平的重要指标之一。工业生产指数是以固定价格（不变价格）为同度量因

素的固定权数综合指数。公式具体形式如下：

$$I_q = \frac{\sum q_t p_n}{\sum q_0 p_n} \tag{9.13}$$

$$I_q = \frac{\sum q_t p_n}{\sum q_{t-1} p_n} \tag{9.14}$$

式中，$t=1，2，3，\cdots$，代表时期；p_n 代表固定价格。式（9.13）是与某个固定时期比较的生产指数，也称定基指数（fixed base index）；式（9.14）是与前一期比较的生产指数，也称环比指数（chain index）。采用固定权数综合指数编制各期生产指数则形成指数数列，可以观察长期经济增长趋势。

产量定基指数数列：

$$\frac{\sum q_1 p_n}{\sum q_0 p_n}，\frac{\sum q_2 p_n}{\sum q_0 p_n}，\frac{\sum q_3 p_n}{\sum q_0 p_n}，\cdots，\frac{\sum q_n p_n}{\sum q_0 p_n}$$

产量环比指数数列：

$$\frac{\sum q_1 p_n}{\sum q_0 p_n}，\frac{\sum q_2 p_n}{\sum q_1 p_n}，\frac{\sum q_3 p_n}{\sum q_2 p_n}，\cdots，\frac{\sum q_n p_n}{\sum q_{n-1} p_n}$$

不难看出，产量定基指数数列和环比指数数列存在两个数量关系：

（1）环比指数的连乘积等于相应时期的定基指数；

（2）相邻时期的定基指数之比等于相应时期的环比指数。

利用这两个数量关系，可以在定基指数和环比指数之间相互推算。

需要注意，我国的不变价格标准先后采用过 1952 年、1957 年、1970 年、1980 年、1990 年、2000 年、2010 年、2020 年的不变价格标准。分析较长时期产量的动态变化时，如果采用不同的不变价格，还必须消除不变价格本身变动的影响。

消除不变价格变动的一般步骤是

（1）计算不变价格换算系数，其公式为

$$不变价格换算系数 = \frac{\sum q_m p_n'}{\sum q_m p_n} \tag{9.15}$$

式中，q_m 为交替年份的产量；p_n' 为新的不变价格；p_n 为旧的不变价格。

（2）将以往各年按旧的不变价格计算的产值乘以换算系数，求得按新的不变价格计算的产值。

【例 9.2】 某地区 2020 年工业总产值按 2010 年不变价格计算为 582 亿元，2010 年工业产值按 2000 年不变价格计算为 242 亿元。又知该地区 2011 年工业总产值按 2000 年不变价格计算为 260 亿元，按 2010 年不变价格计算为 270 亿元。试计算该地区 2020 年对比 2010 年的工业生产指数。

解 根据公式 $I_q = \dfrac{\sum q_t p_n}{\sum q_0 p_n}$

$$I_q = \frac{\sum q_{2020}p_{2010}}{\sum q_{2010}p_{2010}} = \frac{\sum q_{2020}p_{2010}}{\sum q_{2010}p_{2000} \cdot \dfrac{\sum q_{2011}p_{2010}}{\sum q_{2011}p_{2000}}} = \frac{582}{242 \times \dfrac{270}{260}} = 231.59\%$$

计算结果表明，该地区 2020 年工业总产值比 2010 年增长了 131.59%。

（二）产品成本指数

产品成本指数概括反映一个部门或企业各种产品成本的综合变动，它是衡量综合成本水平的指标。产品成本指数有以下几种形式。

（1）帕氏形式的以基期成本为比较基准的成本综合指数：

$$P_p = \frac{\sum p_1 q_1}{\sum p_0 q_1} \tag{9.16}$$

该指数表示由于单位成本比基期节约或提高，报告期总成本降低或提高的幅度，分子分母之差表示报告期总成本降低或增加额。

（2）帕氏形式的以计划成本为比较基准的成本综合指数：

$$P_p = \frac{\sum p_1 q_1}{\sum p_n q_1} \tag{9.17}$$

该指数表示由于单位成本比计划节约或提高，报告期总成本降低或提高的幅度，分子分母之差表示报告期总成本降低或增加额。

（3）拉氏形式的以计划成本为比较基准的成本综合指数：

$$L_p = \frac{\sum p_1 q_n}{\sum p_n q_n} \tag{9.18}$$

该指数公式的同度量因素不是报告期产量而是计划产量，所以该指数所表示的是按照计划规定的产量结构报告期总成本降低或提高的幅度。当同时制定成本和产量计划时，用这个指数来检查计划执行情况，可以考察部门或企业是否存在通过改变产量构成来达到完成成本计划的目的。

（三）股票价格指数

股票价格指数的编制方法有多种，综合指数公式是其中的一种重要方法。我国的上证指数、美国的标准普尔指数等，都是采用综合指数公式编制的。其计算公式为

$$I_p = \frac{\sum p_t q_0}{\sum p_0 q_0} \tag{9.19}$$

式中，q_0 代表基期股票发行量。但在股票市场中，常有新的股票发行，原来发行的股票经过一段时间也常有股权拆分现象。在实际编制股票指数时对这些问题需要具体处理。此外，股票指数不是以百分比来表示股价的变动幅度，而是以"点数"波动来表示的。也就是说，基期的股价指数确定为 100 点，以后每上升或下降一个单位称为"1 点"。例如股票指数为 2 100 点，表明报告期比基期上升 2 000 点。

第三节　平均数指数

一、平均数指数的编制原理

与综合指数相同，平均数指数（average index）也是总指数的基本计算形式之一，用来反映复杂现象的总变动。但平均数指数与综合指数的编制方法不同，综合指数编制的基本方法是"先综合，后对比"，平均数指数编制的基本方法则是"先对比，后平均"。所谓"先对比"，是指先通过对比计算个体现象的个体指数；所谓"后平均"，则是指将个体指数赋予适当的权数，加以平均得到总指数。

应当明确的是，之所以称其为平均数指数，是因为它利用了平均数的计算形式。在编制平均数指数时，主要的计算形式有算术平均和调和平均两种。基本公式如下：

$$\bar{K} = \frac{\sum kpq}{\sum pq} \tag{9.20}$$

$$\bar{K} = \frac{\sum pq}{\sum \frac{1}{k}pq} \tag{9.21}$$

式中，k 代表个体指数；pq 代表权数。"个体指数"k 的地位，相当于平均数计算公式中的"被平均的标志"x 的地位。"权数"pq 是与所要编制的指数密切关联的价值总量，但 p 和 q 的所属时期可以考虑不同的组合，如 p_1q_1、p_1q_0、p_0q_1、p_0q_0 四种。由于 p_1q_0 和 p_0q_1 的资料不易取得，通常采用 p_1q_1 和 p_0q_0 作为权数。

二、平均数指数的编制方法

（一）加权算术平均数指数

加权算术平均数指数（weighted arithmetic average index）一般以基期总值 p_0q_0 作为权数对个体指数进行加权平均，其计算公式如下。

数量指标指数：
$$\bar{K}_q = \frac{\sum k_q p_0 q_0}{\sum p_0 q_0} \tag{9.22}$$

质量指标指数：
$$\bar{K}_p = \frac{\sum k_p p_0 q_1}{\sum p_0 q_1} \tag{9.23}$$

【例 9.3】 根据例 9.1 的资料，采用基期总值加权的算术平均公式分别计算销售量指数和价格指数。

解　　$$\bar{K}_q = \frac{\sum k_q p_0 q_0}{\sum p_0 q_0} = \frac{622.8}{586.0} = 106.28\%$$

$$\bar{K}_p = \frac{\sum k_p p_0 q_0}{\sum p_0 q_0} = \frac{657.4}{586.0} = 112.18\%$$

这两式的计算结果和前面拉氏指数的计算结果完全相同。不难发现，这是因为当个体指数与总值权数之间存在严格的一一对应关系时，采用基期总值加权的平均数指数，实际上是拉氏综合指数的变形：

$$\bar{K}_q = \frac{\sum \dfrac{q_1}{q_0} p_0 q_0}{\sum p_0 q_0} = \frac{\sum q_1 p_0}{\sum q_0 p_0} = L_q$$

$$\bar{K}_p = \frac{\sum \dfrac{p_1}{p_0} p_0 q_0}{\sum p_0 q_0} = \frac{\sum p_1 q_0}{\sum p_0 q_0} = L_P$$

由此可见，编制平均数指数和综合指数的原理是相互贯通的。为保持编制数量指标指数的一致性，一般用拉氏指数编制。即编制数量指标指数可以采用加权算术平均数指数计算。

需要指出的是，加权算术平均数指数不仅仅是综合指数的变形，在许多场合下它还是一种相对独立的总指数编制方法，具有比综合指数更广泛的适用性。以价格指数为例，其计算公式可变形为

$$\bar{K}_p = \frac{\sum k_p p_0 q_0}{\sum p_0 q_0} = \sum k_p \cdot \frac{p_0 q_0}{\sum p_0 q_0} = \sum k_p \omega_0$$

其中， $\omega_0 = \dfrac{p_0 q_0}{\sum p_0 q_0}$ 。

上式表明算术平均数指数不仅可以用绝对权数加权，也可以用相对权数加权。而相对权数可以根据全面资料确定，也可以根据非全面资料确定。在特定情况下，还可以将相对权数加以固定，便于指数的编制工作，这是综合指数所不具备的。

（二）加权调和平均数指数

加权调和平均数指数（weighted harmonic average index）一般以报告期总值 $p_1 q_1$ 作为权数对个体指数进行加权平均，相应的公式如下。

数量指标指数： $$\bar{K}_q = \frac{\sum p_0 q_1}{\sum \dfrac{1}{k_q} p_0 q_1} \tag{9.24}$$

质量指标指数： $$\bar{K}_p = \frac{\sum p_1 q_1}{\sum \dfrac{1}{k_p} p_1 q_1} \tag{9.25}$$

【**例 9.4**】 根据例 9.1 的资料，采用报告期总值加权的调和平均公式分别计算销售量指数和价格指数。

解

$$\bar{K}_q = \frac{\sum p_1 q_1}{\sum \dfrac{1}{k_q} p_1 q_1} = \frac{695.5}{657.4} = 105.80\%$$

$$\bar{K}_p = \frac{\sum p_1 q_1}{\sum \dfrac{1}{k_p} p_1 q_1} = \frac{695.5}{622.8} = 111.67\%$$

这两式的计算结果和前面帕氏指数的计算结果完全相同。不难发现，这也是因为当个体指数与总值权数之间存在严格的一一对应关系时，采用报告期总值加权的平均数指数实际上是帕氏综合指数的变形：

$$\bar{K}_q = \frac{\sum p_1 q_1}{\sum \dfrac{1}{\dfrac{q_1}{q_0}} p_1 q_1} = \frac{\sum p_1 q_1}{\sum p_1 q_0} = p_q$$

$$\bar{K}_p = \frac{\sum p_1 q_1}{\sum \dfrac{1}{\dfrac{p_1}{p_0}} p_1 q_1} = \frac{\sum p_1 q_1}{\sum p_0 q_1} = p_p$$

由此可知，在编制调和平均数指数时，一般采用报告期总值 $p_1 q_1$ 加权，而不采用基期总值 $p_0 q_0$ 加权的理由。为保持编制质量指标指数的一致性，一般用帕氏指数编制。即编制质量指标指数可以采用加权调和平均数指数计算。

三、平均数指数的应用

（一）居民消费价格指数

居民消费价格指数在国外称为消费者价格指数（consumer price index，CPI）是反映一定时期内城乡居民所购买的生活消费品价格和服务价格综合变动程度的相对数。

编制居民消费价格指数，除了能反映城乡居民所购买的生活消费品价格和服务价格的变动程度外，还具有以下作用。

（1）用于反映货币购买力变动。货币购买力是单位货币能够购买的消费品和服务的数量。居民消费价格指数上升，则购买力下降。两者关系为

$$货币购买力指数 \times 居民消费价格指数 = 1$$

（2）反映职工实际工资变动情况。居民消费价格指数提高，意味着实际工资的减少。计算公式为

$$实际工资 \times 居民消费价格指数 = 名义工资$$

（3）反映通货膨胀情况。通货膨胀的严重程度是用通货膨胀率反映，一般以居民消费价格指数来表示。计算公式为

$$通货膨胀率 = \frac{报告期居民消费价格指数 - 基期居民消费价格指数}{基期居民消费价格指数} \times 100\%$$

下面以我国编制居民消费价格指数的方法为例，计算居民消费价格指数。

1. 消费品分类

我国现行统计制度将居民消费的商品分为八大类，包括食品烟酒、衣着、居住、生活用品及服务、交通和通信、教育文化和娱乐、医疗保健、其他用品和服务等，下设262 个基本分类。例如，衣着类分为服装、服装材料、其他衣着及配件、衣着加工服务费、鞋类五个中类；食品烟酒类分为食品、茶及饮料、烟酒、在外餐饮四个中类，食品又分为粮食、薯类、豆类、食用油、菜、畜肉类、禽肉类、水产品、蛋类、奶类、干鲜

瓜果类、糖果糕点类、调味品、其他食品类等小类。大类、中类、小类中各部分零售额比重之和等于100%。因此，各小类的加权算术平均数指数便是中类指数，同理，各中类的加权算术平均数指数就是大类指数，各大类的加权算术平均数指数就是总指数。

2. 居民消费价格指数编制的步骤

编制居民消费价格指数的资料采用抽样调查的方法取得，即在全国选择不同经济区域和分布合理的地区，以及有代表性的商品（服务）作为样本，对其市场价格进行定期调查，以样本推断总体。目前，参加国家级数据汇总的调查市、县500个。编制过程按下列几个步骤进行。

（1）选择调查地区和调查点。调查地区按照经济区域和地区分布合理等原则，选出具有代表性的大、中、小城市和县作为国家的调查地区。

（2）选择代表规格品。代表规格品是选择那些消费量大、价格变动有代表性的商品（服务）；代表规格品的确定是根据城乡居民的消费支出记账资料，按照有关规定筛选的。筛选原则：①与社会生产和人民生活关系密切；②消费（销售）数量（金额）大；③市场供应稳定；④价格变动趋势有代表性；⑤所选的代表规格品之间性质差异大，价格变动特征的相关性低。

（3）价格调查方式。通过手持数据采集器，采用定人、定点、定时的方法直接调查，或者由选中的调查对象协助填报。在保证价格准确的前提下，经国家统计局审定，各地可通过相关政府部门发布的通知、公告等文件，以及部分企业、单位公开发布的收费信息资料和被调查单位的电子数据进行辅助采价，也可从互联网采集特定商品和服务价格。

（4）权数的确定。居民消费价格指数的权数主要根据城乡居民家庭消费支出构成确定。

3. 居民消费价格指数的计算方法

居民消费价格指数的计算公式为

$$\overline{K}_P = \sum k_p w$$

式中，w 为各大类、中类、小类的权数，且必须满足 $\sum w = 1$（或100%）

【例9.5】 根据表9.3资料计算某地区2019年1月的居民消费品价格指数。

表9.3 某地区2019年1月居民消费价格指数计算表 %

类　别	类指数	权数 w	总指数(类指数×权数)
居民消费价格指数	103.01	100	—
一、食品烟酒类	106.70	31.98	34.12
二、衣着类	101.64	8.51	8.65
1. 服装中类	101.90	70.02	71.35
2. 服装材料中类	101.70	1.44	1.46
3. 其他衣着及配件中类	100.68	12.12	12.20
（1）袜子小类	101.50	—	—
（2）帽子小类	102.50	—	—
（3）其他衣着小类	98.10		

续表

类　　别	类指数	权数 w	总指数(类指数×权数)
4. 衣着加工服务费中类	104.40	1.1	1.15
5. 鞋类中类	101.00	15.32	15.47
三、居住类	101.30	20.02	20.28
四、生活用品及服务类	100.90	6.67	6.73
五、交通和通信类	98.20	10.35	10.16
六、教育文化和娱乐类	102.30	9.92	10.15
七、医疗保健类	102.50	7.39	7.57
八、其他用品和服务类	103.50	5.16	5.34

计算过程如下：

（1）其他衣着及配件中类指数：

如果没有具体权数，可以采用几何平均法计算，比如：

其他衣着及配件中类指数＝$\sqrt[3]{101.5\% \times 102.5\% \times 98.1\%}=100.68\%$

（2）衣着大类指数：

$$\overline{K_p}=\sum k_p w=101.9\% \times 0.7002+101.7\% \times 0.0144+100.68\% \times 0.1212$$
$$+104.4\% \times 0.011+101\% \times 0.1532=101.641\%$$

（3）居民消费价格指数：

$$\overline{K_p}=\sum k_p w=106.7\% \times 0.3198+101.64\% \times 0.0851+101.3\% \times 0.2002+100.9\% \times 0.0667$$
$$+98.2\% \times 0.1035+102.3\% \times 0.0992+102.5\% \times 0.0739+100.5\% \times 0.0516$$
$$=103.01\%$$

计算结果表明，该地 2019 年 1 月居民消费品价格比上月上涨了 3.01%。

（二）农产品生产者价格指数

农产品生产者价格指数（producer price indices for farm products）是反映一定时期内，农产品生产者出售农产品价格水平变动趋势及幅度的相对数。该指数可以客观反映全国农产品生产价格水平和结构变动情况，满足农业与国民经济核算需要。其中某代表品生产者价格指数是通过对全部有出售该产品行为的调查单位的个体指数进行几何平均求得的，大、中、小类价格指数是通过对其所属的类（或代表品）的价格指数进行加权平均求得的。

农产品生产价格调查采用抽样调查和重点调查相结合的方法。内容包括被调查单位生产并出售的主要农产品。我国农产品生产价格调查的类别和代表产品包括农、林、牧、渔四大类、16 个中类以及 90%以上的小类，一般是生产量和销售量大的对国计民生影响大、稳定性强的产品，具有发展前景的新产品和具有地方特色的产品。例如,农业产品类分为谷物、大豆、油料、棉花、糖料、蔬菜、水果等。代表品一般稳定五年。调查周期为季度。

第四节 指数体系及因素分析

一、指数体系的概念及其作用

（一）指数体系的概念

经济分析中，一个指数通常只能说明社会经济现象某一方面的问题，而实践中往往需要将多个指数结合起来加以运用，这就要求建立相应的指数体系（index system）。

指数体系可以有广义和狭义两种不同的含义。

广义的指数体系类似于指标体系的概念，是指由若干个内容上相互关联的统计指数所结成的体系。根据考察问题的需要，构成这种体系的指数可多可少。例如：工业品批发价格（或出厂价格）指数、农产品收购价格指数、消费品零售价格指数等构成了市场物价指数体系。国民经济运行的生产、流通和使用各环节以及国民经济各部门的多种经济指数构成了国民经济核算指数体系，其中除了上面列举的有关价格指数之外，还包括诸如国内总产出价格指数和物量指数、国内生产总值价格指数和物量指数、投资价格和物量指数以及资产负债存量价格指数等。

狭义的指数体系，仅指由三个或三个以上在性质上相互联系、数量上存在一定依存关系的指数所构成的指数体系。社会经济现象所存在的客观联系，在统计中可通过相应的指标体系表现出来。例如：

$$总产值 = 产品产量 \times 价格$$
$$总成本 = 产品产量 \times 单位成本$$
$$销售额 = 销售量 \times 价格$$

从上面的三个关系式可以看到，现象的总体可以分解为一个数量因素和一个质量因素。而现象总体的变化可以归结为数量因素和质量因素共同作用的结果。上述指标体系按指数形式表现时，乘积关系仍然成立。即

$$总产值指数 = 产品产量指数 \times 价格指数$$
$$总成本指数 = 产品产量指数 \times 单位成本指数$$
$$销售额指数 = 销售量指数 \times 价格指数$$

（二）指数体系的两个对等关系

在指数体系中，总量指数与各因素指数之间的数量关系表现为两个方面：

从相对数来看，总量指数等于各因素指数的乘积；

即，$\bar{K}_{pq} = \bar{K}_p \cdot \bar{K}_q$ 或 $\dfrac{\sum p_1 q_1}{\sum p_0 q_0} = \dfrac{\sum p_1 q_1}{\sum p_0 q_1} \cdot \dfrac{\sum p_0 q_1}{\sum p_0 q_0}$

从绝对数来看，总量变动的绝对额等于各因素指数变动绝对差额的代数和，即

$$\sum p_1 q_1 - \sum p_0 q_0 = \left(\sum p_1 q_1 - \sum p_0 q_1 \right) + \left(\sum p_0 q_1 - \sum p_0 q_0 \right)$$

（三）指数体系的作用

（1）可以测定总量指标变动中各因素影响的方向和程度（简称总量指标变动的因素

分析）。即利用综合指数体系，从数量指标指数和质量指标指数的相互联系中，分析各个因素的变动影响关系。例如，编制多种产品的销售量指数和价格指数，分析销售量和价格变动对销售总额变动的影响。

（2）可以测定平均指标变动中各因素影响的方向和程度（简称平均指标变动的因素分析）。即利用综合指数编制的方法原理，通过平均指标对比指数体系来进行分析。

（3）可以进行指数之间的相互推算。

【例 9.6】 由于物价上涨使同样多的人民币报告期比基期少购买 8% 的商品，问物价指数是多少？

解：根据零售额指数 = 零售量指数 × 物价指数，得

$$零售物价指数 = 零售额指数 \div 零售量指数$$
$$= 100\% \div (1 - 8\%)$$
$$= 108.7\%$$

所以，物价指数是 108.7%。

二、总量指标变动的因素分析

（一）两因素分析

综合指数由于所用权数所属时期不同可以形成不同的指数体系。但实际分析中比较常用的是基期权数加权的数量指标综合指数和报告期权数加权的质量指标综合指数形成的指数体系。

相对数分析：$\bar{K}_{pq} = \bar{K}_p \cdot \bar{K}_q$ 或 $\dfrac{\sum p_1 q_1}{\sum p_0 q_0} = \dfrac{\sum p_1 q_1}{\sum p_0 q_1} \cdot \dfrac{\sum q_1 p_0}{\sum q_0 p_0}$

绝对数分析：$\sum p_1 q_1 - \sum p_0 q_0 = \left(\sum p_1 q_1 - \sum p_0 q_1\right) + \left(\sum q_1 p_0 - \sum q_0 p_0\right)$

【例 9.7】 根据表 9.1 数据，利用指数体系分析价格和销售量变动对销售额的影响。

解 （1）销售额指数：

$$\bar{K}_{pq} = \frac{\sum p_1 q_1}{\sum p_0 q_0} = \frac{695.5}{586.0} = 118.69\%$$

$$\sum p_1 q_1 - \sum p_0 q_0 = 695.5 - 586.0 = 109.5（万元）$$

（2）销售价格指数：

$$\bar{K}_p = \frac{\sum p_1 q_1}{\sum p_0 q_1} = \frac{695.5}{622.8} = 111.67\%$$

$$\sum p_1 q_1 - \sum p_0 q_1 = 695.5 - 622.8 = 72.7（万元）$$

（3）销售量指数：

$$\bar{K}_q = \frac{\sum q_1 p_0}{\sum q_0 p_0} = \frac{622.8}{586.0} = 106.28\%$$

$$\sum q_1 p_0 - \sum q_0 p_0 = 622.8 - 586.0 = 36.8（万元）$$

（4）三指数之间的数量关系为

$$\begin{cases} 118.69\% = 111.67\% \times 106.28\% \\ 109.5\ 万元 = 72.7\ 万元 + 36.8\ 万元 \end{cases}$$

计算结果表明：该公司销售额报告期比基期上升了 18.69%，是由于销售价格上涨了 11.67% 和销售量上升了 6.28% 两个因素共同作用的结果；其中，由于销售价格的上涨使销售额增加了 72.7 万元，由于销售量的增加使销售额增加了 36.8 万元，二者共同作用的结果使得销售额增加了 109.5 万元。

（二）多因素分析

总量指标变动多因素分析，是用多因素现象的指数体系进行分析。从分析的对象和目的看，与两因素分析是相同的，不同的是现象总体受多个因素影响。

进行多因素分析时，要注意以下两点。

（1）利用编制综合指数的一般原则。即编制多因素指标组成的综合指数时，为了测定某一因素指标变动的影响，要把其他因素固定在某一时期。

（2）确定所有因素的顺序。对综合指数中所有因素排序是很关键的，一般根据经济现象的内在联系而定，即一个合理的排列顺序要求从左至右逐一相乘，每一个乘积都有经济意义，并遵从由数量指标向质量指标排列。

以三因素分析为例说明排列顺序：

例如，工业原材料费用额的组成因素，就是按照产量、单位产品原材料消耗量、单位原材料价格的顺序排列。其中，产量是数量指标排在最左边，价格是质量指标排在最右边。

$$原材料费用总额 = 产量 \times \underbrace{单位产品原材料\overbrace{消耗量 \times 单位原}^{原材料消耗总量}材料价格}_{单位产品价格}$$

用 q 代表产量，m 代表单位产品原材料消耗量，p 代表单位原材料价格，则可按下列程序对原材料费用总额的变动进行因素分析：

$$\sum q_0 m_0 p_0 \xrightarrow{q变化} \sum q_1 m_0 p_0 \xrightarrow{m变化} \sum q_1 m_1 p_0 \xrightarrow{p变化} \sum q_1 m_1 p_1$$

相应地，可建立多因素指数体系进行因素分析。

相对数分析：

$$\frac{\sum q_1 m_1 p_1}{\sum q_0 m_0 p_0} = \frac{\sum q_1 m_0 p_0}{\sum q_0 m_0 p_0} \cdot \frac{\sum q_1 m_1 p_0}{\sum q_1 m_0 p_0} \cdot \frac{\sum q_1 m_1 p_1}{\sum q_1 m_1 p_0}$$

绝对数分析：

$$\sum q_1 m_1 p_1 - \sum q_0 m_0 p_0 = \left(\sum q_1 m_0 p_0 - \sum q_0 m_o p_0 \right) + \left(\sum q_1 m_1 p_0 - \sum q_1 m_0 p_0 \right) + \left(\sum q_1 m_1 p_1 - \sum q_1 m_1 p_0 \right)$$

【例 9.8】 某企业 2020 年原材料消耗情况见表 9.4，试计算并分析该企业原材料费用总额受产量、单位产品原材料消耗量和单位原材料价格综合影响的方向和程度。

表 9.4　某企业 2020 年原材料消耗计算表

原材料种类	产量/件		单位产品消耗量/（kg/件）		单位原材料价格/（万元/kg）		原材料费用总额/万元			
	基期	报告期	基期	报告期	基期	报告期	基期	报告期	假定	假定
	q_0	q_1	m_0	m_1	p_0	p_1	$q_0m_0p_0$	$q_1m_1p_1$	$q_1m_0p_0$	$q_1m_1p_0$
甲	12	15	1.2	1.1	18	18	259.2	297	324.0	297
乙	24	28	2.0	2.0	20	22	960.0	1 232	1 120.0	1 120
丙	25	22	3.2	3.0	16	18	1 280.0	1 188	1 126.4	1 056
合计	—	—	—	—	—	—	2 499.2	2 717	2 570.4	2 473

解　（1）原材料费用总额指数：

$$\bar{K}_{qnp} = \frac{\sum q_1 m_1 p_1}{\sum q_0 m_0 p_0} = \frac{2\ 717}{2\ 499.2} = 108.71\%$$

$$\sum q_1 m_1 p_1 - \sum q_0 m_0 p_0 = 2\ 717 - 2\ 499.2 = 217.8（万元）$$

说明报告期比基期费用上涨了 8.71%，使原材料费用超支 217.8 万元。

（2）产量指数：

$$\bar{K}_q = \frac{\sum q_1 m_0 p_0}{\sum q_0 m_0 p_0} = \frac{2\ 570.4}{2\ 499.2} = 102.85\%$$

$$\sum q_1 m_0 p_0 - \sum q_0 m_0 p_0 = 2\ 570.4 - 2\ 499.2 = 71.2（万元）$$

说明由于产量增长了 2.85%，致使原材料费用超支 71.2 万元。

（3）单位产品原材料消耗量指数：

$$\bar{K}_m = \frac{\sum q_1 m_1 p_0}{\sum q_1 m_0 p_0} = \frac{2473}{2\ 570.4} = 96.21\%$$

$$\sum q_1 m_1 p_0 - \sum q_1 m_0 p_0 = 2\ 473 - 2\ 570.4 = -97.4（万元）$$

说明由于单位产品原材料消耗量下降了 3.79%，致使原材料费用节约了 97.4 万元。

（4）单位原材料价格指数：

$$\bar{K}_p = \frac{\sum q_1 m_1 p_1}{\sum q_1 m_1 p_0} = \frac{2\ 717}{2\ 473} = 109.87\%$$

$$\sum q_1 m_1 p_1 - \sum q_1 m_1 p_0 = 2\ 717 - 2\ 473 = 244（万元）$$

说明由于物价上涨了 9.87%，致使原材料费用超支 244 万元。

（5）以上四个指数之间的关系为

$$\begin{cases} 108.71\% = 102.85\% \times 96.21\% \times 109.87\% \\ 217.8\ 万元 = 71.2\ 万元 + (-97.4)\ 万元 + 244\ 万元 \end{cases}$$

计算结果表明：由于该企业产量报告期比基期增长了 2.85%，致使原材料费用超支 71.2 万元；由于单位原材料消耗量降低了 3.79%，致使原材料费用节约 97.4 万元；由于原材料价格上涨了 9.87%，致使原材料费用超支 244 万元。这三个因素共同作用的结果，使得原材料费用总额报告期比基期上涨了 8.71%，超支 217.8 万元。

三、平均指标变动的因素分析

平均指标变动的因素分析是指对影响平均指标变动的因素进行分解分析。在分组条件下，平均指标变动受两个因素变动的影响：一个是各组变量水平的变动；另一个是结构因素，即各组单位数在总体单位数中所占比重的变动。即

$$\bar{x} = \frac{\sum xf}{\sum f} = \sum x \frac{f}{\sum f}$$

式中，x 为各组变量水平；$\dfrac{f}{\sum f}$ 为各组单位数在总体单位数中的比重。

在平均指标变动的因素分析中，将各组平均水平视为质量因素，将各组单位数占总体单位数的比重视为数量因素。利用两因素指数分析方法，就可以对平均指标的变动及其各因素的影响进行分析。

平均指标变动因素分析的具体步骤如下：

1．计算可变构成指数

可变构成指数即总平均指标对比指数，是用来反映总平均指标变动的指数。其计算公式为

$$可变构成指数 = \frac{\sum x_1 f_1}{\sum f_1} \div \frac{\sum x_0 f_0}{\sum f_0} \tag{9.26}$$

$$平均指标变动绝对额 = \frac{\sum x_1 f_1}{\sum f_1} - \frac{\sum x_0 f_0}{\sum f_0} \tag{9.27}$$

2．计算结构影响指数

结构影响指数也称结构变动指数，用来反映各组变量水平不变的情况下，由于总体结构变动对总平均指标变动的影响。其计算公式为

$$结构影响指数 = \frac{\sum x_0 f_1}{\sum f_1} \div \frac{\sum x_0 f_0}{\sum f_0} \tag{9.28}$$

$$结构影响变动绝对额 = \frac{\sum x_0 f_1}{\sum f_1} - \frac{\sum x_0 f_0}{\sum f_0} \tag{9.29}$$

3．计算固定构成指数

固定构成指数也称固定结构指数，用来反映总体结构不变的情况下，由于各组变量水平变动对总平均指标变动的影响值。其计算公式为

$$固定构成指数 = \frac{\sum x_1 f_1}{\sum f_1} \div \frac{\sum x_0 f_1}{\sum f_1} \tag{9.30}$$

$$各组变量水平影响变动绝对额 = \frac{\sum x_1 f_1}{\sum f_1} - \frac{\sum x_0 f_1}{\sum f_1} \tag{9.31}$$

4．构建平均指标对比指数体系，进行影响因素的变化方向和变动程度分析

（1）总变动程度等于各因素变动影响的连乘积：

可变构成指数=结构影响指数×固定构成指数

$$\frac{\sum x_1 f_1}{\sum f_1} \div \frac{\sum x_0 f_0}{\sum f_0} = \left(\frac{\sum x_0 f_1}{\sum f_1} \div \frac{\sum x_0 f_0}{\sum f_0} \right) \cdot \left(\frac{\sum x_1 f_1}{\sum f_1} \div \frac{\sum x_0 f_1}{\sum f_1} \right)$$

（2）总变动绝对额等于各因素变动影响绝对额的代数和：

总平均工资变动绝对额=结构变动影响额+各组工资变动影响额

$$\frac{\sum x_1 f_1}{\sum f_1} - \frac{\sum x_0 f_0}{\sum f_0} = \left(\frac{\sum x_0 f_1}{\sum f_1} - \frac{\sum x_0 f_0}{\sum f_0} \right) + \left(\frac{\sum x_1 f_1}{\sum f_1} - \frac{\sum x_0 f_1}{\sum f_1} \right)$$

下面以一实例说明平均指标变动因素分析法的具体运用。

【例 9.9】 某企业 2020 年月平均工资资料如表 9.5 所示，要求对职工平均工资水平变动进行因素分析。

表 9.5　某企业 2020 年月平均工资指数计算表

工人组别	工人数/人		月平均工资额/元		工资总额/万元			
	基期	报告期	基期	报告期	基期	报告期	假定	假定
	f_0	f_1	x_0	x_1	$x_0 f_0$	$x_1 f_1$	$x_0 f_1$	$x_1 f_0$
新工人	800	900	800	900	64.0	81.0	72.0	72.0
老工人	400	400	1 000	1 200	40.0	48.0	40.0	48.0
合计	1 200	1 300	—	—	104.0	129.0	112.0	120.0

（1）计算平均工资总变动指数：

$$可变构成指数 = \frac{\sum x_1 f_1}{\sum f_1} \div \frac{\sum x_0 f_0}{\sum f_0} = \frac{129.0 \times 10^4 / 1300}{104.0 \times 10^4 / 1200} = \frac{992.31}{866.67} = 114.50\%$$

$$变动绝对额 = \frac{\sum x_1 f_1}{\sum f_1} - \frac{\sum x_0 f_0}{\sum f_0} = 992.31 - 866.67 = 125.64（元）$$

（2）计算结构变动影响指数：

$$结构影响指数 = \frac{\sum x_0 f_1}{\sum f_1} \div \frac{\sum x_0 f_0}{\sum f_0} = \frac{112.0 \times 10^4 / 1300}{104.0 \times 10^4 / 1200} = \frac{861.54}{866.67} = 99.41\%$$

$$结构影响变动绝对额 = \frac{\sum x_0 f_1}{\sum f_1} - \frac{\sum x_0 f_0}{\sum f_0} = 861.54 - 866.67 = -5.13（元）$$

（3）计算各组工资变动影响指数：

$$固定构成指数 = \frac{\sum x_1 f_1}{\sum f_1} \div \frac{\sum x_0 f_1}{\sum f_1} = \frac{129.0 \times 10^4 / 1300}{112.0 \times 10^4 / 1300} = \frac{992.31}{861.54} = 115.18\%$$

$$各组变量水平变动绝对额 = \frac{\sum x_1 f_1}{\sum f_1} - \frac{\sum x_0 f_1}{\sum f_1} = 992.31 - 861.54 = 130.77（元）$$

（4）以上三个指数之间的关系为

$$\begin{cases} 114.50\% = 99.41\% \times 115.18\% \\ 125.64\ 元 = -5.13\ 元 + 130.77\ 元 \end{cases}$$

计算结果表明，从相对数方面看：该企业总的月平均工资报告期比基期上涨了

14.50%，是由于工人人数结构变动影响使总平均工资下降了 0.59%以及各组工人工资水平变动使总平均工资上涨了 15.18%共同影响的结果；从绝对数方面看：该企业总的月平均工资报告期比基期增加了 125.64 元，是由于工人人数结构变动影响使总平均工资下降了 5.13 元以及各组工人工资水平变动使总平均工资上涨了 130.77 元的结果。

第五节　指 数 数 列

一、指数数列的概念

指数数列（index series），就是将各个时期的一系列指数，按照时间先后顺序排列起来所形成的数列。可见，指数数列也是一种时间数列。指数数列的特点在于数列中所排列的各项指标都是指数，而不是一般的综合指标。

二、指数数列的种类

1. 数量指标指数数列和质量指标指数数列

指数按照所反映的现象特征的不同可以分为数量指标指数与质量指标指数，由此而形成的指数数列，也可以分为数量指标指数数列和质量指标指数数列。

2. 定基指数数列和环比指数数列

指数按照采用基期的不同可分为定基指数和环比指数，由此而形成的指数数列，也可以分为定基指数数列和环比指数数列。

定基指数数列和环比指数数列有不同的作用，将各时期的现象与某一固定时期的相同现象进行对比以表明其动态变化时，则用定基指数数列；要表明各期的现象同其前一期对比的动态变化时，则用环比指数数列。

3. 不变权数指数数列与可变权数指数数列

根据指数数列中各个时期的指数采用的同度量因素所属时期是否变动，有可变权数与不变权数之分。各个时期的指数其同度量因素是不同时期的，是随时间变动而变动的，称可变权数；各时期的指数其同度量因素如果均固定在同一时期的水平上，时间变动，同度量因素不变，称为不变权数。

由于质量指标指数是将同度量因素固定在报告期，因此，在质量指标指数数列中，不管是定基指数也好，还是环比指数也好，采用的都是可变权数。数量指标指数是将同度量因素固定在基期，因此，在数量指标指数数列中，环比指数采用的是可变权数；定基指数采用的是不变权数。

在总指数数列中，定基指数和环比指数的关系，是否也像个体指数（动态相对数）那样存在着连乘关系，这要根据所使用的同度量因素是否固定不变而定。凡是用固定权数加权的指数数列，就有环比指数的连乘积等于定基指数的关系；如果所用的指数权数随各期而变，则这种连乘关系就不存在了。存在连乘关系的指数数列，不但可以进行指数推算，而且也便于改换基期，如把定基指数从某一期改换为另一期，或把定基指数改变为环比指数。

三、指数数列的编制

（一）数量指标指数数列的编制

1. 环比指数

$$\frac{\sum q_1 p_0}{\sum q_0 p_0}, \frac{\sum q_2 p_1}{\sum q_1 p_1}, \frac{\sum q_3 p_2}{\sum q_2 p_2}, \cdots, \frac{\sum q_n p_{n-1}}{\sum q_{n-1} p_{n-1}} \text{（可变权数）}$$

2. 定基指数

$$\frac{\sum q_1 p_0}{\sum q_0 p_0}, \frac{\sum q_2 p_0}{\sum q_0 p_0}, \frac{\sum q_3 p_0}{\sum q_0 p_0}, \cdots, \frac{\sum q_n p_0}{\sum q_0 p_0} \text{（不变权数）}$$

（二）质量指标指数数列的编制

1. 环比指数

$$\frac{\sum p_1 q_1}{\sum p_0 q_1}, \frac{\sum p_2 q_2}{\sum p_1 q_2}, \frac{\sum p_3 q_3}{\sum p_2 q_3}, \cdots, \frac{\sum p_n q_n}{\sum p_{n-1} q_n} \text{（可变权数）}$$

2. 定基指数

$$\frac{\sum p_1 q_1}{\sum p_0 q_1}, \frac{\sum p_2 q_2}{\sum p_0 q_2}, \frac{\sum p_3 q_3}{\sum p_0 q_3}, \cdots, \frac{\sum p_n q_n}{\sum p_0 q_n} \text{（可变权数）}$$

（三）不变价格权数的数量指数指标数列

1. 环比指数

$$\frac{\sum q_1 p_n}{\sum q_0 p_n}, \frac{\sum q_2 p_n}{\sum q_1 p_n}, \frac{\sum q_3 p_n}{\sum q_2 p_n}, \cdots, \frac{\sum q_n p_n}{\sum q_{n-1} p_n} \text{（不变权数）}$$

2. 定基指数

$$\frac{\sum q_1 p_n}{\sum q_0 p_n}, \frac{\sum q_2 p_n}{\sum q_0 p_n}, \frac{\sum q_3 p_n}{\sum q_0 p_n}, \cdots, \frac{\sum q_n p_n}{\sum q_0 p_n} \text{（不变权数）}$$

思考与作业

1. 什么是指数？它有哪些性质？
2. 什么是同度量因素？同度量因素在编制综合指数中有什么作用？
3. 拉氏指数和帕氏指数各有什么特点？
4. 综合指数和平均数指数有什么异同？
5. 什么是指数体系？指数体系的两个对等关系指的是什么？
6. 某商店三种商品的销售量及价格资料如表9.6所示。

表 9.6　某商店三种商品的销售量及价格资料

商品	计量单位	销售量		价格/元	
		基期	报告期	基期	报告期
甲	件	4 000	4 200	50	52
乙	盒	2 000	2 100	40	42
丙	套	1 800	2 000	30	35

试计算：

（1）销售量个体指数和价格个体指数。

（2）销售额总指数及销售额的总变动。

（3）销售量总指数及由于销售量变动而增加（或减少）的销售额。

（4）价格总指数及由于价格变动而增加（或减少）的销售额。

7. 某商场销售资料如表 9.7 所示。

表 9.7　某商场销售资料

商品	销售额/万元		价格降低率/%
	基期	报告期	
甲	117	80	10
乙	38	45	5
丙	180	250	15
合计	335	375	—

试计算：

（1）商品价格总指数及由于价格变动而增加（或减少）的销售额。

（2）商品销售量总指数及由于销售量变动而增加（或减少）的销售额。

8. 某企业生产三种产品的有关资料如表 9.8 所示。

表 9.8　某企业生产三种产品的有关资料

商品	计量单位	产量		基期产值/万元	产量个体指数（k_q）
		基期（q_0）	报告期（q_1）		
甲	万张	15	16.2	180	1.08
乙	万把	30	31.5	750	1.05
丙	台	900	1 080.0	135	1.20
合计	—	—	—	1 065	—

试计算：

（1）三种产品的产量总指数；

（2）若已知该企业报告期的实际产值较基期增加 85.2 万元，则三种产品的价格总指数是多少？

（3）分析销售额变动受产量变动和价格变动影响的相对程度和绝对程度。

9. 某企业甲、乙两种产品的产量及对 A 种材料的单耗资料如表 9.9 所示。

表9.9 某企业甲、乙两种产品的产量及对A种材料的单耗资料

商品	计量单位	产量		单耗/千克	
		基期（q_0）	报告期（q_1）	基期（m_0）	报告期（m_1）
甲	台	1 200	1 380	20	19
乙	套	500	550	8	7

试计算和分析 A 种材料总消耗量的变动受产品产量及单耗变动的相对影响程度及影响的绝对量。

10. 某县三个乡基年与报告年某种农作物生产情况资料如表9.10所示。

表9.10 某县三个乡基年与报告年某种农作物生产情况资料

乡代号	基年			报告年		
	播种面积/亩	亩产/千克	总产量/万千克	播种面积/亩	亩产/千克	总产量/万千克
甲	8 000	300	240	9 000	315	283.5
乙	10 000	330	330	11 500	362	416.3
丙	20 000	360	720	24 000	414	993.6
合计	38 000	339.474	1 290	44 500	380.539	1 693.4

根据上述资料，从相对数和绝对数两方面分析总平均亩产的变动中，各乡亩产水平变动及播种面积结构变动的影响。

课程思政拓展阅读

国家统计局统计科学研究所解读 2019 年我国经济发展所动能指数

即测即练

自学自测　　扫描此码

第十章

Excel 在统计中的应用

教学目标

通过本章的学习，要求学生在熟悉统计基本理论和方法的基础上，熟悉运用 Excel 进行数据收集和整理；重点掌握利用 Excel 计算均值、方差、标准差、中位数、众数、峰度系数、偏态系数等描述统计量；熟练运用 Excel 进行推断统计分析、方差分析、相关与回归分析和时间序列分析。

教学要求

知识要点	能力要求	相关知识
统计软件简介	了解各种统计软件	SAS、SPSS、Excel 等
Excel 在描述统计中的应用	熟练运用 Excel 进行描述统计分析	平均数、方差、偏度、峰度
Excel 在推断统计中的应用	熟练运用 Excel 进行推断统计分析	区间估计、假设检验
Excel 在方差分析中的应用	熟练运用 Excel 进行方差分析	单因素方差分析、双因素方差分析
Excel 在相关与回归分析中的应用	熟练运用 Excel 进行相关与回归分析	相关系数、回归分析
Excel 在时间序列分析中的应用	熟练运用 Excel 进行时间序列分析	长期趋势、季节指数

导入案例

运用 Excel 进行混凝土的统计计算

在建筑工程主体结构施工过程中，技术人员经常遇到混凝土抗压强度数理统计评定，即计算同一验收批混凝土立方体抗压强度的标准差以及回弹法检测混凝土抗压强度时的标准差计算。计算过程如采用手工计算则相当烦琐，现在工程技术人员普遍采用科学计算器中的统计功能进行计算，大大提高了工效及准确性。但如果同一验收批的数据量较多时，采用手工输入计算器的方法经常会出现某个数据输入错误或遗漏造成全部重来的现象，有时甚至算了两三次其结果都不同。

在 GBJ 107—87 混凝土强度检测评定标准及 JGJ/T 23—2001 回弹法检测混凝土抗压强度技术规程中的标准差可以利用 Excel 中标准差函数 STDEV 计算，方便快速地计算出结果，且输入、修改、计算、复核过程可视化。

如有 100 个 C40 的混凝土试块数据（必须是 28 天龄期的试压报告试块数据），在 Excel 中依次输入表格，边输边核，然后利用函数计算即可，如需增加或减少样本个数可以随时修改，整个过程可视化，即时自动计算。

Excel 是应用较为普遍的统计软件，它的数据处理功能非常强大，可以帮助我们完成很多工作，其中函数的应用非常重要，掌握了它的基本操作，可以使我们的工作事半功倍。

第一节　统计软件简介

一、常用统计软件简介

常用的统计分析软件包括 SAS、SPSS、S-Plus、R、Stata 等。这些软件都能完成常用的统计计算及分析，如描述统计、回归分析、方差分析等，但不同的软件在功能、易用性、扩展性等方面又各具特色。下面简要介绍几个常用的统计软件。

（一）SAS

SAS 过去是 Statistical Analysis System 的简称，由于其功能现已远远超出了统计分析的范围，SAS 已经变成了一个单纯的商标。其强大的功能和可编程性使其成为一些超级用户的首选。

SAS 软件的主要特点是：可以同时处理多个数据集；有很多模块、功能非常全面；虽然也提供了许多菜单操作方式，但仍以编程为主，学习起来有一定困难，是最难掌握的统计软件之一。SAS 的绘图功能可能是所有的统计软件中最强大的，但同时也是最难掌握的。虽然 SAS 也提供了一些交互式的制图界面，但与其他软件相比还不够方便。

（二）SPSS

SPSS 是 Statistical Package for Social Sciences 的简称，它也是最早的统计软件之一。许多初学者都喜欢使用 SPSS，因为它非常容易使用，单击下拉菜单中的命令就能完成分析工作。当然，SPSS 也提供了编程的操作方式。

SPSS 的数据编辑窗口与 Excel 类似，并且可以自己定义数据的属性（如数值标签、数据类型等），最多允许有 4 096 个变量。但其数据管理功能相对较弱，一个 SPSS 过程只允许同时打开一个数据文件，这对于有些分析工作来说可能不够方便。SPSS 是一个模块式的软件，可以根据需要选择购买不同的功能模块。SPSS 在方差分析和多元统计分析方面的功能比较突出。SPSS 也有强大的图形功能，可以做出高质量的图形，并且可以比较方便地进行编辑。

（三）S-Plus

许多人认为 S-Plus 是介于 SAS 和 SPSS 之间的一个软件，它也可以完成绝大部分统计分析，具有菜单式的操作界面，同时提供了强大的编程语言。人们可以很容易地把自己编写的函数集成到 S-Plus 中去。S-Plus 的绘图能力特别出色，灵活性强。

（四）R

R 是一套很像 S-Plus 的免费统计软件，其语法与图形功能几乎跟 S-Plus 一模一样，大多数的 S-Plus 程序也可在 R 上面顺利执行。R 可以在 R project 的网页免费取得，不足之处是没有实现菜单式的图形用户界面，对于初学者来说学习起来较为困难。

（五）Stata

经济学和社会科学领域的许多学者喜欢使用 Stata 软件。这一软件也有菜单式的操作界面，同时提供了强大的编程能力，易学易用，扩展性强，更新速度快，很容易将自己编写或者网上下载的程序加入软件中。

Stata 的回归分析和回归诊断部分功能非常强大，几乎能估计统计学和计量经济学中的所有回归模型，而在多元统计分析方面的功能稍弱。Stata 可以用菜单或程序做出高质量的图形，但完成后的图形不能再进行编辑。

二、Excel 的主要统计功能及其不足

Excel 的基本功能中包括了比较强大的数据处理功能，还提供了丰富的工作表函数，可以完成很多类型的数据处理和分析任务。除了工作表函数以外，Excel 还提供了一个称为"分析工具库"的加载宏。

（一）Excel 分析工具库的安装和调用

安装分析工具库可以采用以下三种方式。

（1）在 Office 的默认安装中分析工具库并没有安装到你的计算机中，第一次使用"分析工具库"时需要从安装盘安装。操作步骤是：单击"工具"菜单中的"加载宏"命令，在弹出的"可用加载宏"对话框中选择"分析工具库"选项，单击"确定"按钮（图 10.1）。此时系统要求插入 Office 安装盘，安装完成后，在"工具"菜单就多出了一个"数据"命令（图 10.2）。"数据分析"模块提供了对数据进行描述统计、假设检验、相关和回归分析、方差分析等分析工具。

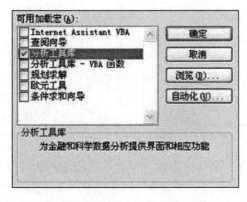

图 10.1　加载"分析工具库"的界面

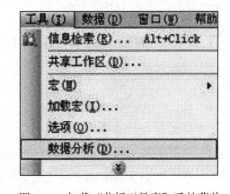

图 10.2　加载"分析工具库"后的菜单

（2）如果希望在第一次安装 Office 时就安装"分析工具库"，则需要在安装 Office 时选择自定义安装，再选中"选择应用程序的高级自定义"复选框，单击"下一步"按钮，会弹出一个对话框，在 Excel 的加载宏中把"分析工具库"的安装方式改为"从本机运行"（图 10.3）。

（3）如果需要在一台没有安装该模块的电脑上临时使用"分析工具库"，也可以采用以下方法：在安装了"分析工具库"的电脑中找到一个名为 Analysis 的文件夹（一般

情况下路径为 C:\\Program Files\\Microsoft Office\\OFFICE11\\Library\\Analysis），把这个文件夹复制到 U 盘上。需要使用"分析工具库"时双击运行文件夹中的 ANALYS32.XLL 就可以了（如果系统弹出一个安全警告的对话框，则单击"启用宏"按钮）。

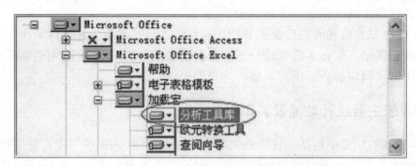

图 10.3　自定义安装"分析工具库"的界面

要卸载分析工具库只需要在图 10.1 中取消选中"分析工具库"选项，否则每次启动 Excel 时这一模块都会自动加载。

（二）Excel 的局限性

由于 Excel 应用的普及性，许多人都把它作为最常用的统计软件来使用。Excel 提供的统计功能包括数据管理、描述统计、概率计算、假设检验、方差分析和回归分析等，对于统计学所涉及的大部分内容已经足够了。但 Excel 在统计分析方面也有其局限性。

（1）就统计学原理所涉及的统计方法而言，Excel 没有直接提供的方法包括：箱线图（box plot）、茎叶图、相关系数的 p-值、无交互作用可重复的双因素方差分析、方差分析中的多重比较、非参数检验方法、质量控制图等。

（2）按照优秀图形的标准，Excel 做出的很多图形都不合格。Excel 的有些图形可能适合于普通大众，但不适合用于科学报告中。例如二维图形的三维表示、圆柱图、圆锥图等。

（3）Excel 不能很好地处理缺失值(missing data)问题。总体来说，Excel 对缺失值的处理方式远不如专门的统计软件恰当。

（4）虽然大部分情况下 Excel 的计算结果都是可靠的，但在一些极端情况下 Excel 的计算程序不够稳定和准确（特别是 Excel2003 以前的版本中）；有些自动功能可能会导致意想不到的结果。在这里举两个例子使大家有直观的印象。

练习 1：如果自己计算，你认为"$-5 \wedge 2$"等于多少？在 Excel 工作表的单元格中输入"$= -5 \wedge 2$"得到的答案是多少？

练习 2：在区域 B1：B3 中分别输入数字 10、20、30；然后在 B5 中输入公式"= sum(b1:b3)"。这时 B5 的值等于多少？现在再在 B4 中输入 40，B5 的值有什么变化？

在第一个练习中 Excel 得出的结果是 25，这至少与通行的数学规则不一致。在第二个练习中 Excel 会自动将 B5 的公式改为"= sum(b1:b4)"。但这种自动功能有时候并不是我们想要的，在不知情的情况下对公式的修改有时会直接导致计算结果的错误。

总体来说，Excel 为输入和管理数据、描述数据特征、制作统计表和统计图都提供了强大的支持，但在处理复杂的计算时有时候误差相对较大，因而一些数据处理专家建议人们避免采用 Excel 处理复杂的统计问题。

三、使用统计软件学习统计学的几点建议

（一）选择统计软件

每个软件都有自己的优势和劣势。就统计学涉及的统计方法而言，几乎所有的统计软件都可以胜任,但对于一些具体的实际问题可能有的软件会比其他软件更适合。例如，在进行一些多元统计分析时，你可能会选择 SAS；处理抽样调查数据可能会选择 Stata；做方差分析可能会选择 SPSS；进行质量改进统计分析可能会选择 Minitab；希望进行统计应用开发时可能会选择 SAS 或 S-Plus。因此，如果你需要经常进行统计分析，建议你把这些软件都纳入工具箱中。

作为入门的软件，易学易用的 SPSS 或者 Minitab 可能是较好的选择，一开始就学习复杂的统计软件可能令人沮丧。

Excel 为处理数据和对数据进行初步的分析提供了良好的条件，但 Excel 至少在 Excel 2003 以前版本的部分统计函数中有一些缺陷，而且 Excel 的统计功能有限，如果你正进行的分析工作牵涉到重大的决策，对计算结果的准确性有很高的要求，建议你采用专门的统计软件。许多用户（包括作者）喜欢用 Excel 准备数据，然后用专门的统计软件进行统计分析，有时候还会把结果转回 Excel 中作图。

（二）使用统计软件学习统计学的一些建议

（1）如果要做统计分析的话，一定要正确地去做。使用 Excel 以及其他统计软件获得一些分析结果易如反掌，但要获得正确的答案并不容易，这要求对相应的统计方法有透彻的理解。

（2）在开始学习一种统计方法时，不要试图立即搞清楚软件的全部输出结果。即使你只希望计算一下数据的平均值，统计软件也可能有数页的输出结果。搞清楚所有输出结果的努力可能使你很沮丧，因为有些内容可能已经大大超出了你的学科范围。

（3）不要试图使用你还不理解的统计方法，这很容易导致统计方法的误用；但要勇于学习新的方法，新的方法可能更适合所研究的问题。

（4）不要不加分析地把软件的全部输出结果直接复制到分析报告中，这只能说明你并没有真正理解软件的输出结果。可能对研究的问题而言，软件的大部分输出都是不必要的。此外，软件生成的图表往往也需要进行一些编辑工作才能使用。

（5）学习统计软件的最好方法是在应用中学习。

（6）软件的帮助文件可能是软件最好的使用说明书，许多软件还附有简明的例子。

（7）"Garbage in, garbage out"：如果你输入的是垃圾，得到的也只能是垃圾。因此要反复检查数据的准确性，任何软件都不可能基于错误的数据得出可靠的结论。

第二节　Excel 在描述统计中的应用

一、用 Excel 输入数据

（一）数据录入的列表格式

在绝大部分情况下，统计软件都要求以"列表格式"存储数据，而不能用其他格式存储。"列表格式"如表 10.1 所示，表 10.2 则不是"列表格式"。可能只有 Excel 中的方差分析仍然需要表 10.2 的格式。在表 10.1 中，每一行称为一个观测，每一列称为一个变量。

表 10.1　以列表格式存储的数据

序号	性别	学历	工资/元
1	1	1	2 600
2	1	1	2 700
3	1	2	4 100
4	1	2	4 000
5	2	1	3 200
6	2	1	2 500

表 10.2　不是以列表格式存储的数据

性别 ＼ 学历	1（本科）	2（研究生）
1（女）	1 600	4 100
	1 700	4 000
2（男）	3 200	5 300
	2 500	5 500

（二）用 Excel 录入数据的基本规则

为了保证其他软件能够直接读入用 Excel 录入的数据进行分析，在用 Excel 录入数据时要尽量遵循以下规则。

（1）从一次调查中得出的所有的数据要存储在一个电子表格中。

（2）在数据表的第一行中输入变量名。如果还需要借助不能识别中文的统计软件对数据进行分析，变量名要以字母开头，并且不超过 8 个字符；变量名中不能有空格，但可以用下划线。这是因为很多软件都对变量名有类似的规定（在 Excel 中可以使用汉字作为变量名，SPSS 18.0 中也允许用汉字作变量名，长度不超过 32 个汉字或 64 个字符）。

（3）数据表中应避免出现其他文本行，例如标题。

（4）数据中应避免出现空行。

（5）在原始数据中设置一个标识变量（ID variable），例如观测的序号、问卷的编号、学生证号、身份证号等，以便在检查数据录入错误时易于查找原始问卷。有的分析中需要对数据进行排序，这会打乱原来的数据顺序。这时要查找原始问卷就只能依靠标识变量了。

（6）如果数据包含多个组，需要设置一个变量来表示每个观测的分组。

（7）尽量使用数字编码来表示分类变量。例如，可以用 1 表示"党员"，2 表示"团员"，3 表示"群众"。如果只有两个组，将其编码为 0 和 1 可能会使一些分析易于进行。

（8）对于缺失值（missing values），将相应的单元格保留为空白，这样其他统计软件才能正确地识别缺失值。

（9）Excel 允许在同一列中（对应着同一个变量）输入不同类型的数据，如数值型、字符型、日期型等。这虽然提供了一定的灵活性，但在同一列中输入不同类型的数据在分析时会造成极大的不便，使用中应尽量避免。

（10）对数据的编码和计算过程要做好记录，以免日后忘记了每个变量或数值对应的含义，例如"0"是代表男性还是女性，某个新变量是如何计算得到的等。

（11）注意 Excel 的一些限制条件。Excel 只能正确处理 1900 年 1 月 1 日以后的日期型数据；最多允许 256 个变量，65 536 行数据。

（三）使用 Excel 的有效性检查：防止数据输入中的错误

Excel 提供了一个"有效性"检查的功能，可以在输入数据时实时检查录入的数据是否符合要求。如果输入的数据量很小，这种有效性检查意义不大，但如果要输入成千上万条数据，"有效性"检查可以帮助人们避免许多录入错误。

【例 10.1】 以一个简单的例子来说明"有效性"检查功能的使用方法。假设需要输入的数据如表 10.3 所示。

先在 Excel 数据表的第一行输入四个变量名：编号、班级、性别、考试成绩。

（1）"编号"取值借助 Excel 的自动填充

表 10.3　需要录入的数据

编号	班级	性别考试	成绩
1	1	0	85
2	1	1	90
3	2	0	87
4	2	1	69
5	3	0	78
6	3	1	93
7	4	0	83
8	4	1	91

功能来实现：先在单元格 A2、A3 中输入 1、2。选中区域 A2：A3，将光标移至该区域右下角的填充柄（其形状为黑色的小方块）处，鼠标指针变为一个实心的黑色十字（图 10.4）。按住鼠标左键向下拖动至 A9 单元格，完成数据的自动填充。

（2）对于班级变量，用 1 表示统计班，2 表示经济班，3 表示金融班，4 表示会计班（同时在另一个工作表中记录这一编码规则，以免日后遗忘）。班级的取值只有 1、2、3、4，其他取值都是错误输入，可以利用 Excel 的"有效性"检查对输入的数据进行限定。

具体操作步骤如下：先选中列 B，然后选择菜单栏中的"数据"→"有效性"命令，会弹出图 10.5 所示的对话框。单击"允许"列表框中的下拉箭头，选择"整数"选项，再在新的对话框中把最小值设为 1，最大值设为 4。然后在"出错警告"选项卡的错误信息中输入"请输入 1—4 之间的整数"，这样在输入了 1—4 以外的数值后，Excel 会弹出出错信息，并提示"请输入 1—4 之间的整数"。

（3）对于取值非常有限的数据，还可以为变量的取值定义一个序列，如果输入的数据不在这个序列中，即为非法输入。下面用性别变量（0 表示男性，1 表示女性）加以说明。选中列 C，然后选择菜单栏中的"数据"→"有效性"命令，在图 10.5 所示的对话框中选择"序列"选项，在"来源"文本框中输入"1，2"（数值用英文状态下的逗号隔开）（图 10.6），单击"确定"按钮。这时，在列 C 的单元格中输入数据时，Excel 会提供一个下拉箭头使人们能够从事先确定的序列中选择数值（当然也可以直接输入）（图 10.7）。在输入大量数据时，使用下拉箭头输入数据会大大影响输入速度。

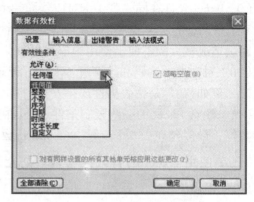

图 10.4　自动填充指针　　　　　　　图 10.5　"数据有效性"对话框

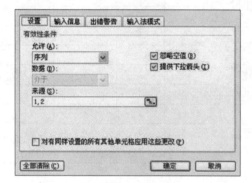

图 10.6　数据的有效性检查：定义序列　　　图 10.7　Excel 提供的下拉框

（4）对于考试成绩这一变量，只要使用"有效性"把数据限定为 0~100 之间的整数就可以了。

注意：数据的有效性检查并不能完全避免其他类型的录入错误：如果你把 60 错输成了 90，Excel 不会给你任何警告。

（四）处理多项选择问题

要正确录入和分析从多项选择问题中得到的数据需要一定的技巧。下面以一个简单的例子加以说明。

【例 10.2】 在一次对失业者的调查中有以下问题。

在以下 8 个因素中，哪些是你重新就业的重大障碍？（最多选 3 项）　　　（　　　）

1. 文化水平低　　2. 专业不对口　　3. 缺少工作经验　　4. 缺少工作岗位

5. 歧视　　　　6. 工资水平低　　7. 工作条件差　　8. 缺少创业资金

如果分析的目的是要找出以上 8 个因素对失业者再就业的影响程度，在分析中可以分别看作一个单独的问题。如果被调查者选中了这个选项，其值就等于 1，未选中则等于 0。也就是说，问卷中的一个变量在分析中被处理成了 8 个二分变量。

在选项非常多，而每个被调查者只能选择少数几项时，以下方法会更有效率（以上面的问题为例）：设定 3 个变量，分别记录被调查者的第一、第二和第三选择，取值为

1~8。在分析时，将这三个变量的对应选项合并，就能得到需要的分析结果了。例如，假设第一个变量有 15 人选择了 1，第二个变量 20 人选择了 1，第三个变量 5 人选择了 1，则选择 1 的人总共有 $15 + 20 + 5 = 40$（人）。如果有些人只选择了一项或两项，则其第二个和第三个变量的取值可以设为空值（缺失值）或者另外给定的一个特定值（例如等于 0），在分析中只要处理得当就能得到正确的结果。

二、用 Excel 处理数据

（一）用 Excel 对数据进行排序和筛选

用 Excel 可以方便地对数据进行排序和筛选。需要特别注意的是，如果只对某一列进行排序，则整个数据集都会被破坏，每一个数据行对应的不再是同一个观测的取值。因此，使用 Excel 排序时要格外小心。下面通过一个例子说明用 Excel 进行排序和筛选的操作方法。

【例 10.3】 将表 10.3 的数据按照考试成绩排序。

单击数据区域的任何一个单元格，使其成为活动单元格。然后选择菜单栏中的"数据"→"排序"命令，会弹出如图 10.8 所示的对话框。

在该对话框中将主要关键字设为"考试成绩"，按降序排列。单击"确定"按钮后就可以完成排序工作了。也可以在"选项"中定义其他的排序规则。注意在对文本进行排序时，由于排序的规则不同，使用不同的软件得到的排序结果可能有差异。

【例 10.4】 从表 10.3 的数据中筛选出所有男生的资料。

单击数据区域的任何一个单元格，使其成为活动单元格。然后选择菜单栏中的"数据"→"筛选"→"自动筛选"命令，在每列数据的顶端会出现一个下拉箭头（图 10.9）。

图 10.8　"排序"对话框　　　　图 10.9　自动筛选的界面

单击"性别"变量的下拉箭头，选择 0，则 Excel 会筛选出所有男生的资料。当"性别"变量是一个有效的筛选变量时，该变量的下拉箭头是蓝色的，在此基础上还可以进行进一步的筛选。例如筛选出成绩在 85 分以上的男生的资料。如果希望显示全部数据，则要在下拉框中选择"（全部）"。要取消筛选，再一次选择菜单栏中的"数据"→"筛选"→"自动筛选"命令就可以了。

自动筛选功能还可以帮助人们发现和修改数据输入中的错误。如果在变量下拉箭头打开的下拉框中有异常值，可以利用自动筛选功能方便查找和定位。从图 10.9 中可以看出，在 Excel 中自动筛选功能也包含了升序或降序排列的排序功能。

（二）用 Excel 公式和函数生成新的变量

Excel 提供了大量函数，可以方便地使用这些函数和其他公式生成所需要的变量。在 Excel 中输入公式时可以直接输入，也可以通过鼠标选择需要的函数以及单元格来完成输入，一般来说，后一种方法更方便而且不容易出错。关于 Excel 函数的详细说明可参见 Excel 的帮助文件，这里只通过一个例子说明使用 Excel 公式和函数的一些技巧。

【例 10.5】已知 2013—2020 年我国一、二、三产业的 GDP（当年价格）如表 10.4 所示。试根据这些数据计算各产业的产值比重。

表 10.4 　2013~2020 年我国某地区一、二、三产业的 GDP（当年价格）　　　亿元

年份	第一产业	第二产业	第三产业
2013	412.7	904.3	561.3
2014	420.0	1 598.1	1 012.3
2015	540.0	1 719.5	1 554.9
2016	627.0	1 831.4	1 651.9
2017	702.0	2 003.4	1 840.0
2018	826.0	2 638.8	2 038.0
2019	933.6	2 383.2	2 196.0
2020	1 086.2	2 412.8	2 282.5

在 Excel 中按照如下方法计算。首先计算各年的 GDP，等于各年一、二、三产业的 GDP 之和。在 E2 中输入一个等号，编辑栏下面的"名称"框将变成"函数"框，如图 10.10 所示。单击"函数"按钮右侧的下拉箭头，打开函数列表框，从中选择所需函数（SUM），Excel 将打开"函数参数"对话框（图 10.11）。将求和函数的参数改为 B2：D2（通过单击折叠按钮图标 选择相应的区域实现），单击"确定"按钮即可完成函数的输入，得到 2013 年的 GDP。然后利用 Excel 的自动填充功能在 E3～E9 中复制 E2 的公式得到各年的 GDP。注意这里各填充单元格的公式是自动调整的，例如 E9 单元格的公式为"=SUM(B9:D9)"。

图 10.10　函数选择框

图 10.11　指定函数参数对话框

要计算第一产业的产出比重,在 F2 中输入"=",然后单击 B2 单元格,再输入"/",最后单击 E2 单元格,按 Enter 键,就在 F2 中输入了公式"=B2/E2",F2 中显示的是 2013 年第一产业的比重。要在 G2、H2 中计算第二、三产业的比重,先把 F2 的公式修改为"=B2/$E2",然后用自动填充把这个公式复制到 G2、H2 单元格。这时 G2 中的公式为"=C2/$E2"。由于在公式的分母中使用了"$",分母中的列号就不会改变了,这就是单元格引用中的"绝对引用"。

接下来选中区域 F2:H2,把光标移至区域的右下角,当指针变为黑色实心十字时按住左键向下拖动至 H9,2013—2020 年的产值比重就计算出来了。

最后,还可以选中区域 F2:H9,将数据格式改为百分数。计算结果如表 10.5 所示。

表 10.5 2013—2020 年我国某地区一、二、三产业的产值比重 %

年份	GDP(亿元)	第一产业比重	第二产业比重	第三产业比重
2013	1 878.3	21.97	48.14	29.88
2014	3 030.4	13.86	52.74	33.40
2015	3 814.4	14.16	45.08	40.76
2016	4 110.3	15.25	44.56	40.19
2017	4 545.4	15.44	44.08	40.48
2018	5 502.8	15.01	47.95	37.04
2019	5 512.8	16.94	43.23	39.83
2020	5 781.5	18.79	41.73	39.48

在 Excel 中复制和粘贴带有公式的数据时一定要非常小心,注意查看粘贴后的结果是否是你希望得到的,避免出现意外的错误。如果你希望在原来的单元格中只保留计算结果而不保留公式,可以使用以下方法:选中相应的单元格,右击,在弹出的快捷菜单中选择"复制"命令,然后再在同样的位置右击,选择"选择性粘贴"命令,在弹出的对话框中选中"数值"单选按钮(图 10.12)。如果希望把数值复制到新的位置,则在新的位置选择"选择性粘贴"命令就可以了。

(三)用 Excel 进行其他数据操作

在各种统计软件之间传递数据时,当数据量不是很大时,最简便的方法可能就是"复制"+"粘贴"了。有时候从其他途径得到的数据不是表格的形式,而是文本形式(.txt)。这时候要让 Excel 正确识别数据,需要使用 Excel 的分列功能。

【例 10.6】 假设在例 10.5 中最初得到的数据为纯文本格式,数据之间是用逗号分隔的(图 10.13)。用 Excel 对数据进行分列。

先选中 A 列,然后选择"数据"→"分列"命令,在弹出的对话框中将"原始数据类型"选为"分隔符号",单击"下一步"按钮,在"分隔符号"选项组中选中"逗号"复选框,这时会在数据预览中看到数据被正确分列了。最后单击"下一步"按钮,你还可以对每列数据的属性做一些设定。在这里直接单击"确定"按钮,数据的分列就完成了。

另外一种常用的数据操作是转置。Excel 中的操作方法是:先选中要转置的区域,然后右击，选择"复制"命令，然后在新的位置右击，在弹出快捷菜单中选择"选择性粘贴"命令，在弹出的对话框中选中"转置"复选框（图10.12）。

图 10.12　"选择性粘贴"选项框图　　　图 10.13　用逗号分隔的纯文本格式的数据

三、用 Excel 计算常用的描述统计指标

在描述统计中常用的统计指标主要包括均值、方差、标准差、中位数、众数、峰度系数、偏态系数等。使用统计软件可以非常方便地得到这些结果。

（一）用 Excel 计算基本描述统计指标

可以使用 Excel 提供的统计函数来获得常用统计量。例如 AVERAGE（平均值）、STDEV（样本标准差）、VAR（样本方差）、KURT（峰度系数）、SKEW（偏度系数）、MEDIAN（中位数）、MODE（众数）等。但最方便快捷的方法是利用 Excel 提供的"描述统计"工具，它可以给出一组数据的许多常用统计量。

【例 10.7】　计算学生调查中"统计成绩"的描述统计指标。

打开学生调查的数据表，选择"工具"→"数据分析"命令，则弹出如图 10.14 所示的对话框。在该对话框中选择"描述统计"选项，然后单击"确定"按钮，则弹出"描述统计"对话框（图 10.15）。

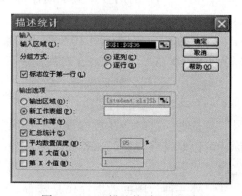

图 10.14　"数据分析"对话框　　　　　图 10.15　"描述统计"对话框

在"描述统计"对话框中，单击"输入区域"右侧的折叠按钮图标，选中需要分析的数据。数据区域可以包括变量名，这时要选中"标志位于第一行"复选框。可以根据需要指定存放结果的位置：指定输出到当前工作表的某个单元格区域，这时需在"输出区域"文本框中输入输出单元格区域的左上角单元格地址；也可以指定输出到"新工作表组"；还可以指定输出到"新工作簿"。这里指定输出到"新工作表组"。在需要计算的统计指标的选项中，只选中"汇总统计"复选框，显示描述统计结果。单击"确定"按钮，得到的计算结果如表 10.6 所示。

表 10.6　描述统计的分析结果

统计成绩	
平均	75.51
标准误差	2.13
中位数	78
众数	83
标准差	12.62
方差	159.14
峰度	0.82
偏度	−0.77
区域	59
最小值	38
最大值	97
求和	2 643
观测数	35

根据表 10.6，统计考试成绩的均值等于 75.51，中位数（Excel 2003 以前的版本中显示为"中值"）等于 78，众数（Excel 2003 以前的版本中显示为"模式"）等于 83，方差等于 159.14，标准差等于 12.62，最小值等于 38，最大值等于 97，全距（显示为"区域"）等于 59。

统计成绩的偏态系数等于−0.77 小于 0，说明数据的分布是略微左偏的。峰度系数 0.82 大于 0，说明分布比正态分布尖锐一些。

（二）分组资料的描述统计

在 Excel 中没有现成的函数处理分组数据，相关计算需要根据相应的计算公式逐步完成。

【例 10.8】 有些情况下，人们只能得到分组以后的数据资料。例如，根据学生调查的结果可以得到表 10.7 的频数分布表（得到这一表格的具体过程以后讲解）。

表 10.7　学生月支出的频数分布

月支出/元	人数/人
1 200 以下	4
1 200～1 400	5
1 400～1 600	6
1 600～1 800	4
1 800～2 000	7
2 000 以上	5

四、用 Excel 进行分组汇总

在数据处理中人们常常需要对数据进行分组和相应的汇总计算。例如，希望得到学生对统计学的兴趣程度的频数分布表，并计算不同组别的平均成绩以了解兴趣对成绩的影响程度。在进行统计分组时，有时候是单变量值分组，有时候则需要进行组距分组。

（一）Excel 的数据透视表

Excel 的数据透视表（pivot tables）为人们制作多维统计表并进行描述统计分析提供了功能强大的工具。数据透视表可以根据列表形式的数据或者数据库产生一维、二维或三维的汇总表，并进行多种汇总计算。许多人都认为数据透视表是 Excel 独具特色的功能，这一功能比许多专门的统计软件都要强大。

要根据列表格式的数据创建一个数据透视表，先单击数据表中的任何一个单元格，然后选择"数据"→"数据透视表和数据透视图"命令，按照向导的提示完成创建过程。在第一步中使用默认的选项（根据 Excel 数据列表创建数据透视表），单击"下一步"按钮，Excel 会自动找到需要的数据（你也可以修改数据区域），继续单击"下一步"

按钮，选择在新工作表中创建数据透视表（默认选项），最后单击"完成"按钮。接下来 Excel 会先新建一个工作表，并显示类似图 10.16 的界面，变量名出现在一个单独的列表中，同时显示一个数据透视表工具栏。

将相应的变量名拖到行、列和页字段区域，把需要分析的数据拖到数据区域，可以创建出一维、二维或三维统计表。注意用来定义统计表结构的变量应该是离散的定性变量（分类变量），否则得到的表格可能毫无意义。需要分析的数据通常是定量变量（也可以根据分析目的使用定性变量）。

【例 10.9】 使用数据透视表分析学生消费支出的分布状况。

在需要统计各个组别的人数时，可以把任何一个不包含缺失值的变量拖放到数据区。在图 10.16 的界面中把月支出变量拖至行字段处，把编号拖放到数据区，得到的结果如图 10.17 所示。

图 10.16　数据透视表对话框　　　图 10.17　学生月支出的汇总结果

Excel 默认的汇总计算是求和。双击"求和项：编号"，或者在汇总栏中的任意单元格右击，选择字段设置按钮图标，弹出"数据透视表字段"对话框（图 10.18）。在该对话框中将汇总方式改为计数（也可以更改字段显示的名称），就可以得到需要的汇总结果了（图 10.19）。

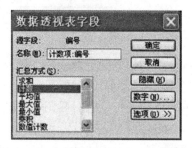

图 10.18　"数据透视表字段"对话框　　　图 10.19　学生支出的分布

还可以修改数据透视表中数据的显示方式。例如，在"数据透视表字段"对话框中单击"选项"按钮，单击"数据显示方式"选项组中的下拉菜单（图 10.20），选择"占总和的百分比"选项，可以得到图 10.21 所示的计算结果。

如果要同时显示一个变量的不同汇总指标，可以把这个变量多次拖入数据透视表的数据区，每次要求不同的汇总指标。例如，要同时显示各组的人数和百分比，可以把"编号变量"再次拖入数据区，选择"计数"汇总指标，可以得到图 10.22 所示的结果。

图 10.20　数据透视表字段设置：显示方式的调整　　　图 10.21　学生支出的频率分布

对数据透视表可以进行灵活的修改，例如：可以修改数据的格式（选中需要修改的数据区域后右击，再选择"设置单元格格式"选项）；选择是否显示合计项（右击后，选择"表格选项"选项，选中或不选"列总计"和"行总计"复选框）；更改表格样式（从数据透视表工具栏中选择设置报告格式按钮）。对图 10.22 的输出结果进行修改，可以很容易地得到图 10.23 所示的结果。

月支出	数据	汇总
1	计数项:编号2	4
	计数项:编号	11.43%
2	计数项:编号2	5
	计数项:编号	14.29%
3	计数项:编号2	6
	计数项:编号	17.14%
4	计数项:编号2	4
	计数项:编号	11.43%
5	计数项:编号2	7
	计数项:编号	20.00%
6	计数项:编号2	5
	计数项:编号	14.29%
7	计数项:编号2	2
	计数项:编号	5.71%
8	计数项:编号2	2
	计数项:编号	5.71%
计数项:编号2汇总		35
计数项:编号汇总		100.00%

图 10.22　数据透视表：同时显示频数和频率

月支出	人数	百分比
1	4	11.43%
2	5	14.29%
3	6	17.14%
4	4	11.43%
5	7	20.00%
6	5	14.29%
7	2	5.71%
8	2	5.71%
总计	35	100.00%

图 10.23　调整格式后的数据透视表

【例 10.10】 下面再来做一个复杂些的二维表：计算学生分性别和兴趣的平均考试成绩。

要保存前一个数据透视表的结果可以用选择性粘贴的方式把数值结果保存在新的位置。然后把前一个数据透视表的字段都拖回到变量表中，使数据透视表恢复初始状态。

把性别变量拖到行字段中，兴趣变量拖到列变量中，把统计成绩拖到数据区，并把统计成绩的汇总方式改为平均值，可以得到相应的计算结果（图 10.24）。

在数据透视表中，行和列都可以根据需要进行复合分组。例如，把性别、年龄拖至行字段中，把平均身高作为汇总变量，可以得到图 10.25 所示的汇总结果。

平均统计成绩	兴趣 ▾					
性别 ▾	1	2	3	4	5	总计
0	53.50	68.60	72.75	68.00	78.50	70.19
1	65.00	90.50	70.33	78.43	89.33	80.00
总计	59.25	78.33	71.71	77.13	83.14	75.51

平均身高		
性别 ▾	年龄 ▾	汇总
0	20	171.67
	21	170.80
	22	174.60
0 汇总		172.31
1	20	161.33
	21	161.30
	22	163.83
1 汇总		162.11
总计		166.77

图 10.24　学生分性别和学习兴趣的统计成绩　　图 10.25　学生分性别和年龄的平均身高

在数据透视表中，双击任何一个汇总数据的单元格（包括合计项），Excel 都会把与这个单元格有关的所有观测复制到一个新的数据表中。

使用数据透视表时应注意，当你更改了原始数据以后，数据透视表中结果不会自动更新，要更新数据透视表中的数据需要手动刷新：在数据透视表中右击，然后选择"刷新数据"命令。

（二）用 Excel 进行组距分组

【例 10.11】　有时候人们需要根据定量变量进行组距分组。例如，要求对"统计成绩"这个变量按照 60 分以下、60~69 分、70~79 分、80~89 分、90 分以上进行分组，在Excel 中如何实现呢？

最方便的方式是使用 FREQUENCY 函数。这个函数有两个参数：第一个参数是要进行分组的数据所在的区域，第二个参数是各组界限所在的区域。要实现前面所说的分组，在各组界限的区域内要依次输入 59、69、79、89。这时 Excel 会依次统计成绩小于等于 59 分的人数、大于 59 分小于等于 69 分的人数、大于 69 分小于等于 79 分的人数、大于 79 分小于等于 89 分的人数，以及大于 89 分的人数。Excel 在统计人数时给出的各组上限值是分在这个组中的，这与统计学中的习惯做法不一致。在给定组限时可以多取一位小数使各组界限更加明确。另外一点是 FREQUENCY 函数的返回结果总比给出的组限多一个，多出来的数值表示超出最后一个组限的数值个数。

由于函数 FREQUENCY 返回一个数组，所以必须以数组公式的形式输入。具体操作方式是：选定区域 C2：C6，输入一个等号，从函数库中选择 FREQUENCY 函数，输入函数的两个参数，最后按 Ctrl+Shift+Enter 组合键（图 10.26）。

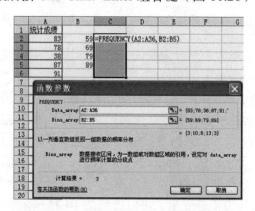

图 10.26　FREQUENCY 函数的参数设定

计算结果如表 10.8 所示。当然，在最后的分析报告中各组的界限需要调整为传统的方式。要修改数组函数的输出结果有时需要先把其公式通过选择性粘贴改为数值。

表 10.8 FREQUENCY 函数的计算结果

成绩/分	人数/人
59	3
69	10
79	6
89	13
99	3

第三节 Excel 在推断统计中的应用

一、用 Excel 进行参数估计

在 Excel 中，进行参数估计只能使用公式和函数的方法，而假设检验除以上两种方法外，还可以使用假设检验工具。

【例 10.12】 某饭店在 7 周内抽查 49 位顾客的消费额（元）如下：15 24 38 26 30 42 18 30 25 26 34 44 20 35 24 26 34 48 18 28 46 19 30 36 42 24 32 45 36 21 47 26 28 31 42 45 36 24 28 27 32 36 47 53 22 24 32 46 26。

求在概率 90%的保证下，顾客平均消费额的估计区间。计算结果如图 10.27 所示。

计算方法如下：

第一步：把数据输入 A2：A50 单元格区域。

第二步：在 C2 中输入公式 "=COUNT（A2：A50）"，在 C3 中输入 "=AVERAGE（A2：A50）"，在 C4 中输入 "STDEV（A2：A50）"，在 C5 中输入 "=C4/SQRT（C2）"，在 C6 中输入 0.90，在 C7 中输入 "=C2−1"，在 C8 中输入 "=TINV（1-C6，C7）"，在 C9 中输入 "=C8*C5"，在 C10 中输入 "=C3−C9"，在 C11 中输入 "=C3+C9"。在输

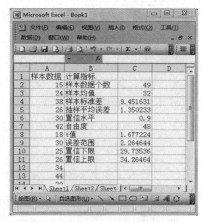

图 10.27 参数估计数据及结果

入每一个公式并按 Enter 键后，便可得到上面的结果，从上面的结果可知，顾客平均消费额的置信下限为 29.735 4，置信上限为 34.264 6。

关于总体方差的估计、总体比例的估计等可按类似方法进行。

二、用 Excel 进行假设检验

用 Excel 函数和公式进行假设检验与参数估计类似，大家可以自己做一下，这里只介绍假设检验工具的使用。

在 Excel 中，假设检验工具主要有四个，如图 10.28 所示。

图 10.28 "数据分析"对话框

平均值的成对二样本分析实际上指的是在总体方差已知的条件下两个样本均值之差的检验，准确地说应该是 Z 检验；双样本等方差检验是总体方差未知，但假定其相等的条件下进行的 t 检验；双样本异方差检验指的是总体方差未知，但假定其不等的条件下进行的 t 检验，双样本平均差检验指的是配对样本的 t 检验。这里只介绍 Z 检验。

【例 10.13】 某厂铸造车间为提高缸体的耐磨性而试制了一种镍合金铸件以取代一种铜合金铸件，现从两种铸件中各抽一个样本进行硬度测试，其结果如下：

合镍铸件（X）72.0 69.5 74.0 70.5 71.8 72

合铜铸件（Y）69.8 70.0 72.0 68.5 73.0 70.0

根据以往经验知硬度 $X \sim N(\mu_1, \sigma_1^2)$，$Y \sim N(\mu_2, \sigma_2^2)$，且 $\sigma_1 = \sigma_2 = 2$，试在 $\sigma = 0.05$ 水平上比较镍合金铸件硬度有无显著提高。

计算步骤如下：

第一步：将数据输入到工作表。

第二步：单击"工具"菜单，选择"数据分析"选项，弹出对话框后，在其中选择"双样本平均差检验"选项，然后弹出如图 10.29 所示对话框。

第三步：按图 10.29 所示输入后，单击"确定"按钮，得输出结果如图 10.30 所示。

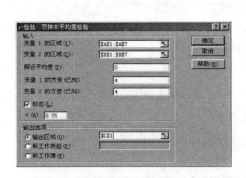

图 10.29 "双样本平均差检验"对话框

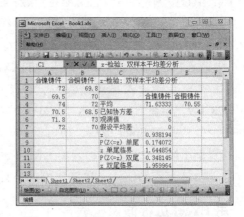

图 10.30 双样本平均差分析结果

在上面的结果中，可以根据 P 值进行判断，也可以根据统计量和临界值比较进行判断。如本例采用的是单尾检验，其单尾 P 值为 0.17，大于给定的显著性水平 0.05，所以应该接受原假设，即镍合金铸件硬度没有明显提高；若用临界值判断，得出的结论是一样的，如本例 Z 值为 0.938 194，小于临界值 1.644 854，由于是右尾检验，所以也是接受原假设。

第四节　Excel 在相关与回归分析中的应用

下面通过实例介绍 Excel 在相关与回归分析中的应用。

【例 10.14】 10 个学生身高和体重的情况如表 10.9 所示，要求对学生身高和体重作相关和回归分析。

表 10.9　10 个学生身高和体重的情况

学生	身高/公分	体重/千克
1	171	53
2	167	56
3	177	64
4	154	49
5	169	55
6	175	66
7	163	52
8	152	47
9	172	58
10	160	50

一、用 Excel 进行相关分析

首先将有关数据输入 Excel 的单元格中，如图 10.31 所示。

利用 Excel 进行相关分析有两种方法：一是利用相关系数函数，另一种是利用相关分析宏。

（一）利用函数计算相关系数

在 Excel 中，提供了两个计算两个变量之间相关系数的方法，CORREL 函数和 PERSON 函数，这两个函数是等价的。这里介绍用 CORREL 函数计算相关系数。

图 10.31　Excel 数据集

第一步：单击任意空白单元格，单击"插入"菜单，选择"函数"选项，打开"粘贴函数"对话框。在"函数分类"列表中选择"统计"选项，在"函数名"列表框中选择 CORREL，单击"确定"按钮后，出现 CORREL 对话框。

第二步：在 array1 中输入 B2：B11，在 array2 中输入 C2：C11，即可在对话框下方显示出计算结果为 0.896，如图 10.32 所示。

（二）用相关系数宏计算相关系数

第一步：选择"工具"→"数据分析"命令，在数据分析选项中选择相关系数，弹出"相关系数"对话框，如图 10.33 所示。

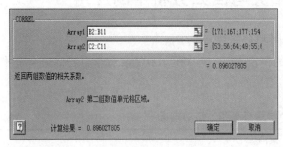

图 10.32　CORREL 对话框及输入结果　　　　图 10.33　"相关系数"对话框

第二步：在"输入区域"文本框中输入\$B\$1:\$C\$1，分组方式选择逐列，选中"标志位于第一行"复选框，在"输出区域"文本框中输入\$E\$1，单击"确定"按钮，得输出结果如图 10.34 所示。

在上面的输出结果中，身高和体重的自相关系数均为 1，身高和体重的相关系数为 0.896，和用函数计算的结果完全相同。

图 10.34　相关分析输出结果

二、用 Excel 进行回归分析

用 Excel 进行回归分析同样分函数和回归分析宏两种形式，其提供了 9 个函数用于建立回归模型和预测。这 9 个函数分别是：

INTERCEPT 返回线性回归模型的截距；

SLOPE 返回线性回归模型的斜率；

RSQ 返回线性回归模型的判定系数；

FORECAST 返回一元线性回归模型的预测值；

STEYX 计算估计的标准误差；

TREND 计算线性回归线的趋势值；

GROWTH 返回指数曲线的趋势值；

LINEST 返回线性回归模型的参数；

LOGEST 返回指数曲线模型的参数。

用函数进行回归分析比较烦琐，这里介绍使用回归分析宏进行回归分析。

第一步：单击"工具"→"数据分析"命令，出现"数据分析"对话框，在"分析工具"选项区中选择"回归"选项，如图 10.35 所示。

第二步：单击"确定"按钮，弹出"回归"对话框，在 Y 值输入区域输入B2：B11，在 X 值输入区域输入C2：C11，在输出选项选择"新工作表组"选项，如图 10.36 所示。

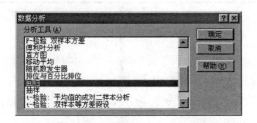

图 10.35 "数据分析"对话框

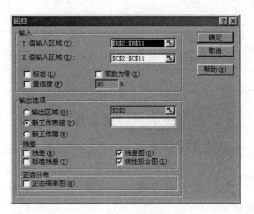

图 10.36 "回归"对话框

第三步：单击"确定"按钮，得回归分析结果如图 10.37 所示。

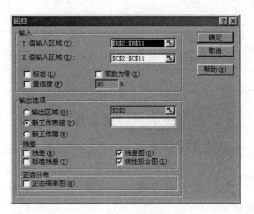

图 10.37 Excel 回归分析结果

在上面的输出结果中，第一部分为汇总统计：Multiple R 指复相关系数，R Square 指判定系数，Adjusted 指调整的判定系数，标准误差指估计的标准误差，观测值指样本容量；第二部分为方差分析：df 指自由度，SS 指平方和，MS 指均方，F 指 F 统计量，Significance ofF 指 p 值；第三部分分别为：Intercept 指截距，Coefficient 指系数，t Stat 指 t 统计量。

三、用 Excel 软件进行统计预测

【**例 10.15**】 某煤矿某年 1—11 月份采煤量如表 10.10 所示。

表 10.10 某煤矿某年 1—11 月份采煤量 吨

月份	产量	月份	产量
1	9.03	7	9.15
2	9.06	8	9.36
3	9.12	9	9.45
4	8.73	10	9.30
5	8.94	11	9.24
6	9.30	12	—

（一）用移动平均法进行预测

具体步骤如下：

第一步：将原始数据录入单元格区域 A2：A12，如图 10.38 所示。

第二步：在菜单栏中选择"工具"→"数据分析"命令，弹出如图 10.39 所示的对话框。

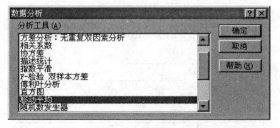

图 10.38 Excel 数据集　　　　　　　图 10.39 "数据分析"对话框

第三步：在"分析工具"列表框中选择"移动平均"选项，单击"确定"按钮，弹出"移动平均"对话框，在对话框中进行相应的输入，如图 10.40 所示。

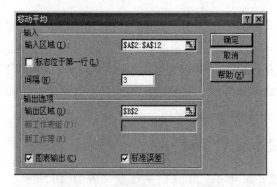

图 10.40 "移动平均"对话框

（1）在"输出区域"文本框中输入A2：A12，即原始数据所在的单元格区域。

（2）在"间隔"文本框中输入 3，表示使用三步移动平均法。

（3）在"输出区域"文本框中输入 B2，即将输出区域的左上角单元格定义为 B2。

（4）选中"图表输出"和"标准误差"复选框。

第四步：单击"确定"按钮，便可得到移动平均结果，如图 10.41 所示。

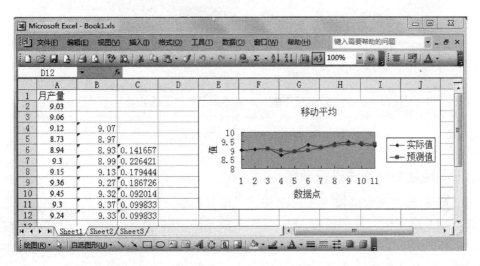

图 10.41　移动平均分析结果

分析：在图 10.41 中，B4：B12 对应的数据即为三步移动平均的预测值；单元格区域 C6：C12 即为标准误差。

（二）用指数平滑法进行预测

第一步：将原始数据输入到单元格 A2：A12。

第二步：在菜单栏中选择"工具"→"数据分析"命令，弹出如图 10.42 所示的对话框。

第三步：在"分析工具"列表框中选择"指数平滑"选项，单击"确定"按钮，弹出"指数平滑"对话框，做相应输入，如图 10.43 所示。

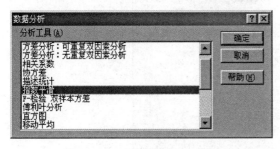

图 10.42　"数据分析"对话框

图 10.43　"指数平滑"对话框

第四步：单击"确定"按钮，即可得到指数平滑结果，如图 10.44 所示。

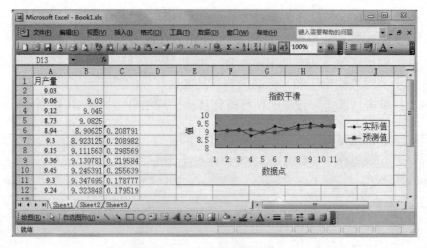

图 10.44　指数平滑结果

（三）用趋势预测法进行预测

第一步：将相关数据输入 Excel 中，其中月份输入 A1～A11 单元格，月产量输入 B1～B11 单元格，如图 10.45 所示。

第二步：在工作表中选择一个空白单元格。在这里我们选择 D2 单元格。

第三步：选择"插入"下拉菜单。

第四步：选择"函数"选项。

第五步：在"粘贴函数"对话框的"函数分类"列表框中选择"统计"选项，在"函数名"列表框中选择 FORECAST(预测)，如图 10.46 所示。

第六步：单击"确定"按钮，出现预测对话框，在 x′文本框中输入 12，在 Know-y′s 文本框中输入 B1:B11，在 Knowx′s 文本框中输入 A1：A11，如图 10.47 所示。

图 10.45　Excel 数据集

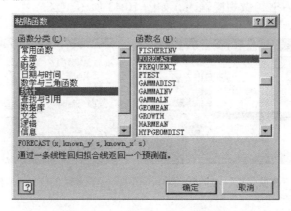

图 10.46　"粘贴函数"对话框

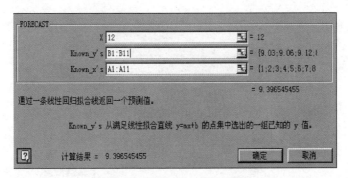

图 10.47　FORCAST 对话框

第七步：单击"确定"按钮，预测结果出现在 D2 单元格中，如图 10.48 所示。

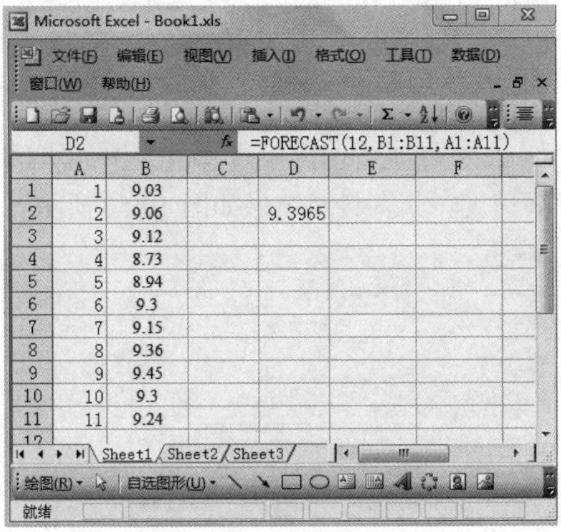

图 10.48　趋势预测法预测结果

第五节　Excel 在时间序列分析中的应用

一、测定增长量和平均增长量

【例 10.16】　根据 2014—2020 年某省国内生产总值，计算逐期增长量、累计增长量和平均增长量。其资料及结果如图 10.49 所示。

计算步骤如下：

第一步：在 A 列输入年份，在 B 列输入国内生产总值。

第二步：计算逐期增长量。在 C3 中输入公式："=B3–B2"，并用鼠标拖曳将公式复制到 C3：C8 区域。

第三步：计算累计增长量。在 D3 中输入公式："=B3–B2"，并用鼠标拖曳将公式复制到 D3：D8 区域。

第四步：计算平均增长量（水平法）。在 C10 中输入公式："=（B8–B2）/5"，按 Enter 键，即可得到平均增长量。

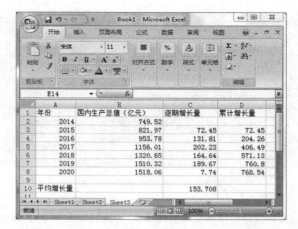

图 10.49　用 Excel 计算增长量和平均增长量资料及结果

二、测定发展速度和平均发展速度

【例 10.17】以 2014—2020 年某省国内生产总值为例，说明如何计算定基发展速度、环比发展速度和平均发展速度。其资料及结果如图 10.50 所示。

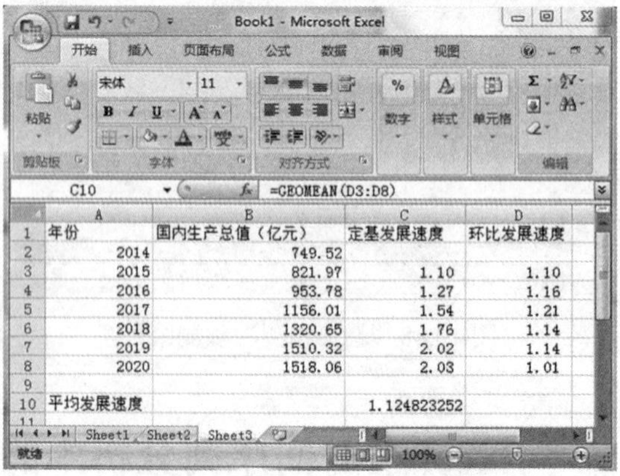

图 10.50　用 Excel 计算发展速度和平均发展速度资料及结果

第一步：在 A 列输入年份，在 B 列输入国内生产总值。

第二步：计算定基发展速度。在 C3 中输入公式："=B3/B2，"并用鼠标拖曳将公式复制到 C3：C8 区域。

第三步：计算环比发展速度。在 D3 中输入公式："=B3/B2，"并用鼠标拖曳将公式复制到 D3：D8 区域。

第四步：计算平均发展速度（水平法）。选中 C10 单元格，单击"插入"菜单，选择"函数"选项，出现"插入函数"对话框后，选择 GEOMEAN（返回几何平均值）函数，在数值区域中输入 D3：D8 即可。

三、计算长期趋势

【例 10.18】利用某企业某年 12 个月的总产值资料来说明如何用移动平均法计算

长期趋势。其资料及结果如图 10.51 所示。

	A	B	C	D	E	F
1	月份	总产值	三项移动平均	四项移动平均	二项移动平均	
2	1	506				
3	2	473	507			
4	3	542	520.3333333	516.75	526.625	
5	4	546	557.6666667	536.5	545.75	
6	5	585	559.3333333	555	558.5	
7	6	547	567.3333333	562	565.75	
8	7	570	564.3333333	569.5	567.5	
9	8	576	571.6666667	565.5	573.375	
10	9	569	585	581.25	582.875	
11	10	610	587.3333333	584.5	589.375	
12	11	583	602.6666667	594.25		
13	12	615				
14						

图 10.51　用 Excel 计算长期趋势资料及结果

第一步：在 A 列输入月份，在 B 列输入总产值。

第二步：计算三项移动平均。在 C3 中输入“=（B2+B3+B4）/3”，并用鼠标拖曳将公式复制到 C3：C12 区域。

第三步：计算四项移动平均。在 D4 中输入“=SUM（B2：B5）/4”，并用鼠标拖曳将公式复制到 D4：D12 区域。

第四步：计算二项移正平均数。在 E4 中输入“=（D4+D5）/2”，并用鼠标拖曳将公式复制到 E4：E11 区域。

四、计算季节变动

【例 10.19】 利用某种商品五年分季度的销售额资料（图 10.52），说明如何用移动

	A	B	C	D	E	F	G
1	年份	季别	销售收入Y	四项移动平均	趋势值T	Y/T	
2	第一年	1	1861				
3		2	2203	2096.75			
4		3	2415	2111.75	2104.25	1.147677	
5		4	1908	2146.75	2129.25	0.89609	
6	第二年	1	1921	2171.5	2159.125	0.889712	
7		2	2343	2191	2181.25	1.074155	
8		3	2514	2169.25	2180.125	1.153145	
9		4	1986	2122	2145.625	0.925604	
10	第三年	1	1834	2018	2070	0.88599	
11		2	2154	1971.25	1994.625	1.079902	
12		3	2098	1972	1971.625	1.064097	
13		4	1799	1939.75	1955.875	0.919793	
14	第四年	1	1837	1991.25	1965.5	0.934622	
15		2	2025	2032.75	2012	1.006461	
16		3	2304	2091.75	2062.25	1.117226	
17		4	1965	2189	2140.375	0.918063	
18	第五年	1	2073	2197.75	2193.375	0.945119	
19		2	2414	2198.25	2198	1.098271	
20		3	2339				
21		4	1967				
22							

图 10.52　用 Excel 计算季节变动资料

平均趋势剔除法测定季节变动。

第一步：按图上的格式在 A 列输入年份，在 B 列输入季别，在 C 列输入销售收入。

第二步：计算四项移动平均。在 D3 中输入"=SUM（C2：C5）/4"，并用鼠标拖曳将公式复制到 D3：D19 区域。

第三步：计算趋势值（即二项移动平均）T。在 E4 中输入"=（D3+D4）/2"，并用鼠标拖曳将公式复制到 E4：E19 区域。

第四步：剔除长期趋势，即计算 Y/T。在 F4 中输入"=C4/E4"，并用鼠标拖曳将公式复制到 F4：F19 区域。

第五步：重新排列 F4：F19 区域中的数字，使同季的数字位于一列，共排成四列。

第六步：计算各年同季平均数：在 B29 单元格中输入公式"=average(B25:B28)"；在 C29 中输入公式"=average(C25:C28)"；在 D29 中输入公式"=average(D24:27)"；在 E29 中输入公式"=average(E24:E27)"。

第七步：计算调整系数。在 B31 中输入公式"=4/sum(B29:E29)"。

第八步：计算季节比率。在 B30 中输入公式"=B29*B31"，并用鼠标拖曳将公式复制到单元格区域 B30：E30，就可以得到季节比率的值，具体结果见图 10.53。

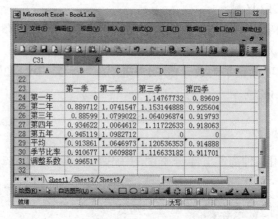

图 10.53　用 Excel 计算季节变动结果

思考与作业

用 Excel 计算本书所有例题中的计算题。

参 考 文 献

[1]   王淑芬. 应用统计学[M]. 2 版. 北京：北京大学出版社，2011.

[2]   王丽萍. 统计学[M]. 北京：中国铁道出版社，2011.

[3]   顾晓安，徐洒中. 社会经济统计学[M]. 上海：立信会计出版社，2005.

[4]   张举纲. 统计学[M]. 石家庄：河北人民出版社，2003.

[5]   李荣平. 统计学[M]. 天津：天津大学出版社，2006.

[6]   李金昌，苏为华. 统计学[M]. 北京：机械工业出版社，2007.

[7]   耿修林，谢兆茹. 应用统计学[M]. 北京：科学出版社，2008.

[8]   朱建平，孙小素. 应用统计学[M]. 北京:清华大学出版社，2009.

[9]   郑珍远. 统计学[M]. 北京：机械工业出版社，2007.

[10]   王淑芬. 应用统计学[M]. 北京：北京大学出版社，2011.

[11]   贾俊平，何超群，金勇进. 统计学[M]. 4 版. 北京：中国人民大学出版社，2009.

[12]   曲岩，刘继云. 统计学[M]. 北京：北京大学出版社，2007.

[13]   曾五一. 统计学[M]. 2 版. 北京：中国金融出版社，2011.

[14]   李洁明，等. 统计学原理[M]. 5 版. 上海：复旦大学出版社，2010.

[15]   贾俊平. 统计学[M]. 4 版. 北京：中国人民大学出版社，2011.

[16]   袁卫，庞浩，曾五一，等. 统计学[M]. 2 版. 北京：高等教育出版社，2000.

[17]   曾五一. 统计学简明教程[M]. 北京：中国人民大学出版社，2012.

[18]   贾俊平. 统计学基础[M]. 4 版. 北京：中国人民大学出版社，2010.

[19]   赵喜仓. 统计学[M]. 北京：高等教育出版社，2011.

[20]   刘乐荣. 统计学[M]. 南京：南京大学出版社，2011.

[21]   李林杰，董正信. 经济应用统计学教程[M]. 北京：经济日报出版社，2005.

[22]   李金林，马宝龙. 管理统计学应用与实用[M]. 北京：清华大学出版社，2007.

[23]   曾五一，朱平辉. 统计学[M]. 北京：机械工业出版社，2010.

[24]   孙炎，陈平，孙长国. 应用统计学[M]. 北京：机械工业出版社，2010.

[25]   茆诗松，程依明，濮晓龙. 概率论与数理统计教程[M]. 2 版. 北京：高等教育出版社，2011.

[26]   刘思峰，吴和成，管利荣. 应用统计学[M]. 北京：高等教育出版社，2006.

[27]   盛骤，谢式千，潘承毅. 概率论与数理统计（新版）[M]. 4 版. 北京：高等教育出版社，2010.

[28]   倪加勋，袁卫，易丹辉，等. 应用统计学[M]. 北京：中国人民大学出版社，2001.

[29]   张联锋，蒋敏杰，张鹏龙. Excel 统计分析与应用[M]. 北京：电子工业出版社，2011.

[30]   马军. Excel 统计分析典型实例[M]. 北京：清华大学出版社，2009.

[31]   陈欢歌，薛微. 基于 Excel 的统计应用[M]. 2 版. 北京：中国人民大学出版社，2012.

[32]   王斌会. Excel 应用与数据统计分析[M]. 广州：暨南大学出版社，2011.

[33]   王维鸿. Excel 在统计中的应用[M]. 2 版. 北京：中国水利水电出版社，2012.

[34]   于洪彦，刘金星，张洪利. Excel 统计分析与决策[M]. 2 版. 北京：高等教育出版社，2009.

[35]   李桂华，张建华，周红. 统计学[M]. 北京：清华大学出版社，2008.

[36]   游士兵. 统计学[M]. 武汉：武汉大学出版社，2010.

[37]   徐哲，石晓辉. 应用统计学[M]. 北京：清华大学出版社，2007.

[38]   刘红梅，王克强. 金融统计学[M]. 上海：上海财经大学出版社，2009.

思考与作业参考答案

第二章

12.

某车间工人看管机器台数累计频数分布表

按看管机器台数分组/件	频数、频率		向上累计		向下累计	
	工人数/人	频率/%	工人数/人	频率/%	工人数/人	频率/%
2	7	19.45	7	19.45	36	100.00
3	12	33.33	19	52.78	29	80.55
4	13	36.11	32	88.89	17	47.22
5	3	8.33	35	97.22	4	11.11
6	1	2.78	36	100.00	1	2.78
合计	36	100	—	—	—	—

13.

某商业企业工人商品销售额定额完成情况表

工人按完成商品销售额定额分组/%	人数/人	频率/%
80~90	2	4
90~100	4	8
100~110	17	34
110~120	14	28
120~130	8	16
130~140	5	10
合计	50	100

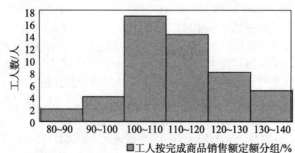

某商业企业工人商品销售额定额完成情况分布直方图

第三章

9.（1）计算表中所缺数据，并指出各列指标所属的类别。（见下表）

营业部	第一季度实际营业额/万元	第二季度					第二季度与第一季度相比/%
		计划营业额/万元	比重/%	实际营业额/万元	计划完成/%		
第一营业部	90.0	100.0	（20）	110.0	（110）		（122.22）
第二营业部	130.0	150.0	（30）	（150）	100.0		（115.38）
第三营业部	160.0	（250）	（50）	237.5	95.0		（148.44）
合计	380.0	（500）	100.0	（497.5）	（99.5）		（130.92）

绝对数　　绝对数　　结构相对数　　绝对数　　计划完成相对数　　动态相对数

（2）该企业下属三个营业部营业额计划完成程度为 105.87%，营业额提高量为 117.5 万元。

（3）该企业下属三个营业部全年计划执行进度为：一季度 19%；二季度 24.875%；三季度 25%；四季度 37%。很明显计划完成不均衡。

10. 计划规定比上年增长 1.94%。

11. 甲农贸市场蔬菜平均价格为 1.375 元，乙甲农贸市场蔬菜平均价格为 1.325 元，甲农贸市场蔬菜价格较高。原因（略）。

12.（1）产量计划平均完成 103%。（2）平均一级品率 92.03%。

13.（1）该省百强工业企业纳税额的算术平均数、众数和中位数分别为 1 265 万元、1 152.78 万元、1 197.37 万元，三者关系为 $\bar{x} > M_e > M_0$。（2）能求，用加权调和平均数求。

14.（1）甲企业平均工资为 811.61 元，乙企业为 832 元，乙企业工资水平高；

（2）甲企业平均工资标准差为 171.291 7 元，乙企业为 185.946 2 元；甲企业平均工资离散系数为 21.11%，乙企业为 22.35%。因此甲企业平均工资更具有代表性。

第四章

2. $S = \{(正，正)(正，反)(反，正)(反，反)\}$
$A = \{(正，正)(正，反)\}$；$B = \{(正，正)(反，反)\}$；$C = \{(正，正)(正，反)(反，正)\}$
3.（1）X 的概率分布为

X	1	2	3	4
P	0.4	0.3	0.2	0.1

（2）分布函数为：$F(x) \begin{cases} 0, & -\infty < x < 1 \\ 0.4, & 1 \leq x < 2 \\ 0.7, & 2 \leq x < 3 \\ 0.9, & 3 \leq x < 4 \\ 1, & 4 \leq x < +\infty \end{cases}$

4.（1）X的概率分布：

X	0	1	2	3
P	0.064	0.096	0.24	0.6

（2）X的分布函数为：$F(x)=\begin{cases} 0, & -\infty < x < 0 \\ 0.064, & 0 \leqslant x < 1 \\ 0.16, & 1 \leqslant x < 2 \\ 0.4, & 2 \leqslant x < 3 \\ 1, & 3 \leqslant x < +\infty \end{cases}$

5. 所取的 3 个产品中恰有 2 个次品的概率是 0.007 125。

6. 他能答对 3 题以上而及格的概率是：$\binom{5}{3}\frac{1}{n}^3 \times \left(1-\frac{1}{n}\right)^2 + \binom{5}{4}\frac{1}{n}^4 \times \left(1-\frac{1}{n}\right) + \binom{5}{5}\frac{1}{n}^5$

7. 该商店在月底至少应进该种商品 9 件。

8. 该企业销售额在 75 万~90 万元之间的概率是 0.394 4。

9.（1）重量大于 510 克的概率是 0.022 8。（2）随机抽查一包，其重量与标准重量之差的绝对值在 8 克之内的概率是 0.890 4。（3）C 的值为 491.775。

10.（1）该批零件长度不到 9.4 毫米的概率为 0.001 3。（2）能实现，该零件的长度在 9.5~10.5 毫米之间的概率为 0.987 6。

11.（1）任一时刻有 70~86 台机床在工作的概率是 0.927。（2）任一时刻有 80 台以上机床在工作的概率是 0.5。

12. 系统正常工作的概率是 0.952。

13. 有 29 500~30 500 次纵摇角大于 3° 的概率是 0.999 5。

第五章

12. $P(2 \leqslant X \leqslant 4) = 0.682\ 6$

　　$P(2 \leqslant \bar{X} \leqslant 4) = 0.997\ 4$

13. 样本方差大于 6.07 的概率是 0.05。

14. $P\{\bar{X} - \bar{Y} \geqslant -11\} = 0.818\ 6$

15. $P\left\{\sum_{i=1}^{10} X_i^2 > 1.44\right\} = 0.1$

16. 95% 的置信度估计该产品平均重量的置信区间在 397.63~400.77 克之间。

17. 90% 的置信度估计投保人平均年龄在 38. 3341~42.665 9 岁之间。

18. 置信下限为 1 508.812 小时，置信上限为 1 531.188 小时。

19. 以 95% 的置信度估计该校大学生的到课率在 73.93%~92.73% 之间。

20. 两班的手机话费差 95% 的置信区间为 –21.25~9.25 元之间。

21. 以 90% 的置信度估计男女生方差比的置信区间为 0.500 1~1.960 4。

22. 应抽取 385 人的样本。

23. 小区满意比例的 90% 的置信区间为 72.643 3%~87.356 7%。置信度为 95% 时应抽取 55 户以上进行调查。

第六章

8. 因为 $|Z| = 0.5 < Z_{0.025} = 1.96$，接受 H_0，即认为现在生产的铁水平均含碳量没有显著性变化。

9. 因为，$Z = -3.333\ 3 < -Z_{0.05} = -1.645$，拒绝 H_0，即认为这批零件的耐高温没有达到规定水平，不能接受这批产品。

10. 因为，$|Z| = 1.373\ 5 < Z_{0.025} = 1.96$，接受 H_0，即认为两种药品的治疗成本没有显著性变化。

11. 因为，$|t| = 4.3 > t_{0.025}(20) = 2.086$，拒绝 H_0，因此认为两台设备加工的零件尺寸不一致。

12. 因为，$|Z| = 1.414\ 2 < Z_{0.025} = 1.96$，接受 H_0，因此认为参加保险的比例达到 75%。

13. 因为，$Z = 1.25 < Z_{0.05} = 1.645$，接受 H_0，因此认为固定电话的拥有率没有显著性提高。

14. 因为，$Z = 0.4 < Z_{0.05} = 1.645$，接受 H_0，即不能认为甲企业的市场占有率高于乙企业。

15. 因为，$\chi^2_{0.975}(24) = 12.401 < \chi^2 = 27 < \chi^2_{0.025}(24) = 39.364$，接受 H_0，即认为产品质量变异无显著性变化。

16. 因为，$F_{0.975}(23, 23) < F = 0.826\ 4 < F_{0.025}(23, 23)$，接受 H_0，即认为在 0.05 显著性水平下，进口产品和国产产品拉伸断裂强力方差没有显著性差异。

第七章

11.（1）生产性固定资产年平均价值和工业总产值相关系数为 0.94，说明两个变量之间是显著正相关；

（2）直线回归方程为 $\hat{y} = 395.59 + 0.895\ 8x_i$，回归系数的经济意义是生产性固定资产价值每增减 1 万元，工业总产值平均增减 8 958 元；

（3）$F = 70.618\ 4$，拒绝 H_0，说明回归方程在 5% 的显著性水平下通过检验；

（4）估计生产性固定资产（自变量）为 1 100 万元时总产值（因变量）的可能值为 1 380.97 万元。

12.（1）居民可支配收入与消费支出之间的相关系数为 0.987 8，这两个变量之间是显著正相关。

（2）一元线性回归方程为 $\hat{y} = -0.208\ 87 + 0.717\ 7x_i$，回归系数的经济意义是居民可支配收入每增减 1 千元，消费支出平均增减 717.7 元；

（3）可决系数 R^2 为 0.975 7，说明一元线性回归方程拟合效果很好；

（4）当居民可支配收入为 120 千元时，利用回归方程预测相应的消费支出为 85.91 千元。

13.（1）一元线性回归方程为 $\hat{y} = 40.372\,0 + 0.786\,3x_i$，回归系数的经济意义为销售收入每增减 1 万元，销售成本平均增减 7 863 元；

（2）可决系数为 0.999 8，回归估计的标准误差为 2.088 9；

（3）$t = 245.412 > t_{0.025}(10) = 2.228$，故拒绝 H_0，说明在 5% 的显著性水平下回归方程通过了显著性检验；

（4）假定明年 1 月销售收入为 800 万元，置信度为 95% 的预测区间为 664.45 万～674.37 万元。

14.（1）货物周转量对国内生产总值以及运输线路长度的线性回归方程为

$$\hat{y} = -3\,820.078 + 0.901\,8x_1 + 66.993\,7x_2$$

（2）因为 $F = 337.989\,2 > F_{0.05}(2, 10) = 4.1$，故拒绝 H_0，说明回归方程在 5% 的显著性水平下通过检验；

（3）假设第 14 年国内生产总值为 12 000 亿元，运输线路长度为 140 万千米，货物周转量点估计值为 16 380.64 亿吨千米。

第八章

8. 某炼钢厂"十三五"时期钢产量发展情况如下表：

年份		2015	2016	2017	2018	2019	2020
钢产量/万吨		172	200	240	360	540	756
增长量/万吨	逐期	—	28	40	120	180	216
	累计	—	28	68	188	368	584
发展速度/%	环比	—	116.28	120.00	150.00	150.00	140.00
	定基	100.00	116.28	139.53	209.30	313.95	439.53
增长速度/%	环比	—	16.28	20.00	50.00	50.00	40.00
	定基	—	16.28	39.53	109.30	213.95	339.53
增长 1% 绝对值/万吨		—	—	1.72	2.00	2.40	3.60	5.40
平均发展水平/万吨		419.20					
平均增长量/万吨		116.80					
平均发展速度/%		134.46					
平均增长速度/%		34.46					

9. 第一季度平均库存额为 56.83 万元；第二季度平均库存额为 47 万元；上半年平均库存额为 51.92 万元；下半年平均库存额为 55.08 万元；全年平均库存额为 53.50 万元。

10. 该企业产值计划完成程度为 111.32%。

11. 该企业工程技术人员占全部职工人数的比重为 6.13%。

12. 该厂上半年的月平均劳动生产率为 2 140.97 元/人；该厂上半年的平均劳动生产

率为 12 845.85 元/人

13.（1）甲省的平均增长速度为 17.89%；乙省的平均增长速度为 11.00%。

（2）从 2021 年开始，按这几年的平均速度增长再有 9.15 年甲省可以赶上乙省。

（3）如果甲省要在 6 年赶上乙省，其平均每年的增长速度应提高 3.7%。

14. 运用四项和五项移动平均法编制的时间序列如下：

日期	移动平均值		日期	移动平均值		日期	移动平均值	
	四项	五项		四项	五项		四项	五项
1	—	—	11	327.88	326.40	21	344.00	345.00
2	—	—	12	328.00	328.20	22	346.75	348.20
3	309.50	309.40	13	329.25	329.80	23	349.38	347.80
4	310.00	311.00	14	332.00	333.60	24	352.00	350.80
5	312.00	313.60	15	332.50	334.60	25	354.13	355.40
6	315.00	313.80	16	340.25	339.80	26	356.75	358.20
7	318.13	317.20	17	343.25	342.60	27	360.75	360.20
8	321.00	321.60	18	344.38	345.00	28	366.00	365.00
9	322.63	323.20	19	344.38	343.00	29	—	—
10	325.13	325.20	20	343.00	343.40	30	—	—

15. 直线方程为 $y_c = 76 + 4.21t$，该企业 2022 年的彩色电视机的产量为 97.05 台。

16. 指数曲线方程为 $y_c = 36.3 \times 1.21t$，该地区 2021 年末人口数为 64.31 万人。

17. 用同月（季）平均法计算的一季度、二季度、三季度、四季度的季节指数分别为 90.14%、100.60%、121.21%、88.06%；用移动平均趋势剔除法计算的各季的季节指数分别为 96.09%、101.68%、119.88%、82.35%。

第九章

6.（1）销售量个体指数为：$k_{q甲} = 105\%$，$k_{q乙} = 105\%$，$k_{q丙} = 111.11\%$；价格个体指数为：$k_{p甲} = 104\%$，$k_{p乙} = 105\%$，$k_{p丙} = 116.67\%$。

（2）销售额总指数 $\bar{K}_{pq} = 112.75\%$，销售额的总变动为 42 600 元。

（3）销售量总指数 $\bar{K}_q = 105.99\%$，由于销售量变动而增加的销售额为 20 000 元。

（4）价格总指数 $\bar{K}_p = 106.38\%$，由于价格变动而增加的销售额为 22 600 元。

7.（1）商品价格总指数 $\bar{K}_p = 87.13\%$，由于价格变动而减少的销售额为 55.37 万元。

（2）商品销售量总指数 $\bar{K}_q = 128.47\%$，由于销售量变动而增加的销售额为 95.37 万元。

8.（1）产量总指数 $\bar{K}_q = 107.41\%$，由于产量变动而增加的产值为 78.9 万元。

（2）价格总指数 $\bar{K}_p = 100.55\%$，由于价格变动而增加的产值为 6.3 万元。

（3）产值总指数 $\bar{K}_{pq} = 108\%$，产值的总变动为 85.2 万元。

三者之间的数量关系为

$$\begin{cases} 108\% = 107.41\% \times 100.55\% \\ 85.2\text{万元} = 78.9\text{万元} + 6.3\text{万元} \end{cases}$$

计算结果表明：产值报告期比基期上升了 8%，是由于产量上升了 7.41%及销售价格上涨了 0.55%两个因素共同作用的结果；其中，由于产量的增加使产值增加了 78.9 万元，由于销售价格的上涨使产值增加了 6.3 万元，二者共同作用的结果使得产值增加了 85.2 万元。

9.（1）总消耗量总指数 $\bar{K}_{mq} = 107.39\%$，总消耗量的变动为 2 070 千克。

（2）产量总指数 $\bar{K}_{q} = 114.29\%$，由于产量变动而增加的总消耗量为 4 000 千克。

（3）单耗总指数 $\bar{K}_{m} = 93.97\%$，由于单耗变动而减少的总消耗量为 1 930 千克。

（4）三者之间的数量关系为

$$\begin{cases} 107.39\% = 114.29\% \times 93.97\% \\ 2\ 070\text{千克} = 4\ 000\text{千克} - 1\ 930\text{千克} \end{cases}$$

计算结果表明：A 种材料总消耗量报告期比基期上升了 7.39%，是产量上升了 14.29%及单耗下降了 6.03%两个因素共同作用的结果；其中，产量的增加使总消耗量增加了 4 000 千克，单耗的下降使总消耗量减少了 1 930 千克，二者共同作用的结果使得总消耗量增加了 2 070 千克。

10.（1）可变构成指数 = 112.10%，总平均亩产变动绝对额为 41.07 千克。

（2）结构影响指数 = 100.19%，结构影响变动绝对额为 0.64 千克。

（3）固定构成指数 = 111.89%，各乡亩产变动影响绝对额为 40.43 千克。

（4）以上三个指数之间的关系为

$$\begin{cases} 112.10\% = 100.19\% \times 111.89\% \\ 41.07\text{千克} = 0.64\text{千克} + 40.43\text{千克} \end{cases}$$

计算结果表明，从相对数方面看，该县总平均亩产报告期比基期提高了 12.10%，这是各乡播种面积结构变动影响使总平均亩产提高了 0.19%以及各乡亩产水平变动使总平均亩产提高了 11.89%的结果；从绝对数方面看，该县总平均亩产报告期比基期提高了 41.07 千克，这是各乡播种面积结构变动影响使总平均亩产提高了 0.64 千克以及各乡亩产水平变动使总平均亩产提高了 40.43 千克的结果。

附 录 B

附　表

表 B.1　随机数字表

编号	1	2	3	4	5	6	7	8	9	10	11	12	13	14	15	16	17	18	19	20	21	22	23	24	25
1	03	47	43	73	86	36	96	47	36	61	46	98	63	71	62	33	26	16	80	45	60	11	14	10	95
2	97	74	24	67	62	42	81	14	57	20	42	53	32	37	32	27	07	36	07	51	24	51	79	89	73
3	16	76	62	27	66	56	50	26	71	07	32	90	79	78	53	13	55	38	58	59	88	97	54	14	10
4	12	56	85	99	26	96	96	68	27	31	05	03	72	93	15	57	12	10	14	21	88	26	49	81	76
5	55	59	56	35	64	38	54	82	46	22	31	62	43	09	90	06	18	44	32	53	23	83	01	30	30
6	16	22	77	94	39	49	54	43	54	82	17	37	93	23	78	87	35	20	96	43	84	26	34	91	64
7	84	42	17	53	31	57	24	55	06	88	77	04	74	47	67	21	76	33	50	25	83	92	12	06	76
8	63	01	63	78	59	16	95	55	67	19	98	10	50	71	75	12	86	73	58	07	44	39	52	38	79
9	33	21	12	34	29	78	64	56	07	82	52	42	07	44	38	15	51	00	13	42	99	66	02	79	54
10	57	60	86	32	44	09	47	27	96	54	49	17	46	09	62	90	52	84	77	27	08	02	73	43	28
11	18	18	07	92	46	44	17	16	58	09	79	83	86	19	62	06	76	50	03	10	55	23	64	05	05
12	26	62	38	97	75	84	16	07	44	99	83	11	46	32	24	20	14	85	88	45	10	93	72	88	71
13	23	42	40	64	74	82	97	77	77	81	07	45	32	14	08	32	98	94	07	72	93	85	79	10	75
14	52	36	28	19	95	50	92	26	11	97	00	56	76	31	38	80	22	02	53	53	86	60	42	04	53
15	37	85	94	35	12	83	39	50	08	30	42	34	07	96	88	54	42	06	87	98	35	85	29	48	39
16	70	29	17	12	13	40	33	20	38	26	13	89	51	03	74	17	76	37	13	04	07	74	21	19	30
17	56	62	18	37	35	96	83	50	87	75	97	12	25	93	47	70	33	24	03	54	97	77	46	44	80
18	99	49	57	22	77	88	42	95	45	72	16	64	36	16	00	04	43	18	66	79	94	77	24	21	90
19	16	08	15	04	72	33	27	14	34	09	45	59	34	68	49	12	72	07	34	45	99	27	72	95	14
20	31	16	93	32	43	50	27	89	87	19	20	15	37	00	49	52	85	66	60	44	38	68	88	11	80
21	68	34	30	13	70	55	74	30	77	40	44	22	78	84	26	04	33	46	09	52	68	07	97	06	57
22	74	57	25	65	76	59	29	97	68	60	71	91	38	67	54	13	58	18	24	76	15	54	55	95	52
23	27	42	37	86	53	48	55	90	65	72	96	57	69	36	10	96	46	92	42	45	97	60	49	04	91
24	00	39	68	29	61	66	37	32	20	30	77	84	57	03	29	10	45	65	04	26	11	04	96	67	24
25	29	94	98	94	24	68	49	69	10	82	53	75	91	93	30	34	25	20	57	27	40	48	73	51	92
26	16	90	82	66	59	83	62	64	11	12	67	19	00	71	74	60	47	21	29	68	02	02	37	03	31
27	11	27	94	75	06	06	09	19	74	66	02	94	37	34	02	76	70	90	30	86	38	45	94	30	38
28	35	24	10	16	20	33	32	51	26	38	79	78	45	04	91	16	92	53	56	16	02	75	50	95	98
29	38	23	16	86	38	42	38	97	01	50	87	75	66	81	41	40	01	74	91	62	48	51	84	08	32
30	31	96	25	91	47	96	44	33	49	13	34	86	82	53	91	00	52	43	48	85	27	55	26	89	62
31	66	67	40	67	14	64	05	71	95	86	11	05	65	09	68	76	83	20	37	90	57	16	00	11	66
32	14	90	84	45	11	75	73	88	05	90	52	27	41	14	86	22	98	12	22	08	07	52	74	95	80
33	68	05	51	18	00	33	96	02	75	19	07	60	62	93	55	59	33	82	43	90	49	37	38	44	59
34	20	46	78	73	90	97	51	40	14	02	04	02	33	31	08	39	54	16	49	36	47	95	93	13	30
35	64	19	58	97	79	15	06	15	93	20	01	90	10	75	06	40	78	73	89	62	02	67	74	17	33
36	05	26	93	70	60	22	35	85	15	13	92	03	51	59	77	59	56	78	06	83	52	91	05	70	74
37	07	97	10	88	23	09	98	42	99	64	61	71	62	99	15	06	51	29	16	93	58	05	77	09	51
38	68	71	86	85	85	54	87	66	47	54	73	32	08	11	12	44	95	92	63	16	29	56	24	29	48
39	26	99	61	65	53	58	37	78	80	70	42	10	50	67	42	32	17	55	85	74	94	44	67	16	94
40	14	65	52	68	75	87	59	36	22	41	26	78	63	06	55	13	08	27	01	50	15	29	39	39	43
41	17	53	77	58	71	71	41	61	50	72	12	41	94	96	26	44	95	27	36	99	02	96	74	30	83
42	90	26	59	21	19	23	52	23	33	12	96	93	02	18	39	07	02	18	36	07	25	99	32	70	23
43	41	23	52	55	99	31	04	49	69	96	10	47	48	45	88	13	41	43	89	20	97	17	14	49	17
44	60	20	50	81	69	31	99	73	68	68	35	81	33	03	76	24	30	12	48	60	18	99	10	72	34
45	91	25	38	05	90	94	58	28	41	36	45	37	59	03	09	90	35	57	29	12	82	62	54	65	60
46	34	50	57	74	37	98	80	33	00	91	09	77	93	19	82	74	94	80	04	04	45	07	31	66	49
47	85	22	04	39	43	73	81	53	94	79	33	62	46	86	28	08	31	54	46	31	53	94	13	38	47
48	09	79	13	77	48	73	82	97	22	21	05	03	27	24	83	72	89	44	05	60	35	80	39	94	88
49	88	75	80	18	14	22	95	75	42	49	39	32	82	22	49	02	48	07	70	37	16	04	61	67	87
50	90	96	23	70	00	39	00	03	06	90	55	85	78	38	36	94	37	30	69	32	90	89	00	76	33

续表

编号	1	2	3	4	5	6	7	8	9	10	11	12	13	14	15	16	17	18	19	20	21	22	23	24	25
1	53	74	23	99	67	61	32	28	69	84	94	62	67	86	24	98	33	41	19	95	47	53	53	38	09
2	63	38	06	86	54	99	00	65	26	94	02	82	90	23	07	79	62	67	80	60	75	91	12	81	19
3	35	30	58	21	46	06	72	17	10	94	25	21	31	75	96	49	28	24	00	49	55	65	79	78	07
4	63	43	36	82	69	65	51	18	37	88	61	38	44	12	45	32	92	85	88	65	54	34	81	85	35
5	98	25	37	55	26	01	91	82	81	46	74	71	12	94	97	24	02	71	37	07	03	92	18	66	75
6	02	63	21	17	69	71	50	80	89	56	38	15	70	11	48	43	40	45	86	98	00	83	26	91	03
7	64	55	22	21	82	48	22	28	06	00	61	54	13	43	91	82	78	12	23	29	06	66	24	12	27
8	85	07	26	13	89	01	10	07	82	04	59	63	69	36	03	69	11	15	83	80	13	29	54	19	28
9	58	54	16	24	15	51	54	44	82	00	62	61	65	04	69	38	18	65	18	97	85	72	13	49	21
10	34	85	27	84	87	61	48	64	56	26	90	18	48	13	26	37	70	15	42	57	65	65	80	39	07
11	03	92	18	27	46	57	99	16	96	56	30	33	72	85	22	84	64	38	56	98	99	01	30	98	64
12	62	95	30	27	59	37	75	41	66	48	86	97	80	61	45	23	53	04	01	63	45	76	08	64	27
13	08	45	93	15	22	60	21	75	46	91	98	77	27	85	42	28	88	61	08	84	69	62	03	42	73
14	07	08	55	18	40	45	44	75	13	90	24	94	96	61	02	57	55	66	83	15	73	42	37	11	61
15	01	85	89	95	66	51	10	19	34	88	15	84	97	19	75	12	76	39	43	78	64	63	91	08	25
16	72	84	71	14	35	19	11	58	49	26	50	11	17	17	76	86	31	57	20	18	95	60	78	46	75
17	88	78	28	16	84	13	52	53	94	53	75	45	69	30	96	73	89	65	70	31	99	17	43	48	76
18	45	17	75	65	57	28	40	19	72	12	25	12	74	75	67	60	40	81	19	24	62	01	61	16
19	96	76	28	12	54	22	01	11	94	25	71	96	16	16	88	68	64	36	74	45	19	59	60	88	92
20	43	31	67	72	30	24	02	94	08	63	38	32	36	66	02	69	36	38	25	39	48	03	45	15	22
21	50	44	66	44	21	66	06	58	05	62	63	15	54	35	02	42	35	48	96	32	14	52	41	52	48
22	22	66	22	15	86	26	63	75	41	99	58	42	36	72	24	58	37	52	18	51	03	37	18	39	11
23	96	24	40	14	51	23	22	30	88	57	95	67	47	29	83	94	69	40	06	07	18	16	36	78	86
24	31	73	91	61	19	60	20	72	93	48	98	57	07	23	69	65	95	39	69	58	56	80	30	19	44
25	78	60	73	99	84	43	89	94	36	45	56	69	47	07	41	90	22	91	07	12	78	35	34	08	72
26	84	37	90	61	56	70	10	23	98	05	85	11	34	76	60	76	48	45	34	60	01	64	18	39	96
27	36	67	10	08	23	98	93	35	08	86	99	29	76	29	81	33	34	91	58	93	63	14	52	32	52
28	07	28	59	07	48	89	64	58	89	75	83	85	62	27	89	30	14	78	56	27	86	63	59	80	02
29	10	15	83	87	60	79	24	31	66	56	21	48	24	06	93	91	98	94	05	49	01	47	59	38	00
30	55	19	68	97	65	03	73	52	16	56	00	53	55	90	27	33	42	29	38	87	22	13	88	83	34
31	53	81	29	13	39	35	01	20	71	34	62	33	74	82	14	53	73	19	09	03	56	54	29	56	93
32	51	86	32	68	92	33	98	74	66	99	40	14	71	94	58	45	94	19	38	81	14	44	99	81	07
33	35	91	70	29	13	80	03	54	07	27	96	94	78	32	66	50	95	52	74	33	13	80	55	62	54
34	37	71	67	95	13	20	02	44	95	94	64	85	04	05	72	01	32	90	76	14	53	89	74	60	41
35	93	66	13	83	27	92	79	64	64	72	28	54	96	53	84	48	14	52	98	94	56	07	93	89	30
36	02	96	08	45	65	13	05	00	41	84	93	07	54	72	59	21	45	57	09	77	19	48	56	27	44
37	49	83	43	48	35	82	88	33	69	96	72	36	04	19	76	47	45	15	18	60	82	11	08	95	97
38	84	60	71	62	46	40	80	81	30	37	34	39	23	05	38	25	15	35	71	30	88	12	57	21	77
39	18	17	30	88	71	44	91	14	88	47	89	23	30	63	15	56	34	20	47	89	99	82	93	24	98
40	79	69	10	61	78	71	32	76	95	62	87	00	22	58	40	92	54	01	75	25	43	11	71	99	31
41	75	93	36	57	83	56	20	14	82	11	74	21	97	90	65	96	42	68	63	86	74	54	13	26	94
42	38	30	92	29	03	06	28	81	39	38	62	25	06	84	63	61	29	08	93	67	04	32	92	08	09
43	51	29	50	10	34	31	57	75	95	80	51	97	02	74	77	76	15	48	49	44	18	55	63	77	09
44	21	31	38	86	24	37	79	81	53	74	73	24	16	10	33	52	83	90	94	76	70	47	14	54	36
45	29	01	23	87	82	58	02	39	37	67	42	10	14	20	92	16	55	23	42	45	54	96	09	11	06
46	95	33	95	22	00	18	74	72	00	18	38	79	58	69	32	81	76	80	26	92	82	80	84	25	39
47	90	84	60	79	80	24	36	59	87	38	82	07	53	89	35	96	35	23	79	18	05	98	90	07	35
48	46	40	62	98	82	54	97	20	56	95	15	74	80	08	32	16	46	70	50	80	67	72	16	42	79
49	20	31	89	03	43	38	46	82	68	72	32	14	82	99	70	80	60	47	18	97	63	49	30	21	30
50	71	59	73	05	50	08	22	23	71	7-7	91	01	93	20	49	82	96	59	26	94	66	39	67	98	60

表 B.2 标准正态分布表

$$\Phi(x) = \int_{-\infty}^{x} \frac{1}{\sqrt{2\pi}} e^{-\frac{t^2}{2}} dt = P(X \leqslant x)$$

x	0.00	0.01	0.02	0.03	0.04	0.05	0.06	0.07	0.08	0.09
0.0	0.500 0	0.504 0	0.508 0	0.512 0	0.516 0	0.519 9	0.523 9	0.527 9	0.531 9	0.535 9
0.1	0.539 8	0.543 8	0.547 8	0.551 7	0.555 7	0.559 6	0.563 6	0.567 5	0.571 4	0.575 3
0.2	0.579 3	0.583 2	0.587 1	0.591 0	0.594 8	0.598 7	0.602 6	0.606 4	0.610 3	0.614 1
0.3	0.617 9	0.621 7	0.625 5	0.629 3	0.633 1	0.636 8	0.640 6	0.644 3	0.648 0	0.651 7
0.4	0.655 4	0.659 1	0.662 8	0.666 4	0.670 0	0.673 6	0.677 2	0.680 8	0.684 4	0.687 9
0.5	0.691 5	0.695 0	0.698 5	0.701 9	0.705 4	0.708 8	0.712 3	0.715 7	0.719 0	0.722 4
0.6	0.725 7	0.729 1	0.732 4	0.735 7	0.738 9	0.742 2	0.745 4	0.748 6	0.751 7	0.754 9
0.7	0.758 0	0.761 1	0.764 2	0.767 3	0.770 4	0.773 4	0.776 4	0.779 4	0.782 3	0.785 2
0.8	0.788 1	0.791 0	0.793 9	0.796 7	0.799 5	0.802 3	0.805 1	0.807 8	0.810 6	0.813 3
0.9	0.815 9	0.818 6	0.821 2	0.823 8	0.826 4	0.828 9	0.831 5	0.834 0	0.836 5	0.838 9
1.0	0.841 3	0.843 8	0.846 1	0.848 5	0.850 8	0.853 1	0.855 4	0.857 7	0.859 9	0.862 1
1.1	0.864 3	0.866 5	0.868 6	0.870 8	0.872 9	0.874 9	0.877 0	0.879 0	0.881 0	0.883 0
1.2	0.884 9	0.886 9	0.888 8	0.890 7	0.892 5	0.894 4	0.896 2	0.898 0	0.899 7	0.901 5
1.3	0.903 2	0.904 9	0.906 6	0.908 2	0.909 9	0.911 5	0.913 1	0.914 7	0.916 2	0.917 7
1.4	0.919 2	0.920 7	0.922 2	0.923 6	0.925 1	0.926 5	0.927 9	0.929 2	0.930 6	0.931 9
1.5	0.933 2	0.934 5	0.935 7	0.937 0	0.938 2	0.939 4	0.940 6	0.941 8	0.942 9	0.944 1
1.6	0.945 2	0.946 3	0.947 4	0.948 4	0.949 5	0.950 5	0.951 5	0.952 5	0.953 5	0.954 5
1.7	0.955 4	0.956 4	0.957 3	0.958 2	0.959 1	0.959 9	0.960 8	0.961 6	0.962 5	0.963 3
1.8	0.964 1	0.964 9	0.965 6	0.966 4	0.967 1	0.967 8	0.968 6	0.969 3	0.969 9	0.970 6
1.9	0.971 3	0.971 9	0.972 6	0.973 2	0.973 8	0.974 4	0.975 0	0.975 6	0.976 1	0.976 7
2.0	0.977 2	0.977 8	0.978 3	0.978 8	0.979 3	0.979 8	0.980 3	0.980 8	0.981 2	0.981 7
2.1	0.982 1	0.982 6	0.983 0	0.983 4	0.983 8	0.984 2	0.984 6	0.985 0	0.985 4	0.985 7
2.2	0.986 1	0.986 4	0.986 8	0.987 1	0.987 5	0.987 8	0.988 1	0.988 4	0.988 7	0.989 0
2.3	0.989 3	0.989 6	0.989 8	0.990 1	0.990 4	0.990 6	0.990 9	0.991 1	0.991 3	0.991 6
2.4	0.991 8	0.992 0	0.992 2	0.992 5	0.992 7	0.992 9	0.993 1	0.993 2	0.993 4	0.993 6
2.5	0.993 8	0.994 0	0.994 1	0.994 3	0.994 5	0.994 6	0.994 8	0.994 9	0.995 1	0.995 2
2.6	0.995 3	0.995 5	0.995 6	0.995 7	0.995 9	0.996 0	0.996 1	0.996 2	0.996 3	0.996 4
2.7	0.996 5	0.996 6	0.996 7	0.996 8	0.996 9	0.997 0	0.997 1	0.997 2	0.997 3	0.997 4
2.8	0.997 4	0.997 5	0.997 6	0.997 7	0.997 7	0.997 8	0.997 9	0.997 9	0.998 0	0.998 1
2.9	0.998 1	0.998 2	0.998 2	0.998 3	0.998 4	0.998 4	0.998 5	0.998 5	0.998 6	0.998 6
3.0	0.998 7	0.998 7	0.998 7	0.998 8	0.998 8	0.998 9	0.998 9	0.998 9	0.999 0	0.999 0

表 B.3 χ^2 分布表

$$p\left\{\chi^2(n) > \chi_\alpha^2(n)\right\} = \alpha$$

α \ n	0.995	0.990	0.975	0.950	0.900	0.750	0.250	0.100	0.050	0.025	0.010	0.005
1	0.000 0	0.000 2	0.001 0	0.003 9	0.015 8	0.101 5	1.323 3	2.705 5	3.841 5	5.023 9	6.634 9	7.879 4
2	0.010 0	0.020 1	0.050 6	0.102 6	0.210 7	0.575 4	2.772 6	4.605 2	5.991 5	7.377 8	9.210 3	10.596 6
3	0.071 7	0.114 8	0.215 8	0.351 8	0.584 4	1.212 5	4.108 3	6.251 4	7.814 7	9.348 4	11.344 9	12.838 2
4	0.207 0	0.297 1	0.484 4	0.710 7	1.063 6	1.922 6	5.385 3	7.779 4	9.487 7	11.143 3	13.276 7	14.860 3
5	0.411 7	0.554 3	0.831 2	1.145 5	1.610 3	2.674 6	6.625 7	9.236 4	11.070 5	12.832 5	15.086 3	16.749 6
6	0.675 7	0.872 1	1.237 3	1.635 4	2.204 1	3.454 6	7.840 8	10.644 6	12.591 6	14.449 4	16.811 9	18.547 6
7	0.989 3	1.239 0	1.689 9	2.167 3	2.833 1	4.254 9	9.037 1	12.017 0	14.067 1	16.012 8	18.475 3	20.277 7
8	1.344 4	1.646 5	2.179 7	2.732 6	3.489 5	5.070 6	10.218 9	13.361 6	15.507 3	17.534 5	20.090 2	21.955 0
9	1.734 9	2.087 9	2.700 4	3.325 1	4.168 2	5.898 8	11.388 8	14.683 7	16.919 0	19.022 8	21.666 0	23.589 4
10	2.155 9	2.558 2	3.247 0	3.940 3	4.865 2	6.737 2	12.548 9	15.987 2	18.307 0	20.483 2	23.209 3	25.188 2
11	2.603 2	3.053 5	3.815 7	4.574 8	5.577 8	7.584 1	13.700 7	17.275 0	19.675 1	21.920 0	24.725 0	26.756 8
12	3.073 8	3.570 6	4.403 8	5.226 0	6.303 8	8.438 4	14.845 4	18.549 3	21.026 1	23.336 7	26.217 0	28.299 5
13	3.565 0	4.106 9	5.008 8	5.891 9	7.041 5	9.299 1	15.983 9	19.811 9	22.362 0	24.735 6	27.688 2	29.819 5
14	4.074 7	4.660 4	5.628 7	6.570 6	7.789 5	10.165 3	17.116 9	21.064 1	23.684 8	26.118 9	29.141 2	31.319 3
15	4.600 9	5.229 3	6.262 1	7.260 9	8.546 8	11.036 5	18.245 1	22.307 1	24.995 8	27.488 4	30.577 9	32.801 3
16	5.142 2	5.812 2	6.907 7	7.961 6	9.312 2	11.912 2	19.368 9	23.541 8	26.296 2	28.845 4	31.999 9	34.267 2
17	5.697 2	6.407 8	7.564 2	8.671 8	10.085 2	12.791 9	20.488 7	24.769 0	27.587 1	30.191 0	33.408 7	35.718 5
18	6.264 8	7.014 9	8.230 7	9.390 5	10.864 9	13.675 3	21.604 9	25.989 4	28.869 3	31.526 4	34.805 3	37.156 5
19	6.844 0	7.632 7	8.906 5	10.117 0	11.650 9	14.562 0	22.717 8	27.203 6	30.143 5	32.852 3	36.190 9	38.582 3
20	7.433 8	8.260 4	9.590 8	10.850 8	12.442 6	15.451 8	23.827 7	28.412 0	31.410 4	34.169 6	37.566 2	39.996 8
21	8.033 7	8.897 2	10.282 9	11.591 3	13.239 6	16.344 4	24.934 8	29.615 1	32.670 6	35.478 9	38.932 2	41.401 1
22	8.642 7	9.542 5	10.982 3	12.338 0	14.041 5	17.239 6	26.039 3	30.813 3	33.924 4	36.780 7	40.289 4	42.795 7
23	9.260 4	10.195 7	11.688 6	13.090 5	14.848 0	18.137 3	27.141 3	32.006 9	35.172 5	38.075 6	41.638 4	44.181 3
24	9.886 2	10.856 4	12.401 2	13.848 4	15.658 7	19.037 3	28.241 2	33.196 2	36.415 0	39.364 1	42.979 8	45.558 5
25	10.519 7	11.524 0	13.119 7	14.611 4	16.473 4	19.939 3	29.338 9	34.381 6	37.652 5	40.646 5	44.314 1	46.927 9
26	11.160 2	12.198 1	13.843 9	15.379 2	17.291 9	20.843 4	30.434 6	35.563 2	38.885 1	41.923 2	45.641 7	48.289 9
27	11.807 6	12.878 5	14.573 4	16.151 4	18.113 9	21.749 4	31.528 4	36.741 2	40.113 3	43.194 5	46.962 9	49.644 9
28	12.461 3	13.564 7	15.307 9	16.927 9	18.939 2	22.657 2	32.620 5	37.915 9	41.337 1	44.460 8	48.278 2	50.993 4
29	13.121 1	14.256 5	16.047 1	17.708 4	19.767 7	23.566 6	33.710 9	39.087 5	42.557 0	45.722 3	49.587 9	52.335 6
30	13.786 7	14.953 5	16.790 8	18.492 7	20.599 2	24.477 6	34.799 7	40.256 0	43.773 0	46.979 2	50.892 2	53.672 0
31	14.457 8	15.655 5	17.538 7	19.280 6	21.433 6	25.390 1	35.887 1	41.421 7	44.985 3	48.231 9	52.191 4	55.002 7
32	15.134 0	16.362 2	18.290 8	20.071 9	22.270 6	26.304 1	36.973 0	42.584 7	46.194 3	49.480 4	53.485 8	56.328 1
33	15.815 3	17.073 5	19.046 7	20.866 5	23.110 2	27.219 4	38.057 5	43.745 2	47.399 9	50.725 1	54.775 5	57.648 4
34	16.501 3	17.789 1	19.806 3	21.664 3	23.952 3	28.136 1	39.140 8	44.903 2	48.602 4	51.966 0	56.060 9	58.963 9
35	17.191 8	18.508 9	20.569 4	22.465 0	24.796 7	29.054 0	40.222 8	46.058 8	49.801 8	53.203 3	57.342 1	60.274 8
36	17.886 7	19.232 7	21.335 9	23.268 6	25.643 3	29.973 0	41.303 6	47.212 2	50.998 5	54.437 3	58.619 2	61.581 2
37	18.585 8	19.960 2	22.105 6	24.074 9	26.492 1	30.893 3	42.383 3	48.363 4	52.192 3	55.668 0	59.892 5	62.883 3
38	19.288 9	20.691 4	22.878 5	24.883 9	27.343 0	31.814 6	43.461 9	49.512 6	53.383 5	56.895 5	61.162 1	64.181 4
39	19.995 9	21.426 2	23.654 3	25.695 4	28.195 8	32.736 9	44.539 5	50.659 8	54.572 2	58.120 1	62.428 1	65.475 6
40	20.706 5	22.164 3	24.433 0	26.509 3	29.050 5	33.660 3	45.616 0	51.805 1	55.758 5	59.341 7	63.690 7	66.766 0
41	21.420 8	22.905 6	25.214 5	27.325 6	29.907 1	34.584 6	46.691 6	52.948 5	56.942 4	60.560 6	64.950 1	68.052 7
42	22.138 5	23.650 1	25.998 7	28.144 0	30.765 4	35.509 9	47.766 3	54.090 2	58.124 0	61.776 8	66.206 2	69.336 0
43	22.859 5	24.397 6	26.785 4	28.964 7	31.625 5	36.436 1	48.840 0	55.230 2	59.303 5	62.990 4	67.459 3	70.615 9
44	23.583 7	25.148 0	27.574 6	29.787 5	32.487 1	37.363 1	49.912 9	56.368 5	60.480 9	64.201 5	68.709 5	71.892 6
45	24.311 0	25.901 3	28.366 2	30.612 3	33.350 4	38.291 0	50.984 9	57.505 3	61.656 2	65.410 2	69.956 8	73.166 1

表 B.4 t 分布表

$$p\{t(n) > t_\alpha(n)\} = \alpha$$

n \ α	0.1	0.05	0.025	0.01	0.005	0.001	0.000 5
1	3.077 7	6.313 8	12.706 2	31.820 5	63.656 7	318.308 8	636.619 2
2	1.885 6	2.920 0	4.302 7	6.964 6	9.924 8	22.327 1	31.599 1
3	1.637 7	2.353 4	3.182 4	4.540 7	5.840 9	10.214 5	12.924 0
4	1.533 2	2.131 8	2.776 4	3.746 9	4.604 1	7.173 2	8.610 3
5	1.475 9	2.015 0	2.570 6	3.364 9	4.032 1	5.893 4	6.868 8
6	1.439 8	1.943 2	2.446 9	3.142 7	3.707 4	5.207 6	5.958 8
7	1.414 9	1.894 6	2.364 6	2.998 0	3.499 5	4.785 3	5.407 9
8	1.396 8	1.859 5	2.306 0	2.896 5	3.355 4	4.500 8	5.041 3
9	1.383 0	1.833 1	2.262 2	2.821 4	3.249 8	4.296 8	4.780 9
10	1.372 2	1.812 5	2.228 1	2.763 8	3.169 3	4.143 7	4.586 9
11	1.363 4	1.795 9	2.201 0	2.718 1	3.105 8	4.024 7	4.437 0
12	1.356 2	1.782 3	2.178 8	2.681 0	3.054 5	3.929 6	4.317 8
13	1.350 2	1.770 9	2.160 4	2.650 3	3.012 3	3.852 0	4.220 8
14	1.345 0	1.761 3	2.144 8	2.624 5	2.976 8	3.787 4	4.140 5
15	1.340 6	1.753 1	2.131 4	2.602 5	2.946 7	3.732 8	4.072 8
16	1.336 8	1.745 9	2.119 9	2.583 5	2.920 8	3.686 2	4.015 0
17	1.333 4	1.739 6	2.109 8	2.566 9	2.898 2	3.645 8	3.965 1
18	1.330 4	1.734 1	2.100 9	2.552 4	2.878 4	3.610 5	3.921 6
19	1.327 7	1.729 1	2.093 0	2.539 5	2.860 9	3.579 4	3.883 4
20	1.325 3	1.724 7	2.086 0	2.528 0	2.845 3	3.551 8	3.849 5
21	1.323 2	1.720 7	2.079 6	2.517 6	2.831 4	3.527 2	3.819 3
22	1.321 2	1.717 1	2.073 9	2.508 3	2.818 8	3.505 0	3.792 1
23	1.319 5	1.713 9	2.068 7	2.499 9	2.807 3	3.485 0	3.767 6
24	1.317 8	1.710 9	2.063 9	2.492 2	2.796 9	3.466 8	3.745 4
25	1.316 3	1.708 1	2.059 5	2.485 1	2.787 4	3.450 2	3.725 1
26	1.315 0	1.705 6	2.055 5	2.478 6	2.778 7	3.435 0	3.706 6
27	1.313 7	1.703 3	2.051 8	2.472 7	2.770 7	3.421 0	3.689 6
28	1.312 5	1.701 1	2.048 4	2.467 1	2.763 3	3.408 2	3.673 9
29	1.311 4	1.699 1	2.045 2	2.462 0	2.756 4	3.396 2	3.659 4
30	1.310 4	1.697 3	2.042 3	2.457 3	2.750 0	3.385 2	3.646 0
31	1.309 5	1.695 5	2.039 5	2.452 8	2.744 0	3.374 9	3.633 5
32	1.308 6	1.693 9	2.036 9	2.448 7	2.738 5	3.365 3	3.621 8
33	1.307 7	1.692 4	2.034 5	2.444 8	2.733 3	3.356 3	3.610 9
34	1.307 0	1.690 9	2.032 2	2.441 1	2.728 4	3.347 9	3.600 7
35	1.306 2	1.689 6	2.030 1	2.437 7	2.723 8	3.340 0	3.591 1
36	1.305 5	1.688 3	2.028 1	2.434 5	2.719 5	3.332 6	3.582 1
37	1.304 9	1.687 1	2.026 2	2.431 4	2.715 4	3.325 6	3.573 7
38	1.304 2	1.686 0	2.024 4	2.428 6	2.711 6	3.319 0	3.565 7
39	1.303 6	1.684 9	2.022 7	2.425 8	2.707 9	3.312 8	3.558 1
40	1.303 1	1.683 9	2.021 1	2.423 3	2.704 5	3.306 9	3.551 0
41	1.302 5	1.682 9	2.019 5	2.420 8	2.701 2	3.301 3	3.544 2
42	1.302 0	1.682 0	2.018 1	2.418 5	2.698 1	3.296 0	3.537 7
43	1.301 6	1.681 1	2.016 7	2.416 3	2.695 1	3.290 9	3.531 6
44	1.301 1	1.680 2	2.015 4	2.414 1	2.692 3	3.286 1	3.525 8
45	1.300 6	1.679 4	2.014 1	2.412 1	2.689 6	3.281 5	3.520 3

表 B.5 **F 分布表**

$$p\{F(n_1,n_2) > F_\alpha(n_1,n_2)\} = \alpha$$

$\alpha = 0.10$

n_2 \ n_1	1	2	3	4	5	6	7	8	9	10	12	15	20	24	30	40	60	120	∞
1	39.86	49.5	53.59	55.83	57.24	58.2	58.91	59.44	59.86	60.19	60.71	61.22	61.74	62.00	62.26	62.53	62.79	63.06	63.33
2	8.53	9.00	9.16	9.24	9.29	9.33	9.35	9.37	9.38	9.39	9.41	9.42	9.44	9.45	9.46	9.47	9.47	9.48	9.49
3	5.54	5.46	5.39	5.34	5.31	5.28	5.27	5.25	5.24	5.23	5.22	5.20	5.18	5.18	5.17	5.16	5.15	5.14	5.13
4	4.54	4.32	4.19	4.11	4.05	4.01	3.98	3.95	3.94	3.92	3.90	3.87	3.84	3.83	3.82	3.80	3.79	3.78	3.76
5	4.06	3.78	3.62	3.52	3.45	3.40	3.37	3.34	3.32	3.30	3.27	3.24	3.21	3.19	3.17	3.16	3.14	3.12	3.10
6	3.78	3.46	3.29	3.18	3.11	3.05	3.01	2.98	2.96	2.94	2.90	2.87	2.84	2.82	2.80	2.78	2.76	2.74	2.72
7	3.59	3.26	3.07	2.96	2.88	2.83	2.78	2.75	2.72	2.70	2.67	2.63	2.59	2.58	2.56	2.54	2.51	2.49	2.47
8	3.46	3.11	2.92	2.81	2.73	2.67	2.62	2.59	2.56	2.54	2.50	2.46	2.42	2.40	2.38	2.36	2.34	2.32	2.29
9	3.36	3.01	2.81	2.69	2.61	2.55	2.51	2.47	2.44	2.42	2.38	2.34	2.30	2.28	2.25	2.23	2.21	2.18	2.16
10	3.29	2.92	2.73	2.61	2.52	2.46	2.41	2.38	2.35	2.32	2.28	2.24	2.20	2.18	2.16	2.13	2.11	2.08	2.06
11	3.23	2.86	2.66	2.54	2.45	2.39	2.34	2.30	2.27	2.25	2.21	2.17	2.12	2.10	2.08	2.05	2.03	2.00	1.97
12	3.18	2.81	2.61	2.48	2.39	2.33	2.28	2.24	2.21	2.19	2.15	2.10	2.06	2.04	2.01	1.99	1.96	1.93	1.90
13	3.14	2.76	2.56	2.43	2.35	2.28	2.23	2.20	2.16	2.14	2.10	2.05	2.01	1.98	1.96	1.93	1.9	1.88	1.85
14	3.10	2.73	2.52	2.39	2.31	2.24	2.19	2.15	2.12	2.10	2.05	2.01	1.96	1.94	1.91	1.89	1.86	1.83	1.80
15	3.07	2.70	2.49	2.36	2.27	2.21	2.16	2.12	2.09	2.06	2.02	1.97	1.92	1.90	1.87	1.85	1.82	1.79	1.76
16	3.05	2.67	2.46	2.33	2.24	2.18	2.13	2.09	2.06	2.03	1.99	1.94	1.89	1.87	1.84	1.81	1.78	1.75	1.72
17	3.03	2.64	2.44	2.31	2.22	2.15	2.10	2.06	2.03	2.00	1.96	1.91	1.86	1.84	1.81	1.78	1.75	1.72	1.69
18	3.01	2.62	2.42	2.29	2.20	2.13	2.08	2.04	2.00	1.98	1.93	1.89	1.84	1.81	1.78	1.75	1.72	1.69	1.66
19	2.99	2.61	2.40	2.27	2.18	2.11	2.06	2.02	1.98	1.96	1.91	1.86	1.81	1.79	1.76	1.73	1.70	1.67	1.63
20	2.97	2.59	2.38	2.25	2.16	2.09	2.04	2.00	1.96	1.94	1.89	1.84	1.79	1.77	1.74	1.71	1.68	1.64	1.61
21	2.96	2.57	2.36	2.23	2.14	2.08	2.02	1.98	1.95	1.92	1.87	1.83	1.78	1.75	1.72	1.69	1.66	1.62	1.59
22	2.95	2.56	2.35	2.22	2.13	2.06	2.01	1.97	1.93	1.90	1.86	1.81	1.76	1.73	1.70	1.67	1.64	1.60	1.57
23	2.94	2.55	2.34	2.21	2.11	2.05	1.99	1.95	1.92	1.89	1.84	1.80	1.74	1.72	1.69	1.66	1.62	1.59	1.55
24	2.93	2.54	2.33	2.19	2.10	2.04	1.98	1.94	1.91	1.88	1.83	1.78	1.73	1.70	1.67	1.64	1.61	1.57	1.53
25	2.92	2.53	2.32	2.18	2.09	2.02	1.97	1.93	1.89	1.87	1.82	1.77	1.72	1.69	1.66	1.63	1.59	1.56	1.52
26	2.91	2.52	2.31	2.17	2.08	2.01	1.96	1.92	1.88	1.86	1.81	1.76	1.71	1.68	1.65	1.61	1.58	1.54	1.5
27	2.90	2.51	2.30	2.17	2.07	2.00	1.95	1.91	1.87	1.85	1.80	1.75	1.70	1.67	1.64	1.60	1.57	1.53	1.49
28	2.89	2.50	2.29	2.16	2.06	2.00	1.94	1.90	1.87	1.84	1.79	1.74	1.69	1.66	1.63	1.59	1.56	1.52	1.48
29	2.89	2.50	2.28	2.15	2.06	1.99	1.93	1.89	1.86	1.83	1.78	1.73	1.68	1.65	1.62	1.58	1.55	1.51	1.47
30	2.88	2.49	2.28	2.14	2.05	1.98	1.93	1.88	1.85	1.82	1.77	1.72	1.67	1.64	1.61	1.57	1.54	1.50	1.46
40	2.84	2.44	2.23	2.09	2.00	1.93	1.87	1.83	1.79	1.76	1.71	1.66	1.61	1.57	1.54	1.51	1.47	1.42	1.38
60	2.79	2.39	2.18	2.04	1.95	1.87	1.82	1.77	1.74	1.71	1.66	1.60	1.54	1.51	1.48	1.44	1.4	1.35	1.29
120	2.75	2.35	2.13	1.99	1.90	1.82	1.77	1.72	1.68	1.65	1.60	1.55	1.48	1.45	1.41	1.37	1.32	1.26	1.19
∞	2.71	2.30	2.08	1.94	1.85	1.77	1.72	1.67	1.63	1.60	1.55	1.49	1.42	1.38	1.34	1.3	1.24	1.17	1.00

续表

$\alpha=0.05$

n_2＼n_1	1	2	3	4	5	6	7	8	9	10	12	15	20	24	30	40	60	120	∞
1	161.4	199.5	215.7	224.6	230.2	234.0	236.8	238.9	240.5	241.9	243.9	245.9	248.0	249.1	250.1	251.1	252.2	253.3	254.3
2	18.51	19.00	19.16	19.25	19.3	19.33	19.35	19.37	19.38	19.4	19.41	19.43	19.45	19.45	19.46	19.47	19.48	19.49	19.5
3	10.13	9.55	9.28	9.12	9.01	8.94	8.89	8.85	8.81	8.79	8.74	8.70	8.66	8.64	8.62	8.59	8.57	8.55	8.53
4	7.71	6.94	6.59	6.39	6.26	6.16	6.09	6.04	6.00	5.96	5.91	5.86	5.80	5.77	5.75	5.72	5.69	5.66	5.63
5	6.61	5.79	5.41	5.19	5.05	4.95	4.88	4.82	4.77	4.74	4.68	4.62	4.56	4.53	4.50	4.46	4.43	4.40	4.36
6	5.99	5.14	4.76	4.53	4.39	4.28	4.21	4.15	4.10	4.06	4.00	3.94	3.87	3.84	3.81	3.77	3.74	3.70	3.67
7	5.59	4.74	4.35	4.12	3.97	3.87	3.79	3.73	3.68	3.64	3.57	3.51	3.44	3.41	3.38	3.34	3.30	3.27	3.23
8	5.32	4.46	4.07	3.84	3.69	3.58	3.50	3.44	3.39	3.35	3.28	3.22	3.15	3.12	3.08	3.04	3.01	2.97	2.93
9	5.12	4.26	3.86	3.63	3.48	3.37	3.29	3.23	3.18	3.14	3.07	3.01	2.94	2.90	2.86	2.83	2.79	2.75	2.71
10	4.96	4.10	3.71	3.48	3.33	3.22	3.14	3.07	3.02	2.98	2.91	2.85	2.77	2.74	2.70	2.66	2.62	2.58	2.54
11	4.84	3.98	3.59	3.36	3.20	3.09	3.01	2.95	2.90	2.85	2.79	2.72	2.65	2.61	2.57	2.53	2.49	2.45	2.40
12	4.75	3.89	3.49	3.26	3.11	3.00	2.91	2.85	2.80	2.75	2.69	2.62	2.54	2.51	2.47	2.43	2.38	2.34	2.30
13	4.67	3.81	3.41	3.18	3.03	2.92	2.83	2.77	2.71	2.67	2.60	2.53	2.46	2.42	2.38	2.34	2.30	2.25	2.21
14	4.60	3.74	3.34	3.11	2.96	2.85	2.76	2.70	2.65	2.60	2.53	2.46	2.39	2.35	2.31	2.27	2.22	2.18	2.13
15	4.54	3.68	3.29	3.06	2.90	2.79	2.71	2.64	2.59	2.54	2.48	2.40	2.33	2.29	2.25	2.20	2.16	2.11	2.07
16	4.49	3.63	3.24	3.01	2.85	2.74	2.66	2.59	2.54	2.49	2.42	2.35	2.28	2.24	2.19	2.15	2.11	2.06	2.01
17	4.45	3.59	3.20	2.96	2.81	2.70	2.61	2.55	2.49	2.45	2.38	2.31	2.23	2.19	2.15	2.10	2.06	2.01	1.96
18	4.41	3.55	3.16	2.93	2.77	2.66	2.58	2.51	2.46	2.41	2.34	2.27	2.19	2.15	2.11	2.06	2.02	1.97	1.92
19	4.38	3.52	3.13	2.90	2.74	2.63	2.54	2.48	2.42	2.38	2.31	2.23	2.16	2.11	2.07	2.03	1.98	1.93	1.88
20	4.35	3.49	3.10	2.87	2.71	2.60	2.51	2.45	2.39	2.35	2.28	2.20	2.12	2.08	2.04	1.99	1.95	1.90	1.84
21	4.32	3.47	3.07	2.84	2.68	2.57	2.49	2.42	2.37	2.32	2.25	2.18	2.10	2.05	2.01	1.96	1.92	1.87	1.81
22	4.30	3.44	3.05	2.82	2.66	2.55	2.46	2.40	2.34	2.30	2.23	2.15	2.07	2.03	1.98	1.94	1.89	1.84	1.78
23	4.28	3.42	3.03	2.80	2.64	2.53	2.44	2.37	2.32	2.27	2.20	2.13	2.05	2.01	1.96	1.91	1.86	1.81	1.76
24	4.26	3.40	3.01	2.78	2.62	2.51	2.42	2.36	2.30	2.25	2.18	2.11	2.03	1.98	1.94	1.89	1.84	1.79	1.73
25	4.24	3.39	2.99	2.76	2.60	2.49	2.40	2.34	2.28	2.24	2.16	2.09	2.01	1.96	1.92	1.87	1.82	1.77	1.71
26	4.23	3.37	2.98	2.74	2.59	2.47	2.39	2.32	2.27	2.22	2.15	2.07	1.99	1.95	1.90	1.85	1.80	1.75	1.69
27	4.21	3.35	2.96	2.73	2.57	2.46	2.37	2.31	2.25	2.20	2.13	2.06	1.97	1.93	1.88	1.84	1.79	1.73	1.67
28	4.20	3.34	2.95	2.71	2.56	2.45	2.36	2.29	2.24	2.19	2.12	2.04	1.96	1.91	1.87	1.82	1.77	1.71	1.65
29	4.18	3.33	2.93	2.70	2.55	2.43	2.35	2.28	2.22	2.18	2.10	2.03	1.94	1.90	1.85	1.81	1.75	1.70	1.64
30	4.17	3.32	2.92	2.69	2.53	2.42	2.33	2.27	2.21	2.16	2.09	2.01	1.93	1.89	1.84	1.79	1.74	1.68	1.62
40	4.08	3.23	2.84	2.61	2.45	2.34	2.25	2.18	2.12	2.08	2.00	1.92	1.84	1.79	1.74	1.69	1.64	1.58	1.51
60	4.00	3.15	2.76	2.53	2.37	2.25	2.17	2.10	2.04	1.99	1.92	1.84	1.75	1.70	1.65	1.59	1.53	1.47	1.39
120	3.92	3.07	2.68	2.45	2.29	2.17	2.09	2.02	1.96	1.91	1.83	1.75	1.66	1.61	1.55	1.50	1.43	1.35	1.25
∞	3.84	3.00	2.60	2.37	2.21	2.10	2.01	1.94	1.88	1.83	1.75	1.67	1.57	1.52	1.46	1.39	1.32	1.22	1.00

续表

α=0.025

n_2 \ n_1	1	2	3	4	5	6	7	8	9	10	12	15	20	24	30	40	60	120	∞
1	647.8	799.5	864.2	899.6	921.8	937.1	948.2	956.7	963.3	968.6	976.7	984.9	993.1	997.2	1 001	1 006	1 010	1 014	1 018
2	38.51	39.00	39.17	39.25	39.30	39.33	39.36	39.37	39.39	39.40	39.41	39.43	39.45	39.46	39.46	39.47	39.48	39.40	39.50
3	17.44	16.04	15.44	15.10	14.88	14.73	14.62	14.54	14.47	14.42	14.34	14.25	14.17	14.12	14.08	14.04	13.99	13.95	13.9
4	12.22	10.65	9.98	9.60	9.36	9.20	9.07	8.98	8.90	8.84	8.75	8.66	8.56	8.51	8.46	8.41	8.36	8.31	8.26
5	10.01	8.43	7.76	7.39	7.15	6.98	6.85	6.76	6.68	6.62	6.52	6.43	6.33	6.28	6.23	6.18	6.12	6.07	6.02
6	8.81	7.26	6.60	6.23	5.99	5.82	5.70	5.60	5.52	5.46	5.37	5.27	5.17	5.12	5.07	5.01	4.96	4.90	4.85
7	8.07	6.54	5.89	5.52	5.29	5.12	4.99	4.90	4.82	4.76	4.67	4.57	4.47	4.42	4.36	4.31	4.25	4.20	4.14
8	7.57	6.06	5.42	5.05	4.82	4.65	4.53	4.43	4.36	4.30	4.20	4.10	4.00	3.95	3.89	3.84	3.78	3.73	3.67
9	7.21	5.71	5.08	4.72	4.48	4.23	4.20	4.10	4.03	3.96	3.87	3.77	3.67	3.61	3.56	3.51	3.45	3.39	3.33
10	6.94	5.46	4.83	4.47	4.24	4.07	3.95	3.85	3.78	3.72	3.62	3.52	3.42	3.37	3.31	3.26	3.20	3.14	3.08
11	6.72	5.26	4.63	4.28	4.04	3.88	3.76	3.66	3.59	3.53	3.43	3.33	3.23	3.17	3.12	3.06	3.00	2.94	2.88
12	6.55	5.10	4.47	4.12	3.89	3.73	3.61	3.51	3.44	3.37	3.28	3.18	3.07	3.02	2.96	2.91	2.85	2.79	2.72
13	6.41	4.97	4.35	4.00	3.77	3.60	3.48	3.39	3.31	3.25	3.15	3.05	2.95	2.89	2.84	2.78	2.72	2.66	2.60
14	6.30	4.86	4.24	3.89	3.66	3.50	3.38	3.29	3.21	3.15	3.05	2.95	2.84	2.79	2.73	2.67	2.61	2.55	2.49
15	6.20	4.77	4.15	3.80	3.58	3.41	3.29	3.20	3.12	3.06	2.96	2.86	2.76	2.70	2.64	2.59	2.52	2.46	2.40
16	6.12	4.69	4.08	3.73	3.50	3.34	3.22	3.12	3.05	2.99	2.89	2.79	2.68	2.63	2.57	2.51	2.45	2.38	2.32
17	6.04	4.62	4.01	3.66	3.44	3.28	3.16	3.06	2.98	2.92	2.82	2.72	2.62	2.56	2.50	2.44	2.38	2.32	2.25
18	5.98	4.56	3.95	3.61	3.38	3.22	3.10	3.01	2.93	2.87	2.77	2.67	2.56	2.50	2.44	2.38	2.32	2.26	2.19
19	5.92	4.51	3.90	3.56	3.33	3.17	3.05	2.96	2.88	2.82	2.72	2.62	2.51	2.45	2.39	2.33	2.27	2.20	2.13
20	5.87	4.46	3.86	3.51	3.29	3.13	3.01	2.91	2.84	2.77	2.68	2.57	2.46	2.41	2.35	2.29	2.22	2.16	2.09
21	5.83	4.42	3.82	3.48	3.25	3.09	2.97	2.87	2.80	2.73	2.64	2.53	2.42	2.37	2.31	2.25	2.18	2.11	2.04
22	5.79	4.38	3.78	3.44	3.22	3.05	2.93	2.84	2.76	2.70	2.60	2.50	2.39	2.33	2.27	2.21	2.14	2.08	2.00
23	5.75	4.35	3.75	3.41	3.18	3.02	2.90	2.81	2.73	2.67	2.57	2.47	2.36	2.30	2.24	2.18	2.11	2.04	1.97
24	5.72	4.32	3.72	3.38	3.15	2.99	2.87	2.78	2.70	2.64	2.54	2.44	2.33	2.27	2.21	2.15	2.08	2.01	1.94
25	5.69	4.29	3.69	3.35	3.13	2.97	2.85	2.75	2.68	2.61	2.51	2.41	2.30	2.24	2.18	2.12	2.05	1.98	1.91
26	5.66	4.27	3.67	3.33	3.10	2.94	2.82	2.73	2.65	2.59	2.49	2.39	2.28	2.22	2.16	2.09	2.03	1.95	1.88
27	5.63	4.24	3.65	3.31	3.08	2.92	2.80	2.71	2.63	2.57	2.47	2.36	2.25	2.19	2.13	2.07	2.00	1.93	1.85
28	5.61	4.22	3.63	3.29	3.06	2.90	2.78	2.69	2.61	2.55	2.45	2.34	2.23	2.17	2.11	2.05	1.98	1.91	1.83
29	5.59	4.20	3.61	3.27	3.04	2.88	2.76	2.67	2.59	2.53	2.43	2.32	2.21	2.15	2.09	2.03	1.96	1.89	1.81
30	5.57	4.18	3.59	3.25	3.03	2.87	2.75	2.65	2.57	2.51	2.41	2.31	2.20	2.14	2.07	2.01	1.94	1.87	1.79
40	5.42	4.05	3.46	3.13	3.90	2.74	2.62	2.53	2.45	2.39	2.29	2.18	2.07	2.01	1.94	1.88	1.80	1.72	1.64
60	5.29	3.93	3.34	3.01	2.79	2.63	2.51	2.41	2.33	2.27	2.17	2.06	1.94	1.88	1.82	1.74	1.67	1.58	1.48
120	5.15	3.80	3.23	2.89	2.67	2.52	2.39	2.30	2.22	2.16	2.05	1.94	1.82	1.76	1.69	1.61	1.53	1.43	1.31
∞	5.02	3.69	3.12	2.79	2.57	2.41	2.29	2.19	2.11	2.05	1.94	1.83	1.71	1.64	1.57	1.48	1.39	1.27	1.00

续表

α=0.01

n_2 \ n_1	1	2	3	4	5	6	7	8	9	10	12	15	20	24	30	40	60	120	∞
1	4 052	4 999.5	5 403	5 625	5 764	5 859	5 928	5 982	6 022	6 056	6 106	6 157	6 209	6 235	6 261	6 287	6 313	6 339	6 366
2	98.50	99.00	99.17	99.25	99.30	99.33	99.36	99.37	99.39	99.40	99.42	99.43	99.45	99.46	99.47	99.47	99.48	99.49	99.50
3	34.12	30.82	29.46	28.71	28.24	27.91	27.67	27.49	27.35	27.23	27.05	26.87	26.69	26.6	26.5	26.41	26.32	26.22	26.13
4	21.2	18.00	16.69	15.98	15.52	15.21	14.98	14.80	14.66	14.55	14.37	14.20	14.02	13.93	13.84	13.75	13.65	13.56	13.46
5	16.26	13.27	12.06	11.39	10.97	10.67	10.46	10.29	10.16	10.05	9.89	9.72	9.55	9.47	9.38	9.29	9.20	9.11	9.02
6	13.75	10.93	9.78	9.15	8.75	8.47	8.26	8.10	7.98	7.87	7.72	7.56	7.40	7.31	7.23	7.14	7.06	6.97	6.88
7	12.25	9.55	8.45	7.85	7.46	7.19	6.99	6.84	6.72	6.62	6.47	6.31	6.16	6.07	5.99	5.91	5.82	5.74	5.65
8	11.26	8.65	7.59	7.01	6.63	6.37	6.18	6.03	5.91	5.81	5.67	5.52	5.36	5.28	5.20	5.12	5.03	4.95	4.86
9	10.56	8.02	6.99	6.42	6.06	5.80	5.61	5.47	5.35	5.26	5.11	4.96	4.81	4.73	4.65	4.57	4.48	4.40	4.31
10	10.04	7.56	6.55	5.99	5.64	5.39	5.20	5.06	4.94	4.85	4.71	4.56	4.41	4.33	4.25	4.17	4.08	4.00	3.91
11	9.65	7.21	6.22	5.67	5.32	5.07	4.89	4.74	4.63	4.54	4.40	4.25	4.10	4.02	3.94	3.86	3.78	3.69	3.60
12	9.33	6.93	5.95	5.41	5.06	4.82	4.64	4.50	4.39	4.30	4.16	4.01	3.86	3.78	3.70	3.62	3.54	3.45	3.36
13	9.07	6.70	5.74	5.21	4.86	4.62	4.44	4.30	4.19	4.10	3.96	3.82	3.66	3.59	3.51	3.43	3.34	3.25	3.17
14	8.86	6.51	5.56	5.04	4.69	4.46	4.28	4.14	4.03	3.94	3.80	3.66	3.51	3.43	3.35	3.27	3.18	3.09	3.00
15	8.68	6.36	5.42	4.89	4.56	4.32	4.14	4.00	3.89	3.80	3.67	3.52	3.37	3.29	3.21	3.13	3.05	2.96	2.87
16	8.53	6.23	5.29	4.77	4.44	4.20	4.03	3.89	3.78	3.69	3.55	3.41	3.26	3.18	3.10	3.02	2.93	2.84	2.75
17	8.40	6.11	5.18	4.67	4.34	4.10	3.93	3.79	3.68	3.59	3.46	3.31	3.16	3.08	3.00	2.92	2.83	2.75	2.65
18	8.29	6.01	5.09	4.58	4.25	4.01	3.84	3.71	3.60	3.51	3.37	3.23	3.08	3.00	2.92	2.84	2.75	2.66	2.57
19	8.18	5.93	5.01	4.50	4.17	3.94	3.77	3.63	3.52	3.43	3.30	3.15	3.00	2.92	2.84	2.76	2.67	2.58	2.49
20	8.10	5.85	4.94	4.43	4.10	3.87	3.70	3.56	3.46	3.37	3.23	3.09	2.94	2.86	2.78	2.69	2.61	2.52	2.42
21	8.02	5.78	4.87	4.37	4.04	3.81	3.64	3.51	3.40	3.31	3.17	3.03	2.88	2.80	2.72	2.64	2.55	2.46	2.36
22	7.95	5.72	4.82	4.31	3.99	3.76	3.59	3.45	3.35	3.26	3.12	2.98	2.83	2.75	2.67	2.58	2.50	2.40	2.31
23	7.88	5.66	4.76	4.26	3.94	3.71	3.54	3.41	3.30	3.21	3.07	2.93	2.78	2.70	2.62	2.54	2.45	2.35	2.26
24	7.82	5.61	4.72	4.22	3.90	3.67	3.50	3.36	3.26	3.17	3.03	2.89	2.74	2.66	2.58	2.49	2.40	2.31	2.21
25	7.77	5.57	4.68	4.18	3.85	3.63	3.46	3.32	3.22	3.13	2.99	2.85	2.70	2.62	2.54	2.45	2.36	2.27	2.17
26	7.72	5.53	4.64	4.14	3.82	3.59	3.42	3.29	3.18	3.09	2.96	2.81	2.66	2.58	2.50	2.42	2.33	2.23	2.13
27	7.68	5.49	4.60	4.11	3.78	3.56	3.39	3.26	3.15	3.06	2.93	2.78	2.63	2.55	2.47	2.38	2.29	2.20	2.10
28	7.64	5.45	4.57	4.07	3.75	3.53	3.36	3.23	3.12	3.03	2.90	2.75	2.60	2.52	2.44	2.35	2.26	2.17	2.06
29	7.60	5.42	4.54	4.04	3.73	3.50	3.33	3.20	3.09	3.00	2.87	2.73	2.57	2.49	2.41	2.33	2.23	2.14	2.03
30	7.56	5.39	4.51	4.02	3.70	3.47	3.30	3.17	3.07	2.98	2.84	2.70	2.55	2.47	2.39	2.30	2.21	2.11	2.01
40	7.31	5.18	4.31	3.83	3.51	3.29	3.12	2.99	2.89	2.80	2.66	2.52	2.37	2.29	2.20	2.11	2.02	1.92	1.80
60	7.08	4.98	4.13	3.65	3.34	3.12	2.95	2.82	2.72	2.63	2.50	2.35	2.20	2.12	2.03	1.94	1.84	1.73	1.60
120	6.85	4.79	3.95	3.48	3.17	2.96	2.79	2.66	2.56	2.47	2.34	2.19	2.03	1.95	1.86	1.76	1.66	1.53	1.38
∞	6.63	4.61	3.78	3.32	3.02	2.80	2.64	2.51	2.41	2.32	2.18	2.04	1.88	1.79	1.70	1.59	1.47	1.32	1.00

续表

$\alpha=0.005$

n_2 \ n_1	1	2	3	4	5	6	7	8	9	10	12	15	20	24	30	40	60	120	∞
1	16 211	20 000	21 615	22 500	23 056	23 437	23 715	23 925	24 091	24 224	24 426	24 630	24 836	24 940	25 044	25 148	35 253	25 359	25 465
2	198.50	199.00	199.2	199.2	199.3	199.3	199.4	199.4	199.4	199.4	199.4	199.4	199.4	199.5	199.5	199.5	199.5	199.5	199.5
3	55.55	49.80	47.47	46.19	45.39	44.84	44.43	44.13	43.88	43.69	43.39	43.08	42.78	42.62	42.47	42.31	42.15	41.99	41.83
4	31.33	26.28	24.26	23.15	22.46	21.97	21.62	21.35	21.14	20.97	20.7	20.44	20.17	20.03	19.89	19.75	19.61	19.47	19.32
5	22.78	18.31	16.53	15.56	14.94	14.51	14.2	13.96	13.77	13.62	13.38	13.15	12.9	12.78	12.66	12.53	12.40	12.27	12.14
6	18.63	14.54	12.92	12.03	11.46	11.07	10.79	10.57	10.39	10.25	10.03	9.81	9.59	9.47	9.36	9.24	9.12	9.00	8.88
7	16.24	12.40	10.88	10.05	9.52	9.16	8.89	8.68	8.51	8.38	8.18	7.97	7.75	7.65	7.53	7.42	7.31	7.19	7.08
8	14.69	11.04	9.60	8.81	8.30	7.95	7.69	7.50	7.34	7.21	7.01	6.81	6.61	6.5	6.40	6.29	6.18	6.06	5.95
9	13.61	10.11	8.72	7.96	7.47	7.13	6.88	6.69	6.54	6.42	6.23	6.03	5.83	5.73	5.62	5.52	5.41	5.30	5.19
10	12.83	9.43	8.08	7.34	6.87	6.54	6.30	6.12	5.97	5.85	5.66	5.47	5.27	5.17	5.07	4.97	4.86	4.75	4.64
11	12.23	8.91	7.60	6.88	6.42	6.10	5.86	5.68	5.54	5.42	5.24	5.05	4.86	4.76	4.65	4.55	4.44	4.34	4.23
12	11.75	8.51	7.23	6.52	6.07	5.76	5.52	5.35	5.20	5.09	4.91	4.72	4.53	4.43	4.33	4.23	4.12	4.01	3.90
13	11.37	8.19	6.93	6.23	5.79	5.48	5.25	5.08	4.94	4.82	4.64	4.46	4.27	4.17	4.07	3.97	3.87	3.76	3.65
14	11.06	7.92	6.68	6.00	5.56	5.26	5.03	4.86	4.72	4.60	4.43	4.25	4.06	3.96	3.86	3.76	3.66	3.55	3.44
15	10.80	7.70	6.48	5.80	5.37	5.07	4.85	4.67	4.54	4.42	4.25	4.07	3.88	3.79	3.69	3.58	3.48	3.37	3.26
16	10.58	7.51	6.30	5.64	5.21	4.91	4.69	4.52	4.38	4.27	4.10	3.92	3.73	3.64	3.54	3.44	3.33	3.22	3.11
17	10.38	7.35	6.16	5.50	5.07	4.78	4.56	4.39	4.25	4.14	3.97	3.79	3.61	3.51	3.41	3.31	3.21	3.10	2.98
18	10.22	7.21	6.03	5.37	4.96	4.66	4.44	4.28	4.14	4.03	3.86	3.68	3.50	3.40	3.30	3.20	3.10	2.99	2.87
19	10.07	7.09	5.92	5.27	7.85	4.47	4.26	4.09	3.96	3.85	3.76	3.59	3.40	3.31	3.21	3.11	3.00	2.89	2.78
20	9.94	6.99	5.82	5.17	4.76	4.47	4.26	4.09	3.96	3.85	3.68	3.50	3.32	3.22	3.12	3.02	2.92	2.81	2.69
21	9.83	6.89	5.73	5.09	4.68	4.39	4.18	4.01	3.88	3.77	3.60	3.43	3.24	3.15	3.05	2.95	2.84	2.73	2.61
22	9.73	6.81	5.65	5.02	4.61	4.32	4.11	3.94	3.81	3.70	3.54	3.36	3.18	3.08	2.98	2.88	2.77	2.66	2.55
23	9.63	6.73	5.58	4.95	4.54	4.26	4.05	3.88	3.75	3.64	3.47	3.30	3.12	3.02	2.92	2.82	2.71	2.60	2.48
24	9.55	6.66	5.52	4.89	4.49	4.20	3.99	3.83	3.69	3.59	3.42	3.25	3.06	2.97	2.87	2.77	2.66	2.55	2.43
25	9.48	6.60	5.46	4.84	4.43	4.15	3.94	3.78	3.64	3.54	3.37	3.20	3.01	2.92	2.82	2.72	2.61	2.50	2.38
26	9.41	6.54	5.41	4.79	4.38	4.10	3.89	3.73	3.60	3.49	3.33	3.15	2.97	2.87	2.77	2.67	2.56	2.45	2.33
27	9.34	6.49	5.36	4.74	4.34	4.06	3.85	3.69	3.56	3.45	3.28	3.11	2.93	2.83	2.73	2.63	2.52	2.41	2.29
28	9.28	6.44	5.32	4.70	4.30	4.02	3.81	3.65	3.52	3.41	3.25	3.07	2.89	2.79	2.69	2.59	2.48	2.37	2.25
29	9.23	6.40	5.28	4.66	4.26	3.98	3.77	3.61	3.48	3.38	3.21	3.04	2.86	2.76	2.66	2.56	2.45	2.33	2.21
30	9.18	6.35	5.24	4.62	4.23	3.95	3.74	3.58	3.45	3.34	3.18	3.01	2.82	2.73	2.63	2.52	2.42	2.30	2.18
40	8.83	6.07	4.98	4.37	3.99	3.71	3.51	3.35	3.22	3.12	2.95	2.78	2.60	2.50	2.40	2.30	2.18	2.06	1.93
60	8.49	5.79	4.73	4.14	3.76	3.49	3.29	3.13	3.01	2.90	2.74	2.57	2.39	2.29	2.19	2.08	1.96	1.83	1.69
120	8.18	5.54	4.50	3.92	3.55	3.28	3.09	2.93	2.81	2.71	2.54	2.37	2.19	2.09	1.98	1.87	1.75	1.61	1.43
∞	7.88	5.30	4.28	3.72	3.35	3.09	2.90	2.74	2.62	2.52	2.36	2.19	2.00	1.90	1.79	1.67	1.53	1.36	1.00

表 B.6　相关系数检验表

$$p\{|r| > r_\alpha\} = \alpha$$

$n-2$	0.50	0.20	0.10	0.05	0.02	0.01	0.005	0.002	0.001
1	0.707	0.951	0.988	0.997	1.000	1.000	1.000	1.000	1.000
2	0.500	0.800	0.900	0.950	0.980	0.990	0.995	0.998	0.999
3	0.404	0.687	0.805	0.878	0.934	0.959	0.974	0.986	0.991
4	0.347	0.603	0.729	0.811	0.882	0.917	0.942	0.963	0.974
5	0.309	0.551	0.669	0.755	0.833	0.875	0.906	0.935	0.951
6	0.281	0.507	0.621	0.707	0.789	0.834	0.870	0.905	0.925
7	0.260	0.472	0.582	0.666	0.750	0.798	0.836	0.875	0.898
8	0.242	0.443	0.549	0.632	0.715	0.765	0.805	0.847	0.872
9	0.228	0.419	0.521	0.602	0.685	0.735	0.776	0.820	0.847
10	0.216	0.398	0.497	0.576	0.658	0.708	0.750	0.795	0.823
11	0.206	0.380	0.476	0.553	0.634	0.684	0.726	0.772	0.801
12	0.197	0.365	0.457	0.532	0.612	0.661	0.703	0.750	0.780
13	0.189	0.351	0.441	0.514	0.592	0.641	0.683	0.730	0.760
14	0.182	0.338	0.426	0.497	0.574	0.623	0.664	0.711	0.742
15	0.176	0.327	0.412	0.482	0.558	0.606	0.647	0.694	0.725
16	0.170	0.317	0.400	0.468	0.542	0.590	0.631	0.678	0.708
17	0.165	0.308	0.389	0.456	0.529	0.575	0.616	0.622	0.693
18	0.160	0.299	0.378	0.444	0.515	0.561	0.602	0.648	0.679
19	0.156	0.291	0.369	0.433	0.503	0.549	0.589	0.635	0.665
20	0.152	0.284	0.360	0.423	0.492	0.537	0.576	0.622	0.652
21	0.148	0.277	0.352	0.413	0.482	0.526	0.565	0.610	0.640
22	0.145	0.271	0.344	0.404	0.472	0.515	0.554	0.599	0.629
23	0.141	0.265	0.337	0.396	0.462	0.505	0.543	0.588	0.618
24	0.138	0.260	0.330	0.388	0.453	0.496	0.534	0.578	0.607
25	0.136	0.255	0.323	0.381	0.445	0.487	0.524	0.568	0.597
26	0.133	0.250	0.317	0.374	0.437	0.479	0.515	0.559	0.588
27	0.131	0.245	0.311	0.367	0.430	0.471	0.507	0.550	0.579
28	0.128	0.241	0.306	0.361	0.423	0.463	0.499	0.541	0.570
29	0.126	0.237	0.301	0.355	0.416	0.456	0.491	0.533	0.562
30	0.124	0.233	0.296	0.349	0.409	0.449	0.484	0.526	0.554
31	0.122	0.229	0.291	0.344	0.403	0.442	0.477	0.518	0.546
32	0.120	0.226	0.287	0.339	0.397	0.436	0.470	0.511	0.539
33	0.118	0.222	0.283	0.334	0.392	0.430	0.464	0.504	0.532
34	0.116	0.219	0.279	0.329	0.386	0.424	0.458	0.498	0.525
35	0.115	0.216	0.275	0.325	0.381	0.418	0.452	0.492	0.519
36	0.113	0.213	0.271	0.320	0.376	0.413	0.446	0.486	0.513
37	0.111	0.210	0.267	0.316	0.371	0.408	0.441	0.480	0.507
38	0.110	0.207	0.264	0.312	0.367	0.403	0.435	0.474	0.501
39	0.108	0.204	0.261	0.308	0.362	0.398	0.430	0.469	0.495
40	0.107	0.202	0.257	0.304	0.358	0.393	0.425	0.463	0.490

续表

$n-2$	0.50	0.20	0.10	0.05	0.02	0.01	0.005	0.002	0.001
41	0.106	0.199	0.254	0.301	0.354	0.389	0.420	0.458	0.484
42	0.104	0.197	0.251	0.297	0.350	0.384	0.416	0.453	0.479
43	0.103	0.195	0.248	0.294	0.346	0.380	0.411	0.449	0.474
44	0.102	0.192	0.246	0.291	0.342	0.376	0.407	0.444	0.469
45	0.101	0.190	0.243	0.288	0.338	0.372	0.403	0.439	0.465
46	0.100	0.188	0.240	0.285	0.335	0.368	0.399	0.435	0.460
47	0.099	0.186	0.238	0.282	0.331	0.365	0.395	0.431	0.456
48	0.098	0.184	0.235	0.270	0.328	0.361	0.391	0.427	0.451
49	0.097	0.182	0.233	0.276	0.325	0.358	0.387	0.423	0.447
50	0.096	0.181	0.231	0.273	0.322	0.354	0.384	0.419	0.443
52	0.094	0.177	0.226	0.268	0.316	0.348	0.377	0.411	0.435
54	0.092	0.174	0.222	0.263	0.310	0.341	0.370	0.404	0.428
56	0.090	0.171	0.218	0.259	0.305	0.336	0.364	0.398	0.421
58	0.089	0.168	0.214	0.254	0.300	0.330	0.358	0.391	0.414
60	0.087	0.165	0.211	0.250	0.295	0.325	0.352	0.385	0.408
62	0.086	0.162	0.207	0.246	0.290	0.320	0.347	0.379	0.402
64	0.081	0.160	0.204	0.242	0.286	0.315	0.342	0.374	0.396
66	0.083	0.157	0.201	0.239	0.282	0.310	0.337	0.368	0.390
68	0.082	0.155	0.198	0.235	0.278	0.306	0.332	0.363	0.385
70	0.081	0.153	0.195	0.232	0.274	0.302	0.327	0.358	0.380
72	0.080	0.151	0.193	0.229	0.270	0.298	0.323	0.354	0.375
74	0.079	0.149	0.190	0.226	0.266	0.294	0.319	0.349	0.370
76	0.078	0.147	0.188	0.223	0.263	0.290	0.315	0.345	0.365
78	0.077	0.145	0.185	0.220	0.260	0.286	0.311	0.340	0.361
80	0.076	0.143	0.183	0.217	0.257	0.283	0.307	0.336	0.357
82	0.075	0.141	0.181	0.215	0.253	0.280	0.304	0.333	0.328
84	0.074	0.140	0.179	0.212	0.251	0.276	0.300	0.329	0.349
86	0.073	0.138	0.177	0.210	0.248	0.273	0.297	0.325	0.345
88	0.072	0.136	0.174	0.207	0.245	0.270	0.293	0.321	0.341
90	0.071	0.135	0.173	0.205	0.242	0.267	0.290	0.318	0.338
92	0.070	0.133	0.171	0.203	0.240	0.264	0.287	0.315	0.334
94	0.070	0.132	0.169	0.201	0.237	0.262	0.284	0.312	0.331
96	0.069	0.131	0.167	0.199	0.235	0.259	0.281	0.308	0.327
98	0.068	0.129	0.165	0.197	0.232	0.256	0.279	0.305	0.324
100	0.068	0.128	0.164	0.195	0.230	0.254	0.276	0.303	0.321

教学支持说明

应用统计学——以 EXCEL 为分析工具（第 2 版）

本书特色
经典改版，案例真实，应用性强，配套课件。

教辅材料
课件

书号：9787302482123
作者：宋廷山 王坚 刁艳华 郭思亮
定价：42.00 元
出版日期：2018.1

任课教师免费申请

管理统计学（第 3 版）

本书特色
"十二五"国家规划教材，名师大作，经典教材，多次改版。教辅资源丰富。配套软件应用和案例。

教辅材料
课件

获奖信息
"十二五"普通高等教育本科国家级规划教材

书号：9787302441793
作者：李金林 赵中秋 马宝龙
定价：58.00 元
出版日期：2016.6

任课教师免费申请

贝叶斯统计及其 R 实现

本书特色
畅销佳作、配套资源丰富、案例讲解清晰明了、课件完备

教辅材料
课件

书号：9787302467854
作者：黄长全
定价：35.00 元
出版日期：2017.5

任课教师免费申请

商务统计学

本书特色
适用于经管类专业使用，应用性强，结构合理，课件完备。

教辅材料
课件

书号：9787302512592
作者：杨国忠 郑连元
定价：52.00 元
出版日期：2019.1

任课教师免费申请

统计学基础（第二版）

本书特色
应用型本科教材，篇幅适中，课件齐全，销量良好

教辅材料
教学大纲、课件

书号：9787302530015
作者：汪大金
定价：42.00 元
出版日期：2019.6

任课教师免费申请

统计学——原理、应用与商务实践版

本书特色
内容实用，重视实践，结构合理，配套课件。

教辅材料
课件

书号：9787302528371
作者：舒波 陈红梅 李春娟 孙微
定价：39.00 元
出版日期：2019.5

任课教师免费申请

统计学实验教程——基于 Excel

本书特色

"互联网+"教材、统计学基本知识和实验操作练习，使用 Excel 软件，内容简洁清晰，实用性和操作性强，有效提高应用技能。

教辅材料

教学大纲、课件

书号：9787302554905
作者：黄顺泉
定价：45.00 元
出版日期：2020.7

任课教师免费申请

应用统计学（第 2 版）

本书特色

新形态教材，提供电子课件、教学大纲建议、即测即练、模拟试卷、习题答案、扩展阅读等教辅材料。

教辅材料

教学大纲、课件、习题答案、模拟试卷、案例解析、其他素材

书号：9787302574002
作者：李卫东
定价：55.00 元
出版日期：2021.6

任课教师免费申请

物流企业统计

本书特色

案例丰富、课件完备，适合本科及高职高专教学。

教辅材料

课件

书号：9787302586982
作者：孙旭
定价：48.00 元
出版日期：2021.8

任课教师免费申请

统计综合评价方法与应用

本书特色

"互联网+"教材，配套资源丰富，理论与实践兼备，增设在线测试题。

教辅材料

课件、习题答案、案例解析、其他素材

书号：9787302568377
作者：刘云忠、郝原
定价：45.00 元
出版日期：2020.12

任课教师免费申请